人民城市建设
上海报告

The Building of
Shanghai as a
People-Centered City

王德忠 等 著

上海社会科学院出版社
SHANGHAI ACADEMY OF SOCIAL SCIENCES PRESS

图书在版编目(CIP)数据

人民城市建设　上海报告 / 王德忠等著. -- 上海：上海社会科学院出版社，2025. -- ISBN 978-7-5520-4725-7

Ⅰ. F299.275.1

中国国家版本馆 CIP 数据核字第 2025AR5566 号

人民城市建设　上海报告

著　　者：王德忠等
出 版 人：钱运春
责任编辑：董汉玲　范冰玥
封面设计：杨晨安
出版发行：上海社会科学院出版社
　　　　　上海顺昌路 622 号　邮编 200025
　　　　　电话总机 021-63315947　销售热线 021-53063735
　　　　　https://cbs.sass.org.cn　E-mail:sassp@sassp.cn
照　　排：南京展望文化发展有限公司
印　　刷：上海颛辉印刷厂有限公司
开　　本：787 毫米×1092 毫米　1/16
印　　张：27
插　　页：2
字　　数：450 千
版　　次：2025 年 8 月第 1 版　2025 年 8 月第 1 次印刷

ISBN 978-7-5520-4725-7/F・805　　　　　定价：128.00 元

版权所有　翻印必究

前言 FOREWORD

2025年7月14—15日,时隔10年后,中共中央再次召开了最高规格的城市工作会议。习近平总书记在会上发表了重要讲话,指出当前中国城镇化正从快速增长期转向稳定发展期,城市发展正从大规模增量扩张阶段转向存量提质增效为主的阶段。下一阶段中国城市发展的目标是"建设创新、宜居、美丽、韧性、文明、智慧的现代化人民城市",这标志着中国城市发展从单纯功能完善,转向"高质量发展"与"高品质生活"并重的新阶段,"人民城市人民建,人民城市为人民"成为中国城市发展与治理的核心理念。

早在2019年,习近平总书记考察上海时就高瞻远瞩提出了人民城市理念。这一理念绝非偶然产生,而是在深刻洞察新时代中国特色社会主义面临的发展任务与挑战,精准把握世界城市发展趋势的基础上提出的,从理论和实践两个维度为中国城市发展明晰了前行的方向,确立了根本准则。在全球化竞争日益激烈、城市发展面临诸多复杂问题的大背景下,人民城市理念犹如一盏明灯,不仅契合了中国城市发展需求,而且为世界城市发展贡献了独特的中国智慧和强大的中国力量。

多年来,上海宛如一位虔诚的践行者,学思践悟、统揽全局,秉持人民至上这一永不褪色的初心使命,深入理解人民城市理念的精髓所在。在这个过程中,上海充分发挥自身优势,将人民城市理念融入城市每一寸肌理,全力打造人民城市的最佳实践样本。以科技创新为例,上海积极布局新兴科技领域,建设多个创新产业园区,吸引全球顶尖科技人才汇聚于此,推动产业升级,为经济高质量发展注入了强劲动力,让人民在科技创新的浪潮中获得了更多的就业机会和生活便利。

在过去多年的征程中，上海全市上下一心，不畏风雨。在改革开放的前沿阵地，上海持续推进自由贸易试验区建设，深化"放管服"改革，为各类市场主体营造更加开放、包容的发展环境；在科技创新的赛道上，上海加大对基础研究的投入，取得了一系列关键技术突破。不仅如此，上海还在城市治理、民生福祉领域精耕细作，打造了一批具有示范意义的样板工程。在城市治理方面，通过智能化管理系统，实现了城市交通、环境等方面的高效管理；在民生福祉方面，加大了对教育、医疗、养老等领域的投入，让人民群众的获得感、幸福感、安全感不断提升。同时，上海在凸显城市人本价值方面树立了榜样，如建设了众多公共文化场馆和休闲空间，让市民在享受城市发展成果的同时，也感受到了浓厚的人文关怀。

本书采用层次分明、结构严谨的架构，全面且深入地呈现了上海人民城市建设的全景图。

总论系统阐释了人民城市理念的理论内涵及其时代价值。从马克思主义城市理论的发展脉络，到中国特色社会主义城市发展的现实需求，深入剖析了人民城市理念的理论根源。同时立足世界城市发展的潮流，阐述了其在新时代的独特价值。总论还对过去多年来上海践行人民城市理念的丰富实践和宝贵经验进行了全面提炼，总结出了一系列可复制、可推广的成功做法。在对未来的展望中，总论结合国际国内形势的变化，为上海开创人民城市建设新局面描绘了宏伟蓝图，提出了具有前瞻性的发展方向。

第 1 章到第 7 章聚焦人民城市建设的多个关键领域。在高质量发展领域，深入研究了上海如何通过产业升级、科技创新等手段实现经济的可持续增长，提高城市综合竞争力；在全过程人民民主领域，探讨了上海如何保障人民群众在城市建设中的知情权、参与权、表达权和监督权，推动民主制度在城市治理中的有效落实；在城市治理领域，分析了上海运用智能化技术和现代管理方法提升城市治理效率和水平的实践经验；在文化建设领域，研究了上海如何传承和发扬海派文化，提升城市的文化软实力；在民生服务领域，关注了上海在教育、医疗、就业等方面的政策举措和取得的成效；在绿色生态领域，探讨了上海在环境保护、生态修复等方面的实践和探索；在城市建设领域，分析了上海如何优化城市空间布局，提升城市基础设施建设水平。

第 8 章精心挑选了 6 个有代表性的案例，涵盖了城市发展的不同层面和领域。

这些案例各具特色,有的在公共空间与便捷生活方面取得显著成效,有的在社区治理与居民自治方面探索出新路径,有的在生活垃圾处理与可持续发展方面提供成功范例。通过对每个案例的发展背景、具体实践工作、创新成效及其经验启示进行深入细致的分析,为上海其他区域和相关领域的发展提供了具体而生动的借鉴样本。

本书不仅详细记录了上海人民城市建设工作的成功实践和成熟经验,而且对未来发展进行了深入思考与展望。各级政府部门可根据书中的建议,优化政策制定,提高决策的科学性和精准性;各类机构、团体可从中汲取灵感,结合自身实际,制定切实可行的发展规划;广大市民也能从中了解到城市的发展方向,以更加饱满的热情参与到人民城市建设中来。我们相信,全社会必将凝聚起强大的合力,以实际行动为开创人民城市建设新局面贡献力量,将习近平总书记擘画的人民城市宏伟蓝图一步步细化为具体的施工图,最终转化为美丽动人的实景画,让人民在城市发展中共享更多的福祉,实现城市与人民的共同繁荣。

目录 CONTENTS

前 言 / 1

总 论 / 1
 一、深刻把握人民城市理念的理论内涵与时代价值 / 2
 二、全面践行人民城市理念的生动实践与经验提炼 / 14
 三、上海奋发开创人民城市建设新局面的工作展望 / 50

第1章 上海在持续推动高质量发展中全面建设人民城市 / 67
 一、以高质量发展打牢人民城市建设根本基础的基本逻辑 / 68
 二、上海在高质量发展中推进人民城市建设的实践 / 78
 三、上海在高质量发展中推进人民城市建设的未来展望 / 102

第2章 将全过程人民民主融入城市治理现代化 / 111
 一、上海超大城市践行全过程人民民主理念的治理逻辑 / 112
 二、全过程人民民主融入城市治理的生动实践 / 117
 三、上海市发展全过程人民民主的实践经验与未来展望 / 151

第3章 构建服务型城市治理共同体 / 157
 一、人民城市治理共同体建设的理论基础 / 158
 二、人民城市建设中社会治理的创新实践 / 169
 三、服务型城市治理共同体的深化与提升 / 184

第 4 章　打造人民城市文化自信自强的上海样本 / 194
　　一、人民城市文化理念的内涵和价值 / 195
　　二、人民城市文化建设的创新实践 / 202
　　三、人民城市文化建设的经验和展望 / 223

第 5 章　在保障改善民生中建设让生活更美好的城市 / 230
　　一、中国特色民生理论与人民城市民生理念 / 231
　　二、城市民生"七有"的上海实践与经验 / 236
　　三、城市让生活更美好的民生重点与展望 / 267

第 6 章　建设人民向往的高水平生态之城 / 274
　　一、生态之城的理论渊源、核心要义与时代价值 / 275
　　二、建设人民向往的高水平生态之城的上海实践 / 289
　　三、建设人民更加向往的高水平生态之城展望 / 319

第 7 章　建设更有温度的高品质宜居之城 / 329
　　一、人民城市建设与城市宜居品质的理论逻辑构建 / 330
　　二、提升城市宜居品质的上海城市建设实践 / 335
　　三、建设更有温度的高品质宜居城市 / 365

第 8 章　上海人民城市建设实践案例 / 370
　　一、人民建议征集工作 / 370
　　二、上海"一江一河"世界级滨水区规划实践 / 385
　　三、15 分钟社区生活圈：打造便捷高效的社区服务与治理新生态 / 391
　　四、"一网统管、一网通办"：精细化治理创造高品质城市生活 / 396
　　五、上海历史文化风貌区保护 / 404
　　六、生活垃圾分类助力生态文明建设 / 411

后记 / 423

总　论

2019年11月，习近平总书记在上海考察时首次提出"人民城市"重要理念，指明了中国特色社会主义城市的人民属性，并赋予了新时代上海建设人民城市的新使命。人民城市理念是马克思主义城市理论及其中国化发展的最新理论成果，是习近平新时代中国特色社会主义思想的重要组成部分，蕴含着深刻的政治意蕴和深厚的发展内涵，形成新时代中国城市发展的根本指导和上海建设社会主义现代化国际大都市的重要理论。

总论部分对过去五年上海贯彻落实习近平总书记关于人民城市理念的工作情况进行了梳理和总结。五年来，上海学思践悟、统筹谋划，坚持人民至上的初心使命、深入领会人民城市理念的核心要义，以高瞻远瞩的战略眼光打造人民城市最佳实践地，在改革开放、科技创新等领域做开路先锋，在城市治理、民生福祉等领域打造样板，在凸显城市人本价值上成为榜样，走出了一条独具特色、成绩斐然的发展之路。

在新的历史起点上，上海需要胸怀"两个大局"、坚持"四个放在"，聚焦"五个中心"建设、全过程人民民主、习近平文化思想最佳实践地、美丽上海等人民城市建设任务，以更加昂扬的斗志、更加坚定的信念、更加务实的行动，在人民城市建设征程上砥砺前行，打造人民城市最佳实践地，加快建成具有世界影响力的社会主义现代化国际大都市。

一、深刻把握人民城市理念的理论内涵与时代价值

城市建设是"现代化建设的重要引擎"。① 党的十八大以来,习近平总书记围绕城市工作发表了一系列重要论述,提出人民城市理念。2019 年考察上海时,习近平总书记强调:"城市是人民的城市,人民城市为人民。"②《在浦东开发开放 30 周年庆祝大会上的讲话》中,习近平总书记又明确提出,"人民城市人民建,人民城市为人民"。③ 2023 年考察上海时,习近平总书记再次强调,"要全面践行人民城市理念""努力走出一条中国特色超大城市治理现代化的新路"。④ 习近平总书记提出的人民城市理念和相关重要论断,为新时代中国城市工作指明了前进方向,提供了根本遵循。

(一) 人民城市理念的发展内涵与根本特质

中国特色社会主义进入新时代,围绕城市工作面临的新形势、新任务,习近平总书记提出"人民城市人民建,人民城市为人民"的人民城市理念,科学揭示了"城市建设依靠谁、为了谁""建设什么样的城市、怎样建设城市"等根本问题,强调了社会主义城市的根本属性就是人民性。

1. 人民城市理念的发展内涵

第一,人民城市理念科学揭示了"城市依靠谁""城市为了谁"。"人民城市人民建",就是城市靠人民建设。人民城市理念充分强调城市发展的主体力量是人民,凸

---

① 《中央城市工作会议在北京举行》,《人民日报》2015 年 12 月 23 日,第 1 版。
② 《习近平在上海考察时强调 深入学习贯彻党的十九届四中全会精神 提高社会主义现代化国际大都市治理能力和水平》,中国政府网,2019 年 11 月 3 日,https://www.gov.cn/xinwen/2019-11/03/content_5448158.htm。
③ 《习近平重要讲话单行本》(2020 年合订本),人民出版社 2021 年版,第 211 页。
④ 《习近平在上海考察时强调 聚焦建设"五个中心"重要使命 加快建成社会主义现代化国际大都市》,中国政府网,2023 年 12 月 3 日,https://www.gov.cn/yaowen/liebiao/202312/content_6918294.htm。

显人民在城市发展中的主体地位,明确城市建设要体现社会主义现代化的鲜明特征和人民的主体属性。习近平总书记明确指出,"要坚持广大人民群众在城市建设和发展中的主体地位,探索具有中国特色、体现时代特征、彰显我国社会主义制度优势的超大城市发展之路"。① 强调人民的主体性,就是要把以人民为中心贯穿于城市规划、建设、治理全过程和各方面,聚焦人民群众的需求,保障人民的参与,真正体现人民是城市的主人;就是要把人民宜居安居放在首位,把最好的资源留给人民,把依靠人民、根植人民转化为切实行动,激发人民创新创业创造的伟力、共建共治共享的动力,②充分团结动员广大人民群众投身新时代城市发展的大潮中。

"人民城市为人民",就是城市为人民建设。中国共产党领导中国人民建设社会主义城市的根本目的就是不断提升人民群众的生活水平,就是要坚持把满足人民对美好生活的向往作为一切工作的出发点和落脚点。习近平总书记明确指出,"推进城市治理,根本目的是提升人民群众获得感、幸福感、安全感,要着力解决人民群众最关心最直接最现实的利益问题,不断提高公共服务均衡化、优质化水平"。③ 强调为人民建设城市,就是使城市发展为人民创造更加美好的生活,就是将人民至上的价值理念体现到千方百计解决群众最关心、最直接、最现实的利益问题上,落实到处处围绕人、时时为了人的具体行动中。④

第二,人民城市理念深刻回答了"建设什么样的城市、怎样建设城市"。以习近平同志为核心的党中央高度重视城市工作,强调实现现代化就需要抓住城市这一"火车头"。习近平总书记指出"城市是生命体、有机体",⑤提出以人为核心的新型城镇化,

---

① 习近平:《论把握新发展阶段、贯彻新发展理念、构建新发展格局》,中央文献出版社2021年版,第437页。
② 《国家及各地区国民经济和社会发展第十四个五年规划和2035年远景目标纲要(上)》,人民出版社2022年版,第708页。
③ 习近平:《论把握新发展阶段、贯彻新发展理念、构建新发展格局》,中央文献出版社2021年版,第437页。
④ 《当好改革开放的排头兵——习近平上海足迹》,人民出版社、上海人民出版社2022年版,第180—181页。
⑤ 中共中央党史和文献研究院编:《十九大以来重要文献选编(中)》,中央文献出版社2021年版,第473页。

强调城市的核心是人,关键是"衣食住行、生老病死、安居乐业"。① 贯彻人民城市理念,就是努力建设"人人都有人生出彩机会、人人都能有序参与治理、人人都能享有品质生活、人人都能切实感受温度、人人都能拥有归属认同"的人民城市,②建设"属于人民、服务人民、成就人民的美好城市",③最终能够构建人人参与、人人负责、人人奉献、人人共享的城市治理共同体。

建设人民城市,要在坚持和加强党的全面领导下,明晰标准、确立要素。习近平总书记明确指出,"老百姓满意不满意,生活方便不方便",是城市发展和建设的重要评判标准。④ 要使城市发展的成果更多更公平惠及全体人民,让人民更加便捷地获取公共产品、更加舒心地享受绿色生活、更加公平地获得发展机遇。人民城市理念蕴含城市建设的内在驱动机制,尤其强调以共建为动力,以共治为方式,以共享为目的,积极探索"有事好商量、众人的事情由众人商量"⑤的制度化实践,激活蕴藏在广大群众中的无穷智慧和磅礴力量,开拓多元社会主体共建城市的新局面,为新时代中国城市发展提供不竭动力。

2. 人民城市理念的根本特质

人民城市理念具有与西方传统城市发展理论截然不同的根本特质,包括人民性、系统性、整体性和实践性,这"四性"蕴含了经典的中华优秀传统文化特征和人类普遍价值观念。

第一,坚持以人民为中心的发展思想,具有以发展为底色的人民性。以人民为中心贯穿人民城市理念,明确城市发展为了人民,治理依靠人民,成果属于人民,是人民城市理念的价值指引和根本方法论,要求城市建设推动高质量发展,满足人民日益增

---

① 中共中央文献研究室编:《习近平关于社会主义社会建设论述摘编》,中央文献出版社 2017 年版,第 131 页。
② 《国家及各地区国民经济和社会发展第十四个五年规划和 2035 年远景目标纲要(上)》,人民出版社 2022 年版,第 707 页。
③ 《这个重要理念提出两周年,国家发改委和上海共同召开座谈会》,澎湃新闻,2021 年 11 月 23 日,https://www.thepaper.cn/newsDetail_forward_15517790。
④ 中共中央文献研究室编:《习近平关于社会主义社会建设论述摘编》,中央文献出版社 2017 年版,第 131 页。
⑤ 习近平:《在庆祝中国人民政治协商会议成立 65 周年大会上的讲话》,人民出版社 2014 年版,第 13 页。

长的美好生活需要；创造高品质生活，全面提升城市品质和宜居度，打造宜居、韧性、智慧城市；实现高效能治理，确保人民群众在更好发展环境中获得更多福祉；深化高层次协同，推动各类要素在高效集聚、优化配置中更好造福人民。

第二，确立"五个统筹"的发展要求，具有指导发展的系统性。习近平总书记在2015年中央城市工作会议上明确提出"五个统筹"的城市发展要求，即统筹空间、规模、产业三大结构，统筹规划、建设、管理三大环节，统筹改革、科技、文化三大动力，统筹生产、生活、生态三大布局，统筹政府、社会、市民三大主体，不断提高城市工作的全局性与持续性。这充分体现了习近平总书记从顶层设计、整体谋划推进人民城市建设的方法论，强调抓住工作重点、注重规划先行，充分凸显了人民城市理念蕴含的系统思维、全局视野和战略运思。

第三，内蕴"生命体、有机体"的发展观念，具有全面发展的整体性。习近平总书记指出："城市是生命体、有机体，要敬畏城市、善待城市，树立'全周期管理'意识，努力探索超大城市现代化治理新路子。"[1]城市是生命体、有机体，体现在城市是"共建共治共享"的共同体。习近平总书记强调，要"健全共建共治共享的社会治理制度，提升社会治理效能"，[2]建设人民普遍参与、充分享有的人民城市；体现在城市是人与自然和谐共生的共同体，以人民生命安全和身体健康为城市发展基础目标，强调使城市更健康、安全、宜居；体现在城市是人的发展与文化建设同频共振的共同体。"城市规划和建设要高度重视历史文化保护""让城市留下记忆，让人们记住乡愁"，[3]人民城市理念强调城市发展要塑造人文精神，供给高质量文化产品、文化服务、文化设施，不断满足人民群众多元文化需求。

第四，蕴含城市治理的根本路径，具有不断发展的实践性。人民城市理念强调党建引领，探索构建"横向到边、纵向到底"的党的全方位领导体系，促进治理决策的科学化和民主化，贯彻群众路线，激活治理效能，统筹凝聚各方力量，推进协同善治，发挥党组织的核心引领作用，形成党建引领城市治理的整体格局。强调加强全过程人

---

[1] 中共中央党史和文献研究院编：《习近平关于城市工作论述摘编》，中央文献出版社2023年版，第159页。
[2] 同上书，第164页。
[3] 同上书，第112页。

民民主,建设具有"最广泛、最真实、最管用"民主的人民城市。全过程人民民主和人民城市建设是城市治理的一体两面,明确要通过人民群众的广泛参与、广泛商量实现人民当家作主,尤其注重把民主与民生结合起来,把人民幸福生活作为民主的最高追求。强调建设智慧城市。习近平总书记强调,要"加快城市数字化转型""努力走出一条中国特色超大城市治理现代化的新路"。[①] 数字化转型是推进超大城市治理现代化的重要举措。数字技术体系能够将坚持以人民为中心的理念融入城市治理体系,更好满足人民需求、调动人民积极性。强调运用法治思维和法治方式。习近平总书记深刻指出:"要强化依法治理,善于运用法治思维和法治方式解决城市治理顽症难题,让法治成为社会共识和基本准则。"[②]"要坚持依靠居民、依法有序组织居民群众参与社区治理,实现人人参与、人人尽力、人人共享。"[③] 法治思维和法治方式是解决城市工作中群众矛盾与问题的重要手段,强调以法治推动城市治理体系和治理能力现代化。

(二) 人民城市理念的理论定位

人民城市理念是马克思主义城市理论及其中国化的最新发展成果,是习近平新时代中国特色社会主义思想的重要组成部分。在城市理论发展和城市建设推进过程中,人民城市理念充分展现出自身具有的理论地位。

第一,人民城市理念是马克思主义城市理论在 21 世纪的最新发展。在批判发达资本主义国家城市发展的基础上,马克思主义经典作家形成了关于社会主义城市发展的理论主张,成为"人民城市"理念的重要理论来源。马克思、恩格斯从人类生产分工的视角分析了资本主义社会的城市起源,从城乡分离、城市战胜乡村、工业城市兴起的视角审视了资本主义城市的负面性,分析了城市之间、城市内部的分化对立,指

[①] 《习近平在上海考察时强调 聚焦建设"五个中心"重要使命 加快建成社会主义现代化国际大都市》,中国政府网,2023 年 12 月 3 日,https://www.gov.cn/yaowen/liebiao/202312/content_6918294.htm。
[②] 习近平:《论把握新发展阶段、贯彻新发展理念、构建新发展格局》,中央文献出版社 2021 年版,第 412 页。
[③] 《习近平在广东考察时强调 高举新时代改革开放旗帜 把改革开放不断推向深入》,中国政府网,2018 年 10 月 25 日,https://www.gov.cn/xinwen/2018-10/25/content_5334458.htm。

出资本与财富在城市发展中高度集中，使城市日益成为资本逐利的场所，多数人生活生产环境恶化。要彻底解决城市病和阶级矛盾，就需要消灭私有制、消除城乡对立。列宁在第一个社会主义国家建设的基础上，提出："城市是人民的经济、政治和精神生活的中心，是进步的主要动力。"①"城市生活的发展，工业的高涨，文化的普及，——这一切也引起闭塞的群众对美好生活的向往，使他们意识到人的尊严，"②认为城市建设与发展对社会主义国家非常重要，要不断改善广大人民的生活生产环境，激发人民建设城市的热情。

城市发展始终由人民推动，始终遵循人民逻辑，是马克思主义城市理论贯穿始终的核心内核，人民城市理念深刻体现了这一马克思主义精髓要义，将中国式创新实践与经典马克思主义城市理论相结合，是对马克思主义城市理论的最新发展。

第二，人民城市理念的提出标志着马克思主义中国化城市理论走向成熟完善。马克思主义中国化城市理论是在历史发展中形成的，在不同历史发展阶段有不同理论内涵。在新民主主义革命和社会主义革命与建设时期，以毛泽东同志为主要代表的中国共产党人提出："城市已经属于人民，一切应该以城市由人民自己负责管理的精神为出发点。"③陈毅曾宣布："上海已经变成为人民、为生产服务的城市了。"④"城市属于人民"成为我们党指导城市工作的理论基础。

在改革开放和社会主义现代化建设新时期，我们党坚持以提高人民生活水平为城市工作的出发点，推动马克思主义中国化城市理论不断发展，邓小平指出："城市建设是一门学问"，"现代化的城市要合理布局，一环扣一环，同时要解决好污染问题"。⑤ 江泽民强调，"城市建设是一个非常复杂的系统工程"，要"有秩序有计划地进行"，"要协调发展"，"科学规划"。⑥ 胡锦涛指出，要"从国情出发，坚持大中小城市和小城镇协调发展，走中国特色城镇化道路"。⑦

---

① 《列宁全集（第23卷）》，人民出版社1990年版，第358页。
② 《列宁全集（第4卷）》，人民出版社1990年版，第368页。
③ 《毛泽东选集（第4卷）》，人民出版社1991年版，第1324页。
④ 《上海庆祝解放三周年》，《人民日报》1952年5月31日，第1版。
⑤ 冷溶、汪作玲主编：《邓小平年谱（1975—1997）（上卷）》，中央文献出版社2004年版，第386页。
⑥ 《江泽民文选（第1卷）》，人民出版社2006年版，第13页。
⑦ 《胡锦涛文选（第2卷）》，人民出版社2016年版，第19页。

进入新时代,习近平总书记提出人民城市理念。人民城市理念是以习近平同志为核心的党中央,以马克思主义城市理论为指导,结合新时代中国城市发展的具体实际形成的重要理论成果,回答了新时代城市发展的一系列重大理论问题,是对马克思主义中国化城市理论的高度总结、深刻提炼和最新发展。

第三,人民城市理念是习近平新时代中国特色社会主义思想在城市工作中的核心体现。"万里征程,理念先行"。强调人民至上、坚持以人民为中心的发展思想,是习近平新时代中国特色社会主义思想的鲜明理论底色。人民城市理念是习近平新时代中国特色社会主义思想的核心内容、丰富内涵、思想精髓在城市工作中的具体体现,是以人民为中心改革原则的生动表现。人民城市理念全景展现了以习近平同志为核心的党中央对新时代城市工作的深邃理论思考,为开创人民城市建设新局面提供了根本遵循。主要体现在以下几个方面:

一是人民城市理念是对党领导城市工作经验的历史总结。城市在党和国家工作全局中具有举足轻重的地位,我们党历来高度重视城市工作,百余年来,中国共产党在领导城市工作中始终坚持人民立场,始终体现为"人民城市人民建、人民城市为人民"。在中共七届二中全会提出党的工作重心转向城市时,毛泽东就指出:"从我们接管城市的第一天起,我们的眼睛就要向着这个城市的生产事业的恢复和发展","使一般人民的生活有所改善。"①在各个历史时期,我们党均强调城市工作要为人民生活服务。动员人民群众参与城市建设,尊重人民群众的主体地位,成为我们党开展城市工作的鲜明特征,"千方百计地动员群众,实现人民城市人民建,国家带头,大家来办"。② 进入新时代,以习近平同志为核心的党中央将我们党领导城市工作的历史经验高度概括凝练为人民城市理念,推动形成了新时代以人民为中心的发展思想的城市治理实践,不断满足广大人民群众对美好生活的向往。可以说,在中国共产党领导城市工作的历史进程中,新时代人民城市建设是集大成阶段。

二是人民城市理念是对我国城市发展更高要求的历史解答。中华人民共和国成立尤其是改革开放以来,"我国经历了世界历史上规模最大、速度最快的城镇化进程,

---

① 毛泽东:《在中国共产党第七届中央委员会第二次全体会议上的报告》,人民出版社 2004 年版,第 7、8 页。
② 《万里文选》,人民出版社 1995 年版,第 558 页。

城市发展波澜壮阔,取得了举世瞩目的成就"。① 我们党团结带领广大人民,推动中国城市在发展规模、经济实力、综合面貌、治理效能等层面取得了历史性变革。在新的历史起点上,我国社会主要矛盾发生变化,人民日益增长的美好生活需要对城市发展提出更高要求,城市发展也面临一系列亟待解决的历史性问题,这不断推动我们党总结历史经验、提炼方法原则、形成科学理论,更好指导面向现实和未来的城市工作。以习近平同志为核心的党中央,在总结正反两方面历史经验的基础上,守正创新、守正出新,提出人民城市理念,形成关于城市工作的一系列原创性贡献,深入求解城市高质量发展如何破题,以积极创造城市发展新红利,不断提升人民生活质量,回应人民的更高期许。

三是人民城市理念是中华优秀传统文化中蕴含的城市发展智慧的理论再造。"城,所以盛民也;民,乃城之本也。人心往之,城必兴焉。"中华优秀传统文化蕴含城市发展与人的发展相结合的重要经验与理念,人民城市理念是对相关重要经验与理念的创造性转化和创新性发展。

中华优秀传统文化是塑造城市精神的"根",蕴含文化筑城理念。城市的历史记忆和文化印记是人民安身立命的精神空间,人民城市理念充分吸收相关理念,强调保护历史文脉、发展城市文化,加强城市与人民之间的精神纽带,塑造人民对城市的精神认同。中华优秀传统文化蕴含将精神气质融入城市规划、建设的经验原则。习近平总书记指出:"周代就形成了营城制度,把城邑总体布局纳入礼制轨道,形成特有的空间秩序。"② 人民城市理念充分展现"文化是城市的灵魂",强调城市要形成人的文化滋养空间。中华优秀传统文化蕴含天人合一思想,注重山水绕城、依律治城,人民城市理念充分吸收相关经验和理念,汇入新时代城市发展的实践进程,习近平总书记指出:"山水林田湖是城市生命体的有机组成部分,不能随意侵占和破坏。这个道理,两千多年前我们的古人就认识到了。《管子》中说:'圣人之处国者,必于不倾之地,而择地形之肥饶者。乡山,左右经水若泽。'""唐代白居易立《钱塘湖石记》,确立了保护

---

① 《中央城市工作会议在北京举行》,《人民日报》2015年12月23日,第1版。
② 中共中央党史和文献研究院编:《十八大以来重要文献选编(下)》,中央文献出版社2018年版,第87页。

西湖的准则。"①

(三) 人民城市理念的时代价值

面对当下国内外城市发展凸显的理论困境与实践局限,人民城市理念有了重大理论突破,在更好推动新时代城市工作中不断彰显自身的时代价值。

第一,开辟了马克思主义及其中国化城市理论的新境界。人民城市理念是对马克思主义及其中国化城市理论的"接着讲""创新讲",回答了社会主义城市是什么、社会主义城市如何建等重大理论命题,形成了一系列原创性理论贡献,在城市发展和建设上具有重大理论创新。人民城市理念继承发展了马克思主义群众史观,更加明确了人民在城市发展中的主体地位,强调了社会主义城市的价值底色,提出了城市发展要不断塑造人的自由全面发展的基本条件,构建了城市发展目的与动力相统一的理论基础与价值导向,创造性提出要打造人与自然共生的城市空间,承续人与历史共存的城市文脉,建设共建共治共享的城市治理共同体,这些都是马克思主义城市理论历史传承与时代创新的融合产物。

总体而言,人民城市理念以人的自由而全面发展为最终目标,将人的发展与城市发展统一于新型社会主义城市文明。中国式现代化的最终目标是实现人的自由而全面的发展,要构建人类文明新形态,人民城市理念是重要组成部分,指明了新型文明形态的城市发展方向。

第二,超越了西方城市发展理念,有效克服了西方城市理论的局限。与西方城市发展理念相比,人民城市理念具有显著比较优势。人民城市理念以人民为中心的价值导向,克服了资本逻辑的负面效应。资本主导下的城市治理在带来经济效益的同时,也造成了许多无法逆转的困境。如少数人占有资源、拥有分配资源的权力,资源要素不断向资本所在区域集中,市场机制将逐利资本引向公共空间,使城市形成富人区与穷人区的对立、精英地与贫民窟的隔阂、私人占有资源和共享公共资源的矛盾,等等。广大人民难以真正享受城市现代化发展的成果,无法成为城市发展主体。人

---

① 中共中央文献研究室编:《习近平关于社会主义生态文明建设论述摘编》,中央文献出版社2017年版,第66—67页;《十八大以来重要文献选编(下)》,中央文献出版社2018年版,第89—90页。

民城市理念以人民至上取代资本至上,彰显了中国特色城市治理理念的价值优势,强调城市治理以人民为中心,强调公平占有和分配城市发展资源,强调对资本的利用、驾驭、引导,使城市发展始终以人民逻辑为主导。

人民城市理念以政党引领确保城市发展的社会主义价值取向。城市治理始终体现出对应的政治价值,在西方资本主义国家的城市治理中,政党往往缺位,在城市治理的主体能力方面较为欠缺,容易成为资本逻辑的现实代言人,始终难以根治城市发展难题。中国共产党作为马克思主义政党和使命型政党,始终体现城市治理的人民特质,彰显城市工作的社会主义价值取向,中国城市基层治理依托广大基层党组织引领,有力有序有效推动城市发展与治理,充分发挥党总揽全局、协调各方的能力,使中国城市发展具有正确价值指引和理论指导。

西方城市理念过度强调市场机制对城市治理资源的分配,容易形成功利性强、被动式参与等负面现象,出现社会阶层与圈层对立、身份与文化对抗等矛盾。人民城市理念强调在城市治理中充分发挥人民力量、吸收人民智慧,对城市发展的多元力量进行统筹整合,以强有力的政党引领,形成"一核多元"的城市发展与治理结构,充分满足广大人民群众的共同利益,有效化解人民群众中的矛盾,实现集中力量办大事和提升人民群众幸福感相统一,激发人民群众有序参与城市治理的内生动力,形成多元社会主体共同发展的城市共同体。

第三,确立了新时代推进中国城市工作的理论指引。党的二十大明确指出,团结带领全国各族人民全面建成社会主义现代化强国、实现第二个百年奋斗目标,以中国式现代化全面推进中华民族伟大复兴,是中国共产党的中心任务。城市是现代化的重要载体,城市的现代化发展能够带动经济社会的整体发展。从根本上确立城市现代化的理论指引,是真正实现人的现代化、应对各类城市发展和治理难题的基础。在实现中华民族伟大复兴战略全局和世界百年未有之大变局交织的背景下,城市发展面临各类风险挑战,迫切需要新的理论指引。人民城市理念牢牢扭住"为人民""靠人民"的方向和立场,为我国城市建设应对各类风险挑战、为我国城市发展不断向纵深推进确立了科学发展理念,形成了"人的现代化"的理论遵循,明确了人的发展的要素和条件,确立起城市发展"以人为核心"的主体性,有效推动了新时代城市工作稳步前进。这种理论指引的工作逻辑包括:

一是人民城市理念为城市发展确立了"人民性"价值指引。价值理念涉及城市发展的基本规定,西方资本主义城市发展的根本弊端在于在资本主义生产方式下,资本至上的价值理念始终起主导作用,人的价值与人民利益无法彰显。尤其体现在城市空间与自然空间的对立、城市同质规划与多元文化的矛盾、城市劳动者和统治阶级的权力断裂、城市财富增长与人的意义虚无的张力,从根本上使得城市发展的建设者与享有者分离,使人的现代化无从彰显,更无法实现人的自由全面发展,使世界范围内城市发展、现代化发展面临新的难题,在十字路口停滞不前。

人民城市理念强调城市发展要服务于广大人民的根本利益,强调城市建设者与城市发展成果享有者相统一,指明城市发展的时代主旨,明确在城市发展中要不断巩固人民的主人翁地位;强调人民权利与义务的统一,指明城市发展的时代方向,使广大人民群众能通过各种方式有序参与城市建设;强调城市是人类创造各类文明的重要空间,代表人类文明的高级形态,提出城市发展的时代潮流,城市要成为人与人、人与自然和谐共处的美丽家园。这就从根本上提出城市发展的文明意蕴,将不断塑造城市中人与人、人与自然的新型生产生活关系。

二是人民城市理念是进一步做好城市工作的根本遵循。人民城市理念从根本上蕴含做好城市工作的标准。"做好城市工作,要顺应城市工作新形势、改革发展新要求、人民群众新期待,坚持以人民为中心的发展思想,坚持人民城市为人民。这是我们做好城市工作的出发点和落脚点。"[①]

人民城市理念是对城市发展规律的正确认识,为端正城市发展指导思想提供指引。习近平总书记明确指出,"城市发展不能只考虑规模经济效益,必须把生态和安全放在更加突出的位置",[②]要"不断提升城市环境质量、人民生活质量、城市竞争力,建设和谐宜居、富有活力、各具特色的现代化城市,提高新型城镇化水平,走出一条中国特色城市发展道路"。[③]

人民城市理念是城市发展指导思想的根本内核。习近平总书记明确指出,"城市

---

① 《中央城市工作会议在北京举行》,《人民日报》2015年12月23日,第1版。
② 《习近平生态文明思想学习纲要》,学习出版社、人民出版社2022年版,第41页。
③ 《中央城市工作会议在北京举行》,《人民日报》2015年12月23日,第1版。

工作做得好不好,老百姓满意不满意、生活方便不方便"是重要评判标准。① 城市建设和发展要顺应人民对高品质生活的期待,着力解决人民群众最关心、最直接、最现实的问题,适应人的全面发展和全体人民共同富裕进程,不断为广大人民群众创造更加幸福的美好生活。

人民城市理念是对城市发展道路的科学指引。现代化的本质是人的现代化,以人为核心的新型城镇化明确了新时代城市发展的道路方向。习近平总书记指出,努力"坚持以人为本。推进以人为核心的城镇化,提高城镇人口素质和居民生活质量,把促进有能力在城镇稳定就业和生活的常住人口有序实现市民化作为首要任务"。②

人民城市理念确立了开创城市发展新局面的基本思路。贯彻人民城市理念,充分体现在"五个统筹"中,强调提升工作全局性,形成协调发展格局;提高工作系统性,让人民群众生活得更方便、更舒心、更美好;提高发展持续性,形成让生活更美好的持续动能;提高发展宜居性,不断提升人民生活品质;提高发展积极性,不断激活人民群众的活力,形成良好发展秩序和社会治理的城市共同体。必将更好指导中国城市建设与发展。

三是人民城市理念为世界城市发展提供了中国智慧。习近平总书记强调,"人与自然是生命共同体",③城市建设要体现"尊重自然、顺应自然"的理念,"让城市融入大自然,让居民望得见山、看得见水、记得住乡愁"。人民城市理念强调塑造"把城市放在大自然中"④的城市发展空间,认为城市发展不能走先污染后治理的道路,不能放任城市自然资源被毫无限度地攫取、城市自然空间被肆无忌惮地削减。人民城市理念充分体现"两个结合",在以人民为中心的基础上,充分挖掘中华优秀传统文化智慧,强调坚持生态优先、绿色发展,形成城市绿色发展方式和生活方式,挖掘城市山水林田湖草等生态资本,使生态效益与经济效益、社会效益更好结合,向世界贡献了既需要保留绿水青山的自然馈赠,也需要享受金山银山的生态财富这一城市发展智慧。

---

① 中共中央文献研究室编:《习近平关于社会主义社会建设论述摘编》,中央文献出版社 2017 年版,第 131 页。
② 同上书,第 161 页。
③ 中共中央文献研究室编:《习近平生态文明思想学习纲要》,学习出版社、人民出版社 2022 年版,第 18、42 页。
④ 同上书,第 42 页。

习近平总书记强调,城市发展"既要改善人居环境,又要保护历史文化底蕴,让历史文化和现代生活融为一体"。① 人民城市理念充分体现了在城市发展中"延续历史文脉""融入现代元素"等发展智慧,反对"千城一面"、城市发展的"机械化"和城市空间景观的资本色泽。城市要延续历史文脉,留住"历史基因",融入现代元素,打造"城市精神",强化"城市特色",提升"城市魅力",打造人与历史文化共荣的城市格局。

习近平总书记强调,"要坚持广大人民群众在城市建设和发展中的主体地位","把市民和政府的关系从'你和我'变成'我们',从'要我做'变为'一起做'","实现城市共管共治、共建共享"。② 人民城市理念为世界城市发展贡献了"政府掌舵"与"人民划桨"辩证结合的中国智慧,强调规范城市发展方式,打造多方共赢的城市结构,反对城市发展形成金字塔式的阶层结构,使建设付出与成果享有不对等。"四个人人"充分体现出城市发展是"人民建"与"为人民"的辩证统一,共管共治、共建共享的高度统一。

人民城市理念在根本上体现了城市发展的应然目标,即"社会全面进步和人的自由而全面的发展"。这就明确了城市发展需要处理好手段与目的、客体发展与主体实现之间的关系,为世界城市发展明确了价值指向,内蕴城市发展既要重"物",更要重"人"的价值旨归。在坚持以人民为中心的发展理念中,人民城市理念从"人的本质"的全面性与多样性出发,通过对城市发展空间、格局、方式的再造,人的自然性、个性与社会性在城市发展中得到充分展现,为实现人的发展与城市发展的辩证统一奠定理论基础,最终服务于实现社会全面进步和人的全面发展。

二、全面践行人民城市理念的生动实践与经验提炼

"人民城市人民建,人民城市为人民",深刻揭示了中国特色社会主义城市的人民属性,遵循习近平总书记的谆谆教导和殷切期望,从 2019 年开始,上海围绕打造人民城市典范,推出诸多政策方案,落实更多生动实践,努力讲好上海精彩故事,形成诸多

---

① 中共中央党史和文献研究院编:《习近平关于城市工作论述摘编》,中央文献出版社 2023 年版,第 113 页。
② 同上书,第 151、160 页。

可复制、可推广的做法与经验。

(一) 主要工作亮点和成效

1. 始终坚持党对人民城市建设的坚强领导

从历史方面看,城市是中国共产党领导人民进行民主革命、实施改革开放、实现国家治理现代化的主阵地,更是不断彰显党的领导能力的实践场。坚持党的领导是人民城市建设中维护公平正义的根本保证,坚持党的领导是抓好人民城市治理体系和治理能力现代化建设的关键所在,坚持党的领导有利于协调社会各界的不同利益关系,平衡眼前利益与长远利益、个人利益和集体利益、普遍利益和特殊利益之间的关系,统筹各个社会系统有序参与人民城市建设。上海在党内历次集中教育活动中始终坚持把解决实际问题、推动事业发展作为衡量标准,在助力"三大任务、一大平台"、加速旧区改造等人民城市建设工作中,始终坚持以党建为引领,加强组织力穿透力建设,强化政治功能与服务功能,全面提升党建效能。

第一,始终积极探索符合超大城市特点和规律的基层党建新思路。基层党组织是中国共产党的基本组织单元,是中国共产党沟通群众、联系群众的中介与桥梁,是组织群众、发动群众的落脚点和支撑点,是团结群众的基本依靠,而基层党组织的组织力是基层党组织在实现党的领导和加强党的建设过程中的能力。上海着力夯实城市基层党组织,坚持工作重心下移,骨干力量下沉,物质支撑下沉,责权利对称下沉。构建"条围绕块转、机关围绕基层转、基层围绕群众转"机制,确保基层治理始终有魂、有序、有力。加强以服务基层为导向的考核评议,鼓励优秀人才往基层集聚,加强资源配置,为基层提供强有力支撑。着力抓好党支部书记、职业化党务工作者和党建工作志愿者三支队伍建设,选优建强基层党组织带头人队伍。创设"新时代好班长——居村党组织书记论坛",集中"学"理论思想、现场"看"示范样板、登台"讲"经验做法,在老带新、传帮带中实现教学相长,让好干部扎根基层、奉献基层。加强阵地建设,所有街道建立社区党建服务中心,延伸设立1万多个基层党建服务站点,形成布局合理、功能配套的党建服务网络,着力推动党建服务触手可及。这些基层服务站点作为党的先锋阵地,为人民群众提供服务的同时,也宣传着党的思想。为人民群众提供基本服务,满足人民群众的日常需求。同时,向人民群众介绍党的历史,宣传党的思想,展现党的风采。坚持"将党带进来",将动态的服务与静态的理念相结合,使党服务于人民,根植于人民。2023年,中共上海市委开展了"基层不必要不合理负担较重"专项整治,上海基层干部案头的纸质台账、电脑里的系统平台、纷繁的考核创建、需要开具的证明大幅减少,他们的步子也变得轻盈起来,有了更多时间和精力投入服务群众中。

第二,始终坚持"单位党建、区域党建、行业党建互联互补互动"的重要思路和要求。以区域化党建为引领,着力打造多层次、扁平化、融合式组织平台,不断健全资源整合型党建工作模式,打破行政壁垒,把区域内关系互不隶属、层级高低不同、领域多元的各类党组织连接起来,实现上下联动、区域统筹、各方协同、资源整合、综合施策、基层托底、共建共享。积极探索以党建联建模式将党的工作向工程建设覆盖,凝聚更多主体的多方面联动,推进北横通道等一系列重大工程建设顺利开展,让民生工程真正成为民心工程。党建联建模式在解决一系列单一主体力不从心、行政力量难以入手的地方取得了令人信服的成效,包括在长三角一体化党建、毗邻党建、"三地四城"(上海市嘉定区、浙江省温州市、江苏省昆山市、江苏省太仓市)同圈党建、进博一线党建联盟、"中国(上海)自由贸易试验区临港新片区党建工作与新片区建设同谋划、同推进""结对百镇千村,助推乡村振兴"行动,以及党建引领物业治理、空港建设、架空线入地等重点及难点工作中,有效推动不同层级、不同隶属关系的党组织和党员协同共进。

第三,始终坚持高质量发展导向,聚焦商务楼宇、滨江滨河等城市新空间,发挥党建引领力和穿透力。2020年4月,上海市浦东新区在上海中心大厦、中国金融信息中心、东方金融广场、鲁能国际中心、嘉兴大厦及双鸽大厦等6家商务楼宇内启动楼长制试点,建立党建引领下的商务楼宇"楼事会(楼宇事务委员会)"运行机制,将资源、服务、管理力量下沉到"楼门口",建立起楼宇垂直社区的"居委会"、楼宇经济发展的"办事处",形成了党建引领下政府、楼宇"居民"、社会力量协同共治,经济治理、社会治理、城市治理在楼宇空间统筹衔接的"善治"格局,推动浦东楼宇党建进入"善治"阶段,其中楼事会由楼宇联合党组织书记、入驻企业党组织书记、物业管理方负责人、党群服务站负责人、企业行政负责人及党员职工代表等组成,人数原则上不超过20人。由楼事会推选出一名政治意识强、综合素质高、熟悉楼宇情况并有志愿精神的成员担任楼长(通常为楼宇物业管理方负责人),让楼长成为对上打通政府职能部门沟通渠道,对下畅通企业及员工联系服务,对外联通各种社会资源的主要环节;同时明确楼宇服务专员,组团下沉到楼宇开展服务,让服务窗口通过楼长这一中枢前移,形成"有楼事找楼长"的共识,使楼事会成为管理、服务楼宇社区的主要端口。为了保障楼委会高效运作和楼长作用的有效发挥,浦东新区委组织部出台《楼事会工作例会制度》《楼市会社情楼意通报制度》《楼长紧急约见磋商机制》等制度,让楼事会不仅"建起来",而且"转起来""强起来"。上海探索形成了一条"滨江党建"新路——以增强党组织政治功能和组织功能为重点,依托市、区、街镇、居村党组织"四级联动"主轴,构建全域推进的滨江党建组织体系、阵地体系、功能体系、治理体系,不少举措入选全国城市基层党建创新案例。

专栏 0-1

"滨江党建跨区域联盟"

上海成立"滨江党建跨区域联盟",依托党组织这一共同的"基因密码"构建"贯通纽带",确保"一江一河"岸线按期高质量贯通。在市级层面,上海市住房和城乡建设管理委员会、上海市绿化和市容管理局、上海市水务局、上海市海事局等"条"上部门与沿江各区的"块"上力量开展党建联建,形成合力,突破堵点。在区级层面,依托"贯通工程建设指挥部",建立党建联席会议,各参建单位、街镇通力合作。截至2022年12月,黄浦江沿岸共建立党群服务站点近50个,包括浦东"望江驿"、徐汇"水岸汇"、杨浦"杨树浦驿站"等;苏州河沿岸,长宁区统筹建设5座"宁聚苏河·党群驿站",普陀区计划建设25座驿站。2021年,《上海"一江一河"党群服务地图》首发上线。无论身处何地,市民游客通过手机微信"扫一扫",就能轻松获取"一江一河"沿线的72个站点信息。"一江一河"两岸贯通后,上海以党群阵地为联结点,构建滨江服务全域网,及时回应各类人群居住、办公、休闲、商业服务等各类需求,基层党组织则紧扣滨江地区治理要求和人群需求,统筹推进滨江、滨河党群服务体系功能建设,力求以党群阵地的服务力度提升城市温度。

资料来源:《上海市打造"滨江党建"品牌,提升党建联建质量,适应城市现代化进程加快对党建新要求——党建引领基层治理 人民城市更有温度》,《人民日报》2022年12月6日,第19版。

第四，积极实施"党的诞生地"红色文化传承弘扬工程，打造伟大建党精神传播高地。上海持续强化红色资源凝心聚力、铸魂育人、推动发展的社会功能，助力城市软实力建设，构筑起城市精神的鲜明底色。2021年5月，上海出台了《上海市红色资源传承弘扬和保护利用条例》，在全国率先以地方立法推动红色旧址、遗迹、地标得到进一步妥善挖掘、保护、利用。在首批《上海市红色资源名录》中，相关部门已梳理出612处重点旧址、遗址、纪念设施类红色资源，以及236件（套）重要档案、文献、手稿、音像、实物类红色资源等，串联成人们探究、理解、把握伟大建党精神的载体和主线，更凝结起当下砥砺奋进的信心与底气。比如，在2021年建成开放的中国共产党第一次全国代表大会纪念馆，采用文物实物、图片图表、动态视频、油画雕塑、实景还原、多媒体声像等多种展示手段，展出各类展品1 168件，每天都吸引着来自全国各地的党员群众前来瞻仰参观。依托这些阵地，全市加强广大党员队伍的思想建设，通过输出学习资源、服务资源，提高党员干部的政治能力，坚定理想信念，保持政治定力，鼓励广大党员聚焦重大项目攻坚克难，奋勇争先，以干事创业的实绩来校验责任担当与为民初心。上海积极传承红色精神，先后成立"上海市中国共产党伟大建党精神研究中心""高校中国共产党伟大建党精神研究中心"，推进红色资源基础研究。2021年6月，全国首个红色文化资源信息应用平台上海"红途"在"学习强国"和"随申办"上线，汇聚推出全市精品展陈、讲座课程、体验线路等优质学习资源，目前已成为上海最具影响力和示范性的红色资源应用平台。

第五，将正风肃纪反腐向纵深持续推进，全面从严治党，"四责协同"机制不断健全，"四风"顽症深化整治。上海市纪委坚持严的主基调不动摇，一体推进不敢腐、不能腐、不想腐，努力取得更多制度性成果和更大治理成效。在扎牢不能腐的笼子方面，针对案件暴露出来的制度不健全和执行不力等问题，通过制发纪检监察建议书和约谈、通报等形式，督促重点领域主管部门深化改革、完善政策、健全制度。比如，针对国企、高校和农村集体"三资"管理等方面存在的突出问题，制定出台《关于加强和改进市管国有企业党风廉政建设的实施意见》《关于新时代深入推进上海高校党风廉政建设和反腐败斗争的意见》和《关于进一步加强我市农村集体资金、资产、资源监督管理的若干意见》等制度文件。在增强不想腐的自觉方面，上海市纪委监委坚持以案释纪、以案明法，协助中共上海市委召开全市警示教育大会，组织召开全市纠"四风"

树新风警示教育大会,对典型问题和案例进行通报。组织汇编党的十九大以来本市严重违纪违法人员忏悔录,拍摄"贪欲之害"系列警示教育片。同时加强廉洁文化建设,在龙华烈士陵园设立上海市廉政教育基地,开展"一区一品牌"廉洁文化创建活动,涵养清正廉洁的价值理念。

第六,统一战线发挥新型政党制度优势,凝聚各民主党派、工商联和无党派人士更好咨政建言、发挥更大作用。上海统一战线始终坚持中国共产党领导的多党合作和政治协商制度,贯彻落实《中国共产党统一战线工作条例》,服务全国、服务上海,推动经济社会高质量发展,不断提升新型政党制度效能。一是服务中心大局,积极建言献策。组织引导各民主党派、工商联和无党派人士在政治协商、民主监督、参政议政中发挥作用。五年来,中共上海市委先后组织召开30多次党外人士座谈会,相关人士提出意见建议300多条;围绕科创中心建设、"两张网"建设、"老小旧远"问题等,每年委托党外人士开展专项民主监督。二是优化营商环境,助力经济发展。落实中共上海市委关于加强民营经济统战工作的实施办法,深化"政会银企"四方合作机制,帮助企业解决融资难等问题。三是积极彰显作为,服务国家战略。助力长三角区域一体化发展,成立"长三角企业家联盟",推动民营企业开展区域合作。助力打赢脱贫攻坚战、全面建成小康社会,接续推动对口地区发展和乡村全面振兴。

第七,将开展大调研作为重要工作方法。一是推动大调研常态化。这五年来,针对经济恢复重振,持续开展领导干部"稳经济、保安全"大走访、大排查。二是坚持调研课题化。中共上海市委常委会带头,每年确定一批重点调研课题,以此带动工作破题,市委书记每年都牵头开展一项重点课题调研,分别涉及社会治理、长三角一体化发展、城市运行数字化转型等。在市领导带动下,全市各区、各部门对重点工作的研究也越来越深入。三是坚持开门搞调研。线下,建立市、区领导日常联系企业和基层的工作机制,开展经常性走访,不预设主题、开放式调研,以面对面的方式问需求、听建议。线上,依托12345上海市民服务热线、"上海大调研"微信公众号等平台,广开渠道、广集民意。四是注重调研实效。对调研中发现的群众、企业急难愁盼问题,坚持即知即改、立行立改,努力做到问题在一线发现、困难在一线解决、矛盾在一线化解。建立复杂重大问题处理机制,统筹解决跨地区、跨行业、跨部门的"三跨"问题,切实把调研成果转化为推动工作有效开展的助力。针对大调研中企业反映的突出问题,每年制定优化营商环境行动方案,该方案已从1.0版升级到5.0版。

专栏 0—2

浦东新区浦兴路街道打造"基石工程"

上海市浦东新区浦兴路街道打造了"基石工程",完善居民区党组织、住宅小区(片区)党支部、楼组党小组三级架构,全街道40个居民区、4 300个楼道楼组党组织覆盖率为100%,1 704名楼组长、6 772名楼组在册党员及6 776名在职双报到党员沉网入格,有效带动居民有序自我管理、自我教育、自我服务。

资料来源:课题团队整理。

---

2. 以高质量发展夯实人民城市物质基础

上海汇集了丰富的资本、技术、人才和政策试点等资源,如期完成"五个中心"阶段性目标任务,经济综合实力日益凸显,市场功能体系日臻完善,国际影响持续扩大,为在我国社会主义现代化新征程中发挥引领示范作用、树立人民城市典范奠定了良好的基础优势。

第一,创新政策吸引和培育创新创业人才。据粗略统计,上海集聚了全国52%的5G人才、40%的集成电路人才、33.7%的人工智能人才,以及25%的创新医药人才和智能网联人才。同时,上海聚焦国家有需求、上海有优势、市场有空间的重要科学和关键技术领域,围绕人才使用、授权松绑、揭榜挂帅、多元投入等体制机制,加大改革突破力度,不断完善公共服务体系和创新交流平台,激发人才的创新潜能。2019—2023年,上海累计引进留学人员超过13.5万人,来沪工作创业的留学人员超过30万人,创办企业6 000余家,其中一些海归人才更是成长为院士、首席科学家、知名企业家等行业顶尖人才。同时,科技治理体系逐步完善。《上海市财政科研项目专项经费管理办法》出台,进一步扩大科研项目预算自主编制、调剂权,放宽科研结余留用政策,加大科研人员激励力度;扩大科研经费"包干制"实施范围至科技人才项目,将科技"启明星"和"学术带头人"项目纳入"包干制"试点范围,明确允许项目负责人自主决定项目经费使用;开展"基础研究特区"创新实践,支持复旦大学、上海交通大学、中国科学院上海分院、同济大学、华东师范大学、华东理工大学等单位在项目遴选、考核评价等方面开展探索;加速推进赋予科研人员职务科技成果所有权或长期使用权试点,6家试点单位完成150余项成果赋权,转化金额超过1.5亿元。

第二,多举措促进高质量消费并发挥引领作用。截至2022年12月,上海口岸消费品进口总额占全国比重提高到40%以上,口岸进口服装、化妆品、汽车分别约占全国70%、41%和37%。世界知名高端品牌集聚度超过90%,国际零售商集聚度位居全球城市第二。首发经济独树一帜,据中商数据统计,2019—2022年,上海引进首店5 840家(日均2.8家),亚洲级别以上首店超过80家,数量和质量稳居全国首位,成为国际品牌首入中国,国内品牌孵化新品牌、尝试新业态的首选地。目前,全球综合排名前十的主要跨国会展集团都已在上海设立独资或合资企业。上海出台全国首部省级会展业地方法规《上海市会展业条例》。在沪举办的世界百强商展数量居全球首位,2023年国际展占比达85%。以中国国际进口博览会(简称进博会)、中国国际工业博览会(简称工博会)为代表的一批高能级展会连续成功举办,2023年进博会按年计意向成交额达到784.1亿美元,比上届增长6.7%,参展企业近3 500家,其中"世界500强"及行业龙头企业达289家,数量为历届之最,展示新产品、新技术、新服务超400项。2023年上海口岸对共建"一带一路"相关国家的进出口值超过2.5万亿元,外贸规模较10年前扩大了1.8倍。10年间,上海口岸对相关国家进出口总额累计达27.92万亿元,占上海口岸外贸比重超过1/3。于2021年9月28日正式运行的中欧班列"上海号",目前已实现中欧线、中俄线、中亚线去程和回程全覆盖。

第三,以金融服务实体经济高质量发展。一是加强民生领域和薄弱环节金融供给,保障重大工程和民生项目融资需求。聚焦上海构建"一张床、一间房、一套房"多层次供应体系,不断加大对保障性租赁住房建设的融资力度,结合保租房项目具有一定的公益属性以及前期投入大、投资回报周期长的特点,量身定制银团融资方案,其中中国银行上海市分行作为银团牵头行,为相关建设项目提供近50亿元融资支持,累计将为新市民、青年人等群体提供保租房近6 000套,有效解决住房难题,推动上海保租房市场的发展和完善。二是加快发展养老金融和健康金融,持续推进第三支柱养老保险改革,全力支持健康产业、银发经济发展。加快构建与老龄化进程相适应的智慧养老体系，主要银行机构与市担保中心合作推出的"养老批次贷"，为养老机构提供近 300 万元信贷资金支持，助其引入更多护理机器人、康复机器人等养老科技产品，加强入住管理、餐饮管理、健康管理、生活照护等运营智慧化服务，助力加快智慧养老院建设，为嘉定新城内瑞金医院北部院区、瑞金医院肿瘤（质子）中心提供全面智慧医疗服务。三是支持城市更新改造、品质提升等基础设施重点项目建设，为智慧城市、韧性城市发展注入"源头活水"。金融服务在"平急两用"公共基础设施和城中村改造等"三大工程"建设中发挥了重要支持作用。中国建设银行上海市分行通过地下空间"一网统管"系统，提升城市监测预警和应急处置能力；浦发银行创新推出城市更新贷款产品，支持上海地区 70 余个旧区改造及城中村改造项目，落地虹口区瑞康里城市更新项目、三林楔形绿地城中村改造、西门历史文化街区旧城区改造等，保留原有建筑轮廓与风貌；交通银行上海市分行支持轨道交通站点的综合开发和智慧交通设施的建设，支持上海市应急避难场所的建设和改造，提高城市应对风险的能力；上海农商银行提出"普惠金融赋能社会治理"的新理念，与各级政府、基层社会组织共创社会治理新模式，在上海 214 个街道、乡镇、社区开设 920 个"心家园"公益服务站，提供金融和非金融服务。四是推出多层次的创新型消费金融和市民金融产品，积极支持扩大有效需求和消费中心城市建设。2024 年出台《上海市关于进一步加大力度推进消费品以旧换新工作实施方案》，积极探索应用融资租赁等模式，支持企业和个人通过融资租赁方式进行消费品更新，支持企业进行设备更新和技术改造，推动高质量耐用消费品更多进入居民生活，引导金融机构合理增加消费贷款、装修贷款等，加强对绿色智能家电、家居产品生产、服务和消费的金融支持。主要银行机构积极响应，推出多项支持举措推动汽车、家装等领域以旧换新，与多个汽车品牌及家装经销商建立合作关系，提供更具吸引力的金融消费政策及产品。不少金融机构与区级政府合作，推出餐饮、健康、教育、娱乐、加油等多方面的权益礼包，提升居民的社区消费服务水平。五是加大对制造业、战略性新兴产业和科创产业的支持力度，提升民营企业、小微企业和新市民金融服务水平。2023 年，我国工业和信息化部发布了中小企业发展环境评估报告，上海中小企业融资环境连续 3 年排名第一。持续增加对重点领域和重点群体的中小微企业信贷投放，加大对早期科创企业的支持，深化知识产权质押融资投放，深化"银担合作"、推进普惠金融顾问制度、持续优化大数据普惠金融应用，有力支撑高新技术产业蓬勃发展。

3. 以城市治理共同体汇聚人民群众智慧和力量

2019年11月,习近平总书记在上海提出了全过程人民民主与人民城市两大重要理念,两者的同时提出具有历史必然性。全过程人民民主与人民城市都是在当代中国国家建设和发展中贯彻以人民为中心的政治原则的必然结果。以人民为中心的政治建设,必然凝结为全过程人民民主的重要理念;以人民为中心的城市发展,必然表达为人民城市重要理念。没有全过程人民民主的充分发展,就没有人民城市建设的澎湃动力和深厚根基。贯彻全过程人民民主是人民城市建设的重要方面,是人民城市建设在政治发展上的内在要求。人民城市建设与发展,是以人民为中心、以人民为主体、以人民为目的的城市发展,因此必须坚持贯彻发展为了人民、发展依靠人民的群众路线,必须汇聚城市人民的智慧和力量,问需于民、问计于民,在城市建设与发展中打造治理共同体和发展共同体。

上海作为全过程人民民主的"首提地"和"最佳实践地",正是理解全过程人民民主现实逻辑的典型案例和最佳场域之一。近年来,上海在全过程人民民主的探索和实践中,在体现为基层治理、城市治理和人民城市建设的执政过程、行政过程、立法过程和其他各种政治过程中察民情、集民意、汇民智、聚民力,尊重、保障和实现作为不同阶层、群体、身份的人民的知情权、表达权、选举权、管理权、监督权等,不仅深刻反映了当代中国全过程人民民主建设和治理共同体建设的总体进程和一般逻辑,也集中反映了由社会主义国际大都市性质决定的全过程人民民主与城市治理共同体发展的若干前瞻性特征。

第一,注重治理实践。上海将全过程人民民主与城市治理需求结合起来,体现出鲜明的问题导向、需求导向。全过程人民民主既是一种政治理念和政治价值,同时体现为一种制度体系,落实为一种治理实践。上海城市治理中的问题、困境和治理需求,既是全过程人民民主创新的先导,也是全过程人民民主实践的动力和方向。上海全过程人民民主实践经验表明,全过程人民民主不是抽象的、遥不可及的民主,而是现实的,解决治理问题,满足治理需求,具有治理效应的具体、真实、管用的民主。全过程人民民主的上海实践表明,全过程人民民主不是一种虚幻的、抽象的民主理论或者民主话语,而是一种具有鲜明实践品格的民主形态,全过程人民民主的生命力从根本上正是来自其实践性。

第二，基于城市主体。全过程人民民主具有全链条、全方位、全覆盖特征，全过程人民民主的运行空间既包括城市空间，又包括农村空间；另外，随着中国城镇化、城市化进程的深入，城市空间的资源集聚、城市文化的孕育发展客观上有助于全过程人民民主和城市治理共同体更好成长。上海将全过程人民民主与加快建成社会主义现代化国际大都市目标结合起来，体现出上海全过程人民民主实践鲜明的城市品格。资源集聚和结构分化是城市发展的典型特征，现代城市是全过程人民民主的催化剂和政治空间。上海的城市发展与城市治理依靠党组织、政府、市场、社会的通力协作，依靠中央支持和全体上海人民的群策群力。城市化进程所带来的资源集聚、结构分化、多中心化、人民权利意识和行动能力的增强、社会自治能力和组织能力的提升成为探索推进全过程人民民主和城市治理共同体发展的现实动力和现实条件。

第三，体现理性品格。上海将全过程人民民主与城市政治过程和政治结构优化结合起来，体现出上海推进全过程人民民主鲜明的理性（设计）品格。从政治过程建构民主政治，从政治结构保障政治过程，有赖于政治理性和政治智慧。从中共中央指导到中共上海市委的统一部署，从市、区到街镇、社区，从党组织到人大、政府、政协、群团组织、社会组织，从参与式民主到协商民主，从线下到线上，从实践探索到建章立制的法治保障，上海全过程人民民主和城市治理共同体建设体现出顶层设计的理性特征，具有全局、全域、全程、全结构、全层次的整体性特征。在上海全过程人民民主和治理共同体建设的实践创新中，理性政治设计始终是上海全过程人民民主和城市治理共同体发展的科学保障。

第四，增强自治能力。以城乡社区为代表的基层社会是全过程人民民主和城市治理最为重要、最具活力的政治空间，也是全过程人民民主和城市治理共同体发展的基础。上海注重将全过程人民民主与城乡社区生活政治的构建和人民自治能力的培育结合起来，体现出鲜明的基层治理共同体特征。全过程人民民主的本质是人民民主，人民民主的本质是人民当家作主，决定全过程人民民主发展水平的关键在于人民自身以自治能力为核心的政治能力。上海在基层治理中广泛实践的制度创新，依赖于基层社会自组织能力和自治能力的持续成长。同时，将全过程人民民主实践从基层共同体延伸至人民城市共同体，城市人民的整体自治能力就成为影响甚至决定全过程人民民主城市形态的关键。

第五,强调整合嵌入。上海将全过程人民民主与长期的、连续性的地方民主政治建设结合起来,与上海在城市治理领域长期的探索结合起来,体现出上海全过程人民民主鲜明的整合特征。上海对全过程人民民主和城市治理共同体的探索不是截断众流、另起炉灶,而是在连续性的民主政治建设的基础上和在城市治理持续优化的基础上用全过程人民民主新理念、新程序、新制度重新整合、总摄、协同和提升经验与实践效果,达到"1+1>2"的整体效果。可以说,上海的全过程人民民主和城市治理共同体建设并不是无中生有的创造,而是拾级而上、从量变到质变的积累,有效地整合和嵌入是其关键发展机制。

4. 以精细化管理提升城市整体品质

为深入贯彻落实习近平总书记关于城市精细化管理的重要指示和要求,2017年底,《中共上海市委、上海市人民政府关于加强本市城市管理精细化工作的实施意见》发布;2018年2月、2021年8月、2024年8月,上海市又分别发布三轮《上海城市管理精细化三年行动计划》(以下简称"三年行动计划"),全面提高城市治理的现代化水平,持续提升城市整体品质,不断开创人民城市建设新局面。近年来,上海始终牢记习近平总书记的殷殷嘱托,在中共上海市委、上海市人民政府的领导下,以建设具有世界影响力的社会主义现代化国际大都市为总目标,抓住城市精细化管理的特色,努力探索中国特色超大城市治理现代化的新路,并形成了诸多工作亮点和特色。

第一,强化智能化应用。智能化工具的开发和应用提升了城市精细化管理的能级。为抓住数字化转型的风口,推动数字赋能城市管理,2019年初,上海提出"一屏观天下、一网管全城"建设愿景,2020年,中共上海市委、上海市人民政府印发了《关于全面推进上海城市数字化转型的意见》,专门提出城市治理数字化转型的目标。2021年,国内首个"城市运行数字体征系统"上线。目前上海已打造形成"一网统管"28个"高效处置一件事"标杆场景,基本实现城市各类风险和突发事件早发现、早预警、早研判、早处置。近年来,上海以场景应用为抓手,依托数字新技术,聚焦最小治理单元,把推进"一网统管"建设作为提高上海城市治理能力现代化水平的"牛鼻子"工程,持续探索数字赋能城市精细化管理的新方法,不断推动城市精细化管理升级。不断提高城市治理数字化、智能化、智慧化水平,让城市生活更便捷、更有序、更安全。

在区级层面,以徐汇区为例,不断深化"一网统管"先行区建设,持续做强区、街镇两级城运平台,围绕"高效处置一件事",构建大平安、大建管、大市场、大民生"四大"城市治理领域,打造精准救助、精准营商、风貌保护等多个重点应用场景,赋能城市治理,让城市运行更安全、更有序、更整洁。近年来更打造了徐汇区乐山街坊片区一体化治理的示范样本,以及乌中市集等一批"小而美"的精品项目。

第二,提升标准化管理。完善"市—区—街镇"三级+各部门条线的城市精细化管理标准。在全市层面,出台《上海城市管理精细化三年行动计划》,并明确相关标准。上海早在2016年1月就启动了城市综合管理标准体系研究工作,致力于建立标准的框架体系,以编制一套可感知、易理解、高要求的管理标准。近年来,上海以构建精准、精细、常态、长效的城市管理体系为目标,从城市市政公共管理、市容环卫管理、园林绿化管理等方面入手,整合各类标准,查漏补缺,分级分类,为实现规范、长效的管理打下了坚实基础。在区级层面,以黄浦区为例,相关条线部门和街镇,根据区委、区政府制订的城市精细化管理行动计划,制定了更加详细的标准和方案,出台《主要道路和景观区域市容管理标准》《"一带一路一环"区域管理服务要求》,形成了道路、绿化、保洁等方面的"黄浦标准"。在街镇层面,黄浦区将城市精细化管理同基层治理体系完善结合起来,建立各部门联系基层的制度,完善黄浦区职能部门权责"四张清单",建立黄浦区职能下沉联席会议,规定任何权责的下放都要由区力量下沉联席会议通过,有效制约了城市精细化管理中的"责任下放,权力不下放"问题。

第三,创新市场化运作。通过政府购买公共服务来补充城市精细化管理和专业化管理的不足。如静安区建立了城市精细化管理从建设、运营到评估的政府购买公共服务运作模式。一是在智能化建设中引入市场力量,如在"151"项目建设中,静安区政府会同上海信投,组建上海联数物联网有限公司,专门开展相关的智能化平台建设。二是通过政府购买人员服务的方式,充实城市精细化管理的巡查队伍,如道路管理中的巡查员、河道管理中的专业管理公司队伍等。三是在城市精细化管理的评估监督中,通过政府购买公共服务,引入专业的第三方评估公司,对道路管理、河道管理等进行专业测评,以此提升项目评估的公信力。在浦东新区,陆家嘴街道通过与市场主体建立共治关系,解决了重点区域的共享单车乱停放难题。公众可即时通过政府与企业共同开发的手机App上报共享单车乱停放问题,企业根据上报信息及时处理,政府由执行者变成监督者,城市精细化管理权责更加明晰。

第四,突出法治化保障。突出大城管综合执法守住城市管理秩序底线保障。闵行区构建管理与执法并重的大城管格局,针对城市基层治理中的各类顽疾,闵行区各街镇结合自身实际,探索形成了具有地方特色的做法和经验,使基层社会治理的精细化水平进一步提高,群众的获得感、幸福感和安全感进一步提升,具体有三种特色的基层治理模式,包括以新虹街道为代表的"智能化城市综合运行管理＋片区分中心＋网格化管理"模式,以莘庄镇为代表的"镇级网格＋片区工作站＋居村网格化管理"模式和以马桥镇为代表的"1＋54网格化管理集中办公"模式。① 在奉贤区,为了解决"违章搭建""乱扔垃圾""楼道堆物"等群众频繁投诉的民生顽疾,化解"被动执法""反复治,治反复"的困境,奉贤区奉浦街道综合行政执法队通过下沉社区,打造"家门口"的管理执法平台,主动跨前,擦亮"为民服务"金字招牌,拓宽阵地,掀起"零距离"执法宣传热潮等行动,进一步推动管理执法力量下沉至问题一线,探索主动、精准服务以破解民生难题。

5. 以软实力提升彰显人民城市精神品格

城市精神品格作为城市的一张名片,是城市软实力的内核所在,其形成主要依赖于城市历史文化、市民文明素养等方面非物质要素的基础支撑,集中反映了城市在发展过程中逐步形成的、为人们所普遍认可的一套生存理念、文化特性和价值观念等,它能对生活于城市中的人产生同化和支持作用,也是一种推动城市实现可持续发展的内在动力。近年来,中共上海市委、上海市人民政府高度重视城市软实力的提升,着力以软实力提升彰显人民城市精神品格,并将其作为当前上海城市发展的重要方向,提升城市软实力成为增强城市核心竞争力和国际影响力的关键举措。在新时代新征程上,在习近平总书记提炼的"海纳百川、追求卓越、开明睿智、大气谦和"的上海城市精神和"开放、创新、包容"的上海城市品格指引下,上海正逐步构建起具有世界影响力的城市软实力体系,自觉弘扬人民城市精神品格,持续提升人民城市的创造力、传播力、影响力、竞争力。

近年来,上海在深入践行"人民城市人民建、人民城市为人民"重要理念,打造具

---

① 彭辉:《闵行区执法(管理)力量下沉研究》,《政府法制研究》2020年第7期。

有世界影响力的社会主义现代化国际大都市的过程中,凭借开拓进取的海派精神,牢牢把握社会主义先进文化前进方向,以软实力提升彰显人民城市精神品格,形成了工作亮点和经验优势,全面服务于国家战略全局和上海发展大局。

第一,坚持正确导向。上海作为马克思主义最早传入中国之地,也是马克思主义最早在中国的实践地之一。党的十八大以来,上海始终把做好宣传思想文化工作作为重大政治责任。为充分彰显上海城市软实力,充分发挥文化引领风尚、教育人民、服务社会、推动发展等作用,大力提升城市文明程度和市民文明素质,上海始终坚持用马克思主义理论进行武装,牢牢抓住上海作为马克思主义理论中国最早实践地之一的重要功能,使上海在马克思主义理论和党的创新理论人才建设、平台建设、成果建设上始终走在全国前列,牢牢把握社会主义先进文化前进方向。同时,上海始终坚持党对宣传思想文化工作的领导,牢牢把握正确的政治方向、舆论导向、价值取向,强化政治引领、价值引领,使上海成为学习党的创新理论的红色高地、研究要地、传播热地。此外,上海始终坚持用习近平新时代中国特色社会主义思想凝心铸魂、教育人民,牢牢立足关键特殊地位,在全市上下掀起"学习热""红色潮",为切实体现人民城市精神品格、早日建成具有世界影响力的社会主义国际文化大都市奠定了坚实的基础。

第二,彰显人文特色。开埠以来,近代上海在短时间内得以迅速发展,城市文化维度大幅拓展,呈现出多元性特征。其中,红色文化、江南文化和海派文化作为上海文化的最突出优势,代表了上海发展的不同面向,红色文化锻铸了上海文化的精神灵魂,江南文化在优秀传统文化的传承创新中积淀了上海文化的气韵品格,海派文化则充分彰显了上海文化的开放与包容,以三种文化融合发展为底蕴的上海城市发展历程就是实现中国式现代化的典型示范。特别是有效将弘扬伟大建党精神为重要内容的"红色文化"、以古典与雅致为重要内容的"江南文化"、以兼容并蓄为重要内容的"海派文化"相互融通,使上海文化具备鲜明的标识度和辨识度。此外,上海充分发挥在长三角一体化发展中的龙头带动作用,加强长三角城市群公共服务的合作与交流,探索协同建立以社会保障卡为载体的居民服务"一卡通",加强文物遗址保护研究利用,加强非物质文化遗产活态传承,促进区域文化协同。在建设国际文化大都市的过程中,上海不断深挖这些独特优势的"富矿",用足用好这些优势资源,从中汲取和提炼丰富的人文滋养,熔古铸今、辩证取舍、推陈出新,在实现传统与现代有机衔接的基础上,充分诠释了上海作为国际文化大都市的神韵魅力和文化主体性。

第三,塑造城市形象。习近平总书记提炼概括的上海城市精神、上海城市品格,为上海加快打造同具有世界影响力的社会主义现代化国际大都市相匹配的城市软实力指明了前进方向。2021年6月,中共上海市十一届市委十一次全会审议通过《中共上海市委关于厚植城市精神彰显城市品格全面提升上海城市软实力的意见》,提出塑造新时代上海市民新形象。① 为此,上海充分利用自身拥有的丰富红色文化、江南文化和海派文化资源,注重"工程引领"和"高地建设",注重"魂"(城市精神品格)与"形"(城市形象地标)的打造传播,抓牢提升海派文化"标识度"的"四梁八柱"。通过加快建成上海博物馆东馆、上海图书馆东馆、上海大歌剧院等重大文化设施,打造一批海派城市文化地标;持续巩固壮大主流舆论,推进媒体深度融合发展,持续发力 Sixth Tone、CNS、IP Shanghai、老外讲故事俱乐部等优势品牌,并在优兔平台全天 24 小时滚动播出 ShanghaiEye 解读"魔都"故事等,向世界展示上海城市的鲜活生命力,传递中国式现代化的时代精神;加强与国际媒体和机构的交流合作,充分利用布鲁塞尔中国文化中心等平台,讲好上海故事、传播上海声音,增强上海在国际舞台的话语权和影响力;深化"文化+"融合发展,推动上海国际电影节、中国上海国际艺术节、上海旅游节等众多国际艺术及影视节庆提质升级;着力建设公共文化服务高质量发展先行区,持续增强人民群众的参与度、感受度、满意度;努力推进"两中心、两之都、两高地、两座城"建设,全方位提升上海城市的吸引力。

第四,注重创新驱动。新时代以来,上海注重把创新驱动的新引擎全速发动起来,不断改革创新治理体系,多渠道增加创新投入,全方位推进开放创新,完善突出创新导向的评价制度,实施知识产权、标准、质量和品牌战略,以及培育创新友好的社会环境。一是在财政资金和国有资本的引导带动下,设立创投企业注册快速通道、集中资源打造国资投资运营平台、探索形成多渠道并举的滚动投入机制等,有序吸引有条

---

① 《中共上海市委关于厚植城市精神彰显城市品格　全面提升上海城市软实力的意见》,人民网,2021年6月28日,http://sh.people.com.cn/n2/2021/0628/c201504-34797043.html。

件的社会资本进入创业投资领域。① 二是全面整合文化、创意、科技、资本、制造等要素,重点发展创新先导型、内容主导型、智力密集型、资本密集型的产业类型,着力提供传统性、大众化、多样性的创意内容和服务,打造创新驱动、结构完整的现代文创产业体系,并实施以文化创意为引领的文化创意内容牵引和传播渠道再造战略。② 三是以创新驱动为主旨,定期组织科技创新创业载体的绩效评价工作,积极开展强化企业创新主体地位的科技型中小企业评价工作等,并通过设立科技创新基金、支持高新技术企业认定、推动产学研合作等,为上海建设具有全球影响力的科技创新中心提供有力支撑。四是打造政策引导有力、空间布局合理、要素配置完善的发展生态,并通过实施人才政策、建设人才高地等措施,积极营造有利于人才成长和发展的良好环境,鼓励科创+文创等产业新业态和新模式全速发展,为以中国式现代化全面推进中华民族伟大复兴提供更强大的动力。

第五,提升市民素养。习近平总书记指出,人民对美好生活的向往就是我们的奋斗目标。为深入践行人民城市发展理念,上海坚持把最好的资源留给人民,以优质供给服务人民。其中,文化建设是人民城市的核心功能。近年来,上海聚焦精神文明建设的理念创新和路径创新,将社会主义核心价值观践行贯穿于市民现代文明生活方式的培育之中,不断推动其落细、落小、落实,内化于心、外化于行,在日用而不觉的生活世界中潜移默化实现文明素养的提升。"十四五"以来,上海进一步推动落实与上海国际化大都市功能定位相符合、相匹配的市民行为文明素养提升方案,推进实施与人民群众美好生活需要相适应的市民文化内涵拓展、品质提升、氛围营造的战略,并依托"15分钟社区生活圈",启动实施全面提升特色、品质和效能的"基层公共文化设施更新提升工程",《公共文化惠民工程三年行动计划(2023—2025年)》被列入市委民心工程,《上海市文教结合工作三年行动计划》日益优化,"大博物馆计划""大美术馆计划""社会大美育计划"持续推进,上海市民文化节提质扩容,"上海市民艺术夜校"

---

① 一行:《上海发力创投新高地,集中资源打造国资投资运营平台》,第一财经网,2024年7月30日,https://www.yicai.com/news/102211532.html。
② 荣跃明:《以文化创新推动卓越的全球城市建设——〈上海文化发展报告(2020)〉系列亮点综述(上)》,斯文在线微信公众号,2020年5月22日,https://mp.weixin.qq.com/s/lDHwaDshxwZh5Vljlya3HQ。

火爆出圈,越来越多散落在街头巷尾、嵌入各种生活场景中的儿童友好城市阅读新空间、示范性农家书屋、新型农村电影放映示范点、艺术新空间、休闲好去处、城市书房、文化驿站等特色文化新空间已遍布全市社区园区、商圈楼宇、公园绿地、滨江水岸、景区景点、古镇乡村,在彰显人民城市品质生活的同时,回应了人民群众对美好生活的新需求,提升了市民的文明素养。

高效工作取得亮眼成绩。近些年上海逐步构建起城市文化的丰富内涵和独特品质,积淀起文化自信的丰厚资源,社会文明程度显著提升,围绕举旗帜、聚民心、育新人、兴文化、展形象,讲好中国故事,传播上海精彩,持续提升城市文化创造力、传播力、影响力,文创产业厚积成势,国际影响力不断提升。

6. 以大民生建设增进人民群众社会福祉

"城市是老百姓的幸福乐园"。习近平总书记在 2019 年 11 月考察上海时强调,衣食住行、教育就业、医疗养老等民生方面都体现着城市管理水平和服务质量;要抓住人民最关心最直接最现实的利益问题,扭住突出民生难题,一件事情接着一件事情办,一年接着一年干,争取早见成效,让人民群众有更多获得感、幸福感、安全感。为深入学习贯彻习近平总书记重要讲话精神,2020 年 6 月,上海通过《中共上海市委关于深入贯彻落实"人民城市人民建,人民城市为人民"重要理念,谱写新时代人民城市新篇章的意见》,明确提出"以大民生建设增进人民群众社会福祉"。近五年来,上海始终把增进民生福祉作为城市建设和治理的出发点与落脚点,努力实现幼有善育、学有优教、劳有厚得、病有良医、老有颐养、住有所居、弱有众扶,推动人民生活迈向更高品质。

第一,强化民生发展理念:统筹底线民生、基本民生和质量民生建设。上海作为中国的经济中心和拥有约 2 500 万人口的超大城市,具有人口结构老龄化、人员构成多样化、居住形态差异化等特点,民生需求呈现多元化、层次化、复杂化趋势,市民对美好生活有着更多、更高、更新的要求和期待。为此,上海进一步优化发展理念,在《中共上海市委关于深入贯彻落实"人民城市人民建,人民城市为人民"重要理念,谱写新时代人民城市新篇章的意见》中明确提出"必须顺应人民对美好生活的新期待,统筹抓好底线民生、基本民生和质量民生"。这是城市发展和社会进步的必然要求,也是实现超大城市全面可持续发展的重要路径,体现上海在推进中国式现代化中应充分发挥龙头带动和示范引领作用。

五年来,上海紧紧围绕民生新需求,扩大高端医疗、品质养老、文旅休闲、体育健身等有效供给,发展信息消费、在线教育、互联网医疗和智慧养老,以数智化、专业化建设推动多样化、精准化、品质化服务,以满足市民多层次、个性化、高品质的生活需要。同时,全面深化教育、医疗、养老、住房等社会事业改革发展,完善多领域、多层次的基本公共服务供给体系,强化基本民生建设内涵;始终不忘守牢民生底线,确保社会保障发展与经济发展水平、城市发展进程相同步,将高校毕业生、失业人员、就业困难人员等重点群体的就业扶持和基本保障作为重中之重,加大了对困难群众的关心关爱力度。

第二,优化民生资源配置:从基本均衡迈向普惠均等,并不断追求优质均衡。五年来,上海依托自身强大的经济实力和先进的产业结构,不断优化民生资源配置,从设施建设、标准建设、体制机制创新着手,推动基本公共服务向基层和家门口延伸,向新城和郊区农村覆盖,向薄弱环节和重点人群倾斜,稳步推进基本公共服务常住人口全覆盖,从基本均衡迈入普惠均衡,并向优质均衡迈进。

上海紧密结合城市规划和人口空间布局,推动基本公共服务设施标准化、均等化、智慧化配置,以"15分钟社区生活圈"建设和民心工程为切入口,狠抓落实。依托"15分钟社区生活圈"建设,各街道因地制宜,打造出一张张涵盖托幼、医疗、养老、就业创业等基本公共服务功能的社区便民服务网,推动了优质公共服务资源向基层均衡布局。一个个民心工程的推进,如安置电动汽车公共充电桩、建设市民健身步道等,让市民享受到更加丰富、便捷的公共资源。

在标准建设方面,2018年起实施128所公办初中"强校工程";2021—2023年连续三年更新《上海市基本公共服务实施标准》,不断提升基本公共服务标准化、均等化水平,以适应社会发展和市民需求变化。2021年出台新一轮义务教育学校"五项标准";为办好家门口的每一所幼儿园,2023年出台《全面建设高质量幼儿园的实施意见》。这些举措极大促进了优质教育资源的普惠均衡。

与此同时,深化教育、医疗、就业、住房等机制体制创新,推动高水准公共服务优质共享、便捷可及。为推动义务教育城乡均衡发展,2021年启动"双特"流动计划,2022年启动第二轮"城乡学校携手共进计划"。为推进义务教育校际均衡发展,2019

年起重点推进义务教育学区化、集团化办学向紧密型发展,推动师资、管理等优质资源互通互融、共建共享,目前已覆盖75%以上的义务教育学校。为推进优质医疗资源区域均衡和扩容下沉,2019年还大力建设区域医疗中心和区域医疗联合体,目前全市55个医联体已实现了网络化全覆盖。此外,着力推进保底线、扩就业、强供给、促匹配、防失业"五大体系"建设,公共就业创业服务体系覆盖各类劳动群体。还持续创新住房保障机制,建立健全了多主体供应、多渠道保障、租购并举的住房制度,构建起更加完善、更具包容性、更高品质的住房保障体系,力求在住有所居的基础上逐步实现安居宜居的高层次目标。

第三,深化民生建设内涵:促进人的全面发展,助力经济社会高质量发展。民生建设是社会发展的基础工程,也是衡量城市文明进步的重要标尺。特别是在现代化进程加快推进、人口老龄化加速发展以及劳动就业形态深刻变革的新时期,民生建设不仅关乎市民的获得感、幸福感和安全感,更事关人口高质量发展大计和经济社会发展大局。上海在高质量发展之路上,民生底色更足。

面对人口生育率下滑和自然负增长趋势,上海加强生育、养育相关民生建设。除了发展普惠性托育服务、发放生育津贴、优化育儿假期制度,大力推进科学育儿指导服务,还建立了全面覆盖的科学育儿和早教指导网络,赋能家庭教育;整合孕产妇健康管理和0—6岁儿童健康管理服务,打造并完善妇幼整链式全生命周期健康管理服务体系,助力构建一个生育友好型社会并稳定适度的人口规模。

此外,积极推进民生建设与人的发展需求、现代产业发展需要相适应。上海全面深化高中教育改革,推动从"育分"向"育人"转变,促进人的全面发展;通过保障新就业形态劳动者权益、持续深化劳动关系治理、创新发展创业带动就业、强化"技能优先"战略、为人才"解绑"等举措,推进人力资源向人力资本转化。践行将健康融入万策的理念,强化制度引领,为人口高质量发展奠定坚实的健康基础。2019年启动全国首个省级中长期健康行动方案,引领市民健康服务由单一医疗模式走向综合健康管理模式;建立重大项目、政策和工程健康影响评估制度,确保城市规划和经济发展将健康目标作为突出和优先考虑,标志着健康工作从"以治疗为中心"向"以人民健康为中心"转变。

作为大城养老的实践典范,上海持续深化"9073"养老格局,推进健康老龄化和积极老龄化。完善社区居家养老服务综合体系,全方位满足生活照料、康复护理、精神慰藉、社会参与等居家养老需求,推动"老有所养"迈向"老有所乐"。2019年启动老年认知障碍友好社区建设,全面推行长期护理保险试点,应对急速攀升的失能失智老人照护需求。优化养老床位结构并开展区域统筹,满足人户分离老人和接受护理老人"一张床"的需求。

上海同步推进社会保障体系建设与经济发展水平、城市发展进程,持续稳妥提升社保待遇水平,提出"到2025年,构建应对相对贫困的救助帮扶体系";全面放开灵活就业人员参保限制,率先开展新就业形态职业保障试点并定制专享保障。强调住房政策与人口政策、产业政策相协调,2023年针对城市基础建设和公共服务一线务工人员租房"远、贵、难"痛点,创新打造"新时代城市建设者管理者之家"项目;差异化、分区域调整购房政策,促进社会和市场良性、健康发展。

第四,转化民生建设手段:多元参与、共享共建、智慧集成、融合发展。立足经济社会特征及市民需求特点,上海十分注重挖掘社会力量,激发社会活力,推动民生建设从单一行政化推进向多元参与、共建共享转变,推动服务管理从碎片式、经验式管理向融合式发展、数智化治理转变,通过政府、市场、社会良性互动,构建一个更加包容、高效、智能的民生服务体系。

通过政策和机制创新,推动政社企三方合作,构建多领域、多层次的公共服务供给体系,促进多主体服务深度融合。比如,通过调整准入标准、税收减免、综合奖补等举措,鼓励大型国企、社会组织及各类托育机构提供普惠型托育服务,支持托幼一体化、社区模式、普惠模式、企业园区模式和市场运作模式多样化发展,满足不同家庭的需求;构建起"五位一体"的家庭教育指导服务新体系,打造学校教育、家庭教育和社会教育深度融合的协同育人共同体。

智慧城市是城市发展的未来方向。上海民生建设数字化转型一直走在全国前列。一方面发展"互联网+"政务服务,提高民生事项的办理效率。2018年"一网通办"总门户上线,现已涵盖各领域民生服务,个人可办事项达数千项。另一方面推进智慧服务和流程再造,提升服务精准性和可及性。例如,发展智慧养老、互联网医疗、移动诊疗和远程医疗,推进长三角门诊"一卡通"和示范区医保"同城化",建成七大数字化就医应用新场景,探索疑难疾病一站式诊疗服务模式。

上海推进民生服务和管理重心下移,将社区打造成服务群众的前沿阵地。通过嵌入式托育、养老、就业等公共服务站点建设,空间、资源、信息共享和集成,实现了"一站式"服务和"一口式"管理。民生建设下沉社区,体现了以人民为中心的发展思想,是推进基层治理现代化的关键举措,是切实提升居民生活质量的有效途径。

7. 以绿色低碳发展擦亮城市生态底色

良好的生态环境是最普惠的民生福祉,美丽上海建设的成效,直接关系人民城市建设的成色。自2019年11月习近平总书记在上海提出"人民城市"重要理念以来,从中共上海市委、上海市人民政府,到相关政府部门,再到各类主体和广大市民,牢记并落实习近平总书记的殷切嘱托,在加快打造人与自然和谐共生的现代化国际大都市道路上形成合力、创造佳绩,使绿色成为城市最动人的底色、最温暖的亮色。而且,上海党政领导与相关部门是站在"四个放在"的战略高度,思考和规划美丽上海建设的。美丽上海要为美丽中国建设提供上海典范,上海的超大城市现代环境治理体系构建要为全国乃至全球其他城市提供"上海样本、中国经验、中国方案"。美丽上海建设与沪苏浙皖共建绿色美丽长三角是密不可分的,上海的绿色低碳发展是长三角生态绿色一体化发展的一部分,长三角生态环境共保联治为美丽上海建设提供重要保障。

在中共上海市委、上海市人民政府领导下,在各相关部门努力下,上海超大城市现代环境治理体系日益完善,动员各类主体和全市市民,共绘美丽上海实景画。不仅体现"人民城市为人民",为了人民的福祉而强化生态安全保障、提升生态环境品质,而且体现了"人民城市人民建",人民不仅是优美生态环境的享受者,还是优美生态环境的创造者。

第一,持续推动绿色低碳转型。习近平总书记指出,"生态环境问题归根到底是发展方式和生活方式问题",①上海围绕产业结构、能源结构、交通结构、空间结构、消费结构调整,加快推动发展方式和生活方式绿色低碳转型,致力于从源头协同推进降碳、减污、扩绿、增长。产业方面,上海着力发展三大先导产业、四大新赛道产业、五大未来产业等,在国际国内比拼绿色竞争力,电动汽车、锂电池、太阳能电池"新三样"成为外贸及经济增长新引擎。善用"堵""疏"结合组合拳,既借助环评改革、节能监察等

---

① 习近平:《努力建设人与自然和谐共生的现代化》,《求是》2022年第11期。

加快淘汰落后生产力,又利用上海金融中心、科创中心等优势,不断强化优化绿色金融及高水平创新集群等对绿色低碳产业发展、传统产业绿色转型的赋能。能源方面,上海氢能产业正赶超世界先进水平,既是新的外贸及经济增长点,又支撑本土能源结构优化;未来随着蒙电入沪、深远海风电建设等,上海本土可再生能源资源不足的瓶颈将被突破,可再生能源发电占比将大大提高。交通方面,截至2024年4月底,上海城市轨交里程达864.8千米,①截至2023年底,上海新能源汽车保有量达128.8万辆,②两项指标在全球城市中均居首位;在公交客运量中轨交分担率达到3/4,③且正利用先进数字化设施+碳普惠政策等,大力发展模型即服务(MaaS)等共享交通新模式,鼓励越来越多的市民选择绿色出行方式;同时结合上海航运中心、航空中心地位,大力建设绿色港口、绿色机场,大力发展绿色燃料制造和加注体系。空间方面,通过建设五大新城,践行"以公共交通为导向的开发"(TOD)等先进理念,打造紧凑城市或紧凑城区,留出更多自然生态空间;借助产城融合、职住平衡,从源头减少通勤需求;而且5年来累计调减低效建设用地约100平方千米。④消费方面,上海推出并持续优化碳普惠等政策,引导市民选择绿色低碳生活方式。

第二,筑牢生态安全保障新防线。生态安全是保证一定区域生态稳定、生活安康、生产有序的前提或底线,五年来,上海的生态安全协调机制逐步健全,生态安全风险评估、监测预警、应急处置能力得到加强,突发气象灾害或环境事件等得到及时妥善处置,城市韧性水平大大提升。面对气候风险日益加剧,上海大力建设气候适应型城市、着力强化气候适应能力;通过建设海绵城市,不断完善抵御洪涝、风暴潮等自然灾害的基础设施与绿色基础设施,能源、交通等各类基础设施应对气候风险能力不断提标升级;通过发展气候投融资或绿色保险,为各类主体对冲缓释气候风险提供多样化手段,浦东新区于2022年成为全国首批气候投融资试点地区之一;2024年,《上海

---

① 中华人民共和国交通运输部:《2024年4月城市轨道交通运营数据速报》,交通运输部微信公众号,2024年5月,https://mp.weixin.qq.com/s/wjkwqMmmbZF7fTFhAVAMDg。
② 上海市商务委员会、上海市经济信息中心:《2023年度汽车流通行业信息监测发展报告》,2024年。
③ 陈逸欣:《三十而立丨全球第一的城市轨交网如何"从零生长"》,澎湃新闻,2023年5月28日,https://www.thepaper.cn/newsDetail_forward_23236386。
④ 龚正:《加快建设人与自然和谐共生的人民城市 奋力绘就美丽中国的上海画卷》,《习近平生态文明思想研究与实践》专刊2023年第1期。

市适应气候变化行动方案(2024—2035年)》出台,崇明区入选全国首批深化气候适应型城市建设试点。上海相关部门坚持规划引领,通过全面划定并严格执行"三区三线",严守经济社会发展的安全边界;饮用水水源保护区、沿江沿海防护林、重要湿地等生态屏障及1000平方千米永久基本农田等被确立为本市产业发展和城镇化不可逾越的红线。① 饮用水水源地、危险废物、重金属等重点领域环境风险排查和防控得到强化,守牢环境安全防线。

第三,多举措提升生态环境品质。良好生态环境是最普惠的民生福祉,为了增进人民的生态福祉,上海相关部门对标全球顶级城市先进水平,努力创造更优良生态环境品质。在污染防治攻坚战的国家考核中,上海连续四年获评优秀,其中2020年、2023年两年排名全国第一。大气方面,聚焦并精准管控细颗粒物、挥发性有机物、餐饮油烟等群众最关切的大气环境问题,推动清洁空气行动计划落地见效;2017—2023年,细颗粒物年均浓度从39微克/立方米下降到28微克/立方米,空气质量优良率从75.8%上升到87.7%。水环境方面,深入推进排污口排查溯源、雨污混接普查整治、水质易反复河道专项治理及污水处理厂提标改造等重点工作,完全消除劣Ⅴ类水体,地表水考核断面优良比例从2017年的23.2%提升到2023年的97.8%。土壤环境方面,全面完成土壤污染状况排查,基本建成土壤污染防治体系,基本实现土壤环境风险全面管控,重点区域污染地块得到修复。绿色空间方面,坚持把让人民宜居安居放在首位,把最好的资源留给人民,贯通开放"一江一河一带",杨浦滨江、徐汇滨江等处形成一系列风景秀美的城市会客厅,昔日"工业锈带"华丽转身为"生活秀带""发展绣带";加快建设公园城市,展开"千园工程",打造"双环、九廊、十区"生态空间格局,全市公园从2017年的243座增加到2023年的832座;创造性地以楔形绿地、口袋公园等形式,见缝插针为群众打造身边的绿色空间。② 生物多样性方面,大力推进生物多样性友好城市建设,建立与超大城市相适应的野生动物栖息地制度;截至2024年2

---

① 张玉鑫:《加快打造人与自然和谐共生的现代化国际大都市》,《中国自然资源报》2023年12月15日。
② 龚正:《加快建设人与自然和谐共生的人民城市 奋力绘就美丽中国的上海画卷》,《习近平生态文明思想研究与实践》专刊2023年第1期;唐家富、晏波:《奋力谱写美丽上海建设的新篇章》,《中国环境报》2024年3月25日;上海市生态环境局:《2023上海市生态环境状况公报》,2024年;董雪:《上海公园总数达832座》,新华网,2023年12月28日,http://sh.news.cn/20231229/f158ea1b6e774de7b7326040896cd7cd/c.html。

月底,已建成22个野生动物栖息地,实现人与野生动物和谐共生。①

第四,构建环境治理体系新格局。上海积极探索并初步建成符合超大城市特点和规律的现代环境治理体系,形成社会动员、市场激励、政府监管三者合力的新格局;从相关部门到社区干部再到广大市民,从垃圾分类这样的"关键小事"入手,不仅努力营造绿色生活方式的新时尚,而且着力打造全民共建共治共享优美生态环境的新时尚。在全市性垃圾分类启动过程中,街镇—居委—楼组长—志愿者网络的动员组织功能得到充分体现和显著提升,反复宣传、细致讲解,广大市民积极配合、履行公民环境责任;让生态文明建设真正成为全民的事业,而不是政府一家的事业。就产业界而言,上海的企业积极履行社会责任,中国宝武钢铁集团有限公司、中国石油化工股份有限公司等借助联合发展委员会、战略合作协议、企地党建共建等形式,与相关部门建立常态化合作机制,将企业自身转型发展与国家"双碳"目标融为一体、与周边区域绿色低碳转型融为一体。在市场激励机制方面,全国碳市场的交易平台落户上海且不断优化,碳定价功能不断完善,上海碳金融中心建设不断升级,将引导越来越多社会资本投资于绿色低碳产业或项目。在政府监管方面,相关部门不断创新、与时俱进,如为适应能耗双控向碳排放双控转变的需要,有关部门正加快推进节能监察体系向碳排放监察体系转型。作为全球数字城市建设的领先者,上海在数字化赋能生态环境监管方面原本就有良好基础,如浦东于2021年6月上线智慧能源"双碳"云平台,未来将要在监控重点企业、重点建筑等能耗的平台上更好集成并升级碳排放监控模块。

第五,推动区域生态共保联治。长三角山水相连、经济相融,在生态安全保障、生态品质提升、绿色低碳转型等方面,行政区之间都需要彼此支撑、相互赋能;上海与周边区域的环保协作由来已久,随着长三角生态绿色一体化发展示范区成立,区域生态环境共保联治迈入新阶段,不少新机制、新做法属于全国首创。沪苏浙交界处的生态环境共保联治,有利于消除跨界生态环境管理真空地带,受到中央相关部门高度评

---

① 董雪:《上海建成22个野生动物栖息地》,新华网,2024年3月3日,http://www.news.cn/local/20240303/357416cf36dd490c95c0bc16ff063c78/c.html;陈悦、安忆然:《上海"貉口普查":超300个点位有记录,但密度下降人貉冲突减少了》,澎湃新闻,2023年11月27日,https://www.thepaper.cn/newsDetail_forward_25440620。

价。沪苏浙统一重点跨界水体环境要素功能目标，扩大各自一级、二级水源保护区或准保护区，实现水源保护区边界相互衔接、覆盖范围更完整。三省市建立生态环境标准、监测、执法"三统一"制度，在国内首创跨省域生态环境标准"统一立项、统一编制、统一审查、统一发布"流程。在联合环境监测基础上实现环境污染预警联动、应急联动，在联合环境执法中实现统一指挥调度、执法结果互认。沪苏浙首创联合河湖长制，行政区之间针对跨界河湖任命或聘请联合河湖长，该做法被水利部等多个中央部委选作典型案例，加以复制推广。目前，协同监管危险废物跨省转移、同步落实更严格机动车排放标准、合力保护修复长三角湿地、联合打击环境污染犯罪等重点工作加紧推进，区域排污权交易、区域碳普惠、区域水源保护协同立法等新机制深入探索。2024年6月，沪苏浙皖四地政府联合签署《和衷共济　勇立潮头——携手推动高水平建设绿色美丽长三角宣言》，区域生态环境共保联治不断迈上新台阶。

8. 以系统性防控守牢城市安全底线

安全是城市生存和发展的基石。守牢城市安全底线是立足当前城市发展形势，推进更高水平平安中国建设，以新安全格局保障新发展格局的迫切需要。2023年11月，习近平总书记在上海考察时强调，"要全面践行人民城市理念，充分发挥党的领导和社会主义制度的显著优势，充分调动人民群众积极性主动性创造性，在城市规划和执行上坚持一张蓝图绘到底，加快城市数字化转型，积极推动经济社会发展全面绿色转型，全面推进韧性安全城市建设，努力走出一条中国特色超大城市治理现代化的新路"。近年来，上海以总体国家安全观为指引，把握超大城市的特点规律，围绕建设韧性安全城市进行了有益探索和改革创新，有效提升了城市化解和抵御灾害冲击的抵抗力、适应力和恢复力，切实保障了城市正常运行和人民生命财产安全。

第一，组织架构集中融合。上海构建了党委领导、政府负责、社会参与、协调联动的应急管理格局。通过深化应急管理体制改革，强化党委在应急中的领导核心作用，建立应急委员会，负责部署和决策突发事件的应急管理。城市运行管理中心作为应急管理中枢，整合各类数据资源，依托"一网统管"平台，实现全市状态监测、应急联动和信息调度。针对易发自然灾害、事故灾难、公共卫生事件和社会安全事件，在市级层面设立专项议事协调机构，明确上海市水务局、上海市地震局等专业机构负责常态监测、预警和应急指挥。这些机构根据职责划分，平时负责监管、预防，一旦进入应急状态,就迅速启动专项预案,转为指挥中心,协调多部门处置突发事件。另外,上海的应急管理体制注重平急状态的无缝衔接,在平时状态,市级专项议事协调机构根据部门职责,对专业事务进行监管和预防准备;在应急状态,市级专项议事协调机构则迅速转换为应急处置指挥部,启动专项预案,开展应对处置。

第二,工作机制协同联动。上海通过市级和区级联动机制,构建了高效的城市应急管理体系。在市级层面,依托"一网统管"平台,打造了城市安全管理的基础设施,通过实时在线数据和智能化手段,力求在最低层级、最早时间,以最低成本解决最突出的问题,实现最佳综合效益。应急联动指挥中心整合各类力量和社会资源,形成处置突发事件的合力,前端通过"110"综合管理平台进行先期处置,后端由专业部门负责应急响应与善后处理;在重大突发事件中,中心还协助市领导统一指挥调度。在区级层面,则依托网格化管理,建立了日常管理与应急处置一体化的工作实体,形成了多平台整合、多任务切换、多队伍协同、多信息汇总的高效应急管理格局。部分区将应急办、网格化管理平台、公安"110"合而为一,组建综合联动中心,实现日常管理和灾害应对的有机整合,有效提升了应急处置能力和资源利用效率。

第三,基础建设重心下移。上海积极推动城市管理和应急体系重心下移,采用市区两级政府三级管理模式和郊区三级政府三级管理模式,构建市、区、街镇、居村四级管理网络,深化城市网格化管理,以增强超大城市的精细化管理和应急响应能力。通过出台《关于进一步加强街镇基层应急管理工作的意见》,明确街镇应急管理的组织体系,确保突发事件的快速处置。加强街镇的应急能力建设,推动街镇网格化中心承担应急联动事务,整合治安、城管、志愿者等队伍并提升其社会化和专业化水平。应急管理向居村、网格和楼组延伸,设立社区应急宣传栏、急救箱,动员党员骨干和居民协力守护楼门、家门和邻里门。广泛动员社会力量,建立市、区、街镇、居村和家庭五级物资储备体系,依托城市管理平台建成救灾和慈善物资管理中心,鼓励社区和家庭参与应急储备。通过设立安全教育体验馆、民防教育培训基地等科普场馆,进一步增强从业人员的安全技能和市民的安全意识,推动全社会形成共建共治共享的应急管理格局。

第四,科技赋能精细治理。把全面推进城市数字化转型作为事关发展全局和长远的重大战略,充分利用大数据、云计算、物联网、人工智能等先进技术,对城市状态进行运行监测、分析预警和指挥控制。在全市层面,基于"三级平台、五级应用"的基本架构,城市运行"一网统管"接入多个部门,城市运行数字体征系统通过实时数据大屏反映气象、交通、城市安全等各领域的运行状态及情况预判,物联终端采集实时动态数据构成"城市神经元系统"。在辖区层面,助力各区和部门强化管理,以浦东新区为例,依托全区数据共享交换体系的有力支撑量化纳入所有应用场景体征,从中提取交通路况、景区客流、就医人数、水电气等指标作为区平台重点监管内容,并进行相关问题感知和态势分析,从而能够实时、智能、精准地感知城市"心跳"和"脉搏"。在社区层面,打通城市治理"最后一公里"。比如,在寒潮应对中,基于供水管网中的传感器监控小区水量,通过大数据、人工智能等方法发起警告。整体上,通过智慧城市和智慧社区建设,推动城市运行管理由人力密集型向人机交互型、由经验判断型向数据分析型、由被动处置型向主动发现型转变,提高政府决策的高效化、精确化和科学化水平。

9. 以高水平城市规划建设推进民心工程

2019年11月,习近平总书记考察上海时提出"人民城市人民建,人民城市为人民"重要理念,"无论是城市规划还是城市建设,无论是新城区建设还是老城区改造,都要坚持以人民为中心,聚焦人民群众的需求,合理安排生产、生活、生态空间,走内涵式、集约型、绿色化的高质量发展路子,努力创造宜业、宜居、宜乐、宜游的良好环境,让人民有更多获得感,为人民创造更加幸福的美好生活"。在此指引下,中共上海市委、上海市人民政府就旧区旧改、"两旧一村"改造、既有多层住宅加装电梯、保障性租赁住房、新时代城市建设者管理者之家、"15分钟社区生活圈"、美丽家园等诸多工作做出决策部署,开展了一系列探索,取得了一系列成效,积累了一系列经验。

第一,重视制度创新。制度创新是上海民生工程开展的重要保障。在2019—2022年成片旧改攻坚期,上海成立市旧改专班,抽调业务骨干集中办公,高效研究政策措施,统筹协调手续办理,协同解决难题顽症。成立市城市更新中心,具体推进旧区改造、旧住房改造、城中村改造及其他更新改造项目,有关职能部门为其赋能。创新"政企合作、市区联手、以区为主"新模式,打通功能性国企参与旧改的方式和途径,成立城市更新平台公司,与相关各区合作实施旧改。形成"1+15"政策体系,从规划、土地、资金、房源、征收等方面有力支持旧改。创建行政司法沟通协商平台、协商推进国企签约平台等一系列工作协同新机制,加快旧改毛地处置和征收收尾。创建了"群众工作十法"等一系列好的制度与做法,坚持征收工作公开、公平、公正。另外,还通过积极争取国家政府专项债券、成立城市更新基金、加快区域功能定位研究和策划、统筹历史风貌保护和旧区更新改造等一系列举措,保障旧改"走出新路子、跑出加速度"。

第二,鼓励模式创新。自大力推进城市更新以来,探索新模式是新时期城市更新主题调研和行动实践的一条主线。结合可持续城市更新模式创新主题教育调研,上海通过一系列行动实践,试点申请式腾退、新老共生、原拆原建等新模式,产生了一系列积极效果,涌现了一大批具有创新性的经典案例:静安区蕃瓜弄试点发行政府专项债券,建立了多渠道筹集、跨周期平衡的长效机制[①];虹口区瑞康里试点探索置换腾退、异地安置、原地回购、原地回租等多样选择,实现了资金平衡、新老共生;黄浦区保屯路211弄结合回搬与抽户两种形式,实现了迁留并举、品质提升;蟠龙天地、红旗村、小湾村等城中村改造通过收益分成、物业运营、提高安置房品质等方式,最大限度保障村民长期收益;黄浦区外滩第二立面探索征收更新、统筹更新、划转更新、自主更新、保留更新等"五个更新",从传统征收走向分类施策。这些点上的模式创新经验,为面上形成可复制、可推广、可持续发展格局打下了坚实基础。

第三,探讨路径创新。上海城市更新工作在算好总量账、人口账、结构账的基础上还积极探索"三师联创""三跨平衡""四资贯通"等新机制。2023年以来,上海组织开展"三师"联创,强调让专业的人干专业的事,通过前瞻性谋划、专业性策划、合理性评估、陪伴式服务,贯穿策划、规划、建设、管理的全过程。通过在10个重点更新单元试方案、试模式、试制度,充分发挥责任规划师在城市更新谋划、协调、统筹中的重要作用,责任建筑师在强化设计赋能、破解技术瓶颈中的主导作用,责任评估师在城市更新"强资信、明期权、可持续"模式中的支撑下,实现资源、资信、资产、资金贯通,推动实现城市更新的综合成本平衡,进而带动整个地区品质提升、品牌塑造、价值彰显。通过多领域创新,努力完善配套政策、技术标准、规划指标和设计产品,力求走通城市

---

① 《习近平:深入学习贯彻党的十九届四中全会精神 提高社会主义现代化国际大都市治理能力和水平》,《光明日报》2019年11月4日,第1版。

更新的多元路径。

上海在推进城市建设和民生工程过程中,坚持把人民宜居安居放在首位,切实增强做好旧区改造和城市更新的责任感和紧迫感,更好满足人民群众对美好生活的向往,取得了良好工作成效。

一是成片旧区改造全面收官。2019年,上海中心城区成片二级旧里以下房屋改造进入决战决胜阶段。通过加大推进力度、创新政策机制,终于在2022年7月全面收官成片旧改。2019年至2022年7月,上海累计改造近300万平方米成片二级旧里以下房屋,约13万户居民受益,这一困扰上海多年的民生难题得到历史性解决。

二是"两旧一村"改造稳健推进。2022—2023年,上海累计完成零星旧改17.3万平方米,受益居民6 155户;完成旧住房成套改造54.1万平方米,受益居民14 857户(其中小梁薄板房屋14.6万平方米、5 767户)。截至2022年底,上海已批城中村改造项目62个,其中有40个项目完成征收收尾,征收安置房开工率达90%,2.7万多户村民改善了住房条件;2023年新启动10个"城中村"改造项目,涉及村居约4 000户。

三是保障性住房建设节奏加快。2021年至2024年7月底,上海累计建设筹措各类保障性租赁住房51.7万套(间)、供应32.3万套(间),在解决新市民、青年人等住房困难群体"租得到"问题上取得了明显成效,也为更好解决"租得近""租得好"问题提供了坚实基础。2023年至2024年8月底,共筹措供应3.21万张"新时代城市建设者管理者之家"床位。2023年11月底,习近平总书记视察并肯定了这项工作。

四是城乡精细化治理成效显著。2018—2023年,上海接续实施两轮"城市管理精细化三年行动计划",新增各类公园589座、绿道1 322千米,建成657个"美丽街区",实现"一江一河"滨水公共空间贯通开放与品质提升。完成中心城区成片二级旧里以下房屋改造任务,旧住房更新改造7 440万平方米,既有住宅加装电梯完工超过7 300台;建成美丽乡村示范村309个、乡村振兴示范村112个;完成架空线入地913千米。

五是社区公共服务设施更加完善。2023年,上海完成1 600个"15分钟社区生活圈"基本单元划示工作,目标是通过社区生活圈建构,在慢行一刻钟可达范围内,可以满足衣食住行等日常需求。过去已经实施3 000余个民生项目,覆盖教育、文化、医疗、养老、体育、休闲等领域,公共服务设施不断完善,社区空间环境和设施品质得到整体提高,基层治理能力有效提升,居民参与积极性高涨,社区凝聚力明显增强。

六是"一江一河"滨水空间品质提升。按照"把最好的资源留给人民"的指示精神,实现还江于民、全民共享,上海大力推进"一江一河"工程。2023年底,黄浦江滨水岸线贯通达59千米,累计建成超过12平方千米公共空间和150多千米的漫步、跑步、骑行等休闲道。2020年底,苏州河中心城段42千米滨水岸线基本贯通开放,辟通63处"断点",新建约15千米滨河"绿道",串联两岸约1.5平方千米绿地和开放空间。在"一江一河"沿线,还累计新建"望江驿""水岸汇""杨树浦""苏河轩"等100多座滨水特色品牌驿站。

七是风貌保护更加贴近百姓。近年来,上海更加尊重和善待历史建筑,从以往的"拆改留"转变为"留改拆",要求在坚持保护保留的前提下,多渠道、多途径地改善居住条件。"十三五"期间,上海累计实施近75万平方米居住类优秀历史建筑修缮和近260万平方米里弄房屋修缮改造,不仅使风貌肌理得到保护,更使居住环境得以改善。"十四五"期间,相关工作力度更大,在旧区改造的同时,继续坚持风貌保护原则。另外,上海还将优秀历史建筑修缮(装修)工程统一纳入"一网通办"联审平台,审批服务更为便捷、规范。

另据统计,2024年1—6月,上海完成零星旧改6.6万平方米、启动"城中村"改造项目7个,新增筹措床位1.51万张,市重大工程累计完成投资1266.4亿元,一批重大产业、医院学校、市政交通等基础设施项目相继建成,更好地回应了人民群众对美好生活的向往。截至2024年6月底,全市共新增建设筹措保障性租赁住房约4.7万套,新增供应约3.4万套,均超半年度工作任务量。

(二) 工作经验梳理和提炼

上海贯彻人民城市重要理念,走出了一条独具特色的发展之路。始终坚持党对人民城市建设的坚强领导,各级党组织深入基层,将党的政策与人民期望紧密结合,引领城市发展方向。以高质量发展夯实物质基础,推动产业升级转型,为市民创造更多优质岗位。以城市治理共同体汇聚各方智慧和力量,居民、企业、社会组织共同发力,形成共建共治共享的良好局面。以精细化管理提升城市整体品质,深入细微之处,优化环境与交通,打造人性化公共空间,提高市民生活舒适度。从城市基础设施建设到公共服务的完善提升,交通更加便捷,医疗、教育资源更加丰富。公园绿地遍布,传统文化活动丰富多彩。上海在人民城市建设的道路上不断书写着新的篇章,也为其他城市提供了宝贵的经验借鉴。

1. 始终坚持党对人民城市的坚强领导

坚持党的领导是人民城市建设中维护公平正义的根本保证,坚持党的领导是抓好人民城市治理体系和治理能力现代化建设的关键所在,坚持党的领导有利于协调社会各界的不同利益关系,平衡眼前利益与长远利益、个体利益和集体利益、普遍利益和特殊利益之间的关系,统筹各个社会系统有序参与人民城市建设。

上海始终积极探索符合超大城市特点和规律的基层党建新思路,坚持以"实"字为导向,坚持把解决实际问题、符合人民利益作为根本标准,坚持以党建为引领,强化政治功能与服务功能,全面提升党建效能凝聚力战斗力。始终坚持以区域化党建为引领,着力打造多层次、扁平化、融合式组织平台,不断健全资源整合型党建工作模式,把区域内关系互不隶属、层级高低不同、领域多样的各类党组织连接起来。聚焦商务楼宇、滨江滨河等城市新空间,发挥党建引领力和穿透力,建立党建引领下的商务楼宇"楼事会"运行机制,将资源、服务、管理力量下沉到"楼门口",以"居委会""办事处"等形式更好地服务城市新空间。上海探索"滨江党建"新路——以增强党组织政治和组织功能为重点,依托市、区、街镇、居村党组织"四级联动"主轴,构建全域推进的滨江党建组织体系、阵地体系、功能体系、治理体系等。积极实施"党的诞生地"红色文化传承弘扬工程,打造伟大建党精神传播高地,上海持续强化红色资源凝心聚力、铸魂育人、推动发展的社会功能,构筑起城市精神的鲜明底色。

此外,上海还将正风肃纪反腐向纵深持续推进,全面从严治党"四责协同"机制不断健全,"四风"顽症深化整治。统一战线发挥新型政党制度优势,凝聚各民主党派、工商联和无党派人士更好咨政建言、发挥作用。上海将开展大调研作为重要工作方法,包括推动大调研常态化、坚持开门搞调研等重点举措。

2. 始终坚持将人民的利益作为根本目标

按照中共上海市委、上海市人民政府的统筹布局,人民城市建设是通过切实解决群众反映强烈的突出问题,不断满足人民群众对美好生活的期待,持续提升城市精细化管理的水平,全面提升城市整体品质。

在城市治理中,上海在人民群众的服务感知上下功夫,以增强群众获得感为目标,在解决多样化的群众诉求方面做到"有诉求、有回应、有耐心、有温度",在纷繁的城市管理中找到群众满意的"最大公约数"。如杨浦区将"拆违"同改善民生结合起来,将"拆"出空间的再利用决定权交给社区居民,居民通过评议会、听证会和协调会的"三会制度"运作,最终将拆后空间变成社区厨卫、社区浴室、社区洗衣房等公共配套设施,还群众一个安全舒适的生活社区。

在生态环保中,上海党政领导、相关部门等始终坚持把最好的资源留给人民,致力于为人民创造普惠性的生态福祉。在"一江一河一带"贯通开放的过程中,上海将一些具有很高商业开发价值的地块建成向全体市民开放的公共绿地,并推动机关、企事业单位附属绿地对外开放,让全民共享。上海通过构建超大城市现代环境治理体系,形成全民共建共治共享的优美生态环境新格局,美丽上海建设不仅"为人民",而且依靠"人民建"取得更优成绩。在此过程中,通过不断完善相关政策法规体系,激励多元主体各尽其责、广泛参与。

在推进城市建设和民生工程的过程中,针对旧区改造等民心工程,关注群众利益诉求、尊重群众主体地位,是凝聚群众意愿、做好群众工作的基本前提。上海倡导用真心真情赢得群众最大的支持和配合,总结提炼"宝兴十法""三千精神"等群众工作方法。实践中,努力做好"精准排摸",纳入困难低保、残疾、重大病、人户分离等特殊情况,整合各类信息、加强关联分析,精准掌握旧区改造群众的需求、困难和思想动向;努力做到"共建共享",让居民带邻居、让亲友做工作,把"工作对象"变成"工作力量",在征收意愿、安置方案、面积认定、补偿标准、托底保障、房源选定等各环节充分吸收居民意见,充分融入群众意愿和智慧;努力做实"服务群众",当好"店小二",与群众心贴心。

3. 注重顶层设计与落地实施统筹推进

人民城市建设工作涵盖多个领域,每个领域的建设推进都需要在牢固树立以人民为中心的价值观的基础上,对标成熟城市发展和治理的全过程,积极创新思路和方法,在统筹机制设计、社会多元协同、科技赋能治理等方面形成一系列可供推广的经验,最终实现从规划到实施的协同推进。

在城市治理过程中,上海的城市精细化管理深入贯彻中国共产党执政为民的理念,通过城市精细化管理体系的探索和完善,为推进国家治理体系和治理能力现代化进行先行探索。作为全国城市管理水平位居前列的大城市,上海结合"三全四化"的总体目标,逐步构建起系统完备、科学规范、运行有效的超大城市政府管理体系,为我国已有和未来的超大型城市管理探索路径、总结经验。在具体实践中,上海将城市精细化管理的落脚点放在民生需求上,将发展成果更多地惠及人民群众,将群众的操心事、烦心事、揪心事一件一件加以解决。

在韧性安全城市建设中,通过构建统筹协调的应急组织体系、构建统一联动的应急处置工作机制、构建高效整合的应急专业队伍、构建共享协同的应急物资保障体系,进而形成组织、信息、队伍、资源统筹机制。在具体实践中,推动应急管理重心向基层下移,形成了基层应急管理建设的创新模式,通过健全完善基层治理模式和长效机制,守牢风险防控和突发事件处置的第一防线。另外,充分发挥社区和市民在应对突发事件中的重要作用,上海市应急管理局创新推进全国综合减灾示范社区创建,通过培训社区工作者队伍,增强了基层的应急能力。

在规划建设中,要求将推进旧区改造、城市更新等民心工程与落实城市总体规划紧密结合起来,根据城市总体规划明确人口规模、建设用地总量和建筑面积规模等,有序推进城市更新,提升城市功能、优化人口分布、促进职住平衡以及推动均衡发展,统筹城市功能的整体布局和要素资源的配置联动。在具体实施中,坚持把人民宜居安居放在首位,切实加强做好旧区改造和城市更新的责任感和紧迫感,其中,居住区更新努力改善居住条件、提高生活品质,公共空间设施更新具有鲜明的公益性、公共性、开放性的特征和安全、韧性、绿色的愿景,风貌类更新突出保护历史建筑、传承历史文化、提升城市温度。同时,从"民心"的角度,针对各项城市更新项目和民心工程,坚持用户思维、人本导向,以人民群众切身的获得感作为检验标尺,认真倾听群众需求,更好地回应群众对改善居住条件的向往。

4. 注重创新作为原动力的内生性作用

新时代以来,我国坚持把创新作为引领发展的第一动力,创新活力不断迸发。上海推进人民城市建设同样坚持以创新为动力,发挥党和政府各部门作为创新领导者、组织者的作用,在理论创新的基础上,突出科技创新、制度创新对于人民城市建设的重要支撑作用。

坚定将科技创新发展作为推动城市高质量发展的必由之路，为城市提供持续的动力和竞争优势。上海作为创新发展的先行者，稳步增加基础研究财政投入，通过税收优惠等多种方式激励企业加大投入，鼓励社会力量设立科学基金、科学捐赠等多元投入，建立完善竞争性支持和稳定支持相结合的基础研究投入机制。同时融合上海教育资源，布局建设基础学科研究中心，超前部署新型科研信息化基础平台，形成强大的基础研究骨干网络。上海国际科技创新中心基本框架初步形成，全社会研发经费支出占全市生产总值比例达4.4%，首次跻身全球"最佳科技集群"前五名，在实现中国式现代化的征程中交出好成绩、成为好榜样。

坚持将制度创新作为探索实践全过程人民民主和治理共同体建设的重要保障。2014年3月5日，习近平总书记在十二届全国人大二次会议上海代表团全团审议中肯定中共上海市委将"创新社会治理、加强基层建设"列为"一号课题"的现实意义。上海全过程人民民主实践和治理共同体建设的许多标志性成果都有历史渊源，都是数年来乃至数十年来改革经验的积累和创造性转化。正是在对基层社会治理体制改革、社区民主、协商民主、参与式民主的持续探索的基础上，全过程人民民主和城市治理共同体建设的上海实践才会如此丰富多彩。

注重数字技术赋能全过程人民民主、城市安全等重要领域。上海在持续推进全过程人民民主和城市治理共同体建设的实践中，积极推动吸纳互联网信息技术、数字技术、大数据和云计算等新技术，重塑包括执政过程、立法过程、行政过程、监督过程在内的政治过程，技术改变政治，新的民主程序、民主规则和民主技术及包括信息技术和数字技术等在内的新技术因素是上海推进全过程人民民主、构建城市治理共同体的有力支撑。此外，上海还通过数字技术赋能提高智能化、精细化应急管理水平。将大数据、云计算、物联网、人工智能、北斗卫星导航系统等新一代信息技术应用到城市应急管理的事前预警、事中响应、日常防控等全过程中，提升治理智慧。

5. 注重全局布局和重点突破协同兼顾

党的二十大报告提出"必须坚持系统观念""为前瞻性思考、全局性谋划、整体性推进党和国家各项事业提供科学思想方法"。坚持系统观念，这是习近平新时代中国特色社会主义思想世界观和方法论的重要内容，也是上海在人民城市建设工作中的重要遵循。此外，上海在人民城市建设工作实践中还注重在系统性、全局性的基础上强调重点突破，在辩证唯物的角度上实现统一。

上海全过程人民民主和城市治理共同体建设的推进过程中既有全面布局的一面，也有重点突破的一面，两者互相支撑。全面布局指中共上海市委、上海市人民政府、上海市人大、上海市政协、群团组织等，楼宇、社区、乡镇和不同领域、行业、层级等参与全过程人民民主建设和城市治理共同体建设，进而形成全过程人民民主和城市治理共同体建设的总体布局。从全过程人民民主和城市治理共同体建设地方实践来说，既不能平均用力、淹没重点，也不能抓住一点，不及其余。重点突破指以"全过程"为人民民主题眼，以人大系统基层立法联系点工作为突破，逐步实现人民代表大会制度在全过程人民民主和治理共同体建设中的重要制度载体功能，实现人大工作在全过程人民民主建设和城市治理共同体建设中的引领性作用。

在城市更新工作中，中共上海市委强调"要把技术逻辑、市场逻辑、治理逻辑有机统一起来，形成系统化、体系化方案设计"。为此，上海特别注重城市更新工作的体系建构：一是注重建构面向实操的行动体系，发布《城市更新三年行动方案（2023—2025年）》，制定《上海市"15分钟社区生活圈"行动方案》等系列指导具体行动的文件。二是注重建构多元融汇的目标体系，强调"保民生""促发展""彰人文""提品质"等多元目标融汇指导思想。三是注重建构系统性的政策体系，如上海市城市更新领导小组办公室牵头制定的"1＋10＋X"政策框架、以"两旧一村"为主的住房民生类城市更新政策体系以及上海市规划和自然资源局发布的"1＋N"系列规划资源政策文件。四是建构"公共品"相互织补的城市更新体系。此外，上海在破解重点、难点、热点、堵点等民生议题中，始终坚持试点先行，力争起到典型带动、示范引领的作用。2023年，中共上海市委主题教育调研课题"上海城市更新可持续发展模式创新研究"，将静安区青云路宝昌路项目、静安区蕃瓜弄小区项目、虹口区瑞康里项目、闵行区召稼楼项目、外滩区域166-167-168街坊项目、吴淞创新城先行启动区项目等，作为试点项目实施。有关部门还针对不同更新类型，选取黄浦区外滩第二立面、徐汇区衡复地区、静安区东斯文里、虹口区嘉兴地区、宝山区大吴淞地区等试点更新单元，开展"三师"联创，高质量推进实施，上述试点项目均取得了良好成效。

三、上海奋发开创人民城市建设新局面的工作展望

在新的历史起点上,上海需要胸怀"两个大局",深刻把握进一步开创人民城市新局面的紧迫性和必要性,升级完善人民城市建设的基本思路和主要目标,聚焦"五个中心"建设、全过程人民民主、高品质生活、习近平文化思想最佳实践地、美丽上海以及党的建设等人民城市建设的重点任务,在深入践行人民城市理念上迈出新步伐,加快建成具有世界影响力的社会主义现代化国际大都市,更好地在中国式现代化进程中发挥龙头带动和示范引领作用。

(一) 开创人民城市建设新局面的趋势和要求

第一,坚持以人民为中心的发展思想,需要上海进一步开创人民城市建设新局面,这是根本使命所在。"人民城市人民建、人民城市为人民",这深刻的理念宛如璀璨的灯塔,持续为上海的前行之路指引方向。中央对以人民为中心的发展思想在城市建设中的践行给予高度重视,明确指出城市的核心是人,必须不断满足人民日益增长的美好生活需要。上海积极响应中央的号召,把人民对美好生活的热切期盼当作坚定不移的奋斗目标。在城市规划、建设以及管理的每一个环节,充分考量人民的需求和利益,要让每一位市民在这座充满活力的城市中体会到家的温馨与幸福。从老旧小区的改造升级到公共服务设施的不断完善,从生态环境的大力治理到文化活动的日益丰富,上海都十分重视。上海需进一步开创人民城市建设新局面,更好地践行以人民为中心的发展思想,满足人民对美好生活的新期待。

第二,作为中国式现代化建设的首要任务,推进高质量发展需要进一步开创人民城市建设新局面。在中国式现代化的奋进征程中,高质量发展是上海建设人民城市的核心支撑。中央明确要求推动经济高质量发展,建设现代化经济体系,全力推动经济、社会、文化、生态等各个领域迈向高质量发展新征程。在经济方面,积极培育新兴产业,提升传统产业,全力打造具有全球竞争力的产业集群;在社会方面,持续完善社会保障体系,提高教育、医疗等公共服务水平,大力促进社会公平正义;在文化建设方面,传承和弘扬优秀传统文化,培育和践行社会主义核心价值观,精心打造具有上海

特色的文化品牌;在生态建设方面,加大环境治理力度,积极推进绿色发展,努力建设美丽上海。上海唯有进一步开创人民城市建设新局面,才能在高质量发展的道路上行稳致远。

第三,创新是引领发展的第一动力,创新对于上海人民城市建设至关重要。中央大力倡导创新驱动发展战略,鼓励各地积极探索创新发展之路。上海以科技创新为核心引擎,引领城市治理、公共服务、生态环保等诸多方面的创新变革。加大科技研发投入,培育创新人才,搭建创新平台,推动科技成果转化。在城市治理中,运用大数据、人工智能等先进技术,提升治理效率和精准度。在公共服务领域,创新服务模式,提高服务质量,满足人民多样化的需求。在生态环保方面,探索创新的治理技术和方法,实现生态环境的可持续发展。上海必须进一步开创人民城市建设新局面,以创新驱动为强大动力,不断增强城市的核心竞争力。

第四,共建共治共享是上海人民城市建设的必然要求。中央强调要完善社会治理体系,建设人人有责、人人尽责、人人享有的社会治理共同体。上海积极鼓励广大市民和社会各界踊跃参与城市建设和治理,携手构建共建共治共享的良好局面。通过建立健全社区治理机制、开展志愿服务活动、推动公众参与决策等方式,凝聚起众人的智慧与力量。市民们积极参与社区建设、环保行动、文化活动等,共同为上海的美好未来添砖加瓦。上海只有进一步开创人民城市建设新局面,才能更好地实现共建共治共享,让每一位市民都成为城市建设的参与者、贡献者和受益者。

(二) 开创人民城市建设新局面的原则和目标

党的二十届三中全会通过的《中共中央关于进一步全面深化改革 推进中国式现代化的决定》强调,"坚持人民城市人民建,人民城市为人民",进一步凸显了人民在城市建设中的主体地位和核心作用。中共上海市委十二届五次全会明确提出,"要在践行人民城市理念上迈出新步伐",为上海未来的发展提出更高的要求和目标。

1. 重大原则

第一,坚持以人民为中心。始终将人民置于最高位置,把满足人民群众对美好生活的向往作为一切工作的出发点和落脚点。在城市规划和建设中,充分考虑人民的需求和利益,建设更多的公共设施和服务场所,如学校、医院、图书馆、体育馆等,让人民的生活更加便捷和舒适。不断精耕细作，提升人民城市建设的质量和水平，从细节处入手，改善城市的环境和品质，如加强城市绿化、美化街道景观、提升建筑风貌等，让人民的幸福之花在上海的每一个角落绽放。

第二，推动高质量发展。以经济建设为核心，全力推动经济高质量发展，为人民城市建设奠定坚实的物质基础。加快产业升级和转型，培育新兴产业和高端制造业，提高经济发展的质量和效益。同时，高度注重社会、文化、生态等各个领域的协调发展，实现全面进步。加强社会建设，完善社会保障体系，提高社会治理水平，促进社会和谐稳定。推动文化繁荣，保护和传承历史文化，培育和弘扬城市精神，提高市民的文化素养和文明程度。加强生态建设，推进绿色发展，保护生态环境，实现人与自然的和谐共生。

第三，强化创新驱动。加大科技创新投入，精心培育创新主体，不断完善创新生态。建立健全科技创新政策体系，加大对科研机构、企业和人才的支持力度，鼓励创新创造。推动城市治理、公共服务、生态环保等方面的创新，提升城市的核心竞争力。运用科技创新手段，提高城市治理的智能化、精细化水平，提升公共服务的质量和效率，加强生态环境保护和治理。加强创新人才培养和引进，营造良好的创新氛围，吸引更多的创新人才会聚上海，为城市的发展提供强大的智力支持。

第四，促进共建共治共享。积极鼓励广大市民和社会各界热情参与城市建设和治理，建立健全多元主体参与的治理机制。拓宽市民参与渠道，如开展社区议事会、市民听证会等，让市民充分表达自己的意见和建议，形成共建共治共享的良好局面。加强社会组织建设，发挥社会组织在城市治理中的积极作用，如提供公共服务、参与社区建设、推动公益事业等。加强企业社会责任建设，鼓励企业积极参与城市建设和公益事业，为城市发展做出贡献。

2. 建设目标

上海的建设目标为：到2035年，上海基本建成具有世界影响力的社会主义现代化国际大都市，成为全球城市治理的典范、科技创新的策源地、文化交流的中心、生态宜居的家园。在城市治理方面，建立起高效、智能、人性化的治理体系，实现城市管理的精细化、科学化、智能化。在科技创新方面，拥有一批世界领先的科研机构和创新企业，成为全球科技创新的重要引擎。在文化交流方面，举办更多的国际文化活动，吸引全球文化人才和资源汇聚上海，成为世界文化交流的重要平台。在生态宜居方面，建设成为天蓝、地绿、水清的美丽城市，实现人与自然的和谐共生。

具体目标包括：居民收入持续稳定增长，通过推动经济发展、优化就业环境、提高劳动报酬等措施，确保居民收入与经济发展同步增长。社会保障体系更加健全完善，扩大社会保障覆盖范围，提高保障水平，为人民群众提供更加可靠的社会保障。公共服务优质均衡发展，加大对教育、医疗、文化等领域的投入，优化资源配置，提高服务质量，让每一个市民都能享受到优质的公共服务。生态环境优美宜居宜人，改善空气质量、水质和土壤环境，建设更多的公园、绿地和生态廊道，让城市更加美丽宜居。城市文化繁荣昌盛、蓬勃发展，保护传承历史文化，培育和弘扬城市精神，推动文化创新，丰富市民的精神文化生活。社会治理高效有序运行，建立健全社会治理体系，提高社会治理能力，维护社会稳定和谐。

(三) 开创人民城市建设新局面的重点任务

1. 聚焦"四大功能""五个中心"建设，进一步提升城市能级和核心竞争力

(1) 建设国际经济中心，打造世界级高端产业集群，提升全球经济治理能力，更好地统筹发展和安全。一是加快推进产业升级和转型，培育壮大战略性新兴产业，提升在全球产业链、供应链中的地位。例如，集成电路产业作为现代信息技术核心，需持续加大投入，建设先进研发和制造基地，吸引全球顶尖企业入驻，形成完整产业生态链。生物医药领域依托丰富科研资源和临床医疗优势，加强创新药物研发、高端医疗器械制造和生物医学工程技术创新，打造具有国际影响力的产业创新高地。在人工智能领域，积极推动人工智能相关技术在各行业应用，培育领军企业，建设全球领先的创新中心。二是加大对科技创新的支持力度，推动科技与经济深度融合。政府应增加对科研机构和高校的研发投入，鼓励开展前沿性、基础性科学研究，为产业创新提供理论基础。设立科技创新专项基金，支持企业技术创新和产品研发，对重大创新成果给予奖励和扶持。加强知识产权保护，完善法律法规，建立高效维权机制，为创新型企业营造良好法治环境。三是加强产学研合作，促进科技成果转化和产业化。建立产学研合作平台，促进信息交流和资源共享。鼓励企业与高校、科研机构共同开展科研项目，培养创新人才。完善科技成果转化机制，建立服务机构，提供全方位服

务。加强政策支持,对成功转化的科技成果给予财政补贴和税收优惠。四是积极参与国际经济合作与竞争,加强与全球主要经济体经贸往来。拓展与欧美、亚太等地区的贸易合作,推动优质产品和服务走向全球市场。参与国际多边贸易体制建设,推动贸易自由化和投资便利化。加强与共建"一带一路"国家和地区的经济合作,发挥金融、贸易、航运等优势,为建设提供支撑。推动企业"走出去",拓展国际市场,加强国际投资合作。提供政策支持和服务保障,为企业提供海外市场信息、法律咨询、风险评估等服务。

(2) 持续扩大金融开放,加快建成与国家地位相匹配的国际金融中心。一是深化金融改革创新,扩大金融开放,吸引国内外金融机构和人才集聚。推进金融制度创新,优化市场环境,提供便利营商条件。加大金融人才引进和培养力度,制定优惠政策,吸引高端人才落户,加强人才培训体系建设,提升本土人才专业素质。通过举办金融论坛、研讨会等活动,搭建交流合作平台。二是加强与国际金融市场的合作与交流,参与全球金融市场体系建设。推动上海金融市场与国际主要金融市场对接,拓展跨境金融业务,促进贸易和投资便利化,为企业提供全方位金融服务。加强与国际金融机构合作,开展产品创新,推进业务拓展,提升国际化水平。三是建立健全金融风险监测、预警和处置机制,维护金融稳定。构建全方位、多层次监测体系,运用先进技术实时监测市场运行,发现潜在风险点。建立预警机制,提前预警金融风险。完善应急处置机制,明确部门职责,制定应急预案。加强对金融机构监管,规范经营行为,防范风险发生。加强对金融创新产品监管,确保创新在风险可控范围内。四是加大对金融科技研发的投入,鼓励金融机构与科技企业合作。推动人工智能、区块链、云计算、大数据等技术在金融领域深度应用,提升服务效率和质量。支持金融科技企业发展,提供政策支持和资金扶持,培育具有国际竞争力的企业。推动金融科技在支付、结算、信贷等领域应用,创新服务模式。

(3) 加快国际贸易中心建设,提升贸易枢纽功能,深化内外贸一体化发展。一是持续推进海关监管制度创新,简化通关手续,推广"单一窗口"等便利化措施,实现货物通关全程无纸化、智能化。加强口岸基础设施建设,提升物流枢纽承载能力和运营效率。优化贸易结构,加大对高新技术产品和高附加值服务贸易扶持力度,推动传统贸易向数字化、智能化转型。加强贸易企业创新能力培养,支持企业开展技术研发、品牌建设和商业模式创新。二是加大对交通基础设施投入,完善物流网络,提高货物运输时效性和可靠性。建设现代化物流园区和仓储设施,提高物流配送效率和精度。加强信息化建设,推进贸易物流信息平台整合与升级,实现信息实时共享和全程跟踪。优化贸易金融服务,拓展融资渠道,降低融资成本。三是推动多边、区域和双边贸易合作,参与世界贸易组织等多边贸易体制改革和完善,维护自由贸易体制。加强与共建"一带一路"国家和地区的贸易合作,拓展新兴市场,促进贸易多元化。深化与周边国家和地区贸易往来,推动区域经济一体化进程。在全球贸易治理中发挥积极作用,贡献中国方案和上海智慧。四是加大对跨境电商、数字贸易等新型贸易业态支持力度,培育贸易新增长点。制定专项政策,鼓励跨境电商企业发展,建设海外仓,拓展国际市场。加强跨境电商平台建设,提升服务质量和用户体验。完善数字贸易生态系统,加强数字技术应用,推动标准化和规范化发展。培育龙头企业,带动产业链发展。

(4) 加快建设国际航运中心,集聚高端航运服务,提升全球航运服务水平。一是加大对港口码头、航道、堆场等基础设施投入,建设现代化、智能化港口设施。采用先进装卸设备和物流技术,提高货物装卸效率和周转速度。推进港口智能化改造,利用先进技术实现自动化、智能化管理。加强港口信息化建设,建立统一信息平台,实现信息共享和业务协同。二是建立长三角地区航运协调机制,加强港口间合作与协调,避免重复建设和恶性竞争。推动航运资源整合和优化,实现资源共享和互补。加强交通基础设施互联互通,建设综合交通运输体系。共同推进航运服务标准化建设,提高服务质量和水平。加强生态环境保护合作,推进绿色航运发展。三是制定专项政策,鼓励金融机构创新航运金融产品和服务,为企业提供全方位金融服务。支持保险机构开发航运保险产品,提高保障水平。培育和引进航运经纪公司,提高服务专业化、规范化水平。加强航运服务品牌建设,打造具有国际影响力的企业。四是加大对航运科技研发投入,鼓励企业、高校和科研机构合作。加强智能航运关键技术研发,推动技术应用和推广。加强航运科技人才培养,建立健全人才培养体系。提高航运安全性和环保性,应用智能技术实现实时监测和预警,推广绿色航运技术。

(5) 加快建设国际科技创新中心,提升科技创新策源能力,加强科技成果转换,促进科技创新与产业创新融合发展。一是持续增加政府对科技创新的投入,引导社会资本支持。培育壮大创新型企业,鼓励企业加大研发投入。支持高校、科研机构开展基础研究和前沿技术研究。完善创新生态体系,加强服务平台建设,提供全方位服务。推动关键核心技术突破,聚焦重点领域,组织实施重大科技专项。二是建立健全科技成果转化机制,加强与产业对接。完善服务体系,建设转化平台,提供优质服务。加强产学研用合作,建立创新联盟,促进成果转化。打造科技创新中心,吸引高端创新资源集聚。加强基础设施建设,提供优质科研条件和创新环境。三是加强科技创新园区建设,优化布局和功能定位。建设高水平科研机构和创新平台,吸引国内外顶尖机构和团队入驻。加强开放共享,提高资源利用效率。提供政策支持和资金保障,确保稳定运行和持续发展。四是实施更加开放的人才政策,优化科技创新政策环境。加大人才培养投入,加强校企合作。建立人才激励机制,给予人才奖励和荣誉。优化人才服务环境,提供相关保障。加强人才交流与合作,组织国际活动。加强知识产权保护,打击侵权行为。

2. 把全过程人民民主融入城市治理现代化,建设城市治理共同体

将全过程人民民主融入城市治理现代化,加快建设城市治理共同体,对于上海的人民城市建设至关重要。

(1) 加强民主制度建设。完善民主制度,犹如筑牢城市治理现代化的基石。在城市治理中,各级人民代表大会应充分履行立法、监督等职能。通过精心制定和不断完善相关法律法规,为城市治理提供稳固的法律支撑。基层群众自治制度是人民群众直接参与城市治理的重要途径。需进一步完善社区居民委员会、村民委员会等基层组织建设,大力提高基层群众自我管理、自我服务、自我教育、自我监督的能力。加强制度的执行和监督,是确保民主制度有效性的关键所在。要建立健全制度执行的监督机制,加强对各级政府部门、公共机构执行民主制度情况的监督检查。对违反制度的行为严肃查处,彰显制度的严肃性和权威性。

(2) 拓展民主参与渠道。在城市治理中,拓宽人民群众参与渠道的意义重大。建立健全民主参与机制,是人民群众知情权、参与权、表达权、监督权的重要保障。应充分利用互联网、移动客户端等新媒体平台,搭建便捷高效的民主参与平台。例如,可以开设城市治理意见征集平台、在线投诉举报平台等,让人民群众随时随地都能表达自己的意见和建议。同时,要加强对网络平台的管理和维护,确保信息的真实性和

有效性。社区协商是基层民主的重要形式。积极开展社区协商活动,围绕社区建设、环境整治、公共服务等问题,组织居民代表、社区干部、相关部门负责人等进行协商讨论。此外,还可以通过听证会等形式,让人民群众参与城市重大决策和项目建设。同时,要完善信息公开制度,及时发布城市治理的相关政策、规划、项目进展等信息,让人民群众能够及时获取相关信息。

(3) 提升民主决策水平。建立健全科学决策、民主决策、依法决策机制,是提高城市治理水平的关键之举。在决策过程中,要充分听取人民群众的意见和建议,提高决策的科学性和民主性。既要加强决策的前期调研和论证,广泛征求各方面的意见和建议,又要加强对决策的风险评估,对可能出现的问题进行充分预测和分析,采取相应的应对措施。要及时公开决策过程和结果,让人民群众了解决策的依据、过程和结果。可以通过政府网站、新闻媒体等渠道,向社会公布决策信息,接受社会监督。对人民群众提出的疑问和意见要及时进行解答和回应,增强决策公信力和执行力。

(4) 强化民主监督机制。加强对权力运行的监督,是保障人民群众监督权的重要举措。要建立健全权力监督体系,加强对权力的制约和监督。通过党内监督、人大监督、政协监督、司法监督、社会监督等多种监督形式,形成监督合力,确保权力在阳光下运行。同时,要加强对领导干部的监督,建立健全领导干部述职述廉、民主评议等制度,督促领导干部廉洁从政、为民服务。

建立健全监督机制,加强对政府部门、公共机构的监督。要加强内部监督,建立健全内部审计、监察等制度,加强对政府部门、公共机构工作人员的管理和监督。同时,要加强外部监督,充分发挥社会各界的监督作用。可以通过聘请社会监督员、开展民主评议等方式,加强对政府部门、公共机构的监督。

加强舆论监督,发挥媒体的监督作用。鼓励媒体积极开展调查报道,及时曝光城市治理中的问题和不足。政府部门要积极回应媒体的监督,及时采取措施解决问题。加强对媒体的管理和引导,确保媒体监督的客观性、公正性和准确性。

3. 以大民生建设改善和发展民生福祉,将人民城市发展改革成果公平惠及最广大人民群众

民生福祉,乃城市发展之根本;人民群众,乃城市建设之主体。上海应以大民生建设为引领,全力改善和发展民生福祉,让城市发展改革成果公平惠及每一位市民。

（1）促进就业创业。就业乃民生之本,创业为就业之源。一方面,鼓励企业吸纳就业,稳定现有岗位,为劳动者提供更多就业机会;另一方面,加强对就业困难群体的帮扶,提供精准的就业援助和实用的职业培训,助力他们尽快踏上就业之路。

加强职业技能培训,是提高劳动者就业创业能力的关键。要紧密结合市场需求,开展具有针对性的职业技能培训,全面提升劳动者的专业技能与综合素质。通过与企业深度合作、推行订单式培训等方式,切实提高培训的针对性和实效性。同时,严格加强对培训质量的监管,确保培训效果真正落到实处。优化创业环境,大力鼓励创新创业,为创造更多就业机会注入新动力。

加强就业服务体系建设,为劳动者提供精准的就业服务。建立健全就业服务平台,全面涵盖就业信息、职业指导、职业介绍等服务内容。加强对就业市场的监测和分析,及时准确掌握就业动态,为劳动者提供最新最准的就业信息。

（2）提升教育质量。教育,是民族振兴、社会进步的重要基石,更是提高国民素质的根本途径。政府应持续加大对教育的财政投入,确保教育经费足额拨付,为教育事业发展提供坚实的资金保障。加强教育基础设施建设,改善学校办学条件,不断提高教育教学质量。优化教育资源配置,合理布局学校,逐步缩小中心城区与郊区之间的教育差距。加强对薄弱学校的扶持,全面提高薄弱学校的教育教学水平,让每一个孩子都能享受到优质的教育资源。

加强素质教育,培养德智体美劳全面发展的社会主义建设者和接班人。注重学生的综合素质培养,积极推动教育教学改革。加强德育培养,使学生养成良好的品德和强烈的社会责任感;加强智育培养,提高学生的学习能力和创新能力;加强体育培养,提升学生的身体素质和健康水平;加强美育培养,培养学生的审美能力和艺术素养;加强劳动教育,增强学生的劳动意识和劳动技能。

推进教育改革创新,提高教育教学质量。加强教师队伍建设,提高教师的教学水平和专业素养。加大对教师的培训力度,不断提高教师的教育教学能力。建立健全教师评价机制,激励教师积极进取,全力提高教学质量。推进课程改革,优化课程设置,提高课程的针对性和实效性。加强教育信息化建设,充分利用现代信息技术手段,提高教育教学效率和质量,让教育在创新中不断前行。

（3）完善医疗卫生体系。医疗卫生事业,关系到人民群众的身体健康和生命安全,是至关重要的民生工程。上海应加大对医疗卫生机构的投入,不断改善医疗设备和设施,提升医疗技术水平。加强基层医疗卫生机构建设,提高基层医疗服务能力。加强医疗卫生人才队伍建设,培养和引进一批高素质的医疗卫生人才,为提高医疗卫生服务质量提供人才支撑。

深化医药卫生体制改革,推进分级诊疗制度建设,有效缓解"看病难、看病贵"问题。加强医疗资源的整合和优化,建立健全医疗联合体,实现优质医疗资源下沉。引导患者合理就医,提高医疗资源的利用效率。加强药品供应保障体系建设,降低药品价格,切实减轻患者的医疗负担。加强医保制度建设,提高医保报销比例,扩大医保覆盖范围,为人民健康保驾护航。

加强公共卫生体系建设,提高应对突发公共卫生事件的能力。加强公共卫生应急管理体系建设,建立健全应急预案,提高应急处置能力。加强疾病预防控制体系建设,提高疾病预防控制能力。加强卫生监督体系建设,提高卫生监督执法水平。加强健康教育和健康促进工作,提高人民群众的健康意识和自我保健能力,让健康理念深入人心。

(4) 加强社会保障。社会保障是保障人民生活、调节社会分配的一项基本制度。上海应扩大社会保障覆盖范围,将更多的人群纳入社会保障体系,让社会保障的阳光温暖每一个角落。提高社会保障待遇水平,确保社会保障待遇按时足额发放,为人民群众的生活提供坚实保障。加强社会保障基金管理,确保社会保障基金安全运行,让社会保障体系更加稳固可靠。

加强养老服务体系建设,积极应对人口老龄化挑战。加大对养老服务的投入,发展多种形式的养老服务。加强养老机构建设,提高养老机构的服务质量和管理水平。推进社区养老服务设施建设,为老年人提供便捷的养老服务。鼓励社会力量参与养老服务,发展居家养老服务。

加强社会救助体系建设,保障困难群众的基本生活。完善社会救助制度,加强对困难群众的帮扶和救助。扩大社会救助覆盖范围,提高社会救助标准。加强社会救助资金管理,确保社会救助资金安全运行。建立健全社会救助工作机制,加强部门协作,形成工作合力。加强社会救助信息化建设,提高社会救助工作效率和管理水平,让困难群众切实感受到社会的关爱和温暖。

(5) 改善居住条件。住房是人民群众的基本生活需求,改善居住条件是提高人民群众生活质量的重要内容。上海应加快保障性住房建设,满足中低收入家庭的住房需求。加强保障性住房的管理和分配,确保保障性住房公平分配、合理使用。推进老旧小区改造,改善老旧小区的居住环境和基础设施条件,让老旧小区焕发出新的活力。

加强房地产市场调控,促进房地产市场平稳健康发展。坚持"房住不炒"定位,加强市场监管,稳定房价。加强土地供应管理,合理确定土地供应规模和结构。加强房地产金融监管,防范房地产金融风险。加强房地产市场监测和分析,及时掌握市场动态,采取有效措施稳定市场,让房地产市场更好地满足人民群众的居住需求。

4. 积极打造习近平文化思想最佳实践地,进一步彰显人民城市软实力

深入学习贯彻习近平新时代中国特色社会主义思想,尤其是习近平文化思想,是上海实现高质量发展的思想根基。习近平文化思想从党和国家事业发展全局战略高度出发,为新时代中国文化建设做出了重大战略部署,为上海铸就社会主义文化新辉煌、建设中华民族现代文明提供了根本遵循。

(1) 推动文化创新发展。一是培育和践行社会主义核心价值观。社会主义核心价值观作为当代中国精神的集中体现,凝聚着全体人民共同的价值追求。上海应通过多种方式,加强社会主义核心价值观的宣传教育。在学校教育中,将社会主义核心价值观纳入课程体系,通过课堂教学、主题班会、社会实践等形式,培养学生的良好品德和行为习惯。在社会宣传中,利用公益广告、文艺作品、主题活动等形式,传播社会主义核心价值观,让其融入社会生活的各个方面,成为人们的行为准则。二是加强文化遗产保护和传承。上海拥有丰富的历史文化遗产,如外滩建筑群、石库门、豫园等,这些都是上海的文化瑰宝。要加强对这些文化遗产的保护和利用,制定科学的保护规划,加大保护资金投入,确保文化遗产得到妥善保护。同时,通过开发文化旅游、举办文化展览、开展文化活动等方式,让文化遗产活起来,发挥其在文化传承和教育中的作用。推动文化与旅游的融合发展,打造具有上海特色的文化旅游品牌。将文化遗产与旅游景区相结合,开发文化旅游线路,让游客在欣赏美景的同时,感受上海的历史文化底蕴,提升上海文化旅游的吸引力。三是鼓励文化创新,支持文化创意产业发展。上海应加大对文化创意产业的扶持力度,制定优惠政策,吸引更多的文化创意

企业和人才落户上海。培育文化创意产业集群,打造具有国际影响力的文化创意产业园区,为文化创意企业提供良好的发展环境。加强对文化创意企业的金融支持,拓宽融资渠道,为企业发展提供资金保障。推出更多具有上海特色的文化产品和服务,如上海特色的文艺作品、动漫游戏、设计产品等,满足人们多样化的文化需求。鼓励文化创意企业加强与国内外企业的合作与交流,引进先进的技术和管理经验,增强企业的创新能力和竞争力。四是加强文化品牌建设。上海应立足自身的文化特色和优势,打造具有国际影响力的文化品牌。通过举办国际文化活动、推出优秀的文化作品、打造文化旅游品牌等方式,扩大上海文化的国际影响力。同时,加强对上海文化品牌的宣传和推广,利用国内外媒体、文化交流活动等渠道,广泛宣传上海的文化品牌,让更多的人了解和认识上海的文化魅力。

(2) 丰富群众文化生活。一是加强公共文化服务体系建设。上海应加大对公共文化设施的投入,完善公共文化服务网络。建设一批现代化的图书馆、博物馆、文化馆、美术馆等公共文化设施,提高设施的服务质量和水平。加强基层公共文化设施建设,实现公共文化服务全覆盖,让每一个市民都能享受到优质的公共文化服务。推进公共文化服务数字化建设,利用互联网、移动终端等技术,提供便捷的公共文化服务,满足人们多样化的文化需求。二是举办丰富多彩的文化活动。上海可以开展各类文化节庆活动,如上海国际艺术节、上海书展、上海电影节等,这些活动不仅丰富了人民群众的文化生活,还提升了上海的文化品位。组织开展群众文化活动,如广场舞比赛、歌唱比赛、书法绘画展览等,让广大人民群众参与到文化活动中,增强人们的文化获得感和幸福感。加强对传统文化活动的传承和创新,如春节庙会、端午龙舟赛、中秋赏月等,让传统文化在新时代焕发出新的活力。三是加强文化设施建设,提高文化设施的覆盖率和利用率。推进基层文化设施建设,在社区、乡村建设文化活动中心、农家书屋等文化设施,方便人民群众就近享受文化服务。加强对文化设施的管理和维护,确保相关设施的正常运行。提高文化设施的利用率,通过举办各类文化活动、开展文化培训等方式,吸引更多的人使用文化设施,发挥文化设施的最大效益。

(3) 加强文化交流合作。一是积极开展对外文化交流,传播中华文化,提升上海的国际文化影响力。上海作为国际化大都市,应加强与国际友好城市的文化交流,推动中华文化走出去。通过举办文化展览、文艺演出、学术交流等活动,向世界展示上海的文化魅力和中华文化的博大精深。加强与国际文化机构的合作，引进国外优秀的文化作品和文化活动，促进中外文化的交流与融合，丰富上海的文化生活。二是加强与国内其他地区的文化合作，共同推动中华文化的繁荣发展。上海可以与国内其他地区开展文化交流活动，互相学习借鉴文化建设的经验和做法。加强区域文化合作，促进文化资源的共享和互补。与长三角地区的城市合作，共同打造长三角文化圈，推动区域文化一体化发展，提升长三角地区的文化软实力。三是推动文化旅游融合发展，打造具有上海特色的文化旅游品牌。上海应加强文化旅游产品的开发和推广，将上海的文化资源与旅游资源相结合，开发具有上海特色的文化旅游线路和产品。如上海的历史文化街区、名人故居、文化遗址等都可以开发成文化旅游景点。加强对文化旅游的宣传和推广，增强文化旅游的吸引力。同时，加强文化旅游的服务质量建设，提高游客的满意度，让游客在上海获得美好的文化旅游体验。

5. 促进人与自然和谐共生，建设高质量美丽上海，改善人民城市生态底色

(1) 加强生态环境保护。一是持续加强大气、水、土壤等污染防治。在大气污染防治方面，上海将进一步深化工业污染源治理，推动企业升级改造环保设施，提高废气处理效率。加大对机动车尾气排放的管控力度，在推广新能源汽车的同时，优化交通管理，减少交通拥堵带来的尾气污染。加强对建筑工地、道路扬尘的治理，提高城市空气质量。对于水污染防治，上海将继续强化污水处理设施建设和运营管理，提高污水处理标准。加强对河流、湖泊的生态修复，恢复水体自净能力。严格监管工业废水排放，确保达标排放。此外，上海还深入推进垃圾分类和资源回收利用，上海将持续完善垃圾分类体系，提高垃圾分类的准确率和覆盖率。加强对垃圾分类的宣传教育，提高市民的环保意识和分类积极性。优化垃圾收运处理流程，提高垃圾处理效率。同时，大力推进资源回收利用，鼓励企业开展资源回收业务，建立健全资源回收利用网络。提高资源综合利用率，减少对自然资源的依赖。二是加强生态系统保护和修复。上海将加强自然保护区、湿地等重要生态系统的保护和管理，划定生态保护红线，严格限制开发建设活动。加大对野生动植物的保护力度，开展珍稀濒危物种的抢救性保护。加强生物多样性监测和评估，制定科学合理的保护措施。同时，积极开展生物多样性保护宣传教育，提高公众的保护意识和参与度。上海将进一步完善自然保护区管理体制，加大对自然保护区的投入，加强基础设施建设和科研监测能力。

严格保护自然保护区内的生态环境,禁止非法开发建设和破坏行为。对于湿地保护,上海将加强湿地保护规划的制定和实施,推进湿地生态修复工程。建立湿地保护长效机制,提高湿地生态系统的稳定性和服务功能。三是推进生态文明建设。上海将持续开展生态文明宣传教育活动,通过多种渠道和形式,向市民普及生态文明知识和理念。加强学校生态文明教育,培养学生的环保意识和责任感。开展企业生态文明培训,引导企业积极履行环保责任。同时,充分发挥媒体的作用,宣传生态文明建设的先进典型和成功经验,营造良好的社会氛围。上海还将大力推广绿色生产技术和工艺,鼓励企业开展清洁生产和节能减排。加大对高污染、高耗能企业的整治和淘汰力度,推动产业结构调整和转型升级。倡导绿色消费、绿色出行、绿色居住等生活方式。鼓励市民使用环保产品,选择公共交通、步行、骑行等绿色出行方式,建设绿色社区和绿色家庭。

(2)推进绿色发展。一是加快发展绿色产业。上海将进一步推广绿色建筑标准,加强对建筑设计、施工、运营等环节的监管,提高建筑的能源利用效率和环保性能。鼓励发展装配式建筑、被动式建筑等新型绿色建筑形式。在绿色交通方面,上海将加大对公共交通的投入,优化公交线路和轨道交通网络,提高公共交通的便捷性和舒适性。推广新能源汽车,加快充电桩等基础设施建设。鼓励发展智能交通系统,提高交通效率,减少能源消耗和环境污染。上海还将出台更多的政策措施,支持绿色产业的发展。加大对绿色技术研发的投入,鼓励企业开展科技创新,提高绿色产业的核心竞争力。建立绿色产业发展基金,引导社会资本投向绿色产业。加强绿色产业园区建设,培育一批绿色产业集群,推动绿色产业规模化、集约化发展。二是加强能源资源节约和高效利用。一方面,上海将进一步加强能源管理,制定严格的能源消耗标准和节能减排目标。推广节能技术和产品,鼓励企业和居民采用节能设备和措施。加强对重点用能单位的监管,推动企业开展节能改造。同时,积极发展可再生能源,提高清洁能源在能源消费中的比重,降低碳排放强度。另一方面,上海将加快推进能源结构调整,减少对传统化石能源的依赖。加大对太阳能、风能、水能等可再生能源的开发利用力度,提高可再生能源的装机容量。加强智能电网建设,提高能源输送和分配的效率。推进分布式能源系统的发展,实现能源就近供应和高效利用。三是加强循环经济发展。上海将加强对废弃物的分类回收和处理,提高废弃物的资源化利用率。鼓励企业开展资源循环利用业务,建立健全资源循环利用产业链。加强对再生资源市场的监管,规范再生资源回收利用行为。同时,推广绿色包装,减少包装废弃物产生。上海将进一步完善循环经济法规政策体系,加强对循环经济的规划和引导。建立循环经济评价指标体系,对企业和园区循环经济发展水平进行评估和考核。加强循环经济技术研发和推广,提高循环经济发展的技术支撑能力。

(3)建设美丽家园。一是加强城市规划和建设管理。上海将加强城市规划的科学性和前瞻性,注重城市功能布局的合理性和协调性。加强城市基础设施建设,提高城市的承载能力和服务水平。加强城市景观设计,打造具有上海特色的城市风貌。同时,加强对历史文化街区和建筑的保护,传承和弘扬上海的历史文化。上海将注重城市设计的细节和品质,打造人性化、生态化的城市空间。加强对城市建筑风格、色彩、高度等方面的管控,营造和谐统一的城市景观。加强城市公共空间的设计和建设,提高公共空间的舒适性和吸引力。二是推进公园城市建设。上海将继续加大城市绿地建设力度,推进公园、绿道、广场等公共空间的建设。提高城市绿化覆盖率,改善城市生态环境。加强城市绿地的养护管理,提高绿地的质量和景观效果。同时,鼓励社会力量参与城市绿地建设和管理,形成共建共享的良好局面。上海将以公园城市建设为目标,打造美丽宜居的城市环境。加强对城市水环境的治理和保护,营造水清岸绿的城市景观。加强城市噪声污染防治,提高城市的安静度。加强城市环境卫生管理,保持城市的整洁美观。

6.坚持党的全面领导,增强人民城市的政治保障

上海始终坚持党的全面领导,不断增强政治保障,为城市的高质量发展和人民的幸福生活奠定坚实基础。

(1)加强党的领导。坚持党的全面领导是上海人民城市建设的根本保证。党总揽全局、协调各方的领导核心作用,确保了上海在经济、社会、文化等各个领域的发展始终沿着正确的方向前进。加强党的政治建设,坚定执行党的政治路线,严格遵守党的政治纪律和政治规矩,确保党的路线方针政策在上海得到不折不扣的贯彻落实。加强党的建设是提高党的执政能力和领导水平的关键。应不断强化党的组织建设,提升党组织的凝聚力和战斗力。通过优化党组织设置、加强党员队伍管理、提高基层党组织的服务能力等措施,使党组织成为上海人民城市建设的坚强战斗堡垒。同时,

加强思想政治建设,坚定理想信念,通过持续开展党员干部思想政治教育,增强"四个意识"、坚定"四个自信"、做到"两个维护",确保党员干部在思想上政治上行动上始终同党中央保持高度一致。

(2)强化干部队伍建设。干部队伍是上海人民城市建设的中流砥柱。根据上海发展的实际需求,开展针对性培训,提高干部的专业素养和综合能力。通过举办各类专题培训班、实地考察学习、交流研讨等方式,拓宽干部的视野,提升干部解决实际问题的能力。树立正确的用人导向,选拔任用忠诚干净担当的干部。坚持德才兼备、以德为先、任人唯贤的原则,把政治标准放在首位,注重干部的工作实绩和群众口碑。加强干部考核评价,建立科学合理的考核指标体系,激励干部担当作为,营造干事创业的良好氛围。加强干部监督管理,严格落实干部考核制度。对干部的工作表现、廉洁自律等情况进行全面监督,及时发现和纠正干部队伍中存在的问题。严肃查处违纪违法行为,保持干部队伍的纯洁性和先进性。

(3)推进党风廉政建设。党风廉政建设是上海人民城市建设的重要保障。加强党风廉政建设,落实全面从严治党要求,坚决扛起管党治党政治责任。加强党风廉政教育,通过开展廉政讲座、参观廉政教育基地、剖析典型案例等方式,增强党员干部的廉洁自律意识,筑牢拒腐防变的思想防线。坚决反对形式主义、官僚主义,保持党的先进性和纯洁性。加强作风建设,持之以恒落实中央八项规定精神,坚决整治形式主义、官僚主义,切实为基层减负。以良好的党风带动政风民风,为上海人民城市建设营造风清气正的政治生态。加强廉政制度建设,建立健全廉政风险防控机制。完善权力运行制约和监督体系,加强对权力运行的全过程监督,防止权力滥用。规范决策程序,加强对重大项目、重大资金使用等关键环节的监督,确保权力在阳光下运行。

(4)凝聚社会各方力量。加强统一战线工作,凝聚各民主党派、工商联、无党派人士等社会各方力量。充分发挥统一战线的优势,广泛凝聚共识,为人民城市建设贡献智慧和力量。通过开展专题调研、协商议政等活动,听取各方意见建议,汇聚起推动上海发展的强大合力。加强社会组织建设,发挥社会组织在城市建设和治理中的积极作用。培育和发展社会组织,提高社会组织的服务能力和水平。鼓励社会组织参与社会公益事业、社区治理、文化建设等领域,为上海人民城市建设增添新的活力。加强社会动员,激发广大市民参与人民城市建设的积极性和主动性。通过加强宣传引导,利用各种媒体平台,广泛宣传人民城市建设的重要意义和目标任务,营造全社会共同参与的良好氛围。鼓励市民积极参与社区治理、志愿服务等活动,共同为建设美丽上海贡献力量。

上海作为我国的经济中心和国际化大都市,在推进人民城市建设方面肩负着重大而神圣的使命。面对当前的新形势、新任务和新要求,上海应坚定不移地坚持以人民为中心的发展思想,加快推进"五个中心"建设,积极发展全过程人民民主,不断增进民生福祉,努力打造习近平文化思想最佳实践地,建设美丽上海,并以党的建设为坚实保障,推动上海人民城市建设开创新局面。

第1章 上海在持续推动高质量发展中全面建设人民城市

本章以全面、高质量发展为核心,深入探讨了上海在践行人民城市理念过程中取得的成就。本章首先回顾了上海在经济赶超、协调发展、新时期社会主义现代化等不同历史阶段的功能和定位,阐释了国家城市发展战略中的历史逻辑、科学内涵和实践逻辑,总结了自改革开放以来,中国城市化如何走出一条符合自身特色的道路。在新时期人民城市建设实践中,上海通过强化实体经济、科技创新、现代金融和人力资源,加快建设现代化经济体系,通过强化"四大功能"和加快建设"五个中心",不断提升城市能级和核心竞争力。

本章围绕能级提升、空间优化、创新激励这三个维度,分析上海增强辐射引领核心功能,全面强化全球资源配置、科技创新策源、高端产业引领和开放枢纽门户功能,以提升城市发展能级;加快形成现代化产业体系,以"3+6"产业集群为支撑,推动新兴产业发展;积极释放改革试验田创新效应,对标国际高标准经贸规则,推进高水平制度型开放,强化全球资源配置功能;优化城市空间结构和功能布局,通过城市更新和园区发展提质增效,推动产城融合与职住平衡,增强产业、空间、人口的有机联动;培育开放包容的创新生态,打造国际一流的营商环境,建设引领全球的人才高地,充分调动市场主体的创业激情和人才队伍的奋斗精神。此外,展望上海未来的发展方向,包括持续提升城市能级、完善现代化产业体系、落实改革创新举措、优化城市发展空间、发挥多元主体创新优势、打造国际一流营商环境和推动全球人才高地建设。通过进一步强化"四大功能",深入加快"五个中心"建设,以实现更高质量的发展。

2018年,习近平总书记考察上海时强调,上海在党和国家工作全局中具有十分重要的地位,做好上海工作要有大局意识、全局观念,在服务全国中发展上海。上海正在加快建成具有世界影响力的现代化国际大都市,是党领导下的人民城市建设的典范。人民城市重要理念深刻揭示了中国特色社会主义的基本发展规律,为新时代城市建设提供了根本遵循。在这一原则下,人民城市建设要强调物质保障,要以高质量发展为人民城市建设夯实物质基础,全面增强辐射引领的核心功能。按照习近平总书记要求,上海时刻把高质量发展着力点放在实体经济上,加快建设实体经济、科技创新、现代金融、人力资源协同发展的产业体系。通过加快提升城市能级和核心竞争力,推动质量变革、效率变革、动力变革,在提高城市经济密度、提高投入产出效率上下功夫,在提升配置全球资源能力上下功夫,在增强创新策源能力上下功夫,加快建设现代化经济体系。

一、以高质量发展打牢人民城市建设根本基础的基本逻辑

(一) 人民城市建设体现高质量发展的历史逻辑

上海的城市功能在中国城市化进程中的不同时期有着不同的战略定位。从中华人民共和国成立初期的工业化战略,到改革开放后的城市现代化推进,再到新时代的社会主义现代化大都市圈战略,上海的城市建设始终承载着人民对美好生活的向往和追求。在不同的发展阶段,上海通过战略性城市规划和政策实施,展示人民城市建设的核心价值和实践成果。每一个发展阶段的战略调整不仅应对了时代的挑战,还逐步形成了以人为本的城市发展理念,确保城市建设和城市发展更好地服务于民(如图1-1所示)。通过一系列的策略演进和实践积累,上海不断优化其城市功能和生活环境,使其真正成为人民的城市,展现出社会主义现代化国际大都市的风貌。

```
城市是推动国家        经济赶超型发展战略下         上海"优先发展
工业化的平台    ←    城市功能定位         →    重工业"

中国特色的城        协调发展战略下的         上海遵循"以人为本,
镇化道路        ←    城市功能定位         →   安全为先,管理为重"

城市圈引领区域      新时代社会主义现代化       上海建设社会主义
发展城乡融合   ←    战略下的城市功能定位   →   现代化国际大都市
```

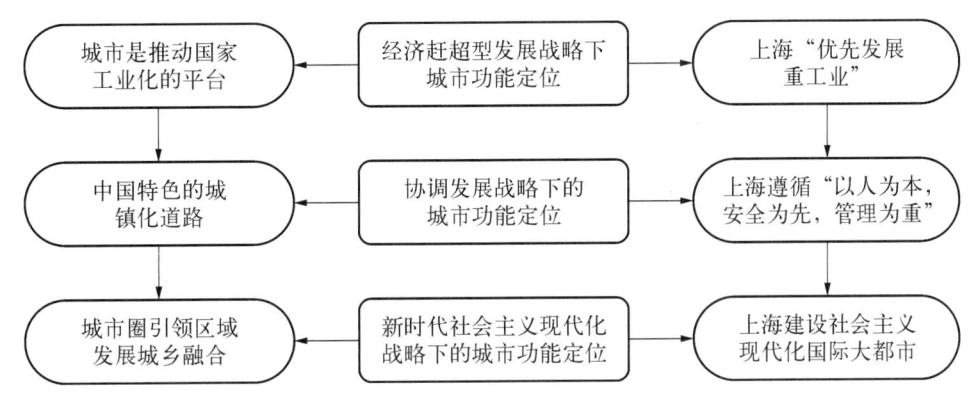

图 1-1 不同发展阶段城市功能与上海定位的演进

1. 经济赶超型发展战略下：城市重在构建现代工业体系

在中华人民共和国成立后，国家的建设战略明确将重工业的优先发展和工业化路径作为核心目标。在此期间，城市主要被视为推动国家工业化的平台，并据此进行了产业布局和城市建设。随着工业化进程的加速，到1977年，中国的城市化率从中华人民共和国成立初期的10.64%上升到17.92%。与此同时，城市人口总数从1949年的4 067.04万增至11 756.05万，增加了7 689.01万。在这种工业化战略的指导下，上海市的城市建设也将重点放在了工业发展的推动上。

在"一五"计划期间，上海市政府坚定不移地推行"优先发展重工业"的发展战略，并且有计划地增加了对这一关键领域的投资，最终使重工业在全市工业投资中的占比达到了74.5%。得益于这一战略决策的实施，上海对上海柴油机厂、上海锅炉厂、上海汽轮机厂和上海电机厂等一系列工业企业进行了大规模的改造和扩建。到了1957年，与1952年相比，上海重工业在工业结构中的比重实现了显著的提升，从22.9%增长到了36.5%。随着工业化进程的不断深入，上海成功打造了七个特色鲜明的新兴工业区，包括以钢铁和化工为主导的蕰藻浜、桃浦、吴泾和高桥工业区；以机械工业为核心的彭浦工业区；以机电产业集聚的闵行工业区；以及以仪表工业为重点的漕河泾工业区。这些工业区的建立，不仅彰显了上海的产业特色，还为卫星城的规划和建设提供了坚实的基础。在此基础上，上海市政府规划并推进了包括闵行、吴泾、嘉定、松江和安亭等在内的一批卫星城镇建设项目，这些项目的实施进一步加速了上海的城市化进程。特别是在闵行卫星城，当地政府采取了"生产与生活并重"的发展理念，在居民区的建设上实现了生产与生活的平衡，这不仅满足了工人阶层的生活需求，还标志着该地区从传统农业社会向现代都市的成功转型。

2. 协调发展战略下：探寻新型城市化发展之路

实行改革开放政策后，国家便将实现农业、工业、国防和科技现代化作为目标，而城市建设亦因此再次成为国家战略的重点。在"七五"计划中，中央政府明确提出了优先发展东部城市的战略，目的是要建立一批新型社会主义城市，既能推动经济增长，又能满足人民日益增长的生活需求。然而，即便在这样的发展方针下，城市建设在这一时期还是遭遇了区域发展不均衡和社会建设与经济建设不同步的问题。随着时间的推移，我国城镇化的战略也在不断演进。2002年，党的十六大首次明确提出了协调发展大中小城市和小城镇的新理念，倡导走一条具有中国特色的城镇化道路。到了2007年，党的十七大进一步强调了这一理念，并提出了以大城市带动小城市发展的协调发展原则。在这些方针的指导下，2012年，党的十八大进一步提出了科学规划城市群规模和布局，增强中小城市和小城镇在产业发展、公共服务、就业吸纳和人口聚集等方面的功能。得益于这些政策的推动，中国的城镇化进程实现了协调发展，进入了一个新的发展阶段。至2017年，我国城镇化率已经达到了58.52%，城市人口已经占到了全国人口的半数以上。

自2003年起，上海便将"以人为本"作为其城市发展的核心理念，采纳了一种既重视"统筹兼顾"又追求"品质升级"的城市化路径，以实现城乡发展的和谐统一。尤其是在党的十八大召开之后，中共中央和国务院联合发布的《国家新型城镇化规划（2014—2020年）》为城市发展描绘了新的蓝图，即致力于打造既和谐宜居又充满活力，且各具特色的现代化城市，以此提升新型城镇化的质量，并探索出一条具有中国特色的城市发展新路。该规划促进了城市发展模式由简单的外延扩张向深层次的内涵提升转变。为响应中共中央、国务院印发的《国家新型城镇化规划（2014—2020年）》提出的城市建设的新目标，上海制定了加速建设社会主义现代化国际大都市的战略，坚持采用高水准的规划设计、高标准的建设实施以及高效率的管理机制，推动城乡建设和管理向更加精细和集约的模式转型。这一时期上海遵循"以人为本，安全为先，管理为重"的城市发展方针，着重强调民生改善和生态环境建设，努力满足市民的多元化需求，将上海塑造成为一座更加宜居的城市。

3. 新时代社会主义现代化战略下:城市重在构建高质量发展模式

党的十九大报告指出:"中国共产党人的初心和使命,就是为中国人民谋幸福,为中华民族谋复兴。"①随着中国特色社会主义进入新时代,大都市圈要发挥重要作用,遵循经济发展的基本规律,探索新型大都市治理模式,在引领城乡融合发展方面起到关键作用。在新时代中国城市化进程中,以大都市圈为发展核心,必须在不同层面实施相应的强化策略。在宏观层面上,战略规划的深化、政策的指导作用以及制度的整合显得尤为关键,它们共同构成了城市化发展的支撑架构。在中观层面上,推动产业链的集群化发展,实现多主体间的协同治理,以及促进经济、社会与文化的综合发展,是激发区域活力和实现均衡发展的关键途径。在微观层面上,基础设施的完善、网络化互联互通的实现,以及标准化一体化的推进,是确保区域发展高效协调的基础。这些基础工作的加强,对于提升城市化质量具有不可或缺的作用。通过这些层面的协调发展,不仅能增强大都市圈的发展绩效,还将为中国开辟一条以人民城市理念为指导的、具有普遍意义的新型城市发展路径,提供理论和实践上的坚实基础。

遵循这一战略布局,人民城市的建设已经步入了追求更高质量的发展阶段。《上海市城市总体规划(2017—2035年)》为新时代人民城市的建设描绘了宏伟蓝图,旨在塑造"建成卓越的全球城市,令人向往的创新之城、人文之城、生态之城,具有世界影响力的社会主义现代化国际大都市"。上海正以国家重大战略任务的实施为驱动力,以提升城市的"四大功能"和构建"五个中心"为战略发展路径,不断促进新能源汽车、高科技船舶、新材料、机器人等战略性新兴产业的蓬勃发展。在这一进程中,上海市民心工程和民生实事项目的推进坚实有力,有效提升了居民的生活质量。通过科学化、精细化、智能化的"三化联动"方法,上海市在推进城市治理现代化方面取得了实质性进展,城市生态环境的品质也得到了显著改善。

(二) 人民城市建设体现高质量发展的科学内涵

推动高质量发展是全面建设社会主义现代化国家的首要任务,而城市作为现代

---

① 习近平:《决胜全面建成小康社会 夺取新时代中国特色社会主义伟大胜利——在中国共产党第十九次全国代表大会上的报告》,人民出版社2017年版,第1页。

化的重要承载空间,肩负着服务人民美好生活需要和推动国家整体发展的双重使命。党的二十届三中全会提出,要坚持以人民为中心的发展思想,推动共同富裕,着力解决发展不平衡不充分问题。这为新时代的城市建设和治理提供了方向指引,也赋予了"人民城市"理念更深刻的内涵。人民城市,是指以人民为核心、为人民所享的城市发展模式,其本质在于实现物质文明与精神文明的协调发展、人与自然的和谐共生。在城市建设中,既要打牢经济发展的物质基础,又要关注人民群众日益增长的精神文化需求;既要考虑不同发展阶段的实际条件,又要实现民众在城市发展中的深度参与和共享。这一理念不仅契合我国经济社会转型的客观需求,还是对人民群众追求美好生活愿景的积极回应。立足新时代,我国各类城市在构建现代化经济体系、加快绿色低碳转型、提升公共服务水平等方面都面临新挑战、新机遇。通过科学谋划和实践创新,探索出一条"以人民为中心"的城市高质量发展之路,不仅是对党的发展思想的实践,还是提升人民福祉、实现共同富裕的重要途径。这一进程将为世界提供城市治理的新范式,展现中国式现代化道路的独特优势。

1. 打牢坚实的城市物质技术基础,着力满足人民群众精神需要

新时代的城市高质量发展,始终贯彻"以人民为中心"的理念。一方面,城市的物质和技术基础需要不断加固,因为缺乏物质基础,城市的现代化和高质量建设就是无源之水。这就意味着城市必须加快构建现代化经济体系的步伐,推动实体经济的增长,加速工业化的进程,并提升全要素生产率,以确保城市经济在质量和数量上的同步提升。另一方面,城市发展还必须关注人民的精神需求,努力提升居民的获得感、幸福感、安全感。这就要求在城市发展的过程中,始终以人民的利益为出发点,采取切实有效的措施来改善民生,温暖民心,从而提高人民的生活质量。通过这种全面而均衡的发展策略,既推动了城市的客观发展,又满足了人民的主观需求,实现了城市发展与人民满意度的双赢。这样的发展模式,确保了"以人民为中心"的理念在城市高质量发展的每一步都得到了充分的体现和实践。

2. 立足城市发展阶段,"尽力而为,量力而行"地满足人民"美好生活"需要

遵循"人民城市"理念,城市发展的终极目标是响应人民对"美好生活"的向往。尽管目前的发展状况不平衡和不充分,但"美好生活"的具体需求会随着城市发展阶段的不同而变化。对于那些已经发展成熟的城市,实现人民对"美好生活"的愿景的

关键在于，以"共同富裕""物质文明与精神文明的和谐统一""人与自然的和谐共存"等目标为指导，成为其他发展阶段城市的模范。位于中西部地区，处于快速增长发展阶段的城市，其发展的核心任务是通过加快新型工业化和城镇化进程，专注于实体经济、数字经济和新能源产业，以促进城市经济的高质量发展。同时，这些城市也需集中资源解决人民面临的紧迫问题，以形成强大的人才吸引"磁场"。对于处于起步增长阶段的城市，其发展的核心任务是吸引和集聚各类生产要素，大力发展实体经济，以提升人民的收入水平。此外，这些城市还需加速基础设施的建设，以提高公共服务的标准。对于正在转型期的城市，其发展的核心任务是加速城市更新，培育新兴产业，并激发城市的创新活力。

3. 以人民"共建、共治、共享"，统筹协调城市发展的关键环节

建设"人民城市"需坚持"全周期管理"原则。采取全面整合的策略，消除部门间的壁垒和孤立行为，确保城市发展从起始阶段到最终成果的每个环节都能实现协调一致，以保持发展策略的统一性和连续性，并为城市的持续成长预留空间。同时，应创建开放的参与机制和完善的公民参与体系，确保市民在城市基础设施建设中真正参与城市规划的决策，实现"人民建设自己的城市"。在推进城市发展的过程中，将创新的发展理念融入城市建设的每个阶段，并充分发挥民众在城市发展监督和管理中的作用，确保他们在监督和问责机制中拥有更大的影响力。在成果分配阶段，确保所有市民都能公平地享受到城市发展带来的好处，特别是将发展的重心下沉，让更广泛的群体受益，实现"人民城市为人民所有"的目标。最终，运用人工智能、大数据等现代科技，将其深度整合到城市全周期管理中，改善这些技术在城市规划、管理和治理中的应用，构建一个智能化的全周期城市管理系统。

（三）人民城市建设体现高质量发展的实践逻辑

根据习近平总书记对上海工作的重要指示精神，上海应致力于深化建设"五个中心"，并继续深化改革开放，以增强其发展活力和竞争力；同时，上海需坚持"人民城市为人民"的核心理念。在实际的经济发展和执行层面，上海必须专注于提高竞争水平，追求现代化标准，创造高质量的商业和生活环境，实现更深层次的开放，并确保高级别的安全保障，持之以恒地追求卓越，久久为功，善作善成。

1. 提升城市能级和核心竞争力,是上海推动建设人民城市、满足人民日益增长的美好生活需要的根本保障

上海正朝着成为国际舞台上的经济、金融、贸易、航运和科技创新的领军城市迈进,这一宏伟蓝图不仅彰显了上海的高定位和高追求,还是上海朝着高质量人民城市建设迈进的明证。为了实现这一跨越式发展,上海必须致力于提升规划、政策、产业和项目等各方面的国际化水平,不断增强其国际竞争力,以"开发浦东、振兴上海、服务全国、面向世界"为指导,全面履行党和国家赋予上海的使命和责任,进而提升市民的获得感和幸福感。实现这一目标,上海需要将推动人民城市建设的高质量发展与长江经济带和"一带一路"倡议的高质量发展紧密结合,深刻理解习近平总书记关于长江经济带发展必须具备长远眼光、持久战略和稳固基础的重要指示,以及关于"一带一路"倡议高质量发展的"八项行动"。在此基础上,上海应迅速制订并推出行动计划,旨在通过人民城市建设的高质量发展带动长江经济带和"一带一路"倡议的高质量发展,推动"一带一路"发展再上新的高度,共同绘制出一幅相互促进、共同繁荣的生动图景。

2. 加快形成现代化产业体系,是推进上海的人民城市建设的基础战略任务

作为城市发展的核心驱动力,经济繁荣至关重要。因此,需要切实贯彻执行新发展理念,以高端产业为引领,不断发掘和培育新的增长点。坚持锚定发展高端、高效、具有高附加值的产业,以现代服务业为基础,以战略性新兴产业为先锋,推动产业间深度融合和升级,形成产业发展的新格局。通过提升创新的集中度、增强产出的力度和提高经济的集约度,更好地满足人民日益增长的美好生活需要,为广大群众提供更加丰富和充实的物质保障。

党中央和习近平总书记对发展实体经济和高水平制造业寄予厚望。党的二十大报告着重提出,经济工作的着力点应始终聚焦于实体经济,通过实现现代服务业与先进制造业、现代农业的深度融合,以及数字经济与实体经济的紧密结合,推动制造业向高端化、智能化和绿色化方向转型。此外,还需努力打造具有国际竞争力的数字产业集群。习近平总书记在长江经济带高质量发展座谈会上进一步指出,在坚定不移地加强保护的同时,长江经济带的十一个沿江城市应大力推进产业链和供应链的现代化。要持续推动提升制造业核心竞争力,培育壮大先进制造业,并加快战略性新兴

产业和未来产业的发展步伐。

2023年，习近平总书记在长三角一体化发展座谈会上提出，长三角地区一体化发展面临不少深层次问题，需要进一步解决。他强调，提高发展质量和效率，增强区域的辐射和带动作用，是长三角地区需要持续努力的方向。此外，重点领域和区域的一体化发展，以及产业链和供应链的合作分工能力，都需要进一步提升。上海作为长三角地区的重要城市，正通过集中科技创新资源，向高端制造业的高峰迈进。上海所营造的创新链与产业链深度融合的产业生态系统，正在变得更加丰富和成熟。这表明，加强和优化高端制造业对于上海发挥其"四大功能"至关重要，且无可替代。未来，上海应当更加聚焦于推动以创新为驱动力的现代化产业体系的建立和完善，打造培育产业发展的关键增长点。通过与长三角三省一市和长江经济带十一个沿江省份的协同和错位发展，增强国内大循环的内生动力和可靠性，提升对国际大循环的吸引力和推动力，为构建新发展格局和推进中国式现代化提供强有力的战略支撑。

3. 充分激发创新潜能，是人民城市永葆生机与活力的力量源泉

创新是塑造人民城市不可或缺的驱动力。人才是创新的核心，对于驱动创新进程具有决定性作用。在人民城市的构建过程中，若能充分激发各类人才的创造潜力，人们便能根据自己的实际情况，在城市的各个角落创造价值，为城市的持续进步提供源源不断的动力。在全面建设社会主义现代化国家的新征程中，高质量发展的标准不仅体现在科技自立和突破上，即增强原始创新能力，攻克技术难题，也体现在制度创新上，即构建全新的制度文明。人民城市的建设应该激励条件成熟的地区率先探索，核心任务是在更高层次上进行探索和实践，采用"摸着石头过河"的策略，发掘适合人民城市建设的规律，并将其制度化、体系化，形成文明成果。这不仅能为国内其他地区提供参考，还能在全球现代化进程中彰显中国现代化和中国特色社会主义制度的优势。通过深化制度创新与科技创新的融合，人民城市将变成制度创新和科技创新的综合体，成为制度文明的典范，建立一个让创新成果广泛惠及人民的现代化标杆。

在人民城市构建过程中，人才的积极参与被视为城市不断创新和向前发展的不竭动力。实现这一创新愿景，不仅要发展一个宏大、结构完善、素质出色的创新人才结构，还要深入挖掘并尊重每个人的创造潜力，激发他们成为创新的主导者和执行

者。这样,从创新的构想到实施再到最终的实现将成为市民的自发行动,有助于形成全社会广泛参与的创新文化。城市应制定相应的制度,确保每位市民都能在创新中发挥作用,扩大市民参与创新的途径和制度化空间,促进创新活动的全面性和连续性,提升城市创新活动的公众参与度和普及性。城市创新还应将新发展理念融入创新的每个环节,通过建立多样化的实践平台,推动以"参与式创新、交互式创新、沉浸式创新"为核心的组织结构变革,以更有效地响应市民共同参与城市创造和建设的需求。同时,城市规划和建设应重视人民从创新中获得的实际利益,确保人民能够享受到由创新带来的生活质量提升和更丰富的发展机遇。

4. 创造高品质宜居、宜业、宜商生活,是满足人民对美好生活向往的逻辑延伸

提高人民城市的建设品质,关键在于对城市管理和服务进行细致入微的打磨,致力于让居民能够体验到既适合居住又适宜工作的、绿色且健康的生活环境,以及高质量的公共设施和服务。此外,城市还应致力于提升文化和生态文明的水平,培育独具特色的地方文化生态和人文精神,从而打造一个有利于创业和创新的社会氛围。这将真正实现各种劳动、知识、技术、管理、数据和资本的活力全面激发,让创造社会财富的源泉不断涌现。习近平总书记曾经强调,营商环境是企业成长的土壤,并着重指出需要不断地改进市场化、法治化、国际化的一流营商环境。优化营商环境不仅是实施习近平经济思想和法治思想的要务,还是构建人民城市的根本需求。作为城市经济活力的源泉、就业的主要来源和技术创新的驱动者,企业在城市发展中扮演着至关重要的角色。只有不断地优化营商环境,为企业和企业家提供更加精准有效的政务服务和政策支持,建立起和谐的政商关系,鼓励企业家专注于长远发展,才能充分调动企业和企业家的积极性,激励国有企业、民营企业、外资企业在市场中勇于创新和开拓,为城市的持续发展提供不竭的动力。

习近平总书记指出,应当专注于一些"牛鼻子"关键任务,而这些任务对于解决全国性的重大问题,即抓好"国之大者"至关重要。上海正致力于深化人民城市的理念,将"人民建设"与"为人民服务"紧密结合,确保将最优质的资源用于人民服务,通过高质量的供给满足人民的需求,努力将上海打造成一个具有吸引力、面向未来的城市,使每个人都向往在此生活。上海基于其独特的城市空间结构和人口发展趋势,致力于全面平衡城市的经济、生活、生态和安全需求,加快城市生活和产业空间的更新步

伐,改进社会及商业保障体系,确保城市公共服务更加普及和便捷,显著提升城市整体品质及适宜居住、工作和商务的环境。通过持续深入建设具有舒适居住体验、韧性、智慧和活力的城市,创造一个让人民满意的美好生活空间,在建设人民美好家园方面走在全国前列。

5. 深化高层次协同开放,这是推动各类要素在高效集聚、优化配置中更好地造福人民的必由之路

在新时代的新征程上,高层次开放蕴含五个关键维度:第一,全面推进突破性的改革和开放措施,同时稳步拓宽制度型开放,涵盖规则、规制、管理、标准等方面。第二,致力于"一带一路"倡议的高标准发展,中国政府已宣布取消外资在制造业的准入限制,并计划建立"丝路电商"合作的先行区,与更多国家商签自由贸易和投资保护协定。第三,主动与国际先进的经贸规则接轨,推动服务贸易和投资的深度开放,增加数字产品的市场准入,并深化国有企业、数字经济、知识产权、政府采购等关键领域的改革。第四,执行自由贸易试验区的升级战略,提升中国(上海)自由贸易试验区临港新片区(以下简称临港新片区)的对外开放水平,并扩展全球高标准自由贸易区网络。第五,积极开拓国际经济合作的新空间和新途径,更好地利用长江经济带沿江省份自贸试验区的优势,在制度创新上先行先试,加强长三角及十一个沿江省份自贸试验区的协同发展,为建立更高层次的开放型经济体制积累新经验、探索新途径。

作为上海最大的优势,开放在新一轮的人民城市现代化探索和扩展中扮演着关键角色。上海必须以全球视野和未来导向为指导,以最高标准为参照,努力创造一流成就,以真正实现"五个中心"和"四大功能"的目标。"四大功能"是上海建设"五个中心"的质量标准和综合效益的体现,包括全球资源配置的强化,注重离岸业务、人才发展和跨境数据交换,以及提升对全球高端资源的吸引力和整合新型资源的能力。上海需要加强科技创新的策源功能,集中力量攻克关键核心技术,保持创新的活力,并加速创新的进程。同时,致力于提升高端产业的引领作用,通过智能化推动绿色发展,并以绿色化为智能化提供动力,快速培育领军企业和增长迅速的企业。此外,必须加强其作为开放枢纽门户的功能,依托国家战略找到发展的切入点,率先推动制度型开放,并不断深化贸易和投资的自由化与便利化。上海在利用其区位和功能优势深化国际合作与竞争的同时,也将按照党中央的战略部署,与北京、粤港澳大湾区一

同建设人才高地,并率先实施更加开放和便利的人才政策,为国家的繁荣和民族的复兴汇聚全球资源,贡献上海智慧和上海方案。

6. 筑牢高水平安全防线,是统筹安全和发展的必然要求

遵循习近平总书记关于发展与安全并重的重要指示,人民城市建设必须坚守总体国家安全观,保持底线思维,规划长期发展,执行持久策略,建立长期稳定的基础。上海及其所在的长三角地区应以地区稳定为国家安全贡献力量,特别是在保障国家粮食、能源、关键产业链和水资源安全等方面承担更大的责任。要以高标准的安全保障人民城市的建设,就必须不断完善风险预防和应对机制,加强公共卫生体系建设,提升应急防控能力,提高市政设施的安全性,加强公共安全管理,以确保上海这样的超大城市能够有效防控风险并具有高度的安全弹性。特别是考虑到在"世界进入动荡变革期"时可能遇到的极端情况,需要构建能够适应平时和战时需求的基础设施,并建立多层次的应急避难体系,以确保粮食、能源、水资源和关键产业链供应链的安全。同时,致力于同步提升城市的经济效益、生活品质和安全弹性,确保在向世界卓越城市发展的进程中,真正实现以新安全格局保障新发展格局。

二、上海在高质量发展中推进人民城市建设的实践

"城市是经济发展的中心",五年来,上海坚定不移贯彻新发展理念,不断提升人民生活质量、城市环境质量、城市竞争力,建设和谐宜居、富有活力、特色鲜明的现代化城市,为满足人民日益增长的美好生活需要提供更加坚实的物质保障。

(一) 辐射引领核心功能全面增强

2020年6月,中共上海市第十一届委员会第九次全体会议审议通过《中共上海市委关于深入贯彻落实"人民城市人民建,人民城市为人民"重要理念,谱写新时代人民城市新篇章的意见》(以下简称《意见》),对加快建设具有世界影响力的社会主义现代化国际大都市作出全面部署。本次全会指出,要把握人民城市的根本属性,加快建设具有世界影响力的社会主义现代化国际大都市。坚定不移、毫不动摇坚持城市发展的正确方向,把坚持人民至上、集中力量办大事、"一张蓝图绘到底"等制度优势转化

为城市发展的竞争优势。在本次全会精神和《意见》的科学指引下,中共上海市委、上海市人民政府准确把握党中央明确的战略定位,始终胸怀"国之大者",不断提升城市能级和核心竞争力,更好带动都市圈发展,更好服务全国发展大局,持续提升城市核心功能,增强集聚和辐射能力。

1. 全面强化"四大功能",切实提升城市发展能级

强化全球资源配置功能、强化科技创新策源功能、强化高端产业引领功能、强化开放枢纽门户功能,这是习近平总书记在2019年11月考察上海时作出的重要指示,为这座超大城市的发展指引了推动高质量发展的主攻方向。上海"四大功能"的强化,不仅事关城市本身的高质量发展和城市能级的提升,也与上海人民城市建设息息相关。全球资源配置功能的强化,确保上海有效提升在全球范围内配置资本、劳动力、自然资源、技术等生产要素的能力,有利于全球优质资源汇聚上海或"为我所用",配置全球多元高能级要素资源为上海高质量发展服务,有利于夯实上海满足人民日益增长的美好生活需要的物质基础,也使得上海能够提供更多、更加优质的发展平台与就业机会,成为人人能出彩、人人都向往的国际化大都市。科技创新策源功能的强化,使得上海能够进一步强化创新创业氛围,吸引更多优质人才和创新创业团队来沪发展,激发城市创新活力,而创新活力的激发离不开开放包容的城市品格与良好氛围,因此,科技创新策源功能的强化必将推动上海更加包容、更加开放、更加温暖,这也有利于提升上海市民的获得感和满意度。高端产业引领功能的强化,则为上海顺应科技产业发展趋势,探索全球科技与产业前沿领域,加快实现产业结构向高级化转型奠定坚实基础,同时有利于上海加快培育全球一流企业,壮大高能级市场主体力量,在夯实人民城市建设的物质基础的同时,创造更多面向未来的就业岗位和发展平台。开放枢纽门户功能的强化,表明上海正在将国内的很多规则、规制、标准管理和国际融通对接。上海长期领开放风气之先,历来处在我国开放的最前沿。上海通过努力把握国际经贸规则演变的底层逻辑,提升参与国际规则建构的整体能力,对标国际最高标准,塑造市场化、法治化、国际化营商环境,有利于上海全面提升城市能级和核心竞争力,全面增强城市软实力,也有利于通过对标国际最高标准,强化城市经济治理的精细化和现代化水平,以开放促改革,以改革谋发展,更好促进全市人民共享美好生活,不断提高人民群众的获得感、幸福感和安全感。

在高端产业引领功能方面,2023年,三大先导产业(人工智能、半导体、生物医药)持续创新突破,其中生物医药领域累计获批1类创新药、三类创新医疗器械数量占全国总数量的1/4和1/6,人工智能大模型、算力、语料和人形机器人加快布局,打造"模速空间"。2024年,上海三大先导产业规模达到1.9万亿元,较2020年增长90%(如图1-2所示),重点产业集群深耕提升。电子信息、生命健康、汽车、高端装备、先进材料、时尚消费品等六大重点产业加快出产值、出品种、出效应,实现集群化发展,一批大国重器取得重要突破,国产大飞机实现商业首飞、国产大型邮轮首航、航天"一箭41星"首发、新能源汽车产量首破百万,国家重型燃气轮机试验基地启动建设,世界首条公里级高温超导电缆正式投运。2023年,上海市规模以上工业总产值3.94万亿元,规模以上工业增加值增长1.5%,工业投资增长5.5%(制造业投资增长6.7%),新兴动能不断增强,战略性新兴产业工业总产值占规模以上工业总产值的比重提升至43.9%;"海陆空"等领域规模持续壮大,其中,船舶增长15.5%,新能源汽车增长34.7%,航空增长28.8%。

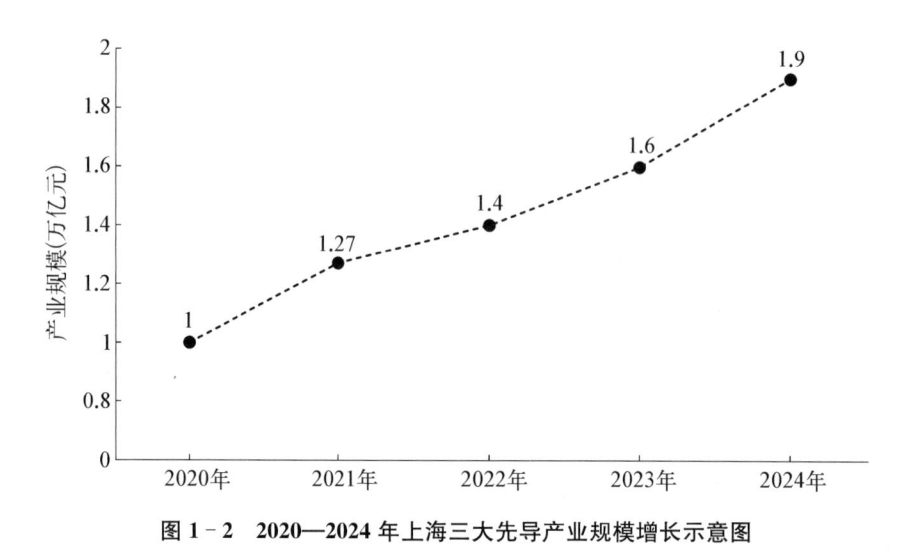

图1-2 2020—2024年上海三大先导产业规模增长示意图

在科技创新策源功能方面,科技创新策源功能持续增强。3家国家实验室成立运行,新型研发机构、研发与转化功能型平台分别达到17家、15家。4个国家重大科技基础设施开工建设,5个设施建成投用,全球规模最大、种类最全、综合能力最强的光子大科学设施群已现雏形。世界首个体细胞克隆猴、千米级高温超导电缆等一批重大创新成果持续涌现。世界顶尖科学家论坛连续5年成功举办,首个由上海发起的国际科技大奖向全球颁发。张江科学城扩区增能,国际知识产权保护高地加快建设。人才引领发展战略、人才高峰工程等政策深入实施,人才发展环境更加优化,高层次人才规模持续扩大,人才创新活力全面增强。

在全球资源配置功能方面,截至2023年底,原油期货、"沪伦通"、债券通、"南向通"、公募不动产投资信托基金等创新产品和业务推出,全国首家外资独资证券公司、公募基金公司、保险公司等一批金融业开放项目落地,新增持牌金融机构近300家,跨境人民币业务结算量保持全国领先,"上海金""上海油""上海铜""上海胶"等价格影响力日益扩大。跨境电商、离岸贸易、国际分拨、保税维修等外贸新业态、新模式加快发展,千亿级、百亿级商品交易平台各增加5家。浦东国际机场卫星厅投入使用,北外滩国际航运论坛成功举办,沿海捎带、国际航行船舶保税油气加注等重大航运政策实现新突破。

在开放枢纽门户功能方面,高质量落实区域全面经济伙伴关系协定,外高桥、虹桥国家进口贸易促进创新示范区加快建设,数字服务、文化贸易等8个国家级特色服务出口基地成功创建,"一带一路"综合服务中心高效运作,中欧班列"上海号"开通运行,亚太示范电子口岸网络拓展至24个成员口岸。

2. 加快建设"五个中心",强化城市核心竞争力

加快建成具有世界影响力的社会主义现代化国际大都市,是习近平总书记对上海的明确要求,也是上海市第十二次党代会明确提出的上海城市发展的奋斗目标。上海要建设国际化大都市,一是需要不断彰显"世界影响力",即经济总量的持续进位、城市核心竞争力的全面增强以及城市软实力、国际影响力的显著增强等;二是需要不断彰显"社会主义现代化",即党的全面领导的持续加强、现代化经济体系的不断形成、全过程人民民主的持续深化以及共同富裕迈出坚实步伐等;三是需要不断彰显"国际大都市"魅力,包括全球高层次人才的近悦远来、开放优势的进一步释放以及城市环境更加宜人等。这也与上海践行人民城市理念具有异曲同工之处。加快建设"五个中心",是习近平总书记和党中央全面研判国际国内大势,统筹把握改革发展大局后作出的重大决策,也是上海践行人民城市理念以及加快建成具有世界影响力的社会主义现代化国际大都市的应有之义和重要抓手,"五个中心"的功能也是上海建设具有世界影响力的社会主义现代化国际大都市以及践行人民城市理念的基础性支撑。

在国际经济中心方面，上海着力提信心、扩需求、稳增长、促发展，经济实力不断迈上新台阶。2023年，上海市地区生产总值达到4.72万亿元，比上一年增长5%，保持经济中心城市首位度，位居世界城市前列。现代化产业体系建设框架基本形成，并向全球价值链高端位置迈进。

在国际金融中心方面，上海不断加强金融机构和金融基础设施建设，推进金融高水平对外开放，提升金融市场国际化水平。在最新一期全球金融中心指数（GFCI）排名中，上海位居第6。金融市场交易总额再创新高，达到3 373.6万亿元，集聚14个全国性金融要素市场，多层次金融市场体系和金融机构体系基本形成。全球性人民币产品创新、交易、定价和清算中心功能不断完善，跨境人民币业务结算量保持全国领先。金融持牌机构持续向上海集聚，截至2023年底，上海共有持牌机构1 771家，其中外资持牌机构占比超过30%。

在国际贸易中心方面，上海全力提升贸易枢纽功能，贸易型总部和功能性平台加快集聚实施总部增能行动和全球营运商计划，加快集聚和培育一批高能级贸易平台。2023年上海口岸货物贸易总额达到10.7万亿元（如图1-3所示），占全国比重25.5%，占全球比重达到3.6%左右，继续保持全球城市首位。新型国际贸易加快发展，离岸经贸业务企业名单扩展至577家，国际分拨中心企业扩展至100家，支持布局海外仓数量达110个。

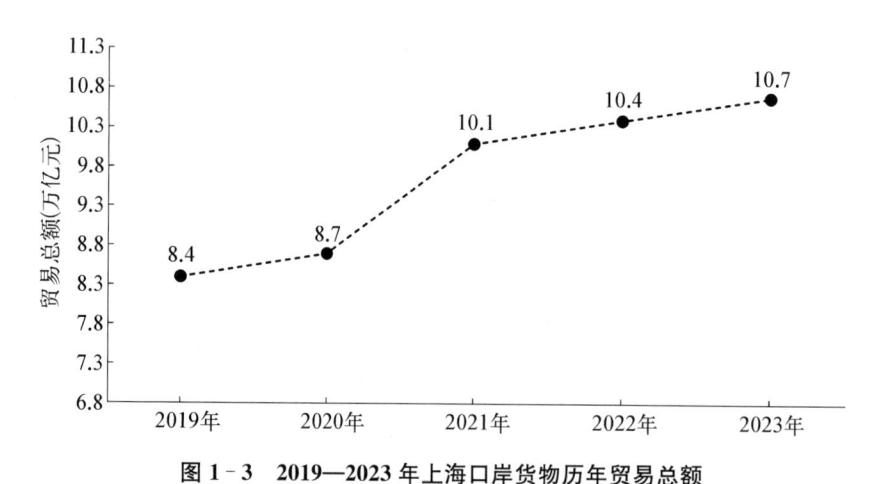

图1-3 2019—2023年上海口岸货物历年贸易总额

在国际航运中心方面，上海增强航运枢纽资源配置功能，推进航运服务业功能升级，加快推动航运数字化、智能化、绿色化转型。上海港集装箱吞吐量达到4 915.8万标准箱,连续14年排名世界第一。

在国际科创中心方面,上海策源功能加快凸显,高水平科研机构落户,关键技术攻关行动启动实施。技术合同成交额达到4 850亿元。

这些成绩展现了上海在加快建设"五个中心"方面的综合实力和国际化水平,以及在全球经济中的影响力不断提升。

3. 发挥龙头引领功能,高效服务全国高质量发展

推动长三角一体化发展是习近平总书记和党中央着眼于实现"两个一百年"奋斗目标,推进新时代改革开放形成新发展格局作出的重大战略决策。长三角一体化发展有利于上海在长三角地区扩大人民城市建设实践范围,有利于上海将人民城市理念与有益实践经验加快向长三角地区复制推广,有利于将人民城市理念和建设红利惠及长三角地区全体人民。五年来,上海市积极发挥龙头带动作用,携手苏浙皖各扬所长、协同发力,紧扣"一体化"和"高质量"两个关键词,坚持高位部署、高位推动,不断推动长三角一体化发展各项工作全面提速、各项任务全面提质、各方主体全面参与,不断取得新成效。

在创新策源方面,上海建成和在建的重大科技基础设施已达14个,联动三省探索以"揭榜挂帅"等方式开展科技联合攻关,在集成电路、生物医药等关键领域取得许多突破性成果。在成果转移转化方面,长三角国家技术创新中心已在上海张江高新区实体化运作,将打造长三角产学研用深度融合的创新枢纽。国家技术转移东部中心在长三角地区设立了19个分中心网络,在长三角地区撮合达成技术交易22.5亿元。

在产业链协同方面,中芯国际集成电路制造有限公司、上海华虹集成电路有限公司、格科微电子(上海)有限公司等龙头企业在江苏的南京、无锡和浙江的绍兴、宁波、嘉兴等地实现跨区域布局。长三角企业家联盟推动组建了9个产业链联盟,联合开展长三角重点产业链协同研究,积极推进跨区域产业链供需对接、标准统一和政策协同。

在创新环境方面,上海协同三省共同搭建的长三角科技资源共享服务平台已集聚大型科学仪器36 959台(套),切实提高了科学仪器利用效率,降低了企业研发成本。

在协同对外开放方面,虹桥国际开放枢纽建设取得良好开局。虹桥国际开放枢纽建设总体方案分解的29项政策措施已落地23项，一批推动总部经济集聚升级、深化服务业扩大开放、促进金融与贸易深度融合、优化区域营商环境的政策措施加快释放政策红利，为区域发展注入强大动力和活力。市域铁路嘉闵线等一批项目实现开工，将进一步提升"大虹桥"作为长三角交通门户的枢纽功能。浦东新区高水平改革开放持续推进。出台《上海市推进浦东新区高水平改革开放打造社会主义现代化建设引领区行动方案》，成立上海市推进浦东打造社会主义现代化建设引领区工作组，积极落实各项任务举措。例如，浦东立法授权正式落地，为引领区建设构建强大法治保障。临港新片区建设亮点频现，总体方案分解的78项任务，大部分已完成，基本形成以"五自由一便利"为核心的制度型开放体系框架。全国首家外资控股的合资商业理财公司、首家外商独资金融科技公司落户，率先取消外商直接投资人民币资本金专户、开展境内贸易融资资产跨境转让等试点。设立全国唯一的洋山特殊综合保税区，国内首单径予提发货等创新业务相继落地。

在市场体系建设方面，统一大市场建设稳步推进。共同启用"310"号段的长三角标准一体化编号，联合制定《船舶水污染物内河接收设施配置规范》等10项长三角区域统一地方标准。协同推进"满意消费长三角"行动，累计培育"放心消费单位"50余万家。

（二）现代化产业新体系加快形成

1. "3+6"产业集群不断壮大，经济增长内生动力强劲

截至2023年底，上海初步形成以三大先导产业为引领、六大重点产业为支撑的新型产业体系，工业总产值迈上4万亿元新台阶。新能源汽车、高技术船舶、新材料、机器人等新兴产业发展壮大，首架C919大飞机正式交付，第三艘航空母舰、梦天实验舱等重大任务得到有力保障。国家新型工业化产业示范基地达到20家，高新技术企业、专精特新企业分别从2017年的7 642家、1 665家增加到2.2万家、4 942家。

2. 新生代数字经济快速发展，新质生产力加速培育

上海在线新经济发展呈现出多元动能齐发力态势，一方面，为上海加快培育新质生产力添砖加瓦；另一方面，上海在线新经济的迅猛发展，产业多层次品牌的加快塑造,为上海市民提供了更为丰富的产品和服务选择,为丰富市民物质文化生活与消费选择,创新城市治理新工具、新路径、新手段奠定了产业与技术基础。

一是打造在线新经济产业新品牌。上海将以"浦江C圈"为源起,在杨浦、虹口、徐汇浦江两岸着力打造滨江产业分布区,汇聚市值规模达百亿的互联网龙头企业,用最核心的地段、最优美的环境、最得天独厚的资源禀赋,打造上海新生代互联网产业C位核心区。以市北、长宁、漕河泾、张江等成熟的特色产业园区为依托,汇聚市值规模达十亿的成熟的新生代互联网企业,打造上海新生代互联网成熟产业"新锐C圈"。以吴淞、青浦市西、三林等正处于规划期的软件园区为载体,聚集一批新生代互联网新锐企业,打造上海新生代互联网新锐产业"创新C圈"。一核两C圈,将成为上海新生代互联网的未来之星、扛鼎之力。通畅的圈层流动、卓越的进取精神必将成为上海新经济发展的强大引擎。

二是打造在线新经济服务新品牌。上海在线新经济企业顺应数字服务市场转型发展趋势,专注细分领域,注重用户需求和体验,不断迭代创新,结合海派文化气质、商业基因,以极致完善的商业模式辐射全国,复制推广"上海服务",开拓和深挖下沉市场,占领巨头从未进入的"无人区"。当前,上海已占据全国30%的网络游戏市场、60%的金融信息服务市场、70%的O2O生活服务市场。此外,上海具备业态最为完整的数字内容产业链。携程(在线旅游)、小红书(网红经济)、阅文集团(网络文学)、盒马鲜生(新零售)等深耕细分市场,引领行业发展;在"二次元"领域深耕数年的哔哩哔哩,已逐渐成长为年轻人潮流文化娱乐聚集地,喜马拉雅专注于网络音频分享,目前其用户量已突破4.7亿人。上海在数字内容服务领域新品牌在数量规模、市场知晓度和品牌美誉度方面全面升级。

三是打造在线新经济企业新品牌。现阶段,上海主要聚焦龙头企业、重点企业、优势企业,形成品牌化发展,打造未来的BAT。拼多多、携程、东方财富、哔哩哔哩、小红书、阅文集团、优刻得等上海在线新经济C位企业,行业影响大、商业模式新、发展潜力足、爆发成长好,将被赋予新的内涵和定位,按照培育未来BAT的目标,政企联动提升发展能级,打造国际品牌企业。同时,以大企业为引领,促进大中小企业联动发展,带动"C圈"成为互联网产业银河系。

四是打造在线新经济企业家新品牌。上海在线新经济领域优秀的年轻创业者与企业家不断涌现、加速成长。其中包括拼多多的黄峥、东方财富的其实、哔哩哔哩的陈睿、小红书的瞿芳等具有代表性的"金童玉女",他们的成功是努力奋斗的结果,也是被上海开放创新包容的城市品格塑造、熔炼的结果。上海正集聚政府、社会等全行业优势资源,动态打榜,做大"粉丝"经济,将新生代企业家群体打造成为引领未来互联网行业的领袖人物。

3. 上海"四大品牌"全力打响,彰显高质量发展标杆效应

上海高度重视打响"四大品牌"工作,先后印发两轮《全力打响"四大品牌"三年行动计划》,经过全社会共同努力,上海"四大品牌"的认知度、美誉度和影响力显著提升,对推动高质量发展、创造高品质生活的引领作用不断显现,形成了一批具有影响力的名企、名园、名会、名赛等品牌,上海"四大品牌"已经成为上海城市核心竞争力的重要体现,也是上海践行人民城市理念的重要体现。"四大品牌"的打响,为上海市民追求高品质生活奠定了坚实基础。

一是上海优质服务供给规模持续扩大,实现服务功能与服务能级双升级,上海服务辐射度明显提高。2023年服务经济占全市生产总值比重达到75.2%,全球资源配置能力全面增强。金融市场成交总额超3374万亿元,口岸货物进出口保持全球城市首位,新华—波罗的海国际航运中心发展指数报告显示,上海跻身国际航运中心第3名。此外,"上马""上艇""上帆"等各类上海自主品牌赛事近年来热度不减。

二是上海高端制造与产业创新双突破,上海制造引领度持续增强,集成电路产业竞争力保持领先。上海已成为国内集成电路产业最集中、产业链条最完整、综合技术水平最高的地区;生物医药产业创新成果持续涌现,高端医疗影像设备等产业技术前沿领域处于国内领先地位,"张江研发+上海制造"的影响力不断增强。人工智能产业不断创新突破,入选国家新一代人工智能创新发展试验区,获批成为全国首个人工智能创新应用先导区。

三是上海品牌集聚度、时尚引领度和消费创新度显著增强。消费者体验度和满意度持续提高。2023年全市社会商品零售总额达1.85万亿元(如图1-4所示),消费规模居全国城市首位,世界知名高端品牌集聚度超过90%。上海已成功举办七届中国国际进口博览会,上海已成为全球商业展会登陆中国市场的首选地、国际中高端消费品牌进入中国的"首发地"。

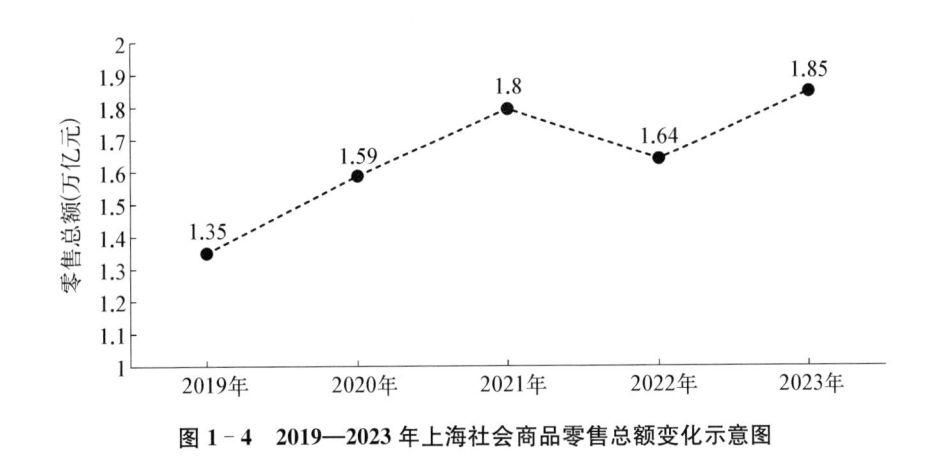

图 1-4　2019—2023 年上海社会商品零售总额变化示意图

四是上海城市文化品牌标识度明显提升,城市文化软实力和竞争力持续增强。重大主题创作成效显著,涌现了一批红色文化精品,例如,电影《攀登者》等作品入选"'五个一工程'奖",社会反响良好,全球影视创制中心、全球电竞之都建设加快推进,成为全国举办艺博会数量最多、影响力最大的城市之一。

(三) 改革试验田创新效应持续释放

人民城市必须是锐意进取的城市,勇于自我挑战和开拓创新的城市,并且将这一精神内涵蕴藏于城市发展的全过程。鉴于此,上海必须追求卓越、争当一流、勇立潮头,坚持全球视野、对标意识、更高站位、更大突破,以不懈攀登、不断超越的志气心气,敢闯敢试、敢于创造,努力拿出引领性的思想理念、关键性的创新突破、标志性的重大改革、带动性的战略举措,以此为城市发展开拓新空间,并将城市高质量发展的红利惠及全体人民。过去5年间,上海始终牢牢把握人民城市的战略使命,充分发挥改革创新试验田功能,以不一般的精神、不一般的品格,展现不一般的担当、实现不一般的作为,让中国特色社会主义在上海这座城市展现更加蓬勃的生机和活力。

1. 对标国际高标准经贸规则,加速推进高水平制度型开放

截至2023年底,上海已经推动构建外商投资准入前国民待遇加负面清单管理制度,发布中国首份外资准入负面清单,实施外商投资备案管理,在制造业、金融业等数十个开放领域落地一批全国首创外资项目。深化海关监管制度创新,率先推出一线"先进区、后报关"、区间"自行运输"、二线"批次进出、集中申报"以及货物状态分类监

管等措施，在全国唯一的洋山特殊综合保税区构建全新"六特"海关监管模式。建成运营上海国际贸易"单一窗口"，服务企业数量超过60万家，支撑全国超1/4货物贸易量的数据处理。拓展洋山港全球枢纽港功能，连接全球200多个重要港口，建立"中国洋山港"籍国际船舶登记制度，外资班轮公司沿海捎带、国际航行船舶保税天然气加注、长三角港口"联动接卸"等创新业务已实现常态化运作。打造接轨国际的法治环境，设立首个自贸区法庭和自贸区知识产权法庭，引进世界知识产权组织仲裁与调解上海中心，设立中国（上海）自由贸易试验区仲裁院，积极探索涉外商事纠纷一站式解决机制。

2. 坚持要素市场化改革方向，强化全球资源配置功能

开辟资金跨境通道，创设本外币一体化运作的自由贸易账户体系，率先开展跨境贸易投资高水平开放等试点，累计开立自由贸易账户14万个，累计发生本外币跨境收支折合人民币142万亿元。提高金融市场国际化水平，设立上海黄金交易所国际板、上海国际能源交易中心等面向全球的平台，推出原油期货、20号胶等一批创新产品，上市的国际化期货期权品种超过了全国总品种的50%，全国首单液化天然气跨境人民币结算交易于2023年3月落地。促进数据要素流通，设立上海数据交易所，率先探索数据要素场内交易，累计挂牌数据产品近1 500个。高标准建设"国际数据港"，启动运营国家（上海）新型互联网交换中心，开展数据跨境流通创新试点。实行更加开放便利的人才政策，建立外籍高层次人才永居推荐"直通车"制度，开设外国人来华工作居留审批"单一窗口"，发布境外职业资格证书认可清单和紧缺清单，目前浦东新区人才总量达到170余万人，重点产业国际化人才占比超过4%。

3. 加强政府行政体制改革，提升治理现代化水平

中国（上海）自由贸易试验区在制度创新工作推进过程中，十分重视围绕完善政府职能转变与加速推进政府自身改革开展大踏步式制度创新。过去10年，主要制度创新与面向全国复制推广成果如下：围绕企业全生命周期深化商事制度改革，创新开展"证照分离""照后减证""一业一证"等试点，已在31个行业发放行业综合许可证5 000多张，平均审批时限压减近90%，申请材料压减近70%，填表要素压减超60%。率先实施注册资本认缴制、经营主体登记确认制、市场准营承诺即入制，创新简易注销等经营主体退出机制，持续降低制度性交易成本。构建事中事后监管体系，创建

"双告知、双反馈、双跟踪"许可办理机制和"双随机、双评估、双公示"监管协同机制,推动政府监管方式向信用、风险、分类、动态"四个监管"转变。打造以"互联网+"为重点的政务服务体系,实施企业市场准入事项"全网通办"、政务信息"全域共享",全面推行"一网通办",300余项涉企审批事项实现100%全程网办,实际办理时间比法定时限压缩近90%。实施窗口"智能帮办"和远程"直达帮办"等创新举措,为企业提供"零材料填报"全新体验。

4. 聚焦产业发展所需创新制度供给,增强高质量发展新动力

率先开展集成电路监管创新试点,推出真空包装等高新技术货物布控查验模式,货物入库时间较以往压缩了两个工作日。实施医疗器械注册人和药品上市许可持有人等制度,上市一类新药21个。推出生物医药特殊物品和研发用物品入境便利化试点,实现特定研发用物品高效便捷通关,无须办理《进口药品通关单》。深化智能网联汽车示范应用,区内自动驾驶开放测试道路已超500千米,中国自主研发的东海大桥智能重卡项目开启"真无人"测试,成为全球最长的自动驾驶商业化运营场景。首创"一司两地"一体化监管模式,对位于洋山特殊综合保税区内外的两个国产大飞机生产基地实施"境内区外"一体化监管,助力民用航空产业链集聚发展。围绕贸易高质量发展,上线全国首个辅助离岸贸易真实性审核的"离岸通"平台,落地全国首单"重点行业再制造产品进口试点",全力培育跨境电商、保税维修等外贸新业态。

(四) 城市空间结构和功能布局不断优化

促进城市空间结构的优化重塑,提升要素资源的空间配置效率,是提升城市功能的重要支撑和保障。全面践行人民城市理念,推进高质量发展与高品质生活相融合,上海不断强化空间载体保障,优化城市空间和功能布局,深入推进城市集约化、多中心发展,着力推动产城融合与职住平衡,增强产业、空间、人口的有机联动,持续打造宜居宜业的城市格局。通过城市空间布局的优化重塑促进资源的高效配置,上海正加快形成"中心辐射、两翼齐飞、新城发力、南北转型"的空间新格局。城市更新带动中心城区功能品质有效提升,园区发展提质增效促进生产生活的平台载体功能持续完善,临港新片区、长三角生态绿色一体化发展示范区、虹桥商务区、张江科学城等重点区域的引领示范作用日益增强,五个新城作为独立综合性节点城市的产业集聚度

与生活宜居度随着建设的深入推进不断提高。

1. 空间更新带动城市功能的不断优化提升

城市更新一头连着民生,一头连着发展。加快推进城市更新,是加快转变超大城市发展方式的重要举措,也是践行人民城市理念的内在要求和提升城市核心功能的重要路径。上海以城市更新作为主要抓手,把牢城市发展机遇、优化城市空间结构、强化产业空间保障、加快新旧动能转换,不断推动功能要素与空间布局相适应,更好发挥提信心、扩需求、稳增长作用,为高质量发展提供有力支撑。

在推动城市更新中,上海注重街区、社区、产业的联动发展,推动居民生活改善、历史文脉传承和产业转型升级的协同提升,通过城市更新激活区域高质量发展动能。如针对历史文化街区的更新改造,将特色历史风貌与现代商业元素相融合,形成独特的文化氛围和商业价值,有效带动文旅、商贸等产业发展。较为典型的像鸿寿坊、张园、锦园等项目的更新,鸿寿坊融合现代商业与历史风貌的城市更新方式,将社区商业氛围重新带入市民日常,也吸引了科技、贸易、传媒等行业的企业入驻,提升了周边商业商务楼宇的热度;地处南京西路风貌保护区核心位置的"海上第一名园"张园更新改造后,成为集文化艺术、零售、餐饮、酒店、公寓、商务办公等多业态于一体的文旅商业新地标。

对标世界级滨水区,上海不断提升"一江一河"沿岸地区功能。结合城市更新,不仅高标准打造滨水休闲公共空间,同时针对杨浦滨江、徐汇滨江等沿岸分布较多的工业遗址与历史设施进行改造和更新,植入创新、文化与商业元素,释放新的经济活力,实现"工业锈带"向"生活秀带""发展绣带"的转变。如杨浦滨江原上海烟草公司机修仓库成为被绿色植被覆盖的、连通城市腹地与滨水公共空间的城市多功能复合体——"绿之丘";徐汇滨江由上海水泥厂改造而成的Gate M西岸梦中心成为集文化艺术、商业消费、旅游娱乐于一体的滨水综合体。此外,沿岸加快外滩—陆家嘴—北外滩、世博—前滩—徐汇滨江等重点区域的核心产业和要素集聚,汇集以跨国公司总部、金融机构和顶级商务机构为主的高端服务业,积极培育壮大以科技创新、融媒体为主的新兴产业。如徐汇滨江着力建设"科创绣带",已构建起数字经济、生命健康、文化创意、现代金融互为支撑的产业结构,新近启动建设的西岸数智中心,志在打造产、城、人融合的世界级人工智能产业集群。

进入存量更新的时代,上海的商务楼宇也成为城市更新的主要对象,助力实现功能的转型升级和经济更高质量的发展。通过商务楼宇的更新改造,进一步完善其空间和功能结构,提升产业联动发展和功能融合复合水平,优化功能设施配套和商圈环境,加快新旧动能转换和业态转型升级,不断适应新的消费需求和商业模式。特别是更加针对人民需求进行商业焕新,打造更多具有实用功能的商业空间,让商业与消费者之间构建起有效的互动连接。如浦东新区陆家嘴的上海国际航运金融大厦,通过缩减五星级酒店配套以增加商业业态,新打造的福山荟项目精准植入了与周边社区高度契合的商业元素,旨在打造一个既满足生活需求又促进社区融合的全新空间;虹口区天兴百货大楼整体改造成为集运动、购物、休闲、培训等于一体的"虹口现代运动城",围绕"体育+商业+潮流"的多轮驱动模式,打造更具活力的开放式商业街区。

2.提质增效强化产业园区的平台载体功能

产业园区是集聚产业与创新的主要平台载体,上海围绕"五个中心"建设和核心功能打造,着力推进各类园区的建设和发展。

一是园区效率能级不断提升。立足全市"(2+2)+(3+6)+(4+5)"产业体系的构建,叠加各类要素、政策资源,园区作为主要平台载体的功能和品质不断提高,空间与产业的耦合度持续增强,区域产业品牌集聚效应日趋显著,有效促进了城市产业功能的提升,为战略新兴和未来产业的发展以及数字化、绿色化转型提供了充分支撑和空间保障。通过存量产业用地的盘活更新,园区稳步推进"腾笼换鸟",提高土地利用效率和产出绩效。同时加快老旧工业区和工业厂房的更新,推动其转型升级,释放新的动能。如杨浦区"互联宝地"的工业用地更新探索,在保留上钢二厂历史建筑文化和工业特色的同时,融入现代办公功能和新型材料,成为"互联网+创新创业产业园";市北高新园区的走马塘区域加快转型步伐,将老旧厂房打造成为高能级的科创研发中心;闵行区众欣产业园通过调整转型,从一个老旧镇级工业园转变成为智慧产业社区,推动了产业能级提升、功能服务完善以及经济效益提高。

二是园区结构和布局不断优化。围绕主要功能提升和产业发展,上海逐步形成"一轴、三带、多节点"的产业园区空间布局。"一轴"为产业生态创新发展轴,形成临港新片区引领、张江科学城策源、虹桥商务区辐射的联动发展格局,成为各具特色的创新要素集聚点和经济增长极;"三带"为沿江、沿湾和沪西三条高端产业集群发展带,探索产业动能转换与空间提质增效,带动区域创新转型和高质量发展,其中沿江带由金桥开发区、外高桥保税区、宝山高新园等组成,沿湾带形成以东方美谷、金山工业区等为主体的园区集群,沪西带包含嘉定国际汽车城、青浦工业区、松江经济开发区、莘庄工业区、闵行经济开发区、紫竹高新区等优势园区;"多节点"以漕河泾开发区等品牌和特色园区为支撑,服务能级和辐射功能进一步提升,通过城市更新提升经济密度,推动滨江水岸经济发展带等重点区域核心产业和要素集聚。同时上海也着力打造园区特色化发展新体系,构建以产业生态为核心的品牌园区、以聚焦产业链为载体的特色产业园区、以打造产业链细分环节为节点的精品微园,打造一批具有全球竞争力的产业集群。

三是产、创、城融合不断增强。立足以创兴产,园区着力强化创新功能,持续优化创新体系,打造企业创新联盟,促进科创企业集聚,加强产学研合作,推动建立多元主体融合发展的创新创业共同体。同时积极推进产业创新平台的打造,建设国家实验室、大科学装置和引领性新型研发机构,打造一批制造业创新中心、工程技术研究中心和企业技术中心,建立集研发设计、检验测试、投融资对接、成果转移转化等功能于一体的双创平台。张江科学城、漕河泾开发区、杨浦双创示范基地、市北高新区、中以创新园、虹桥智谷、"大零号湾"等主要区域的科创功能不断强化。作为双创示范基地,杨浦依托众多的国家大学科技园和科技研发中心,打造大创智创新发展示范区,持续完善创新生态体系,实现了从"工业杨浦"到"创新杨浦"的转型升级;而位于闵行区的"大零号湾",依托于上海交通大学和华东师范大学等高校的创新资源,深入推动校区、园区、城区三区联动发展,成为重要的科技创新策源功能区;徐汇推进上海"模速空间"创新生态社区持续建设,打造大模型产业高地,实现科技创新和产业发展深度融合。不仅是创新功能,园区住房、商业、文化、公共服务等生活配套也日趋增强,产城融合深入推进,职住平衡与宜居宜业水平不断提升,形成各类产业和创新生态社区。

作为科技创新和产业集聚最为主要的载体,张江科学城是上海推进园区平台高质量发展的集中体现。在上海三大主导产业发展中,张江科学城是国内集成电路产业链最完整、技术水平最高的区域,是国内生物医药研发机构最集中、创新实力最强、创新成果最突出的区域,也是全国首批人工智能创新应用先导区和国内人工智能产业生态圈最完善的区域之一。在张江科学城内,已初步建成了国内首个数据要素集聚区,集聚了上海数据交易所、上海在线数字经济生态园、浦东软件园等载体。拥有浦东引领区、中国(上海)自由贸易试验区、综合性国家科学中心等一系列国家战略叠加机遇,张江科学城通过引领性的改革创新,逐步突破科技产业环节壁垒,不断激发出科技创新策源的强劲动力。园区现有企业近2.5万家,其中高新技术企业1930家,专精特新企业1065家,专精特新"小巨人"企业127家;外资研发机构181家,跨国公司地区总部70家;现有从业人员近50万人,其中硕士和博士约10万人。此外,张江科学城也不断推动实现"由园到城"的升级,打造创新人文生态社区,由张江水泥厂进行存量用地更新建设的重点项目"张江之尚",将为园区科创人才提供满足生活和精神需求的多元空间。

3. 东西联动发挥国家战略承载区引领作用

以国家重大战略为牵引,上海在东西两翼积极推进临港新片区、长三角生态绿色一体化发展示范区、虹桥国际开放枢纽等的建设,成为引领城市发展新的增长极。

临港新片区成立以来,以开放创新为使命,坚持对标高标准国际经贸规则,初步建成了以投资自由、贸易自由、资金自由、运输自由、人员从业自由、信息快捷联通"五自由一便利"为核心的制度型开放体系,较好发挥了全国改革开放"试验田"和上海经济发展"增长极"作用。聚焦投资贸易自由化便利化、跨境金融、数字开放、高端航运等方面,临港新片区累计形成突破性制度创新案例138个,其中全国首创案例70个。在金融开放创新方面,落地全国首家外资合资理财公司、首家外资独资金融科技公司、首家外商独资公募基金等一批标志性项目,建设滴水湖金融湾使其成为临港新片区跨境金融总部集聚和金融业务创新的承载区;在数据开放领域,打造国际数据经济产业园,建立全国首个数据跨境服务中心,围绕智能网联汽车、公募基金、生物医药3个领域探索11个场景发布数据跨境场景化一般数据清单;在贸易开放方面,"跨境通"成为全国首个交易额超千亿元的跨境贸易服务平台,洋山特殊综合保税区不断创新海关监管制度体系,支持发展国际中转集拼、保税加工制造等高能级跨境贸易;在营商环境建设方面,创造了"当年开工、当年投产、当年交付"的"特斯拉速度",不断优化外资准入管理和服务。立足制度创新和对外开放,临港新片区也成为上海产业创新发展的高地,智能新能源汽车、高端装备制造两大千亿级产业加速发展,集成电路、人工智能、民用航空三大百亿级产业不断壮大。成立以来完成企业注册约10.9万家,科技型企业和创新主体持续增长,高新技术企业从设立之初的254家增长到1 493家,累计签约前沿科技产业重点项目超570个,涉及投资额超6 200亿元。此外,临港新片区持续打造"年轻的城,年轻人的城",不断完善城市配套设施建设,通过宜居宜业的生活环境和创新性的人才、住房政策体系,实现人才引进落户10万人。

长三角生态绿色一体化发展示范区作为落实长三角一体化发展战略的先手棋和突破口,在推动生态绿色发展、促进产业创新深度融合、加强一体化制度改革系统集成、破除地区行政壁垒方面形成了一系列先行的有效经验和举措,不断探索跨行政区域共建共享、生态文明建设与经济社会发展相得益彰的新路。生态绿色是示范区的底色,围绕筑牢生态基底、加强联保共治、推动绿色发展,该示范区在生态环境跨域协同保护、加快生态优势转化、推动绿色低碳发展上不断探索实践,推出了大批一体化制度创新成果。在促进跨域统一的生态环境保护方面,逐步构建起标准、监测、执法"三统一"制度,建立健全重点跨界水体联保共治机制;同时积极探索将生态优势转化为经济社会发展优势,不断建立健全生态产品价值实现机制,共同打造水乡客厅的绿色发展样板区。在产业体系构建上,该示范区以生态友好型产业为重点,坚持绿色创新相融合,着力推进数字经济、创新经济、服务经济、总部经济和湖区经济的发展,以华为青浦研发中心、复旦国际融合创新中心等为代表的一批高能级创新平台和重点项目在示范区落户。此外,该示范区充分发挥一体化制度创新试验田的作用,聚焦规划管理、生态保护、土地管理、项目管理、要素流动、财税分享、公共服务和公共信用等重点领域开展一体化制度创新,推动改革的系统集成和率先突破。首部跨行政区国土空间规划《长三角生态绿色一体化发展示范区国土空间总体规划(2021—2035年)》实现一张蓝图管全域,并通过完善交通基础设施网络、优化跨省通办综合受理服务、加强公共数据交换共享、推进教育医疗共建共享等举措,有效促进了要素的跨区域流动和居民生活水平提升。该示范区第一轮三年行动计划项目目标达成率达到90%,第二轮三年行动计划聚焦"一厅三片"重点区域和生态环保、设施互通、产业创新、民生服务重点领域持续推动项目建设。

虹桥国际开放枢纽是推动长三角一体化发展、引领长三角协同开放的重要平台,为统筹区域发展空间，2021年2月，国务院批复的《虹桥国际开放枢纽建设总体方案》提出建设"一核两带"的发展格局。规划实施以来，上海持续推进"一核"即虹桥国际中央商务区的建设，优势产业加快集聚，核心功能持续提升，成为上海经济发展的强劲活跃增长极，并辐射南北"两带"和长三角区域的发展。虹桥国际中央商务区以"大科创"赋能"大商务""大会展""大交通"，产业能级不断提升，税收实现三年复合增长率20%以上。商务区通过实施总部"虹聚"计划，累计引进总部类企业超500家，成为各类总部机构的集聚地；聚焦高能级总部经济、高端化服务经济、高流量贸易经济、高溢出会展经济，加快优势产业集聚，同时数字经济、生命科技、软件信息、智能制造、新能源等新兴产业也不断发展；发挥企业总部和研发中心众多、产业体系健全以及进博会平台优势，加快培育各类科创载体，推动区域协同创新，集聚的专精特新中小企业200余家，科学研究和技术服务企业超1万家。同时，围绕构建国际贸易新平台，虹桥国际中央商务区推动一批重大功能平台落地，进一步发挥对长三角的辐射带动作用。深入推进国家进口贸易，促进创新示范区建设，持续做强"6+365"常年展销平台功能，打造全球数字贸易港和"丝路电商"合作先行区。此外，虹桥国际中央商务区也积极推动政策制度创新，优化国际营商环境，构建企业服务"生态圈"，加快各类人才集聚。未来虹桥国际中央商务区将在深化创新协同联动、开放协同联动、软硬件协同联动、区域协同联动四个方面重点发力，推动虹桥国际开放枢纽建设迈上新台阶。

4. 新城建设打造独立综合性节点城市功能

上海在"十四五"规划中提出建设形成"中心辐射、两翼齐飞、新城发力、南北转型"的空间新格局，其中嘉定、青浦、松江、奉贤、南汇五个新城的建设，是推动上海城市多中心、郊区化发展的重要举措，有利于促进上海市域空间结构的进一步优化。要按照产城融合、功能完备、职住平衡、生态宜居、交通便利的要求，把五个新城建设为长三角城市群中具有辐射带动作用的独立综合性节点城市，使其成为上海未来发展具有活力的重要增长极和新的战略支点。为了更好地推动五个新城的发展，上海进一步出台了《关于本市"十四五"加快推进新城规划建设工作的实施意见》，制定了推进五个新城高质量发展的支持政策以及交通、产业、公共服务、环境品质和新基建的专项方案。另外，五个新城也都出台了各自的"十四五"规划建设行动方案。

五个新城的发展具有产业、城市、人文、生态功能的多重内涵，兼具促进产业高质量发展、践行人民城市理念、推动新型城镇化、实现乡村振兴、加强长三角一体化的多元目标。既要通过新城建设来进一步优化要素资源空间配置和产业布局，使其成为高端产业的集聚承载地和高质量发展的增长极，又要在高标准规划引领下，运用现代城市发展理念和现代技术，建设高品质的现代化新城，在城市建设、社会治理、数字化转型等方面创新实践。全面统筹推进产业发展、城市建设、乡村振兴、生态保护、社会治理、生活服务等各项工作，新城建设要综合处理好城与产、城与城、城与乡、城与人之间的关系，优化空间布局、增强产业活力、推动园区升级、促进乡村振兴、维护生态底色、拓展城市功能、提高治理效率、提升生活品质、加强数字转型，统筹生产、生活、生态空间，创建宜居宜业环境，推动实现更高质量的发展和更高品质的生活，着力打造未来之城、科技之城、人文之城、数字之城、活力之城。

产业的导入、集聚与发展是五个新城建设的基础。对标上海城市功能，新城要加快产业特别是前沿战略产业的布局，加强创新要素集聚和创新能力提升，推动发展"五型经济"，培育新产业、新业态、新模式，建设一批具有竞争力的产业集群。依托各自发展基础和资源禀赋，因地制宜打造特色功能，逐步建设形成特色鲜明、互补联动、协同发展的产业体系。嘉定新城强化汽车产业的发展优势，建设国家智慧交通先导试验区，打造新能源和智能网联汽车、智能传感器、高性能医疗设备等产业集群和科创高地；青浦新城利用承接支撑虹桥国际开放枢纽和长三角生态绿色一体化发展示范区重大功能的优势，积极发展数字经济，形成创新研发、会展商贸、现代物流、旅游休闲等具有竞争力的绿色产业体系；松江新城不断加强G60科创走廊战略引领作用，强化创新策源能力，做大做强智能制造装备、电子信息等产业集群，发展文创旅游、影视传媒等特色功能；奉贤新城依托"东方美谷"的品牌优势，推动美丽健康产业和生物医药发展，培育智能网联汽车等新兴产业；南汇新城则发挥临港新片区政策制度集成优势，构建集成电路、人工智能、生物医药、航空航天等"7＋5＋4"现代化产业体系，融入全球科技和产业创新网络。

深入推进数字化发展，建设数字城市，是五个新城发展的重要特征。要推动新城实现生产方式、生活方式、治理模式的全面创新，塑造数字时代的全新空间形态、城市功能和城市品格，为全市乃至全国数字化转型提供样板。聚焦数字设施、公共空间、数字家园、未来产业四个方面，五个新城数字化转型发布了首批24个"揭榜挂帅"场景。嘉定新城定位为未来出行城市,以电动化、网联化、智能化、共享化重塑汽车产业格局,大力发展智能传感器及物联网等重点产业,着力打造智慧交通综合管理平台、嘉宝智慧湾未来城物联感知平台等场景;青浦新城以长三角数字新干线为特色定位,打造数字经济带,加速培育壮大智能工厂、智慧物流、云端展览、跨境电商等产业发展,同时聚焦青浦数字健康城区互联中心、青吴嘉河湖长制共建云平台等建设,探索长三角民生与生态合作的"数字之路";松江新城以数智G60为特色,打造互联互通与智慧智能的数字之城,重点聚焦工业互联网、人工智能、信创商密、卫星互联网等"4+X"数字经济产业,全面构建"科创走廊＋数字云城＋智慧枢纽"的数字化转型功能框架;奉贤新城实施数字江海战略,推动以美丽健康、智能网联、新材料等优势主导产业数字化转型,打造面向未来的产业社区数字化标杆产城融合示范区;南汇新城推动以数据跨境流动为重点的国际数据港建设,着力打造"东方芯港""生命蓝湾""信息飞鱼"等特色数字经济园区,同时积极推进数字孪生城市建设,全面拓展数字孪生技术的应用前景。

(五) 人尽其能的创造活力充分释放

1. 培育开放包容的创新生态,充分彰显创新主体的责任担当

全员共建重大战略科技力量。上海已经建成张江实验室、临港实验室、浦江实验室3家国家实验室,2家国家实验室基地、44个国家重点实验室及169个市级重点实验室,上海张江作为四大综合性国家科学中心之一,持之以恒加强基础研究,在光子、生命、能源和海洋等交叉前沿学科领域取得了重大进展,已经建成上海同步辐射光源、蛋白质科学研究(上海)设施、上海超级计算中心、软X射线自由电子激光实验装置、超强超短激光实验装置等重大科技基础设施,为突破相关领域的核心技术提供了重要支撑。上海已建及在建国家重大科技基础设施达到15个,磁惯性聚变预研项目作为上海"十四五"首个开工建设的国家重大科技基础设施进展顺利,初步形成全球规模最大、种类最全、综合能力最强的光子大科学设施群。

全力推进交叉前沿学科向前发展。上海聚焦数学、物理、化学、生命科学、地球科学、天文、海洋、量子等基础研究领域,布局19个瞄准世界科技前沿的新型研发机构。"十三五"以来,上海科学家在《科学》《自然》《细胞》三大期刊发表论文629篇,约占全

国总量的30%(见表1-1)。上海在脑科学、量子科学、人工智能等领域布局建设了一批"三不一综合"的"四不像"新型研发机构,面向全球会聚顶尖科学家。上海脑科学与类脑研究中心、上海量子科学研究中心、上海期智研究院等作为跨学科、跨领域基础研究的佼佼者,有力地承担起国家重大科技任务,成为国家战略科技力量的生力军,打响了上海在全球交叉前沿学科领域的品牌。2021年,上海率先在全国试点设立"基础研究特区",聚焦原始创新,发挥比较优势,在复旦大学、上海交通大学、中国科学院上海分院等3家单位开展试点,以长期稳定的实施周期、交叉融合的研究方向、松绑放权的管理制度以及砥砺创新的人才队伍让"基础研究特区"从设立开始就具有旗帜鲜明的特征,突出了基础研究的特点。

表1-1 2016—2022年上海在三大期刊发表文章情况

年 份	《科学》(Science)		《自然》(Nature)		《细胞》(Cell)	
	总数(篇)	全国占比	总数(篇)	全国占比	总数(篇)	全国占比
2016	19	26.40%	15	50.00%	5	35.70%
2017	21	18.40%	29	23.40%	17	43.60%
2018	27	28.40%	37	31.60%	21	40.40%
2019	22	21.60%	43	27.70%	22	44.90%
2020	42	30.90%	59	31.90%	23	34.80%
2021	36	28.10%	54	30.20%	17	32.70%
2022	35	24.50%	70	31.20%	15	30.00%

全程深化科技领域"放管服"改革。促进新型研发机构发展的立法工作全面展开,创新项目揭榜挂帅公共服务平台建立后即取得实质性进展,为企业的研发需求与新型研发机构的技术供给提供了"双向奔赴"的舞台。国家自然科学基金区域创新发展联合基金市区合作正式落地,通过国家、市、区三级合作架构加大基础研究投入,重点企业积极发挥"出题者"作用,参与国家自然科学基金指南征集,有力推动了财政资金与社会资本共同支持重大科研项目的实施。《上海市推进科技创新中心建设条例》(2020)、《关于加快推动基础研究高质量发展的若干意见》(2021)、《关于进一步扩大

高校、科研院所、医疗卫生机构等科研事业单位科研活动自主权的实施办法(试行)》(2022)等政策措施,为上海各类创新主体进行基础研究活动解绑松绑。

全面完善上海企业创新创业生态。围绕"科技型中小企业—高企—小巨人—科技上市企业"全生命周期的培育体系逐步形成。龙头企业聚焦"2+3+6+4+5"产业关键核心技术,近年来形成了国产前道 ArF 光刻机、14 纳米工艺刻蚀机、集成电路用 300 毫米硅片、首例体细胞克隆猴、首个携带人类孤独症基因非人类灵长动物模型、首例人造单染色体真核细胞、轨道交通大客流预警、海洋环境监测无人系统以及星环科技知识图谱平台等重要科技成果。上海新昇科技有限公司是目前唯一获得国家重大项目支持的硅片公司,在沪企业研发机构研制了 CAR‐T 细胞治疗产品等 16 个 1 类创新药。上海华力微电子有限公司、上海飞凯材料科技股份有限公司、中微半导体(上海)有限公司等集成电路重点企业的技术中心也在近两年被认定为国家级企业技术中心。"链主式"企业创新蓬勃发展。上海汽车集团股份有限公司、中微半导体设备(上海)股份有限公司、上海微电子装备(集团)股份有限公司等一批"链主"企业组建创新联合体开展关键核心技术攻关,中国商用飞机有限责任公司、中国宝武钢铁集团有限公司、微创医疗科学有限公司等一批龙头企业日益加快开放创新,创新链和产业链双向互动不断加强,带动了上下游企业、中小微企业等企业良性发展。上海通过引入企业力量积极创新基础研究组织方式,在 2022 年启动"探索者计划",引导企业与政府联合设立科研计划,鼓励企业通过捐赠等方式设立基础前沿类的基金会和研究项目,在高端医疗装备和集成电路两大领域设立医学影像装备基础材料、医学影像前沿成像技术、医学影像应用基础研究、集成电路前瞻性研究、毫米波和太赫兹技术、功率器件研究六大专题共 17 个方向的研究项目,聚焦解决企业面临的关键科学问题,满足企业创新的重大发展需求。

2. 打造国际一流营商环境,充分调动市场主体的创业激情

重塑行业准入审批模式,变"多头审批"为"集成办理",最大限度便利企业开业经营。上海系统构建行业综合许可制度,再造行业准入审批流程和管理模式,推动实现"一证准营",更好解决"办证多、办证难"问题。理顺行业管理职责体系,对纳入"一业一证"改革试点的 31 个行业,逐一明确行业管理的牵头部门和协同部门,由牵头部门负责会同协同部门制定有关行业"一业一证"改革方案,牵头制定实施综合许可制度,

协调解决改革实施中的问题。整合行业准入要求和条件，逐行业梳理集成各部门要求的行业准入条件和材料清单，整合制定新的行业综合许可办事指南、审批标准和流程，实现一个行业一张告知单、一份申请表、一套申请材料、一套准入要求。再造行业准入业务流程，将优化再造后的业务流程固化至"一业一证"网上申办系统中，由"一业一证"线上线下专窗一口受理申请，相关部门并联审批、限时办结，专窗汇集审批结果后统一制发行业综合许可证。

创新实施行业综合监管，变"分头监管"为"协同共治"，整体提升政府监管效能。上海强化监管业务协同和数据共享，建立与行业综合许可制度相配套的行业综合监管制度，推动落实"一体管理"，形成行业协同监管合力。建立协同联动的综合监管机制，推进"管事项"向"管行业"转变，融合各部门监管规则、统一监管行为，实施一次检查、联动执法、联合惩戒。明确由牵头部门落实监管兜底责任，在降低准入成本的同时，守牢风险防范底线。创新运用多元监管手段，综合运用动态、风险、信用、分类监管方式，全面梳理确定行业风险点，建设"主动发现、智能预警、自动派单、管理闭环"的智能监管平台，对新业态新模式探索风险防范兜底。强化跨部门、跨层级、跨区域数据共享，推进行政审批、行政检查、行政处罚等过程中产生的数据信息汇聚治理、互认共享，有力支撑风险预警、综合监管、联合惩戒等工作。

推进"一网通办"和智能审批，变"群众跑腿"为"数据跑路"，持续优化企业办事体验。上海强化大数据和人工智能等技术应用，健全完善"一业一证"网上申办系统功能，着力打通部门间数据壁垒。提升全程网办能力，聚焦便捷查询、智能问答、智慧填表等功能，不断提高在线申办、材料流转便利度和用户体验度；借助市"一网通办"服务中台推动部门业务系统对接，实现跨部门、跨层级的数据流转，饭店、药店、便利店等行业实现"全程网办"。探索智能审批模式，将许可事项的审批要素分为完备性、一致性、合规性、真实性四个审批维度，通过智能识别和数据自动比对，努力做到即报即批、即批即得。强化电子证照效力，创新行业综合许可证的扫码核验功能，通过"随申办"App扫一扫行业综合许可证上的二维码，就能从上海市电子证照库中实时获取权威的、结构化的单项许可信息，方便社会公众、监管人员等对许可证信息进行核验。

持续巩固提升试点成果，变"创新探索"为"刚性制度"，充分释放改革红利。上海先后颁布实施《上海市浦东新区深化"一业一证"改革规定》《上海市浦东新区推进市场准营承诺即入制改革若干规定》等2部浦东新区法规,对"一业一证"管理制度进行"升级"。实行行业综合许可单轨制改革,明确有关行业改革后,涉及的单项许可证不再单独受理、发放,相关部门不得要求市场主体提供单项许可证,真正实现企业获得"一证"即可"准营"。建立行业综合许可证统一许可期限制度,整合为行业综合许可证后,取消或者延长单项行政许可设定的有效期,解决行业综合许可证和各单项许可证有效期限难以匹配的问题,企业在行业综合许可证到期前办理延期即可持续经营。探索市场准营承诺即入制,在便利店、超市、饭店、咖啡馆等23个高频行业开展试点,以行业整体为视角,一次性告知从事该行业经营涉及的场所、设备、人员、资金、管理制度等要素条件,市场主体书面承诺其已经符合要求并提交必要材料后,即可取得"准营"的行业综合许可证。

3. 建设引领全球的人才高地,充分弘扬人才队伍的奋斗精神

高水平人才队伍持续发展壮大。顶尖人才发挥领军作用,2023年在沪两院院士共187位,占全国比例约10.1%,国家高层次人才数量逐年攀升,东方英才、东方学者分别增长至1 739人和1 063人。2023年上海共引进海内外人才17.2万人,同比增长12%,全市人才总量超过675万人。上海青年人才队伍不断成长,上海高度重视青年科技人才培养工作。《2021"理想之城"——全球青年科学家调查》报告显示,对比全球20座科技创新中心城市,上海对30岁以下青年科学家吸引力全球最强,上海青年科学家创业动力全球最强,上海青年科学家对政府支持科技创新的满意度全球最强。上海国际科技合作交流稳步突破,坚持构建高质量国际创新网络,上海已成功举办五届世界顶尖科学家论坛,邀请诺贝尔奖、图灵奖和菲尔兹奖得主科学家合计233人次。

高标准人才政策体系不断完善。2021年新版《上海市引进人才申办本市常住户口办法》将人才引进落户通道由16个增加到18个,在上海五大新城和中国(上海)自由贸易试验区就业的本地应届研究生可直接落户。2022年上海人才引进落户条件再放宽,高层次人才、重点机构紧缺急需人才、高技能人才、市场化创新创业人才、专业人才和其他特殊人才5类人才可直接落户上海。特别是浦东新区作为社会主义现代化建设引领区推出"1+1+N"人才政策体系,出台引领区人才发展实施意见、三年行动方案以及"明珠计划"等首批11个专项配套政策,着力加强人才引进落户新政宣

传和落地对接,研究优化特殊人才引进落户审批机制,做好非上海生源应届普通高校毕业生落户重点单位认定上报,组建高峰人才服务专窗、高层次人才精品服务专窗、集成电路人才工作专班和海外引才工作专班。

高效率人员管理制度初步建立。中国(上海)自由贸易试验区临港新片区在人员出入境、停居留和工作许可等方面提供更加开放便利的政策措施。率先探索建立电子口岸签证机制,实施外籍人才最长5年工作类居留许可,建立直接推荐外籍高层次人才办理永久居留机制和"绿色通道"。打造国际人才服务港,建设移民政策实践基地和移民事务服务中心,全面承接新片区外国人来中国工作许可审批事权,开设外籍人才来中国工作和居留许可"单一窗口",实现两证并联办理。探索外籍高层次人才永居申办新机制,发布《推荐外籍高层次人才申请在中国永久居留认定管理办法》《外籍华人申请在中国永久居留办事指南》等相关制度,符合条件的外籍高层次人才经管委会推荐可直接申请在中国永久居留,并缩短审批时限。放宽现代服务业境外高端人才从业限制,形成备案执业和资格考试正面清单,允许具有境外职业资格的金融、建筑、规划、设计等领域符合条件的专业人才经备案后,在新片区提供服务,在境外的从业经历可视同国内从业经历,允许境外人士申请参加我国相关职业资格考试,制定境外人士在新片区内申请参加我国相关职业资格考试的实施细则。

三、上海在高质量发展中推进人民城市建设的未来展望

(一) 持续提升上海城市能级

立足新发展阶段,站在人民城市全新建设起点,上海将继续以强化"四大功能",加快建设"五个中心"为主攻方向,不断提升城市发展能级。同时在未来,上海将在提升城市发展能级的过程中,始终秉承"一切为了人民"的根本出发点和落脚点,将全球资源配置功能的强化转化为上海广大人民的福祉来源,将高端产业引领功能的持续强化转化为上海广大人民的发展舞台;将科技创新策源功能强化转化为上海广大人民的创造活力;将开放门户枢纽功能强化转化为上海广大人民的共享成果。始终确保上海城市能级的提升能够为上海广大人民追求美好生活、提高

生活质量保驾护航。

(二) 持续完善现代化产业体系

上海现代化产业体系建设是上海实现高质量发展的重要基础,也是上海在未来践行人民城市理念的重要工作任务。然而,现代化产业体系的建设需要广大人民充分发挥聪明才智,为上海现代化产业体系建设助力。因此,未来上海在加快建设现代化产业体系的过程中,必须明确"一切依靠广大人民"的方法论,通过高效能城市治理营造更加优越的营商环境、生活环境、创新创业环境等,推动高层次人才和优质创新创业团队来沪就业、生活、发展,让广大人民成为上海建设现代化产业体系的主力和强大后备军,确保上海现代化产业体系建设工作高效快速推进。

(三) 更大力度落实改革创新举措

未来,上海在坚持按照党中央、国务院决策部署开展大力度改革创新探索的过程中,一方面,将以实施自由贸易试验区提升战略为契机,持续推进制度创新以及对全国的复制推广工作,推动上海自贸试验区及临港新片区建设再上新台阶,让上海的改革创新成果在更宽边界、更大范围内惠及广大人民,为中国式现代化探路破局,继续当好改革开放的排头兵和风向标。另一方面,上海将进一步秉承自身一贯开拓创新传统,围绕人民群众急难愁盼的问题,围绕阻碍上海高质量发展、高品质生活与高效能治理的体制机制堵点,以更大胆略、更大步伐、更积极姿态,勇毅前行,积极开展体制机制创新,在践行人民城市理念过程中切实推进各项改革创新举措。

(四) 持续优化城市发展空间

一是持续推动城市空间集约高效化发展。进入存量更新的阶段,上海将进一步强化土地资源的高效利用,走集约式高质量发展道路,推动城市开发空间有机增长,推进存量用地盘活更新和低效建设用地减量化,向存量要功能、向集约要空间、向更新要效益,促进要素资源优化配置,提升空间承载力,提高内涵式发展水平。通过城市更新,进一步优化商圈空间结构和布局,焕发商业商务区崭新活力,提升其功能效益和服务品质,打造消费新场景、商业新模式,增强消费动能和现代服务业发展能级。

此外，进一步推动产业园区提质增效，积极推动存量工业用地转型升级和创新发展，促进空间利用向集约紧凑、功能复合、低碳高效转变，加快低效产业退出，培育新兴产业优势。同时推动"向下"和"向上"发展，优化存量地下空间再开发实施路径，分层开发地下空间；稳步有序推进工业上楼打造智造空间，通过"垂直增长""立体增长"拓展产业发展空间，推动产业高质量集聚。

二是持续推动城市功能融合化发展。一方面，城市发展空间将进一步呈现多元业态的融合趋势。以城市更新促进功能更新，进一步推动历史文化元素、休闲空间元素与商业经济元素的融合，增加更多特色产业功能和多样化公共空间。推动在商业商务载体中融入特色居住功能和活力开放空间，营造更加功能多元的新业态环境，促进商务、商业、文旅、体育、金融、科技等多要素多功能进一步融合。积极推进土地复合利用，鼓励可兼容功能的立体混合布局，如通过工业上楼推动产业综合用地，混合配置工业、研发、仓储、公共服务配套等复合功能。另一方面，上海城市发展也将进一步推动产城融合和职住平衡。促进生产空间和生活空间、产业功能和城市功能的融合互补，完善产业园区的居住、商业、文化、休闲和教育医疗服务设施，打造更多的产业和创新生态社区，营造兼具高质量发展和高品质生活的发展空间。以职住平衡需求优化供给结构，提高商办和住宅用地供应的有效性与精准性，在充分论证的基础上合理推动商务楼宇和商办用地转型建设为租赁住房和人才公寓。

三是持续推动多城市中心网络化发展。上海的城市空间经历了从单中心向多中心发展的历程，未来将进一步形成多中心、多节点的网络型空间结构，同时各个中心间的联动发展将进一步增强。第一，中心城区与五个新城的联动。协调好新城与中心城区之间资源配置的关系，独立综合性节点城市意味着新城的发展要达到一定的规模和能级，其发展要依托中心城区的辐射带动，在与中心城区的紧密联系中来形成自身的发展优势，而通过新城的发展也促进中心城区综合功能的提升。第二，国家战略承载功能区之间的联动。进一步强化临港新片区、长三角生态绿色一体化发展示范区、虹桥商务区以及东方枢纽国际商务合作区等战略功能区在推动制度性改革、高水平开放、创新策源和产业集聚发展等方面的引领效应，同时加强相互之间的合作，形成"1+1>2"的创新和改革动能。第三，主要产业园区之间的联动。推动各个园区在产业和功能分工基础上的合作，围绕重点产业共同开展招商引资，鼓励通过品牌、管理、股权等多种合作方式实施联动发展。

四是推动长三角跨区域一体化发展。上海城市高质量发展也将进一步推动行政区与功能区的耦合,依托长三角一体化发展,加强与周边城市的合作与联动发展,不断拓展自身发展空间。通过创新链、产业链、人才链、资金链的区域对接与融合,优化区域科技创新和产业创新网络空间布局,协同推动新质生产力发展。进一步加强创新平台共建、创新设施共享、创新人才合作,促进区域创新资源优势互补和高效利用,聚焦关键核心技术开展联合攻关;推动科技成果的转移转化,完善技术成果对接、交易和转化的平台机制;围绕战略性新兴产业加强产业链的区域合作,共建现代化产业集群;持续推动市场一体化发展,促进要素充分流动和高效配置。此外,作为全国首个跨省域都市圈国土空间规划,由长三角地区的14座城市共同编制的上海大都市圈国土空间规划也将进一步优化上海的空间布局,在产业发展、创新合作、交通互联、人口流动、生态保护、公共服务共享与合作体制改革等方面协同破题。

(五) 持续发挥多元主体创新优势

第一,建立符合自由探索和目标导向有机结合的上海基础研究投入机制。形成政府资金与企业资金双轮驱动的具有上海鲜明特色的基础研究发展模式,让科学家由好奇心驱使的自由探索式基础研究以及经济社会发展需要的目标导向式基础研究都能够得到充足的资金支持。深化改革以项目为主体的基础研究投入模式。充分调动企业在基础研究领域投入的积极性,放大政府财政资金支持基础研究的引领带动效应。企业与政府联合设立的科研计划要平衡好高校院所学术型专家与产业界应用型专家提出的立项意见,适当增加企业主导的科研项目比例,提高联合基金的相对独立性,在三大先导产业鼓励企业自主设立以转化应用为目标的基础研究项目。落实落细企业基础研究投入税收优惠政策和基础研究捐赠税收激励政策,大胆突破社会资本设立基础研究基金会的体制机制束缚,让基础研究的"冷板凳"热起来。

第二,增强国际科技创新的国际影响力和话语权。围绕重点领域,加强高水平国际合作交流。在政府推动的同时,鼓励高校、科研机构和企业加强国外合作,通过高层次国际项目合作、高端国际人才交流、国际高水平国际论坛和活动等,凝聚大科学计划和大科学工程的国际资源和队伍,鼓励和培育有条件的创新主体积极参与、探索发起大科学计划和大科学工程。加快完善国家实验室稳定支持机制,牵头组织实施国家重大科技专项,建立央地共同承担的长期稳定支持机制,推动国家实验室建立现代管理制度。围绕国家重大战略需求加强对四家国家实验室的分类指导,结合上海前期布局基础、紧迫形势,进一步凝练主攻方向,优化科研组织方式,加快推进产业链、创新链、资金链、人才链深度融合。

第三,加强企业在重大科技决策中的主导地位。建立企业常态化参与政府科技战略决策的机制。在市级层面建立广泛吸收企业界人士科技战略的决策咨询委员会,同时在各部门建立以企业家为代表的不同层次科技创新咨询定期座谈会议制度,支持企业家及企业高级研发人才参与科技重大顶层设计、重大决策,支持企业更大范围更深程度参与上海科技创新重大顶层设计、重大决策。构建企业主导的产学研深度融合机制,加快推进科技领军企业牵头建设创新联合体。建立以科技领军企业为主体的联合攻关机制,支持科技领军企业围绕重点产业关键技术领域布局,牵头组建高校院所和大中小企业广泛参与、国有和民营企业深度融通的创新联合体。大力支持和引导新型研发机构创新发展,发挥科技型骨干企业引领支撑作用,加强共性技术研发。

第四,加快建立适应多种所有制经济主体共同发展的创新生态。健全国有企业科技创新体制机制,建立支持开展原始创新的差异化考核办法,根据不同行业、不同规模,设置不同的研发投入比例标准,加大研发机构建设、新产品开发、创新管理等技术创新内容在国有企业集团董事会任期考核评价中的权重,加强国有企业创新人才激励,弘扬科学家精神和企业家精神,完善企业负责人薪酬待遇管理机制,强化关键岗位核心人才激励机制。更加重视民营科技企业发展,推动民营企业加快成为上海科技创新发展的主力军,进一步完善"科技型中小微企业—科技型骨干企业—科技领军企业—世界一流企业"体系,充分发挥民营科技企业的创新潜能,营造有利于中小企业科技创新的政策环境,优化中小企业发展公共服务平台。进一步引导外资企业深度融入本地创新系统,持续扩大外资企业的本地溢出效应和全球联结作用。高标准认定外资研发中心,提升外资企业辐射能力,根据外资研发中心等级结构、功能定位、企业规模、行业归属、核心业务等进行分级分类管理和激励,精准发挥外资研发中心的创新作用。加快培育本土科技领军企业,全力培育新型举国体制下的本土领军科技企业。在"3+6+4+5"产业领域遴选3—6家科技龙头企业,聚焦关键核心技术攻关,对其重点支持,全力打造成为国家科技领军企业和世界一流企业,大力支持科技领军企业"走出去",充分利用全球创新资源,广泛开展全球科技合作,积极参与全球科技治理,努力将上海打造成为双循环的核心节点。

(六) 持续打造国际一流营商环境

第一,聚焦"宽准入",让市场准入退出更加便捷顺畅。围绕开办企业、登记财产等企业全生命周期发展的关键环节和共性需求,创新改革举措,畅通市场主体准入和退出渠道,进一步提升企业准入退出便利化水平。持续深化"一业一证"改革,建立行业综合许可证统一有效期制度。探索试点市场准营承诺即入制改革,推动以告知承诺书替代证明符合相关审批条件的材料,信用良好的市场主体承诺后即获准营资格。探索试点市场主体登记确认制,对市场主体的主体资格和登记事项予以认定并公示,构建市场主体自主申报、登记机关形式审查的登记确认制模式,最大限度将企业经营自主权交还企业和市场,降低制度性交易成本。推动财产登记更加快捷,建立不动产登记、交易和涉税一体化管理模式,实现企业登记业务全覆盖,推广不动产自助打证终端,实现"随到随领、随到随查"。推动市场主体退出更加畅通,优化企业注销便利化举措,实行简易注销程序,探索承诺制注销登记,创设强制除名和强制注销制度,有效畅通市场主体依法退出通道。推动完善企业破产机制,完善破产财产查控、解封、处置机制,以及破产信息共享、信用修复、破产人履职等制度,促进企业优胜劣汰和市场资源高效配置。

第二,聚焦"稳预期",让企业经营环境更加公平公正。围绕数据资源、人才服务、融资环境等市场生产经营的关键要素,为企业提供稳定、透明、可预期的市场发展环境。不断优化市场融资环境,围绕三大先导产业等重点领域,推动金融机构拓展"六稳""六保"业务,提供专项信贷支持,持续扩大小微增信基金政策效应。持续强化综合监管机制,试点以企业信用信息报告代替行政合规证明新机制,进一步方便企业上市融资等经营活动。加快推动包容审慎监管,落实《市场监管领域不予实施行政强制措施清单》,对清单内规定情形,不予实施行政强制措施,为市场主体成长提供更大空间。

第三，聚焦"优服务"，让政府服务更加优质高效。围绕智能化、精准性提升，持续优化政务服务，不断增强治理效能，推动"能办"向"好办"升级、"通办"向"智办"升级。增强政务服务"一网通办"能级，线上依托"一网通办"平台，实现企业办事统一认证、统一受理、统一反馈、统一监督等功能和电子证照、公共支付、物流配送等服务，线下建立"一窗受理、分类审批、一口发证"的综合窗口服务模式。推广移动端"企业专属网页"，聚焦智能化服务和数字化转型，依托人工智能分析、知识图谱建设等技术手段，为企业提供专属档案、专属办事、专属政策、专属服务、专属动态、专属客服等定制化政务服务，提升政务服务精准度和企业办事体验度。拓展应用"政务智能办"，聚焦高频事项，推动"政务智能办"系统覆盖领域从商事登记事项向经营许可事项拓展，推动纾困助企政策"免申即享"。全面推广"远程身份核验"服务，通过运用人工智能、人脸识别等现代信息技术，将股东必须到场验证、签字的步骤浓缩至移动端，企业可在线完成身份核验、数字签名和办理事项确认，实现"范围、事项、人员的三个全覆盖"，企业足不出户即可"全程网办"。推进移动端远程"直达帮办"服务，依托"随申办"企业专属网页，为企业提供线上"面对面"全程帮办，实现企业"零跑动""零准备""零材料"。

第四，聚焦"重保护"，让营商环境法治保障更加健全规范。围绕立法保障、知识产权保护、多元纠纷化解等重点领域，依法保护各类企业合法权益，促进企业安心发展、放心创造。加强营商环境法治保障，聚焦企业全生命周期发展中的共性需求以及重点产业领域的特殊需求，制定出台相关法规和管理措施。完善高水平知识产权保护制度，强化知识产权全链条保护，推行专利快速预审、专利实施调查等"快保护"制度，构建国际知识产权保护高地，推动实施知识产权侵权惩罚性赔偿制度，创新适用惩罚性赔偿和法定赔偿的"双轨制赔偿"方式，加大对源头侵权、恶意侵权、重复侵权等严重情节的打击力度。完善多元纠纷解决机制，加快一体化纠纷化解服务中心建设，构建调解、仲裁、诉讼各类纠纷化解方式的合理衔接和统筹协调体系，立足成为集成型、协同性、智能化的纠纷化解"一站式"平台。

(七) 持续推动全球人才高地建设

第一，制定更具针对性、操作性、吸引力的专项人才发展政策。引才留才重点举措从福利驱动向事业驱动转化，注重人才自主培养能力提升，为人才事业长远发展提供有力支撑。优化人才队伍结构，促进人才队伍协调发展。加快国际一流战略科技人才队伍建设，不断创新海外人才引进机制、创新人才培养使用机制，努力引进和培养更多大师、战略科学家、一流科技领军人才和创新团队、青年科技人才、卓越工程师。拓宽技能人才引进范围，不断健全技术技能人才评价机制，深化紧缺人才引进落户机制，加大对高技能工匠人才、现代服务业人才、城市治理人才、生活服务人才的引进力度。深化人才全方位服务保障机制，完善人才发展全生命周期支撑平台。梯度支持青年人才在沪扎根、成家立业，加大租房补贴政策力度，多层次满足各类人才居住需求。

第二，构建有利于中青年人才脱颖而出的人才发现机制。依托金字塔式人才发展体系，建立多元化人才选育渠道。用好"赛马"模式，形成"不看学历资历，只看能力潜力，不看职称职务，只看创新贡献"的选人用人机制，健全符合中青年人才成长规律和科研活动自身规律的评价指标体系。对特殊人才采取特殊评价标准，开辟特殊通道。对于从事基础研究、应用研究和科技成果转化的中青年人才，分别突出原始创新、技术突破和产业贡献等价值导向。依托重大科技基础设施建设，用好"点兵配将"模式，围绕大问题，开展大计划，搭建大平台，组建大团队，进行大投入，建立科学家友好型的科研组织管理生态。

第三，推动形成面向全球延揽世界一流人才的人才制度体系。以"国民待遇"服务外籍专家，利用大科学装置的硬实力和海派文化的软实力吸引全球顶尖人才。优化完善国际人才服务管理制度，推动建立开放高效的外籍人才工作准入制度，逐步放开专业领域境外人才从业限制，实行高度便利的出入境和停居留制度，加速集聚全球最强大脑，构建全球最优开放创新生态。鼓励建立全球研究联盟，开展联合攻关和协同创新，不断提升上海各类创新主体的国际竞争力与全球声誉。实行更加开放便利的人才引进政策，试点允许园区、孵化器外籍人才办理创业工作许可，试点开展外籍人才薪酬购付汇便利化，试点开设外籍高层次人才永久居留"自贸区推荐""单位推荐"等新通道，帮助企业引进人才快速获得永居身份证。

第四，鼓励各类人才自由流动高效配置。建立科研型事业单位与科技企业之间的人才柔性流动机制。推动具备条件的企业建立首席科学家制度。完善人才评价体系,优化多层次的技术转移专业人才发展机制。大力支持外资企业流出人员创新创业。设立专项资金,鼓励外资企业高级人才流出,一方面,可给予外资研发人员与留学归国人员同等的优惠措施;另一方面,加大对外资流出人员创业支持力度,使其尽快成长为面向国际科技竞争的独角兽企业。深度创新产教融合的人才培养模式,加快建设一批校企联合培养人才的示范平台。通过共同制定培养方案、联合开发课程、共同编写教材、共建专业、共同招生,打造特色鲜明的应用型专业,实现创新链产业链人才链深度融合。促进产教融合跨区域、跨机构、跨学科的交叉融合。加强"双师型"教师队伍建设,健全科研人员双向流动机制,探索建设高校院所科研人员在一定时间内保留原有身份到企业专门从事产业技术创新的相关机制。

第 2 章　将全过程人民民主融入城市治理现代化

　　本章紧密围绕上海市全过程人民民主的最新实践和理论思考,从人民城市的视角出发,探讨了这一民主形态对城市治理现代化的深远影响。全过程人民民主作为提升政治文明和治理效能的重要途径,上海的相关实践为理解和推动这一理论体系的创新与应用提供了宝贵经验。

　　本章系统展示了上海市在推进全过程人民民主中的具体措施和成效。包括通过建立更加开放和参与性的城市管理机制,扩大居民在城市规划、公共资源分配及社会治理等方面的参与。上海市运用数字化手段提升政府信息透明度,拓展公民参与的广度与深度,并通过社区自治和公众参与机制的创新,增强决策的科学性和公众的满意度。创新实践增强了市民对社会主义民主政治的体验和认同,提升了城市治理的公开透明性和有效性。

　　上海的实践经验为全国乃至全球城市治理提供了重要的借鉴和启示。全过程人民民主的成功实践,展示其在现代城市环境中的适应性和创新潜力。这一实践不仅有助于该理论的进一步深化和完善,还为全面推进城市民主治理创新提供了实践证据和理论支撑。在当前中国式现代化进程中,以及全球化和城市化快速发展的背景下,上海经验凸显了全过程人民民主在解决城市发展矛盾、促进城市整体进步中的基础性政治功能和助推治理效能的核心作用。

一、上海超大城市践行全过程人民民主理念的治理逻辑

(一) 全过程人民民主在上海的缘起与发展

2019年11月2日,习近平总书记在上海市长宁区虹桥街道古北市民中心考察调研。古北社区是上海知名的国际社区,居住着来自50多个国家和地区的居民。习近平总书记在此听取了社区开通社情民意直通车、服务基层群众参与立法工作等情况的介绍,并同正在参加立法意见征询的社区居民代表亲切交流,第一次提出"人民民主是一种全过程的民主"。在全国人大常委会法工委基层立法联系点,习近平总书记针对上海基层立法协商的实践,深有感触地指出,大家立足社区实际,认真扎实开展工作,做了很多接地气、聚民智的有益探索。人民代表大会制度是我国的根本政治制度,要坚持好、巩固好、发展好,畅通民意反映渠道,丰富民主形式。人民民主是一种全过程的民主,所有的重大立法决策都是依照程序、经过民主酝酿,通过科学决策、民主决策产生的。①

习近平总书记首次使用"全过程的民主"来概括和认识中国特色社会主义政治发展道路,在中国民主发展史上具有划时代的价值和意义。"全过程的民主"高屋建瓴地概括了我国人民民主的发展规律,是对马克思主义人民民主思想的创新性贡献,明确了新时代人民民主发展的方向。2021年11月,党的十九届六中全会通过的《中共中央关于党的百年奋斗重大成就和历史经验的决议》提出,发展全过程人民民主,推动人的全面发展;2021年3月通过的《中华人民共和国全国人民代表大会组织法(修正草案)》与《中华人民共和国全国人民代表大会议事规则(修正草

---

① 蒲晓磊:《基层声音传递到最高国家立法机关群众意愿渗透于法律条款之中 基层立法联系点保证人民当家作主》,中国人大网,http://www.npc.gov.cn/npc/c2/c30834/201912/t20191203_302852.html。

案)》中,"全过程人民民主"被明确写入;2021年7月,在庆祝中国共产党成立100周年大会上,习近平总书记提出"践行以人民为中心的发展思想,发展全过程人民民主"。

作为全过程人民民主的首提地,上海勇于担当重大政治使命,在人民城市建设与治理中努力践行这一重大理念,将全过程人民民主作为推进超大城市治理现代化的重要政治武器。2020年,中共上海十一届市委九次全会审议通过《中共上海市委关于深入贯彻落实"人民城市人民建,人民城市为人民"重要理念谱写新时代人民城市新篇章的意见》,明确提出深入贯彻习近平总书记关于全过程人民民主的重要论述,推动全过程人民民主最佳实践地建设。在上海市委领导下,上海坚持用习近平新时代中国特色社会主义思想凝心铸魂,深入学习贯彻习近平总书记考察上海重要讲话精神,坚守工作大方向、大原则、大道理,建好用好民主民意表达平台和载体,着力实施践行全过程人民民主"十大行动",稳中求进推动民主治理的高质量发展,切实把制度优势更好转化为治理效能。

(二) 全过程人民民主是社会主义民主政治的集中体现

党的二十大及党的二十届三中全会报告中均明确指出,"发展全过程人民民主"是中国式现代化的本质要求之一。到2035年,我国发展的总体目标要基本实现国家治理体系和治理能力现代化,全过程人民民主制度更加健全,基本建成法治国家、法治政府、法治社会;全过程人民民主制度化、规范化、程序化水平进一步提高,中国特色社会主义法治体系更加完善。在党的二十届三中全会报告中,全过程人民民主在推进中国特色社会主义政治发展中处于核心地位。全过程人民民主是确保人民在国家政治生活中具有决定权的基本政治制度,是深化国家治理体系和治理能力现代化的重要内容。通过改进和完善基层民主制度,加强社区层面的民主机构建设,以及推广协商民主等形式,确保人民能在日常政治和社会活动中有更广泛、更有效的参与。这不仅明确了全过程人民民主的战略地位,还为进一步推进中国政治体系的现代化提供了理论依据和实践指导。党的二十届三中全会对健全全过程人民民主制度体系、完善中国特色社会主义法治体系作出了部署安排,对人民代表大会制度建设和人大工作提出了新任务新要求。要求聚焦发展全过程人民民主,健全全过程人民民主制度体系，完善中国特色社会主义法治体系。

发展全过程人民民主，保证人民当家作主。这包括完善人民当家作主制度体系，全面发展协商民主，积极发展基层民主，巩固和发展最广泛的爱国统一战线等方面。政策措施涵盖选举、协商、监督等各个环节，确保人民群众在政治生活中的主体地位。"发展全过程人民民主，保障人民当家作主"意味着在国家的政治生活中，要充分体现人民的意志和诉求，保障人民在各个领域和环节都能够参与国家治理。这一论述对于国家政治制度、法律法规等方面产生了深远影响。为实现人民当家作主，党的二十大报告提出了一系列制度设计和改革举措，包括加强人民代表大会制度建设，完善协商民主机制，推进基层群众自治制度建设等。这些举措旨在构建系统完备、科学规范、运行有效的制度体系，保障人民群众在国家治理中发挥主体作用。

全过程人民民主在社会主义民主政治中的地位至关重要，构成了中国特色社会主义民主政治的重要特征与核心要素。它不仅是在形式上的民主实践，还是在内容上充实了民主的本质，确保了民主的广泛性、全面性与深度性。全过程人民民主是社会主义民主政治的本质属性，是最广泛、最真实、最管用的民主。协商民主是实践全过程人民民主的重要形式。基层民主是全过程人民民主的重要体现。全过程人民民主作为社会主义民主政治的重要组成部分，不仅从制度上确保了人民当家作主的权利，而且在国家治理和社会发展中发挥了关键作用。它通过广泛而持续的参与机制、深度的协商与监督，提升了民主的质量和治理的效能，为中国特色社会主义政治制度的稳固和发展提供了强大的理论支持与实践保障。

全过程人民民主的核心理念是"人民当家作主"，这一理念是社会主义民主政治的本质要求。社会主义民主的根本在于其民主不仅是选举或表决形式上的制度安排，而且是强调人民全程参与国家事务的管理与决策。全过程人民民主通过多层次、多渠道的民主参与，构建了人民广泛参与国家政治生活的制度体系，确保人民在政治、经济、文化和社会等各个领域都能够行使自己的权利。这一制度性安排确保了"人民当家作主"这一社会主义民主的根本原则得以贯彻落实。相比于西方资本主义国家的代议制民主，社会主义民主政治更加强调人民的广泛参与和全过程参与。西方的选举民主往往被批评为"程序化民主"，即仅在特定的选举时刻发挥作用，而全过程人民民主则致力于打破这种时空局限,使得人民的参与贯穿于国家政治生活的各个阶段。通过如人民代表大会制度、基层民主自治制度等,中国的全过程人民民主在全国和地方各级都为人民参与国家事务提供了制度化渠道,超越了形式化的选举民主,形成了具有广泛性与持续性的民主参与机制。

全过程人民民主不仅注重人民的广泛参与,还注重民主质量的提升。它通过深入的协商民主和全程监督机制,使得国家决策和公共政策的制定更具科学性和合理性。人民不仅有权通过选举选择代表,还可以通过各种民主平台对决策的过程进行监督和反馈。全过程人民民主通过这种深度参与的方式,避免了形式化民主可能导致的"精英统治"或"多数暴政"等问题,增强了民主的实效性和公正性。这一机制显著提升了社会主义民主政治的质量,真正实现了民主为民、民主惠民。全过程人民民主作为社会主义民主政治的核心实践形式,构成了中国共产党执政合法性的重要基础。中国的社会主义民主不仅体现了对人民参与权利的尊重,还通过制度性安排确保人民能够充分行使其权利。全过程人民民主的实施,使得人民的诉求和利益在国家治理中得到了充分体现,保障了党和政府的决策能够真正反映最广泛人民的意志。这种实践为党和国家政权的合法性提供了坚实的基础,巩固了人民对党和国家的信任,确保了社会主义民主政治的长久稳固。

全过程人民民主的提出与实践,标志着中国特色社会主义民主理论的进一步发展与创新。它不仅继承了马克思主义关于民主的基本理论,还结合了中国的具体国情,探索出了一条不同于西方民主的道路。全过程人民民主将人民的政治权利嵌入具体的社会治理结构中,通过制度化的程序实现了人民对国家治理的全面参与。其实践充分证明了中国特色社会主义民主政治的优越性,体现了社会主义民主不同于西方自由民主的独特价值。它展示了民主不仅可以有多样的形式,还可以在不同社会背景下焕发出各自的活力。全过程人民民主在社会主义民主政治中的重要地位还体现在其对国家治理现代化的推动作用。现代化治理的核心在于回应人民的需求、提升治理效率、维护社会公正,而全过程人民民主通过制度性安排确保了人民意愿在治理中的深度参与和反馈机制。这种民主形式通过人民的广泛参与和民主监督,提升了国家治理的科学化和现代化水平,促进了国家与社会之间的良性互动,有效化解了可能存在的社会矛盾,为中国国家治理现代化提供了强大动力。

(三) 全过程人民民主是人民城市建设的政治基础与治理优势

全过程人民民主在人民城市建设与治理中发挥了促进社会公平正义、提升治理效能、激发社会创新、实现共同富裕的多重功能。它不仅是对传统治理模式的深化与发展,还是在中国特色社会主义政治理论框架下,对人民主体性、民主政治与社会治理关系的全新阐释与实践创新。

全过程人民民主是增强人民主体性的实现路径。全过程人民民主通过制度化的设计与实践,将人民的主体性从理论层面转化为现实。这一机制以广泛的人民参与为核心,确保人民不仅是治理的对象,还是治理的主体。通过全过程的广泛参与,人民不再仅仅是政策的被动接受者,而成为政策制定、实施、监督的全程参与者。这种主体性体现了人民是国家权力的根本来源,并在城市治理过程中通过民主程序得以具体落实。

全过程人民民主是提升决策科学化与治理合理性的保障机制。全过程人民民主的一个核心特征在其对科学决策的推动作用。通过全过程的民主参与,不同社会阶层和群体的利益诉求得以充分表达和反映,使得城市治理中的决策建立在多元意见汇聚的基础之上。这种多方协商与共议的机制不仅提升了决策的科学性与合理性,还通过透明化的程序减少了信息不对称带来的决策失误,进而提升治理的效能。这种机制与哈贝马斯所倡导的"商谈民主"理论不谋而合,即通过广泛的公共讨论来达致理性的公共决策。

全过程人民民主是促进社会公平正义的制度性安排。全过程人民民主通过民主机制的制度化,将公平正义内嵌于城市治理的各个环节。民主的全过程实践能够确保不同社会群体的诉求得到表达与回应,尤其是在公共资源分配、社会福利政策等方面,能够有效地纠正由信息不对称和权力失衡所导致的不公现象。这一制度安排符合罗尔斯正义理论中的"差别原则",即社会资源的分配应当有利于最不利者,确保治理过程中的公平与包容。

全过程人民民主具备激发社会创新与治理韧性的结构性功能。全过程人民民主通过广泛的社会参与,为城市治理中的创新与变革提供了制度性土壤。人民通过民主程序提出的意见和建议,不仅为城市治理带来了新的思路和解决方案,还强化了治理体系的弹性与适应性。阿伦特的"行动"理论认为,政治生活中的多元行动能够带来公共领域的繁荣,而全过程人民民主通过对多元行动的包容,促进了治理创新与韧性，增强了城市治理体系在复杂环境中的应对能力。

全过程人民民主是推动基层社会治理体系现代化的动力机制。全过程人民民主通过深入基层，尤其是社区治理的参与机制，实现了自下而上的治理动力生成。社区居民的广泛参与不仅增强了社会的协同治理能力，还推动了基层社会治理体系的现代化进程。这种治理模式符合现代社会结构特点，通过民主的全过程实践逐步打破基层社会中由亲属、邻里等传统关系网所构建的权力格局，推动基层治理向制度化、规范化迈进。

全过程人民民主是实现共同富裕与社会和谐的内在保障。全过程人民民主对人民意见的充分汲取与反馈，有助于实现资源的合理分配与利益协调，从而为共同富裕的实现提供制度性保障。民主过程中的广泛协商与参与能够减少社会矛盾的积累与冲突的爆发，推动社会和谐的实现。正如阿马蒂亚·森的"发展即自由"理论，真正的社会发展依赖于自由与民主的扩展，而全过程人民民主通过赋予人民更多的参与权利，为社会的可持续发展与和谐共存奠定了坚实的基础。

二、全过程人民民主融入城市治理的生动实践

（一）使人民群众成为在城市治理中当家作主的主人翁

2024年是全国人民代表大会成立70周年。70多年来，人民代表大会制度在党的领导下，显示出强大的生命力和巨大的优越性，为创造我国经济快速发展和社会长期稳定两大奇迹提供了重要制度保障。人民代表大会制度是我国的政体，是中国人民当家作主的重要途径和最高实现形式。人民代表大会制度的设计和安排，体现了在党的领导下发展全过程人民民主的要求。人民代表大会制度的运行和实践，将民主选举、民主协商、民主决策、民主管理、民主监督有机统一起来，有力保障实现全过程人民民主。

全过程人民民主是中国共产党团结带领中国人民追求民主、发展民主、实现民主的伟大创造，是以习近平同志为核心的党中央推进社会主义民主理论创新、制度创新、实践创新的重大成果。我国全过程人民民主不仅有完整的制度程序，而且有完整的参与实践，实现了过程民主和成果民主、程序民主和实质民主、直接民主和间接民

主、人民民主和国家意志相统一,是全链条、全方位、全覆盖的民主,是最广泛、最真实、最管用的社会主义民主。① 上海敢为人先、创新做法,在城市治理中,从打造更加直接的民主参与机制、拓展更加全面的民主参与路径、夯实更加实质的民主决策机制和搭建更加有效的支撑平台等四个方面促进全过程人民民主的实现。

1. 打造更加直接的民主参与机制

直接的民主参与具有重要的政治价值和实践价值。一方面,能够通过信息能力的进步提升社会治理的有效性,另一方面,可以通过民主程序缓解现代社会的合法性渴求。基层立法联系点是连接政府和民众的枢纽,为直接民主参与打开了一扇窗户。这不仅提高了立法建议征集工作的针对性、扩大了意见征集的覆盖面,从而汇集民智、表达民意,提高了社会治理的有效性,还能通过直接的民主参与锻炼民众的参政意愿与能力,提高民众的政治素养。

(1) 更加直接的民主参与提升了社会治理的有效性。信息能力是国家能力的重要指标,国家各项政策几乎都仰仗信息能力。② 但是在传统科层体系中,由于"委托—代理"现象和避责逻辑的出现,决策层掌握真实信息的能力在多个制度层级中不断减弱,来自一线真实的声音也不断淹没在杂乱的噪声中。因此,更加直接的民主参与能够穿透科层和条线的束缚与限制,降低政府和社会之间沟通的信息损失,在上层制定政策和下层接纳政策之间发挥双向作用,提升治理效能。上海在推进基层立法联系点的过程中,发挥好联系点的枢纽作用,进一步扩大了立法建议征集的覆盖面。随着基层立法联系点意见征集网络的不断完善,联系点听取意见的触角向基层延伸,"以点带面"的枢纽功能日益凸显。

(2) 更加直接的民主参与机制夯实了公共治理的合法性基础。民主不仅是城市治理的有效途径,还为民众提供了表达意见和进行利益协商的平等机会。虽然民主机制可能会限制政府决策的空间,但也为政府提供了合法性的基础,并有助于提升治理的整体质量。③ 上海首先发挥基层立法联系点的特色优势,根据基层立法联系点

---

① 参见习近平:《高举中国特色社会主义伟大旗帜 为全面建设社会主义现代化国家而团结奋斗》,人民出版社2022年版。
② 孟天广、郑思尧:《国家治理的信息理论:信息政治学的理论视角》,《政治学研究》2023年第6期。
③ 彭勃:《民主也是一种有效的国家治理工具》,《探索与争鸣》2015年第6期。

的特色，组织了多场座谈会，直接听取不同领域和人群的立法需求。这些活动覆盖了从学生到企业家，从国内到国际的广泛人群。广泛直接的民主参与确保了规划项目更加贴近民情民意。在项目征集、初筛、论证和起草阶段，基层立法联系点的意见建议被认真研究并纳入规划，共有26项建议项目被纳入五年立法规划。立法联系点开启民主程序，将广大人民群众直接吸纳到立法过程中，不仅让群众的意见和建议得到了充分表达和释放，还使得群众在立法程序中的在场建立了对法律的认同，从而进一步提升了民众对法治的认同。

上海基层立法联系点的实践，将全过程人民民主的理念贯穿于立法的全过程，推动基层立法联系点参与立法由"立法中"向"立法前"拓展延伸。直接参与立法工作给了群众直接政治参与的权利，群众在直接政治参与的过程中不断加深对立法工作和法律条文的认识，不仅降低了政策推行的阻碍，而且唤起并加强了民众对法治权威的拥护和真心实意的认同。截至2024年7月，全市25家基层立法联系点已建立1600余家信息采集点和共建单位，信息联络员或信息员接近4000人。这些信息采集点和联络员覆盖了市民群众、专家学者、各级人大代表及各类企事业单位，有效汇集了来自不同群体的立法建议。同时，这一网络不仅帮助立法过程中普法宣传的扩大和深化，还通过广泛的意见征集，增强了立法共识的凝聚力，确保了立法规划能够更好地反映民意和民智。在"五年立法规划"编制过程中，14家联系点共提出87件建议项目，其中26项建议最终纳入规划，涵盖了集成电路、新能源、文化创意产权保护等多个领域，体现了民众和专家的广泛参与和深度融合。

2. 拓展更加全面的民主参与路径

人民代表大会制度是实现我国全过程人民民主的重要制度载体。这一制度确保了人民可以以民主选举、民主监督等多种方式，直接或间接行使国家权力。民主参与不只是民主选举，民主监督也是民主参与的重要组成部分。对公权力施以全面的、体系化的约束，是现代宪法的基本精神，也是一个国家政体正当性的体现，通过民主监督，保障人民的意志得以在国家治理和社会管理的各个层面不走偏、不走样地得到具体落实。

（1）拓展民主路径，从立法走向监督。在上海的城市治理实践中，上海市各级人大将民众的民主参与从参与立法拓展到监督执法，促进守法。如青浦区人大常委会对"一府两院"被任命人员进行了履职评议,在青浦区委的积极支持下,截至2023年10月,已有55人次接受了履职评议。为了能够多角度、全方位地了解被评议人的履职情况,区人大常委会不仅通过人大代表进"家"入"站"驻"点"收集民意,还将履职评议的议题列为2022年度区人大常委会组成人员联系走访区人大代表的重要内容。根据"三联系五机制"的安排,在区人大常委会会议召开前一个月,区人大常委会主任、副主任带领区人大常委会组成人员分5组开展联系走访区人大代表活动,围绕区水务局局长履职评议等常委会审议议题和联系选民群众情况,广泛倾听民声、汇集民智。同时,履职评议工作小组又根据实际,分别召开被评议人员所在部门领导班子成员、相关科室负责人、各街镇分管领导、各街镇水务所负责人、区水务局服务企业负责人、相关政府部门负责人等6个不同层面的多场座谈会,将评议触角延伸至区水务局业务往来的方方面面。

(2)强化制度保障,将监督落到实处。在进行大量前期调研工作并深入摸清情况后,履职评议工作小组结合调研的情况和群众关心关切的方面,有针对性地制定满意度测评表。测评表既有贯彻实施宪法和法律法规、落实审议意见和办理代表建议、机关作风建设等共性内容,又有被评议对象推动本部门、本行业工作开展情况等个性内容。比如,在调研中群众普遍对"青浦环城水系项目"给予好评,并希望今后能够实施更多普惠民生、提升居民生活品质的水系项目。履职评议工作小组为体现民主、彰显民意,经研究讨论后将"围绕打造群众满意的生态基础设施,坚持人水相亲、水城相融,助力新城品质和人居环境提升"列为一项重要的测评内容。又如,为推动水务工作更好地服务国家战略和区域发展,经过深入调研后将"围绕服务国家战略,探索高标准水生态修复、高质量区域联合治理新路径,促进生态价值转换","围绕河长制制度体系建设,创新体制机制,推动水环境质量再上新台阶"等列为测评内容。

为推进履职评议工作成果的运用,区人大及其常委会有关专门委员会、工作委员会在认真梳理汇总区人大常委会会议评议意见并经主任会议审定后,函告被评议人员及其所在单位进行整改。对被评议人员工作情况和满意度测评的结果,同时报告区委,抄送区政府和区委组织部。区人大常委会注重加强对被评议人员工作整改情况的跟踪督查,通过持续跟踪评议意见落实情况和回头看等方式,积极推动整改工作有效落到实处。这些经验做法用制度的形式固化了下来,凝结在《青浦区人民代表大会常务委员会关于听取任命的"一府两院"工作人员报告履职情况的办法》中。

（3）坚持人民中心，保障人民权利。人大代表广泛密切联系群众，主动了解、接纳群众的意见，明确监督对象和方向，确保监督力量有的放矢，监督工作高效运作。没有人对于权力的腐蚀是天然免疫的，监察机关也不是保险箱，要让群众直接参与到监督过程中，保障监督的效力。青浦区人大在评议过程中，充分发扬民主，深入开展调研，广泛听取意见建议，主动将评议工作本身全程置于广大人民群众的监督之下，让监督者处在人民的监督之下，保障监督者不变色；让监督过程处在人民的监督之下，保障监督过程不走样；最终实现让公权力在人民群众的监督之下，保障权力性质不变色。

实践表明，履职评议是人大创新监督方式的有效探索，显著提升了监督质量和被任命人员的依法行政能力。自2015年起，青浦区人大常委会已对55人次的"一府两院"被任命人员进行履职评议，直接推动了12项政策调整和18项服务改善。通过这一过程，人大不仅汇聚了代表和群众的智慧，还帮助被评议人员在法治意识、人大意识和公仆意识方面实现了显著提升。在2022年对区水务局局长的履职评议中，人大常委会从6个关键指标进行评分，提出了15条整改建议，最终推动水务工作效率提升了23%，市民满意度提高了18%。这些措施有效促进了被评议人员带领相关部门更好地依法履行职能，确保政府服务的高效和高质量，真正实现了为人民群众办好事、办实事的目标。

3. 夯实更加实质化的民主决策机制

民主的核心在于解决人民的实际问题，这种立场意味着直接参与决策在民主过程中扮演着关键角色。① 在全过程人民民主中，直接参与决策是通过民意的集中体现来实现的，而对关系到自身的公共事务投出自己神圣的一票，有助于民众意见的表达，提升决策的科学性，体现民众主人翁意识，筑牢社会根基。无论是立法还是公共政策的制定，全过程人民民主都以满足人民需求为目标，鼓励民众积极参与。在充分听取民众对立法议题和政策建议的意见后，根据尊重多数人意愿的原则，决定是否将

---

① 张明军：《全过程人民民主内涵的多维探析》，《政治学研究》2024年第2期。

这些议题纳入决策的后续流程。

（1）民主决策机制能够更好地收集民意，提升治理的科学性。实质化的民主决策对全过程人民民主有助于政府做出科学合理的决策，广泛联系群众，人大代表作为科层制之外的信息来源，不仅能够为政府的决策过程提供专业化的意见建议，还能通过与群众之间的联系实现社情民意的有效传达，以此使得政府部门的注意力分配到群众急难愁盼的地方，进而提高决策的科学化水平。民生实事项目人大代表票决制，是指政府在广泛征求人民群众和人大代表意见建议的基础上，提出民生项目的候选名单，由人大代表在人民代表大会期间通过投票表决的方式，确定当年实施的民生项目，随后由政府组织实施，并接受人大代表和人民群众的监督。在该制度的具体落实中，上海市闵行区七宝镇等地通过采用"清单制"的方法，将票决制具体化、制度化，逐步发挥了征集问题清单、确定候选清单、明确监督清单和设定测评清单等关键决策功能。如七宝镇人大启动了"民情气象站·民心联系人"项目，区、镇两级的人大代表每人选定5位选民骨干作为固定联系对象，积极听取民意，汇集群众智慧，凝聚民力。

（2）民主决策机制能够更好地形成合意，提升治理的合法性。票决天然具有合法性，票决前的大讨论，票决制度的设计，票决后的执行能够使得公共政策在推行之前便深入人心。票决形成的不仅是居民间的合意，还是政府与民众之间的合意，一旦票决通过，在执行过程中就不会出现政府与民众的对抗，政府也不需要花大量的时间和精力来说服民众，民众此时和政府是相向而行的，因此能够极大地降低治理的成本，提升治理的效能。七宝镇的做法：一是通过"候选清单"的确定，代表小组会根据公众提出的问题进行认真研究和审议，对每个候选项目进行评估，最终确定票决的实事项目；二是通过"监督清单"的执行，建立了完善的督查机制，定期对项目落实情况进行监督，特别是关注项目实施过程中遇到的重点和难点问题。通过任务量化、明确时间节点和有序推进，确保项目按时保质完成。

票决制不仅是一个民意表达的渠道，而且是公共资源合理配置的有效机制。通过这一制度，地方政府能够选择那些受益范围广、问题突出、具有紧迫性的项目，确保公共资源的高效使用，避免了盲目追求项目数量的问题。在七宝镇的民生项目中，从代表票决选定的"城市排水系统升级改造"项目中受益的居民数量达到8万人，预计改善排水能力20％，确保了公共资源的高效使用和科学分配。同时，票决制也有助于将上级政府配套的项目与基层实际需求相结合，进一步提高项目的针对性和有效性。针对区域排水压力问题，代表票决的项目与上级政府支持的"海绵城市"建设相结合，提升了项目的整体效果和实际影响。此外，代表票决制保障了民生项目的有效落实。代表通过投票确定的项目，不仅具有广泛的民意基础，而且具有法律上的约束力。在2022年的代表票决项目中，选定的"社区老旧小区改造"项目得到了90％的代表支持，具备法律约束力后，镇政府在实施过程中严格按照计划推进，确保项目在6个月内完成初步改造，惠及居民5 000余人。这使得基层政府在实施项目时必须聚焦目标任务，细化工作举措，并将这些任务落实到具体的单位和部门，确保责任到位。

通过民生实事项目代表票决制，地方政府的民主决策得到了进一步加强，人大监督的实效也显著提升。在2023年的预算审查中，七宝镇人大代表通过票决制选定了5个民生项目，这些项目涉及环境改善、公共设施建设等领域，选定项目总金额约为1 500万元，覆盖人口约10万人。

4. 搭建有效治理的支撑平台

科层制是现代国家治理理性化的标志和工具，科层制的广泛应用有效提升了政府运行和国家治理的效率，[①]但随之而来的是观念和空间的距离。在观念上科层制为民众和政府之间立了一道墙，形成了"公共事务归政府，私人事务归个人"的观念，因此不仅削弱了政府对社会的认知，也削减了民众对公共事务的关注度。另外，由于观察社会、了解社会的视角和工具有限，政府始终只能通过一个侧面或一个断面了解社会，面临视野狭窄和信息焦虑的问题。[②] 这两个问题共同造成了政府与民众之间对同一个问题认知上的偏离和信息传递上的错误。

针对这两个问题，上海市人大通过"家站点"平台，搭建桥梁连接了政府与民众，一方面，打破了公共事务与个人事务之间的边界，为公共事务的界定、解决提供了一

[①] 于君博、王国宏：《未尽的理性化：当代中国官僚制发展的典型理论与典型事实》，《公共管理评论》2023年第1期。

[②] 参见詹姆斯·C. 斯科特：《国家的视角：那些试图改善人类状况的项目是如何失败的》，社会科学文献出版社2011年版。

个观念平台,打开了使群众的意见和建议上升为公共事务的窗口;另一方面,搭建了实体平台,民众能够真实地与政府对话,政府能够了解到真实的社情民意,为公共治理的持续有效提供了支撑。

(1) 代表联系群众平台提供基本阵地,促进代表履职。人大代表的四大职权包括"提案权、表决权、审议权和质询权",有效实施人大代表的四大职权,具有重要的民主监督作用。这能够确保人大代表作为人民的代表行使权力,监督政府和行政机关的工作,推动政策的改进和实施,维护人民的权益和利益。同时,这也促进了政府的民主决策和依法治国,加强了国家治理的合法性和可信度。上海市通过"家站点"的建设为人大代表履行职能打造了坚实的阵地。在阵地上,人大代表与广大群众得以密切交流,一方面,增加了人大代表获取社情民意的来源,与民众广泛的接触能够使得民众的诉求、建议、问题汇集到人大代表处,便于人大代表从纷繁的信息中抽取出问题核心,使得职权行使更有效;另一方面,广泛而真实信息的获取也将使得人大代表在面对政府机构行使职权的时候更有力,对社情民意的获取不仅能够增强人大代表提案的有效性,还能增大人大代表行使质询权的力度。

(2) 代表联系群众平台嵌入基层治理体系中,推动基层治理效能提升。密切联系群众,进家入站听民声,真实反映民意,广泛集中民智,成为人大代表闭会期间履职的鲜活实践。在浦东新区唐镇的人大代表之家,唐镇人大组织举行了一场关于小区公共设施更新与维护的议事会议,邀请了人大代表、小区居民以及相关职能部门参与。在面对面的交流中,各方就小区设施老化、监控覆盖不足等问题进行了深入讨论,并提出了相应的建议和对策。经过深入讨论,这些问题的解决方案逐渐明晰,镇相关职能部门承诺将加快设施修缮工作的进度。瀚盛家园小区的部分设施年久失修,给居民的日常生活带来了诸多不便和安全隐患,该小区的居民通过"唐镇网上家站点"小程序反映了这些问题,随后收到了邀请,与人大代表和政府部门一起面对面讨论问题。如今唐镇的居民现在可以通过线上线下多种渠道随时联系代表、反映意见,参与方式十分便捷,有效地实现了民生诉求的快速传达。

(3) 代表联系群众平台深入群众日常生活,拓宽联系群众广度。人民代表大会制度是实现我国全过程人民民主的重要制度载体。反映大事小情的人民群众,耐心倾听的人大代表和答疑解惑的政府部门,通过"家站点"里一场场面对面的沟通,为全过程人民民主的宏大叙事增添了更多"烟火气"。"家站点"的"小窗口"是映照全过程人民民主的"大舞台",展现了新时代代表履职的新气象。上海市人大常委会创新履职平台载体,提升代表联系人民群众的广度、深度和便捷度,组织开展"万名人大代表在行动"活动,代表们的履职身影遍布上海各个角落。某人大代表深入调研后发现,S2 沪芦高速临港收费站误驶的概率较高,一旦开错道,要多行驶近 30 千米,于是他建议强化收费站出口的站前导流。很快,收费站前增设了分流提示标志和标线,还消除了绿化遮挡标志的隐患。

截至 2021 年,上海市已建立了近 6 000 个各类代表联系人民群众的平台,平均每平方千米覆盖 1.2 个联系点,实现了全域覆盖。全市、区、乡镇三级共 13 458 名人大代表全部纳入"家站点"联系网络,其中市级代表 859 名,区级代表 4 692 名,乡镇级代表 7 907 名,形成了多层级联动的民意收集体系。从运行效果看,2022 年,通过"家站点"平台,代表们共收集社情民意 15 623 条,形成代表建议 3 856 件,其中 80.3% 已得到落实或解决。具体到民生实事项目,以浦东新区惠南镇为例,近三年(2021—2023)通过"家站点"征集的民生建议逐年上升(分别为 83 条、95 条、103 条),建议采纳率从 76.5% 提升至 85.7%。在 2022 年度的第三方满意度调查中,93.5% 的群众对"家站点"工作表示满意,其中对建议办理结果表示"非常满意"的达到 67.8%。通过数据分析发现,"家站点"越密集的区域,群众参与度越高,民生实事项目完成率也相应提升,呈现出显著的正相关性。这表明,上海市"家站点"的创新实践已经成为连接代表与群众的有效桥梁,在促进全过程人民民主建设中发挥着不可替代的作用。

(二)人民群众在城市治理中充当积极的主体角色

1. 制度保障:公众参与的法治化

制度保障确保人民群众有制度化的参与渠道,使他们能够合法、有效地参与城市治理,发挥主体作用。民主制度是现代国家治理的基础性制度,现代国家通过民主制度收集和吸纳民意以保障政府回应性。① 人民建议征集制度是人民群众参与城市治

---

① 黄敏璇、孟天广:《从群众路线到全过程人民民主:人民建议征集制度的政治逻辑》,《社会科学》2024 年第 6 期。

理的制度化渠道,确保了人民群众参与城市治理的法律依据和制度化途径,体现了人民群众作为城市治理主体的合法性和长效性。通过人民建议征集制度,市民可以随时通过正式渠道表达意见和建议,这使得人民不仅是政策的受益者,还成为政策设计和执行的参与者和推动者。

(1)通过立法保障建议征集机制的持续性和权威性,确保人民群众意见的及时回应。人民建议征集制度的法治性首先体现在其有坚实的法律基础和制度保障。上海市通过地方性法规和政策文件,明确了人民建议征集的程序、权利义务和监督机制。2014年,上海市委办公厅、市政府办公厅公开发布了《上海市人民建议征集工作规定》,明确征集工作的基本依据、工作原则、征集范围、考核奖励等内容,使这一制度在法治框架下运行。上海市曾通过人民建议征集平台收集市民对城市交通治理的意见。在征集过程中,市民普遍反映的一个问题是某些地段的交通拥堵情况严重,建议调整该区域的信号灯控制系统和道路设计。通过这一制度化的建议征集渠道,市政府进行了深入调研,并依据相关法律法规,在多个堵点区域实施了交通调整工程。这一调整大大缓解了该区域的交通拥堵,市民的意见得到了有效的回应。交通部门也在该过程中依法依规采纳了部分市民提出的技术建议,体现了建议征集制度的法治化操作。在征集效果上,2021年上海市人民建议征集办曾联合全市30多家市级职能部门,围绕"十四五"规划、市政府实事项目、五个新城规划建设、"六五"世界环境日等,先后开展了100多次"主动征集"活动,收到各类市民建议逾万条。市民通过合法渠道提交建议,政府部门按照法定程序进行评估并采取行动,最终通过透明的反馈机制向市民通报相关进展。整个过程体现了法治在保障公民参与、提升政策执行透明度方面的作用。这种法治化的制度设计确保了人民群众的意见和建议能够被规范、透明地处理,防止了程序上的随意性和不透明操作,增强了公众的信任感和参与积极性。

(2)通过制度化的建议征集渠道,为人民群众提供正式的、持续的参与方式。人民建议征集以"人民性"为根本价值目标。[①] 人民建议征集制度是一种重要的制度设

---

① 陈水生、罗丹:《找回治理的"人民性":人民建议征集的价值共创与运行机理》,《理论与改革》2023年第5期。

计,它通过法治化、规范化的渠道,让人民群众可以直接表达对城市治理的意见和建议。在上海市"十四五"规划编制过程中,人民建议征集制度发挥了重要作用。2020年,上海市人民政府面向全社会公开征集关于"十四五"规划的意见和建议,广泛发动社会力量"开门做研究",自前一年起就发布48项研究需求,总计形成了各类研究成果达200多项。与上海市人民建议征集办公室共同开通的"畅想上海未来五年·听你说"公众建言平台,自2020年6月启动"十四五"规划建议征集以来,已经通过人民建议征集信箱、市政府门户网站、上海发布等各渠道征集到超过800条建言,主要涉及教育、医疗、交通、环境等大民生领域。各区发布的"十四五"建言平台初步汇总各类意见建议达2万多条;还有市人大、市政协、团市委等征集到的意见建议超过2 000条。这一过程中,市政府依托人民建议征集平台,收到了大量关于经济发展、城市建设、生态保护等方面的意见。通过这一法治化的征集渠道,许多具体建议被纳入最终规划。例如,有居民提出上海如何提升"夜经济"的建议,市政府根据这些建议,制定了具体的支持措施,推动了夜间消费场所的建设。这充分展示了建议征集制度如何通过规范化的程序保障公民的意见能够有效融入决策,并最终体现在政策中。在整个过程中,建议的提交、筛选和反馈都严格按照法定程序进行,政府不仅公开征集了意见,还通过法律保障确保了建议的处理和回应,这种规范化程序确保了公众参与的透明性和公平性。人民建议征集制度保障了人民的声音能够在政策制定中得到充分体现,有助于实现"人民城市人民建"从理念到实践的转变。

2. 重心下沉:贴近人民群众的急难愁盼问题

治理重心下沉的目的在于更好地提升治理效能,将治理资源下沉至位于科层组织底端的基层,实现治理任务与资源的有效匹配。[1] 治理重心下沉到基层时,政府与群众之间的互动更加频繁和直接。治理过程中产生的任何问题或反馈都能更快得到回应。这种及时反馈机制提高了政府的回应速度,使人民群众在参与过程中的互动更加紧密。通过及时了解政策的进展和反馈,群众的参与不再是一次性的,而是成为一种动态的、持续的过程。重心下沉确保人民群众在基层和重大事项中全面参与,不

---

[1] 彭勃、杨铭奕:《问题倒逼与平台驱动:超大城市治理重心下沉的两条路径》,《理论与改革》2023年第3期。

再局限于简单的意见表达,而是成为治理全过程的合作伙伴。

(1) 与人民群众建立直接联系,增强人民群众主体意识。"两代表一委员"进社区,与居民面对面交流,直接将治理重心下沉到社区最基层。2023年虹口区江湾镇街道开展的"两代表一委员"集中联系社区活动,共收集有关社区民生等问题的意见建议30余条。通过实地调研和举办座谈会,代表们不再仅仅是参与宏观政策的制定,而是切实深入了解居民的日常生活和切身问题。例如,代表们在走访居民区时,直接听取了居民关于停车难、社区环境等问题的意见。代表和委员在社区中直接了解居民的困难,并通过沟通、监督等方式推动问题的解决。无论是物业管理、基础设施修缮,还是公共服务改进,人民群众通过这一机制看到自己的意见被采纳,问题得到解决,从而增强了他们对参与社区事务的信心和积极性。这一机制使得问题的发现和解决从基层出发,最大限度地贴近群众的实际需求,避免了政策决策的脱节。通过"两代表一委员"进社区,党代表、人大代表和政协委员深入基层,与社区居民面对面交流,收集民众的意见和建议。这种直接的参与方式,为人民群众提供了一个表达诉求、参与讨论的渠道,提升了他们对城市事务的关心和责任感,促进了人民群众作为城市治理主体的意识。

(2) 解决人民群众实际问题,增强民主体验与治理参与感。长宁区通过"八大步骤"的流程(如预排分组、反馈答复等),确保了居民反映的问题从初期的收集、研判到最后的反馈、答复都有相应的处理机制。在整个活动中,居民的意见不仅在初期被听取,还通过代表与相关部门的沟通协调,贯穿到问题解决的各个环节。"两代表一委员"联系社区活动的制度化安排,如长宁区的联合接待日和嘉定工业区的"融议事"品牌,构建了制度化的居民参与平台,确保了居民参与公共事务的规范化和可持续性。长宁区"两代表一委员"联合接待机制从2015年试点开始,最初在华阳路街道陶家宅小区和华谊小区开展首次联合接待活动,并确定每月的最后一个星期四为接待日。一年后,全区10个街道和城镇的18个居民区申请联合接待,后逐渐扩展为党建工作区,并把工作模式制度化。这种制度化的安排让居民的参与不再是偶然的、临时性的,而是通过定期的接待日和制度化的议事平台,使他们能够长期、稳定地参与社区治理。这种常态化的参与机制确保了居民的声音始终能够被听见,从而推动了社区治理的持续改进。这种全过程的参与和反馈机制增强了居民的参与感,使居民不仅是信息的提供者,还能在后续阶段看到问题的解决过程和成效,有效提升了人民群众对治理的信任感和参与积极性。

(3) 以真实需求为导向,提高自我管理和自我服务能力。通过自下而上的民主协商,充分调动居民参与。嘉定区蔷薇巷项目初期,代表们意识到自上而下的整治方式可能会引发居民的反感,因而选择了通过民主协商的方式来解决社区环境问题。通过调查问卷和实地走访,广泛征求居民的意见和建议,代表们激发了居民的主人翁意识。陆巷社区在区社建办和安亭镇的指导下,通过发放问卷400多张,广泛征求居民意见,并在此基础上反复协商推敲,形成了一个充满想象力的社区营造计划。这显示了居民在项目初期就被充分动员参与到问题的发现和方案设计中。这种参与方式从问题的发现到方案的设计,始终让居民参与其中,形成了从基层出发、由群众主动参与的民主治理路径。这种自下而上的协商过程不仅增强了人民群众对问题解决的参与感,还通过多次调研和协商会议,确保了居民意见的充分表达。代表们作为桥梁,将居民的需求和意见反馈给政府,同时推动政策的制定和实施。通过这种民主协商的形式,治理重心下沉到了社区的最基层,使得问题解决不仅具有广泛的民意基础,还增强了群众对治理过程的认同感。

(4) 全程参与,深化群众在治理过程中的互动。在蔷薇巷项目的实施过程中,人大代表从问题的收集、方案的设计到效果的反馈,全程参与并全程听取居民意见。代表们不仅仅是提出问题的推动者,还在项目的每个阶段都与居民保持密切联系,确保他们的想法得到落实。例如,居民对社区环境的期待不断提高,代表们通过协调各方资源,进一步推动了空地改造、小花园建设和塑胶跑道的铺设等项目。这种全程参与的方式,让居民感受到他们的意见不仅被听取,还直接影响了社区的改善和项目的实施。通过这种全程互动和参与,社区居民不再是旁观者,而是问题解决中的主动参与者和建设者。全程参与使居民看到他们的意见有了实际影响,增强了他们在社区治理中的主人翁意识和责任感,从而激发了他们主动参与社区建设的热情。

3. 聚焦关键议题:增强人民群众参与的效能感

(1) 通过重大事项的集中攻克,增强了人民群众对治理过程的信任感和积极性。黄浦区"财经议事厅"探索了由人大牵头的跨部门"会诊"模式,解决企业遇到的综合性、跨部门问题。这种协同治理方式对于企业来说尤其重要,因为很多企业所面临的困难不仅涉及一个部门,而且是多个部门之间的协调问题。例如,一家民营医疗机构因引进多位国外专家而面临个税负担过重的问题,通过"财经议事厅"的组织,区金融办和街道营商办等多个部门联合上门了解情况,研究解决方案。这种多部门协作的方式极大提升了问题解决的效率和针对性,使得企业感受到政府在主动解决问题方面的实际行动。这种跨部门的协同解决方式,不仅增强了企业参与解决问题的主动性,还让企业感受到通过参与可以推动系统性问题的解决,进一步增强了他们对治理过程的信任感和参与积极性。

"财经议事厅"的许多调研和议事活动直面了一些企业在经营过程中遇到的"难点"和"痛点",如税负过重、人才引进、外籍人员工作许可证办理等问题。这些问题是企业在日常运营中最为关心和迫切需要解决的,也是发展过程中容易遇到的"瓶颈"。通过"财经议事厅"平台,企业能够直接向政府相关部门反映这些问题,并获得实际的回应和解决方案。例如,某生物医药企业因人才落户和子女就读问题受到困扰,区金融办及时对接企业需求,全力支持其引进高层次人才。这种针对攻坚克难事项的讨论和解决,不仅提高了政府政策的精准性,还激发了企业参与治理的动力。企业能够清楚地看到,通过这个平台,他们的实际困难能够得到政府部门的重视和解决,进而增强了企业对参与治理的主动性。

截至2024年10月,黄浦人大"财经议事厅"围绕不同主题、聚焦重点产业先后开展了19场专题监督调研活动,有近200户企业和近百位人大代表先后参与调研活动。"财经议事厅"选择的议事主题涵盖了多个关键领域,特别是外资经济、夜市经济、中小企业发展、文旅产业、老字号焕新、知识产权保护等。这些领域直接关系到区域经济的高质量发展,也与企业的经营状况密切相关。通过聚焦这些关键领域,"财经议事厅"吸引了企业的积极参与,因为这些领域的讨论直接影响到企业的经营环境和生存发展。例如,在文旅产业和夜市经济的议题上,企业的经营模式、市场开拓机会和创新能力都得到了直接关注。企业知道他们的意见和建议不仅会影响到政策的制定,还可能带来实质性的政策支持和市场机遇。这种聚焦关键领域的议事方式,使企业感到参与讨论不仅是责任,还是能够切实改善自身境况的机会,增强了他们参与的积极性。

(2)通过关键领域的攻坚克难,培养人民群众长期参与治理的意识。田林路65

弄旧改项目涉及的是成套改造,居民面临房屋破旧、设施老化等问题,且居民构成复杂,包括低保户、残疾人等特殊群体,这些都是长期困扰居民的"棘手"问题。通过深入走访、精准调查,项目组全面了解居民的实际需求,包括增设适老化设施、增加停车位等,这些问题成为解决改造难题的重点,往往涉及复杂的利益分配问题。徐汇区65弄旧改项目坚持"七步走"工作方针,通过民主协商解决了诸如房屋面积、补偿标准等群众关心的问题,帮助各方找到共同利益的最大公约数。这种共识的达成减少了矛盾和冲突,促进了项目高效推进。在徐汇区65弄旧改项目中,居民不仅是受益者,还是全过程的参与者。通过23场听证会,居民的意见和建议得到充分尊重和反映。改造方案根据居民的反馈不断调整优化,形成了包括16种安置房型的方案,以满足不同居民的需求。民主协商贯穿于项目的每一个环节,确保了居民的诉求被及时反映和处理。当居民看到他们的意见能够直接影响项目的决策和实施时,参与的主动性和积极性便大大提高。他们从被动的等待者转变为积极的参与者,因为他们感受到通过协商和参与可以实际改善生活环境,这种体验进一步激发了居民的参与意愿。协商民主的核心要素是协商与共识,强调通过普通的公民参与,就决策和立法达成共识。[1] 通过在旧改项目中的广泛参与,居民的参与意识和能力得到培养,这种积极性会延续到社区的日常治理中。居民通过旧改项目,学会了如何通过协商、合作解决问题,提升了在社区管理中的长效参与能力。

4. 技术为民主赋能:提高人民群众的参与质量

技术赋能通过数字化手段使人民群众的参与变得更加便捷和高效,扩大了参与的广度和深度,让更多人民成为积极的治理主体。[2] 以宝山区"社区通"平台为例,通过技术赋能,打破了传统社区治理中的信息传递障碍、参与门槛高和时间空间限制等问题,为人民群众提供了一个更加便利、透明和高效的参与渠道。它不仅扩大了人民群众参与治理的范围和深度,还通过大数据分析和智能化系统,增强了社区治理的科学性和决策的精准性。人民群众在这一平台上能够全程参与社区事务的讨论、决策、执行和监督,进一步推动了全过程人民民主在基层治理中的落实。

---

[1] 高建、佟德志:《协商民主》,天津人民出版社2010年版,第17—23页。
[2] 陈家刚:《协商民主与全过程人民民主的实践路径》,《中州学刊》2022年第12期。

(1) 通过技术手段降低参与门槛，扩大人民群众参与范围。技术赋能降低了人民群众参与城市治理的门槛，使得参与变得更加便捷和高效。通过"社区通"平台，居民可以使用智能手机进行实名注册，扫描社区专有二维码即可进入平台参与社区事务。这个简单的操作方式大大降低了参与社区治理的门槛，使得任何具备智能手机的居民都可以随时随地参与，突破了传统线下治理参与的时空限制。自2017年上线以来，"社区通"已覆盖宝山区575个居村，吸引了超过90万名居民参与，覆盖面广泛。这些技术手段使得更多的居民能够加入社区治理中，无论是年轻人、老年人，还是居住在城乡接合部的居民，参与渠道都得到了极大的拓展。"社区通"平台为居民提供了"民意大厅"等功能，居民可以通过发帖、点赞、评论等形式直接反映自己的问题和诉求。通过技术手段，这些意见可以即时传达给相关居委会和社区治理机构，减少了传统参与方式中的时间延迟。

(2) 通过即时反馈增强参与体验，提高人民群众参与效率。数字平台不仅使人民能够便捷参与，还能通过数据分析和即时反馈让人民的意见得到快速响应，增强了人民的参与感和成就感。"社区通"平台通过"领导小组—居村小组—居民"的三级联动工作体系，将技术与传统的治理制度有机结合，形成了线上线下协同工作的机制。这种联动机制确保了技术在治理中的有效落地，提升了治理效率，也增加了人民群众的参与机会和频率。通过与110接警系统等服务的智能对接，居民的安全问题和社区矛盾可以得到快速响应。这种技术手段不仅提升了社区治理的应对能力，还让居民感受到参与带来的直接效益，增强了人民群众的安全感和参与感。大数据分析和智能处理技术让政府部门能够快速处理居民的反馈，缩短了问题发现与解决的时间差，增强了决策的及时性。同时，通过与网格化管理系统、公安系统等政府职能部门的智能对接，形成了"即时反应、线上线下联动、数据分析"的工作机制，极大提高了社区治理的效率。居民的需求可以通过技术手段迅速传递到多个部门，进一步提升了协作解决问题的效率。

(3) 通过信息公开增强透明度和信任，激发人民群众参与热情。善治的落实离不开透明度和回应性，而透明度又要求信息公开。[1] "社区通"平台中的"村务公开"

---

[1] 韩志明：《街头官僚的行动逻辑与责任控制》，《公共管理学报》2008年第1期。

"问题追踪"等功能,将社区财务公开、社区事务执行进展、业委会工作等内容在线展示。居民不仅可以了解社区的各类信息,还可以监督社区事务的执行。这种透明的数字化机制,打破了以往信息不透明的局限,增强了群众对社区治理的信任,也让更多人愿意积极参与监督和反馈。通过"社区通"的"议事厅"功能,居民能够参与社区治理的讨论和协商,无论是停车位增设、公共服务设施的管理,还是居民福利分配等,群众都可以在线上展开讨论。这种线上议事方式,克服了传统线下会议的时间和空间限制,能够让更多的居民参与民主协商,进一步扩大了协商的广度和深度。技术赋能还推动了居民的自我组织,增强了其参与热情。例如,通过社区通的"左邻右舍"板块,居民可以组织文化活动、志愿服务等。这种自发的互动和组织方式不仅增强了社区生活的多样性,还加深了居民对社区治理的参与感和归属感。

(4) 通过云平台创新降低数字鸿沟,增强人民群众包容性参与。上海市通过多种数字化平台推进人民建议云征集,包括上海市政府门户网站、一网通办总门户、随申办 App、"上海发布"微信公众号、区级公众号平台、微博等社交媒体。截至 2023 年,上海市"一网通办"平台实名注册个人用户超 7 902 万,法人用户超 303 万,累计办件量 3.15 亿件,年度实际办件网办率 83.97%,"好差评"实名好评率达 99.96%。这些平台不仅丰富了参与的渠道,还为不同背景、年龄和技术水平的群众提供了多样化的选择。通过矩阵式入驻"随申办",市、区两级建议征集信箱实现了数字化整合,使人民群众可以方便地通过多种渠道提交建议。"随申办"每日访问量超过 2 000 万,实名注册人数超过 5 000 万。不同的数字平台允许市民根据自己的偏好选择最适合的方式进行参与。这种灵活的参与方式,极大降低了参与门槛,让更多市民能够参与公共事务。虽然数字化技术提供了便利,但仍有部分群体可能面临数字鸿沟的问题。上海市在推进人民建议云征集的过程中,通过多种宣传和教育手段,帮助老年人、低收入群体等相对不熟悉技术的人群更好地使用这些数字平台。针对这些问题,上海市大数据中心在 2021 年已启动"两网三端"的适老化和无障碍改造工作,近一半委办单位启动相关工作;16 个区中已有 10 个区启动改造建设工作。当年"随申办"推出"亲属随申码"功能,累计申请的(老人及未成年人)超 272 万人,使用次数超过 1.1 亿次。例如,静安区通过有线电视、报纸、微信公众号等传统和新兴媒体相结合的方式,开展线上宣传活动,引导更多居民使用"随申办"移动端的"云征集"功能。通过社区活动、宣传手册、技术支持等方式,帮助这些群体逐步熟悉和掌握数字化工具。通过有针对性的宣传和引导,消除数字鸿沟,使技术不再是参与的障碍,保障更多不同背景和群体的市民能够平等参与城市治理。

(三) 人人参与监督塑造人民城市治理新生态

1. 全过程监督:全链闭环塑造无缝监督

随着法治国家建设的不断深入,我国监督理念逐渐从传统的"事后监督"向"全过程监督"转变,体现了权力运行全链条、多层次、立体化的监督要求,能够确保权力在阳光下运行,防止权力滥用和腐败现象的发生。全过程监督强调对权力运行的每一个环节都进行严格的监督和管理,从源头上进行预防和治理。近年来,各地不断完善全过程预算审查机制和"全链条"式的闭环监督机制,推动监督工作更加全面有效,社会治理效能不断提升。

(1) 完善全过程预算审查机制,构建监督严密的制度框架。强化预算审查监督机制,进一步完善人民代表大会对预算的监督工作制度,是适应时代需求、驱动人大工作创新与深化发展的关键步骤。近年来,闵行区人大常委会始终坚守人民主体地位,深化协同监督的实践内涵,聚焦预算审查监督的强化,积极探寻并实践提升人大预算监督效能的新模式与新路径。闵行区人大常委会从顶层设计入手,完善预算审查的各项监督制度,[①]2008年12月,闵行区人大在全国首次举行预算项目初审听证会,开创预算听证的先河,不断深化和完善预算听证体系,强化听证结果的运用和监督。同时,闵行区人大常委会不断完善预算初审调研制度,深化对部门预算的审查与监督机制,通过专题质询会议让政府部门直接回应聚焦于民众最为瞩目的切身利益议题。在人民代表大会闭会期间,以14个代表团为主体,成立区人大常委会预算监督小组,围绕区政府19个重点部门预算执行情况进行监督。通过优化全过程预算审查监督工作,进一步推动政府预算管理向法治化、标准化迈进,构建起更加严密有效的公共预算监管框架,确保政府财政资源的合理分配与高效利用,真正将政府公共预

[①] 上海市闵行区人民代表大会常务委员会:《闵行区人民代表大会常务委员会预算审查监督办法》,闵行人大网,2018年4月11日,https://www.mhrd.gov.cn/sites/mhrd/dyn/ViewCon.ashx?infId=8dda40c4-1320-478f-9c51-0aaf3b486614&ctgId=b4347abe-93d8-4e65-ab57-ab3e34883484。

算置于严密监督之下。

（2）建立全链条式的闭环监督，优化长效互嵌的监督环节。深化监督工作链条的延伸，强化监督工作的整体效能，是积极践行全过程人民民主的重要一环。金山区人大常委会致力于构建一套全面而闭环的监督体系，自每年9月中旬至11月下旬，面向社会各界、全体人大代表及广大民众，广泛而公开地征集次年监督工作议题的建议。此过程明确了征集的具体范畴与形式，通过多元化渠道确保社会各界的声音得以充分表达。在意见与建议的汇聚之后，人大常委会的办事机构随即启动详尽的汇总与分析工作，审慎考量每一条反馈，积极吸纳合理提议，通过课题调研梳理形成改革清单，细化目标任务，将优化营商环境作为事关全局和民生的重要监督议题，据此制定出新一年度的监督工作重点规划。重点督办和积极办理代表建议，对代表建议中涉及优化营商环境的内容如政策支持、土地规划、项目建设、人才引进、助企纾困、配套服务等方面加大督办力度。① 此外，金山区人大常委会还建立了监督议题的长效跟踪评估机制，定期对过往的监督议题及其实施情况进行回顾与评估，确保监督工作的连续性与实效性，推动各项监督措施真正落地见效。建立全链条式的闭环监督是提升监督效能的重要途径，通过明确监督目标、制订监督计划、实施监督活动、反馈监督结果、落实跟踪和评估等环节，可以形成完整的监督链条，提高监督工作的质量和效率。

（3）构建全过程协同监督机制，打造多元一体的监督格局。完善跨部门的协同监督机制是深化民主监督的重要内容，需要强化系统观念，深化联动监督，密切协作配合。闵行区人大常委会的预算审查监督离不开政府部门、区人大各专工委和街镇人大的协同支持，要求各个专工委结合自身的特点，对所对口联系部门开展初审调研，以五年为一周期，人大各专工委实现对口联系部门预算初审调研全覆盖，每年12月上旬，分别由各街道人大工委和预算工委组织召开街道预算草案初步方案征询会和区本级预算草案初步方案征询会，广泛听取人大代表、社会公众、预算咨询专家等各方面的意见建议，并及时反馈给区政府相关部门。在推进预算审查监督工作过程中，逐步探索建立全方位协同监督的工作机制，与区人大各专工委协同发力形成全过

---

① 杨梦婷：《"课题＋主题＋建议"切入法，多维监督促宜商》，《金山报》2024年1月12日，第4版。

程的预算审查监督体系,与区政府同频共振推动预算管理科学规范。闵行区人大坚持发挥制度优势,践行全过程人民民主,全力保障多元主体对预算审查监督工作的知情权、参与权、表达权和监督权,逐步探索建立以多元协同和广听民意为特征的监督体系。

2. 全方位监督:多维监督形成全面覆盖

全方位监督涵盖多方面和多层次的监督,强调监督的全面性、系统性和持续性,通过全方位的监督可以及时发现和纠正问题,推动被监督对象或事项的改进和完善。上海市在推动监督工作方面采取了多种创新性的全方位监督措施,通过广播电台政风行风热线、政风行风监督员制度、政风行风评议机制及特约监察员体系等全方位的措施,体现了监督的全面性、系统性和持续性,极大地促进了监督工作的民主化、科学化与高效化。

(1) 拓展多元监督渠道,激发群众监督的积极性。通过有效的政民沟通,不仅可以增强公民的民主参与感和主人翁意识,还有利于提升政府的公信力。上海市依托广播电台这一广泛覆盖的媒体平台,于2007年创立并运行了"政风行风热线",该热线由上海市纠风办携手上海市委宣传部联合推出,主要承担三项重要任务:宣传和解读政策,并接受群众的咨询;接受群众投诉,并及时反馈处理;倾听群众的意见,推动工作的改进。"政风行风热线"及其他各类融媒体节目,为公众开辟了一条直接监督政府部门管理的有效途径。上海广播电视台东方广播中心于2024年推出"区长访谈"融媒体节目,邀请了16个区的区长走进广播全媒体直播间,接听市民来电,现场协调解决群众急难愁盼的民生问题,节目受到市民和网友高度关注,自2024年7月到2024年8月7日节目收官,共接到问题线索5.4万条。此类热线电话和融媒体节目搭建起政府部门、公共服务机构与广大民众之间的直接对话桥梁,使得民众能够积极向党委和政府部门贡献他们的见解与建议,保障了信息交流的即时性与互动性,有效促进了群众意见的上传下达,不仅为公众提供了便利简易的发声平台,还极大地促进了政府部门的自我审视与持续改进,增强了政府工作的透明度与公信力。[①]

(2) 培育外部监督力量,强化社会监督的独立性。近年来,上海市广泛动员社会

---

① 罗昕、蔡雨婷:《县级融媒体创新基层社会治理的模式构建》,《新闻与写作》2020年第3期。

各界积极参与政风行风监督员工作,赋予监督员知情权、调查权、监督权、评议权,构建多层次、全方位的监督队伍。监督员聚焦行政审批流程的规范性、政务信息的透明度、办事效率的高低、服务态度的优劣、收费标准的合理性以及廉洁自律的坚守情况等多个方面的监督,[①]同时兼任当地纠风办的纠风信息员,向当地纠风办反映社会热点和焦点问题,提供纠风工作信息。为了提高监督员的监督意识和履职能力,上海市对政风行风监督评议员进行必要的培训,及时向各监督评议员发送与其履行监督职责有关的文件、简报、信息及各种学习资料,为监督评议员开展工作提供必需的保障条件。在行风监督员的全面监督下,以往群众面临的"进门难、沟通难"问题得到有效缓解,党和政府服务民众的形象与效率显著提升,各级机关、基层站所及审批窗口积极转变工作作风,致力于提供更加高效、优质的服务。

(3)建立客观监督指标,明确监督工作的指向性。政风行风评议是各级党委和政府推动公开评价的重要举措,有利于全面审视并优化政府部门及公共服务行业的作风建设。政风行风网上测评是推进上海政风行风建设的一项有效机制,测评对象主要包括各行政部门和公共服务行业,其中,按照职能特点大体相近的原则将行政部门分为"行政执法类部门"和"综合管理类部门"两类。测评主体既包括参与测评的公共部门的服务行业的服务对象,也包括政府行风测评员和监督员。通过测评,反映群众的评价和要求,促进各政府行政部门和公共服务行业更好地履行职责、改进服务、提高效率,全面加强政风行风建设。基于评议结果的深入分析,政府部门能够客观评估自身工作成效与公众满意度,进而依据绩效考核标准实施奖惩措施。同时,针对评议中反映出的问题与不足,各部门能够及时调整工作策略,明确改进方向,制定并实施提升服务质量的具体方案,以期在未来工作中实现流程再造与效率提升。政风行风评议推动公众有序参与政府绩效管理,以转变政风行风,促进提高政府工作效率,增强公众对政府的信任度和满意感,提升政府绩效管理水平。[②]

(4)发挥专业人员优势,提升民主监督的科学性。2019年,上海市纪委监委在国

[①] 上海市人民政府办公厅:《上海市人民政府办公厅关于转发市纠风办〈2007年上海市纠风工作实施意见〉的通知》,上海市人民政府网,2007年4月18日,https://www.shanghai.gov.cn/nw16796/20200820/0001-16796_10515.html。

[②] 徐双敏:《公众参与政府绩效管理的现状与思考——以"民主评议政风行风工作"为例》,《行政论坛》2009年第5期。

内率先创立了特约监察员体系,并配套发布了《上海市监察委员会特约监察员工作管理规范》,该规范全面界定了特约监察员的选拔周期、职责界定、权利保障与义务履行等核心要素。在特约监察员的选拔上,采取了广泛而严谨的遴选机制,不仅优先从全国人大代表中甄选,还广泛吸纳了全国政协委员、中央及国家机关相关部门精英、各民主党派及无党派代表人士、企事业单位及社会团体领袖、知名学者专家、媒体与文艺界人士,以及来自一线与基层的代表性人物,形成了一个多元且专业的监察力量群体,共同助力纪检监察事业的深入发展。上海市特约监察员队伍组建的意义重大,一方面,有助于保障特约监察员制度,保障权力不被滥用。特约监察员站在完善党的自我革命制度规范体系的高度、站在推动上海全面从严治党走在前列的高度,聚焦监督首责,敢于善于监督,发挥好自身的行业优势、专业优势,从多角度、全方位监督纪检监察工作,确保党和人民赋予的权力不被滥用。另一方面,特约监察员制度有利于拓宽民主监督渠道。监察员积极建言献策,发挥参谋作用,延伸工作触角,结合当前正在开展的群众身边不正之风和腐败问题集中整治等工作,及时了解民情、传递民意,把急需解决的问题找出来,把务实管用的意见建议提出来,使纪检监察工作更加科学、更加精准、更加有效,让党心民心贴得更近。上海市纪委监委通过细化日常运作流程,设定年度履职蓝图,推动特约监察员高效履行职责,充分发挥其作为智囊团、沟通桥梁及舆论导向者的作用,进一步推动了纪检监察工作的公正性、透明度与规范化进程。

3. 精准化监督:精准定位实现高效监督

随着社会治理需求越来越复杂和多变,政府亟须向更加精准、高效的治理方向转变,通过精准的监督来确保政策的有效执行和公共资源的合理分配。精准化监督能够在广泛收集信息的基础上,通过科学评估和分析,找出监督的重点和关键领域,避免资源的浪费和监督的盲目性,提高监督的针对性和效果。

(1) 聚焦人民根本福祉,以靶向监督解决人民急难愁盼问题。监督工作应针对人民群众最关心、最直接、最现实的利益问题,进行精准识别、精准施策、精准发力,以切实解决人民群众的急难愁盼问题。宝山区人大常委会紧密围绕社会经济发展的总体布局与人民群众的根本福祉,对准环境状况与环境保护目标达成情况,实施持续而深入的调研监督。在调研筹备阶段,积极发挥人大代表的核心作用,依托其深入社区的联系网络、人大代表"家站点"的桥梁功能,以及立法信息采集点的敏锐触角,广泛汇聚并提炼民意,精准捕捉了水质异常波动、"散乱污"企业环境侵害等关键环保议题。随后,带着这些具体问题,精心挑选了具有典型意义的现场进行实地踏勘,其中包括中央环保督察"回头看"及长江经济带生态环境警示片所揭示问题的整改现场,①确保监督工作直击要害,开展有针对性的监督工作。靶向监督要求找准问题切入点,切实回应民众深切关心的现实问题,在监督策略上实施创新集成。通过精准的监督方式,可以更深入地了解人民群众反映强烈的问题,以及可能损害人民群众利益的行为,进行有针对性的监督和检查,确保监督的精准性和有效性,避免泛泛而谈、走过场的现象。

(2) 深度挖掘问题根源,以重点监督推动措施精确落地。坚持问题导向,根据问题根源明确监督的重点领域和关键环节,这些领域和环节是解决问题的关键所在,也是监督工作的重点对象。宝山区的环保工作涉及方方面面,要做好环保工作,基础设施必须加强,监督机制必须健全,行政执法必须严格,人民群众必须参与。通过面对面走访,畅所欲言座谈,宝山区人大常委会收集意见建议,并交由区政府研究处理,区政府及有关部门定期通报问题整改进度。常委会对照法律规定,检查存在的突出难点,用实际行动积极助推解决全区污水管网补短、雨污分流等具体问题,充分彰显出求真务实、坚持问题导向的作风。常委会的监督调研报告中,用 2/3 的篇幅列举存在的问题、提出对策建议,为区政府及其有关部门的整改压实了责任,用刚性监督支持和推动环保工作取得更好实效。只有深入了解问题的本质和根源,才能制定出切实可行的解决方案。在监督工作中应注重调查研究,通过实地走访、问卷调查、数据分析等多种方式,深入了解人民群众的需求和诉求,以及相关部门和单位在工作中存在的问题和不足,从源头上找出问题的症结所在,为制定精准的解决措施提供科学依据。

(3) 围绕社会特定领域,以专项监督推动科学高效治理。专项民主监督是针对特定领域、特定问题或特定任务而开展的民主监督活动,旨在通过民主党派的深入调研、提出建议和批评等方式,促进相关问题的有效解决和政策的科学制定。中共中央赋予各民主党派开展专项民主监督的职责,这不仅是民主党派行使民主监督职能的

---

① 赵保君:《宝山:以监督优势助力"生态之城"建设》,《上海人大》2023 年第 4 期。

新阵地,还是其参与国家治理、促进民主进程的重要体现。2024年4月,中共上海市委办公厅印发《关于中共上海市委委托各民主党派市委、无党派代表人士开展专项民主监督有关事项的通知》,正式启动2024年专项民主监督工作,中共上海市委委托各民主党派市委、无党派代表人士围绕"积极推进新型工业化,服务高质量发展首要任务"开展专项民主监督。为了确保专项民主监督的有效开展,需要构建完善的运行机制,首先由党委明确监督任务和重点,委托民主党派开展专项监督,民主党派根据委托任务,组织专家团队进行深入调研。调研结束后,民主党派应向党委和政府反馈调研结果和建议,党委和政府也应向民主党派反馈采纳情况。针对发现的问题和提出的建议,相关部门应制定整改措施并落实到位。在监督期间,建立科学的评价机制,对专项民主监督工作进行定期考评和奖惩。上海市专项民主监督从加强参政党建设、发挥新型政党制度效能的高度,不断强化民主监督意识。各民主党派市委、市知联会要成立工作小组,善用外脑,选派精兵强将,深入一线调研,坚持高站位、小切口,注重监督成果转化,不断提升民主监督质效。

4. 技术赋能监督:以数字技术驱动智慧监督

信息技术的飞速发展使数字技术渗透到社会生活的各个领域,为监督工作提供了前所未有的机遇。智慧监督,作为数字技术与监督工作深度融合的产物,正逐步成为新时代监督工作的新趋势和新模式。它充分利用大数据、云计算、人工智能等现代信息技术手段,通过数据的收集、分析、挖掘和应用,实现了监督工作的智能化、精准化和高效化。这种全新的监督方式,不仅极大地提升了监督的效能,还为促进治理现代化提供了有力的技术支撑。

(1)通过数字技术细化问题,确保监督工作精准对接。2023年,虹口区人大常委会紧密围绕基层社会治理的核心议题,针对"12345上海市民服务热线"中民众反映强烈的关键问题,组建了一支多主体协同参与的专项监督团队。在监督工作的实践中,虹口区人大常委会委员坚持聚焦于细微之处,通过数字技术详尽梳理虹口区"12345上海市民服务热线"案例,筛选出数量最为集中的十大问题类别,进而锁定"小区管理""美丽家园建设"及"市场秩序维护"这三个与市民生活紧密相连、社会关注度高的细分领域。随后进一步细化分析,依据各街道的实际情况与问题特性,锁定了老旧电梯更新、群租治理等八大具体问题,确保每项监督工作都能紧密贴合街道实际,实现精准对接。通过数字技术细化问题,能够收集和分析大量数据,从中挖掘出潜在的问题和风险点,对问题进行精细化分类,明确问题的性质、范围和影响程度,提高问题识别的准确性和敏锐度,确保监督工作精准对接。数字技术以其强大的数据处理和分析能力,为监督工作提供了前所未有的支持和保障。

(2) 通过大数据获取民意,保证监督工作贴近需求。虹口区人大常委会在原有代表履职平台的基础上,在政府网站开通"直通人大代表"链接,此举不仅拓宽了民众参与公共事务的渠道,实现了"一网通办"与"直通代表"的无缝衔接,还彰显了全过程人民民主理念的广泛覆盖性。通过构建"代表领衔、人大搭台、部门联动、共治共享"的运作框架,平台智能化地将收集到的民众建议,依据代表的地域归属、单位属性及专业优势进行精准分类与分配,由各领域代表领衔研究并提出针对性的办理策略。针对民众关切的区域发展重大议题及民生热点,代表们需深入基层调研,依托自身岗位优势与资源,提出切实可行的解决方案,并在规定时限内利用电话、电子邮件等高效方式向群众反馈处理进展,切实推动民众难题的解决与民生福祉的提升。区人大积极运用大数据技术,深入洞察民众诉求,精准提炼共性议题,一方面,携手政府部门共谋良策,制定出台针对性政策文件,促进问题根源性解决;另一方面,立足区域特色,积极反映立法需求,提出立法选题建议与参考意见,主动融入市级地方性法规的制定过程,以实际行动践行"人民至上、为民造福"的理念,不断丰富和深化全过程人民民主在新时代的内涵与实践。

(3) 通过智能平台优化流程,推动监督工作有序高效。智能平台以其强大的数据处理能力、自动化流程管理以及智能化决策支持,为监督工作带来了革命性的变革。浦东新区纪委监委探索数字赋能监督路径,以"12345 上海市民服务热线"工单数据库为基础,创新打造智慧监督平台。该平台分设纪检监察室版、派驻纪检监察组版、街镇纪(工)委版三大类 52 个分平台,街镇纪(工)委可以查看本单位工单情况,快速准确进行核查处置;各派驻纪检监察组、各纪检监察室可实时查看对口联系监督单位工单情况,针对性开展问题线索跟踪督办、提级办理。[①] 平台通过将市民投诉内容

---

① 王梦莹:《上海浦东打造智慧监督平台,跟踪督办化解群众烦心事》,《中国纪检监察报》2024 年 8 月 14 日,第 2 版。

与关键词表进行对照,筛选出重点关注工单,精准推送至对应的纪检监察组织,相关纪检监察组织研判后纳入问题线索管理并开展核查。例如,此前浦东新区新场镇纪委通过平台推送工单,发现有群众反映镇、村工作人员对解决违法建筑不作为的问题,纪委核查后将问题反馈至区纪委监委,对该问题线索进行提级办理。智能平台通过自动化处理大量数据和信息,减轻了人工操作的负担,提高了监督工作的效率;通过设定标准化的监督流程,确保了监督工作的规范性和一致性;具备实时监控功能,可以及时发现和预警潜在的问题和风险。同时,平台功能建设还可持续完善,可以动态更新发现问题情况、问题整改情况等信息,实现闭环管理,进一步拓展平台的监督治理功能。

(四) 协商民主共建人民城市治理共同体

2023年底,习近平总书记在上海考察时强调:"把全过程人民民主融入城市治理现代化,努力构建人人参与、人人负责、人人奉献、人人共享的城市治理共同体。"[①]协商民主是人民民主的真谛,是中国民主独特的、独有的、独到的民主形式。[②] 因此,将协商民主融入构建城市治理共同体的过程,不仅有利于推动全过程人民民主走深走实,而且能够践行"人民城市人民建,人民城市为人民"的价值理念,保障人民城市治理共同体建设行稳致远。作为人民城市理念和全过程人民民主的提出地,上海市将发展协商民主与构建人民城市治理共同体紧密结合,围绕协商机制嵌入、协商动能挖掘、协商平台搭建以及协商共同体构建等方面进行积极探索,推动协商共建人民城市治理共同体在上海市扎根、开花、结果,为全国各地一体推进协商民主发展与人民城市治理共同体构建提供了经验借鉴。

1. 将协商机制嵌入基层治理

党的二十大报告提出:"推进协商民主广泛多层制度化发展。"[③]改革开放后,社会分化加剧,城市居民的利益诉求和价值取向逐渐多元化,如何避免居民之间的矛盾

---

① 中共中央党史和文献研究院:《推进基层治理现代化的根本遵循和科学指南》,《人民日报》2024年1月12日,第6版。
② 中华人民共和国国务院新闻办公室:《中国的民主》,人民出版社2021年版,第1页。
③ 习近平:《高举中国特色社会主义伟大旗帜 为全面建设社会主义现代化国家而团结奋斗——在中国共产党第二十次全国代表大会上的报告》,人民出版社2022年版,第38—39页。

冲突,确立和谐有序的基层秩序成为基层治理的一个重大挑战。为了应对这一问题,上海市选择在基层群众自治政策框架下将协商机制嵌入基层治理,大力发展社区"三会"制度,使得基层治理中的许多棘手问题得以通过协商机制有效解决,基层协商治理进入"快车道"。例如,闵行区江川路街道通过社区"三会"制度,为街道49个居委、18万余居民提供数字化服务,累计汇聚各类数据8 800余万条,调用服务次数40余万件,彰显了社区"三会"制度在基层治理中的广泛应用和高效运作。具体来说,社区"三会"制度在基层群众自治实践中将协商民主与基层治理相结合,不仅化解了基层治理手段单一的困境,而且促进了基层协商民主的深入发展,还推动了协商民主与基层治理的互嵌。

(1) 破解手段单一的基层治理困境。1989年,《中华人民共和国城市居民委员会组织法》颁布,规定在城市实行基层群众性自治。然而,由于具体制度规范的缺失,居委会工作难以得到居民的支持,居民自治缺乏有力的抓手。有研究基于568份问卷数据,分析发现制度是社区治理最为重要的影响因素。[①] 在此背景下,卢湾区(现黄浦区)积极探索,于21世纪初率先提出包括听证会制度、协调会制度以及评议会制度在内的"三会"制度。2006年,上海市民政局制定《上海市居民区评议会、协调会、听证会制度试行办法》。2017年,社区"三会制度"被正式写入《上海市居民委员会工作条例》。"行政和民主是现代国家治理的两种基本工具,二者相互补充。"[②]可以看到,社区"三会"制度从产生到成熟,已经深深嵌入基层治理格局中。基于社区"三会"制度,居民有了更多参与基层治理的渠道和方式。鼓励居民进行民主协商,将广大居民纳入公共事务治理过程中,以协商的方式解决分歧、增进共识越来越成为上海城市治理的常态。由此,城市基层治理不需要单方面依靠行政力量,而是可以借助居民的参与撬动更多治理资源,在提高居民满意度的同时提升工作效率。

(2) 促进协商民主向基层延伸。习近平总书记在党的二十大上强调:"基层民主是全过程人民民主的重要体现。"[③]民主选举、民主协商、民主决策、民主管理、民主监

---

① 汪碧刚:《制度因素对社区治理影响的实证研究——基于568份问卷数据的分析》,《南京社会科学》2017年第11期。
② 彭勃:《民主也是一种有效的国家治理工具》,《探索与争鸣》2015年第6期。
③ 习近平:《高举中国特色社会主义伟大旗帜 为全面建设社会主义现代化国家而团结奋斗——在中国共产党第二十次全国代表大会上的报告》,人民出版社2022年版,第38—39页。

督是城市基层治理的整体环节,统一构成了城市发展基层民主的内容。在社区"三会"制度中,听证会制度是指涉及社区居民切身利益的重大事项,要通过开听证会的形式,由居民代表进行充分讨论;协调会制度是指对于社区内部公共事务以及居民间的矛盾纠纷,要由居委会组织居民代表召开协调会妥善解决;评议会制度是指由居委会组织居民代表对居委会及其工作进行考核评价。基于此,社区"三会"制度无论是听证会对重大事项进行讨论,还是协调会化解内部矛盾冲突,以及评议会强化社会监督,其本质都在于以协商的方式发扬民主,保障广大居民的知情权、参与权、表达权与监督权,尊重他们在基层治理中的主人翁地位。因此,社区"三会"制度有助于协商民主深入基层,彰显协商民主的制度优势,为基层居民提供一个践行协商民主的制度化渠道。

（3）发挥基层协商民主的治理功能。协商治理是20世纪末以来兴起的一种公共治理新范式,强调公民通过理性协商,积极参与公共治理。[①] 社区"三会"制度坚持发扬人民民主,通过召开听证会、协商会以及评议会的方式实现居民在城市基层治理中当家作主。有研究基于35名社区党支部书记的深度访谈调查,认为协商议事流程的不规范和不完整是社区协商议事的一大难题。[②] 而社区"三会"制度经过不断摸索完善,目前已经形成了"事前听证—公示结果""事中协调—落实责任""事后评议—监督考核"的完整运行链条。由此可见,社区"三会"制度并不是只注重过程上的参与,而是倡导结果与过程的结合,主动回应居民在城市基层治理中的治理需要,将民主原则与居民治理需要相结合。因此,社区"三会"制度实践不仅着力于解决基层治理矛盾,而且设计了诸多基层协商民主程序,是协商民主理论在基层治理领域中的拓展。从中国的民主实践过程来看,改革开放以来我国基层民主的发展经历了从选举民主到协商民主的转变,深刻体现了民主与治理的相互结合。[③] 概言之,社区"三会"制度是协商民主与基层治理深度融合的产物,彰显了协商民主机制在基层治理中的被开发和被应用。

---

① 张敏:《协商治理:一个成长中的新公共治理范式》,《江海学刊》2012年第5期。
② 张平、贾晨阳、赵晶:《城市社区协商议事的推进难题分析——基于35名社区书记的深度访谈调查》,《东北大学学报(社会科学版)》2018年第2期。
③ 任中平:《全过程人民民主视角下基层民主与基层治理的发展走向》,《理论与改革》2022年第2期。

2. 挖掘协商治理的内在动能

美国学者科恩认为:"民主的实质是社会成员参与社会的管理,它就是自治。"① 根据国务院新闻办公室2017年发布的《中国人权法治化保障的新进展》白皮书,截至2016年,全国有89%的社区成立了居民代表大会,64%的社区建立了协商议事委员会。城市治理现代化的一个重要目标就在于通过协商治理推动居民参与到社会公共事务中,支持居民"大家商量办好集体的事"。由于协商治理强调治理过程的公开性和回应性,因此协商治理对城市治理进行赋能的价值越来越得到重视。坚持居民在城市治理中的主体地位,构建社区集体事务的公共性,激发协商治理参与活力,积极挖掘协商治理在城市治理中的内在动能。协商治理与构建城市治理共同体两者高度契合,彰显了协商治理能够在城市治理现代化中大有可为。

(1)坚持居民在城市治理中的主体地位。针对民生诉求问题,假如一味依赖政府投入,就只会导致政府在民生支出中的责任泛化。作为老小区,上海市松江区岳阳街道的高乐小区面临着新能源汽车充电难题:小区内的新能源汽车数量加上登记待购的达到了150多辆,但是小区内部只有10个共享充电桩,无法完全满足居民需求。囿于政府治理资源有限,松江区政府无法在短时间内解决这一问题。当时,大部分社区建立了社区内部的自治章程,为社区治理如何有效开展提供了抓手。因此,高乐小区在居委会的牵头下,将问题的解决寄托到居民自主之上,走一条社区合作互助的路子。一方面,经过友好协商,将居住在高乐小区的一位人大代表家中的私人充电桩改为共享充电桩,通过彼此都能接受的方式对该充电桩进行运营;另一方面,高乐小区居委会与基层政府部门协同,把关制定《关于居民区电动汽车充电基础设施安装的征询表》,引导居民协商分配好每幢居民楼安装私人用充电桩的份额,在你来我往的对话中破解充电桩安装困局。② 由此,抱团取"电",通过营造人人参与、人人负责的局面,协商解决了社区内部的民生诉求难题。

(2)建构社区集体事务的公共性。随着城市化的快速推进,人与人之间关系陌生化,社区居民对社区的归属感难以形成。因此,需要通过一定的方式加强居民之间

---

① 科恩:《论民主》,聂崇信、朱秀贤译,商务印书馆2004年版,第273页。
② 陈颖婷、赵敏勇:《这"桩"烦心事变成了"开心事"》,《上海法治报》2023年10月25日,第7版。

的联系,引导居民走出私人生活,融入公共集体之中。从表面上看,充电难问题只是居民的个体家庭诉求问题,而不是社区公共事务。实际上,充电难问题的解决并不能依靠个体力量,而是必须依靠整体社区居民的商量协作。根据静安区2021年进行的社区需求大数据调研,社区居民对公共服务项目的需求主要集中于物业服务、公共设施、便民维修以及周边设施等4项内容,需求度均超过了60%。① 然而,面对类似共享充电桩这种社区内的公共设施,个人的力量无法消除外部性,避免他人的充电需求给自身带来的影响。因此,只有通过民主协商,以集体共议的方式就彼此共同关心的问题进行意见交换,面对面共同协商解决充电桩问题。在高乐小区居委会的积极带动下,充电桩问题得到社区居民的共同关注,居民们分别从自身的角度出发提出建议,一起想办法解决这一问题。由此,居民之间的公共交往得到强化,并基于友好沟通和利益交换促进集体行动的达成。从这一意义上说,抱团取"电"表明了协商治理对社区公共领域的建构,原先分散的居民个体利益被整合到一起,汇聚成公共事务治理的集体方案。

(3) 激发协商治理参与活力。城市治理离不开社区居民的参与,尤其是社区公共事务需要居民参与相应的决策、管理和监督。然而,如何将居民的参与作用有效发挥出来,就需要借助民主协商的方式实现对多元治理主体的系统兼容。同样依据静安区2021年进行的社区需求大数据调研,旧里小区的居民了解社区公共服务项目的比例为73.52%,而愿意参与社区提供的服务的比例仅为59.15%。这表明,居民了解和愿意参与社区公共事务之间存在着较大的差距,需要充分激发居民的参与意愿。因此,就需要通过不断的反复磋商和共同交流,邀请每个主体提出自身的看法。与一般性参与不同,高乐小区的抱团取"电"注重进行协商式参与,强调参与的互动性和过程性。具体来说,基于颁布《关于居民区电动汽车充电基础设施安装的征询表》,高乐小区居民各自的意见得到充分呈现。进一步地,在彼此协商交流的过程中,可能一次性的对话无法产生大家都满意的方案,但是通过循环反复的沟通协调,居民的治理参与热情得到激发,使得他们更加积极对充电桩问题表达自己的意见和看法。最终,在

---

① 上海市静安区民政局:《静安社区需求大数据报告出炉》,上海市民政局网,2021年5月8日,https://mzj.sh.gov.cn/2021bsmz/20210508/28a57fb23085402590b83187856ab1c8.html。

经历多次协商之后,相关利益主体都能接受的方案被找到,居民得以共享协商治理的成果。

3. 搭建协商治理的支撑平台

公共协商是一个行动主体进行理性交往的过程,强调通过主体间的合作和对话促进共同行动,解决共性问题。① 因此,信息知识的充分流通,治理流程的相对开放,对话载体的高度稳定对于协商治理的有效开展至关重要。随着大数据、人工智能、互联网、云计算等信息技术的兴起,上海市顺应信息技术时代的城市治理变革,积极推进"一网通办"建设,为协商治理提供平台支撑。由此,依托数字化平台,城市治理能够突破时间与空间的束缚,提升城市治理的社会化和智能化水平。从这一角度来看,"一网通办"不仅提高了政府部门工作效率,更重要的意义在于为城市协商治理搭建了制度化平台。由此,居民与政府的沟通渠道转移到线上,政民互动更加频繁和密切,实现政治合法性与治理有效性的有机统一,促使协商治理的品质得到显著提升。

(1)促进治理过程的信息畅通。在传统城市治理中,由于治理过程主要依靠人力来对治理信息进行传递和处理,居民和政府之间的信息沟通并不顺畅。为了建设智慧型政府,上海市于2018年4月发布《全面推进"一网通办"加快建设智慧政府工作方案》。2018年7月,全流程一体化政务服务的"一网通办"平台开始进入试运行阶段。随着"一网通办"平台的开发成功,政府与居民之间的沟通更加迅速便捷。具体来看,"一网通办"既扩大了意见表达的范围,居民可以就自身关心的问题直接通过线上的方式向政府进行反馈,又为政府提供了海量的民意数据,政府可以基于大数据对居民关心的问题进行汇总、分析,及时了解居民诉求。在社区政务服务方面,实现了189个事项的全市通办、41个事项的全程网办。由此,居民和政府双方在信息交换过程中增进理解和达成共识,避免信息不充分产生的行动失误导致城市治理问题。② 概言之,借助信息技术赋能,"一网通办"使得民意表达与民意收集在平台上得以高效完成,协商对话更加方便,政府与居民之间的关系被拉近,居民与政府之间的协同网

---

① 詹姆斯·博曼:《公共协商:多元主义、复杂性与民主》,冯莉、伍剑译,中央编译出版社2006年版,第25页。
② 赵勇:《数字赋能全过程人民民主的路径分析》,《探索与争鸣》2022年第4期。

络得以逐步形成。

(2) 实现治理流程的再造。在传统科层治理结构下,自上而下的层级分工和命令控制,导致居民自下而上的诉求往往无法被政府重视。在现代化信息技术的加持下,"一网通办"注重的是以用户为中心,组织之间的互动往往是多维度的,居民自下而上的诉求在其中发挥着不可或缺的作用。也就是说,在"一网通办"平台的助力下,城市治理流程从传统的政府补"漏洞"到当下的居民提"诉求",居民在城市治理中的位置和结构发生了变化。依托"一网通办"平台,居民的诉求从后端转变为前端,很大程度上实现了以居民诉求为中心的转变。进一步地,"一网通办"作为信息化平台,用户的体验和满意度是十分重要的,居民能够通过事项办结"好差评"进行反馈或者向政府有关部门直接反映"一网通办"平台满意度来表达自己的看法。因此,在"一网通办"的治理结构下,主体之间的关系是去中心化的,治理流程相对清晰明了,且更加具有适应性。流程的优化有助于破除主体之间的身份壁垒,为政民之间的协商沟通创造有利环境。

(3) 塑造主体对话的稳定载体。习近平总书记指出:"在人民内部各方面广泛商量的过程,就是发扬民主、集思广益的过程,就是统一思想、凝聚共识的过程,就是科学决策、民主决策的过程。"① 经过多年的开发和运营,上海市"一网通办"平台的功能越来越健全,目前已经能够通过整合政务服务的信息资源,基于移动客户端、实体窗口、网上大厅等多种渠道为用户提供政务的申请、咨询、评价、查询等多种功能服务。② 截至2023年3月底,"一网通办"平台实名注册用户人数超过7 968.93万,法人用户超过311.06万,接入事项3 622项,累计办件量达3.36亿件。③ 实践表明,"一网通办"已经成为上海市政务服务的金字招牌,驱动着协商治理的良性运行。具体来看,"一网通办"为居民与政府进行商量对话提供了稳定的线上载体,无论是居民有着什么样的民生诉求,都可以通过平台与政府进行充分沟通,尽可能寻找双方最大的契合点。由此,民意不再是难以捕捉的,而是可以通过制度化载体,在平台的支持下,经由充分对话得以发现,并加以回应和满足的。

---

① 习近平:《习近平谈治国理政》(第二卷),外文出版社2017年版,第292—293页。
② 陶振:《政务服务"一网通办"何以可能?——以上海为例》,《兰州学刊》2019年第11期。
③ 蒋文婕:《上海持续深化"一网通办"改革》,《青年报》2023年5月12日,第2版。

4. 夯实治理共同体的协商基石

2020年,上海市委将人民城市建设理念进一步阐释为"打造人人都有人生出彩机会、人人都能有序参与治理、人人都能享有品质生活、人人都能切实感受温度、人人都能拥有归属认同的城市"。这表明,人民城市建设的核心就在于"人人",坚持以人民为中心。落脚到构建城市治理共同体,将"以人民为中心"的理念进一步落实,就离不开共商共建,在共同参与中强化彼此的联结。在上海,人大代表与选民之间有着6 248座"家、站、点"连心桥,基本实现了每平方公里一个。① 正是基于人大代表与选民之间的制度化渠道,杨浦区复兴岛人大发挥民主协商的力量,以人大代表联络站为议事平台,号召居民、居委会、政府机关等相关主体共商共推,努力寻找最佳解决方案,以集体智慧共同推进"复兴小集"便民服务点建设。这充分说明,协商治理是城市治理共同体构建的基石,能够通过扩大有序参与、重塑社会信任以及强化集体凝聚力推进城市治理共同体构建。

(1) 鼓励治理主体进行有序参与。治理共同体构建需要公众的积极参与,推动公共事业的进步和发展。协商作为一种非控制化的治理模式,有助于治理主体主动加入治理过程中。从2020年成立人民建议征集办公室,上海市全市16个区都有了人民建议征集办,截至2023年4月,累计通过各方面的意见征集渠道收到群众建议18.7万件。② 在复兴岛居民解决"买菜难"问题的过程中,一个很重要的举措就是基于民主协商,广泛收集群众意见,进而保障决策能够符合大多数人的利益。就此,民主协商在其中发挥了重要作用。一方面,基于承载发展基层协商民主任务的人大代表联络站,复兴岛内的居民以及相关治理主体能够通过人大代表联络的方式聚集到一起,在统一的专门平台进行意见收集。另一方面,人大代表联络站议事平台建构了集体议事空间,能够营造良好的参与氛围,鼓励相关居民的参与,自由表达自身的想法。在此后方案进一步落实的过程中,遇到如何对便民服务站进行收费管理、如何确保基本秩序等问题,相关主体都能够基于人大代表联络站进行共同谋划。因此,协商共治将居民紧密联系到一起,共同围绕"买菜难"问题集思广益、群策群力,商量出大

---

① 本报记者:《奋力打造全过程人民民主最佳实践地》,《解放日报》2021年10月15日,第2版。
② 张毅、刘士安、张璁等:《努力打造全过程人民民主最佳实践地》,《人民日报》2023年4月9日,第1版。

家都认可的方案。

(2) 增强治理主体间的信任。治理共同体是共建共治共享的治理主体间网络，强调治理主体之间的充分协同和行动一致。有研究基于第五届互联网安全领袖峰会(CSS 2019)的数据，实证分析发现社会资本，即居民间的社会信任对于促进他们参与社会治理具有显著正向作用。[①] 然而，在应对公共事务过程中，经常容易产生"集体行动的困境"，即存在利益相关者"搭便车"。破解这一问题，就需要采取措施激励相关主体采取正向行动，而不是做出"逆向选择"。在复兴岛居民筹建"复兴小集"过程中，民主协商有助于促进治理主体的相互信任。具体来说，通过多次沟通交流，政府主体确实了解到居民存在这样的诉求，而居民也相信政府部门确实在推进相关工作。由此，在彼此信赖的情况下，关于便民服务点的诸多问题迎刃而解。例如，便民服务点的设施改造，经过多方沟通，最终决定通过增设集装箱等方式完成。进一步地，得益于反复沟通交流，居民内部决定成立自治小组，对便民服务点的资金筹措、日常管理、志愿服务等问题专门负责。这表明，在经过共同协商之后，在居民内部逐渐形成了友好合作的氛围，彼此都愿意为了共同的利益去服务和奉献。

(3) 提升治理主体的整体凝聚力。治理共同体的核心目标是将治理主体打造成一个关系密切、相互联动、共同参与、共同负责、共同受益的治理网络。而公共协商过程有利于加强彼此的联系，促进整体的团结，塑造一个富有凝聚力的团体。纵观复兴岛居民的"复兴小集"筹建过程，居民能够达成集体方案建设便民服务点，其中一个重要原因就在于，协商共治促成了居民内部的团结，将居民基于共同的买菜诉求"拧成一股绳"。具体来看，原本在居民"买菜难"的状况下，不仅居民之间的关系十分陌生，而且居民对政府部门的信任度和满意度也不是很高。但是，经过人大代表联络站的桥梁与枢纽作用，居民、社区居委会、政府部门等相关治理主体都加入应对"买菜难"问题上。这一问题的解决成为复兴岛上治理主体间关系重塑的契机，在经过多次方案协商和团结合作之后，整体的凝聚力得到明显增强。由此，相关治理主体能够从公共利益出发，主动想办法将"复兴小集"建设运营好，并开发其他多元的功能。

[①] 张冉、王利君:《政治权利公平感知对居民参与社区治理的影响：基于社会资本视角的实证分析》，《兰州学刊》2023年第4期。

三、上海市发展全过程人民民主的实践经验与未来展望

从 2019 年 11 月习近平总书记在上海市长宁区考察时首次提出全过程人民民主的理念,到现今上海市正在努力将上海打造为全过程人民民主的最佳实践地,上海在发展全过程人民民主的过程中积极探索,总结出了许多好的做法,为其他地区发展全过程人民民主提供了宝贵的经验借鉴。面向未来,作为推进中国式现代化、建设人民城市的先行者,上海市将发展全过程人民民主融入城市治理现代化,不断推动全过程人民民主焕发出新的生机和活力。

(一) 上海发展全过程人民民主的主要经验

从新民主主义革命时期,以毛泽东同志为主要代表的中国共产党人提出人民民主专政理论,到进入中国特色社会主义新时代,以习近平同志为主要代表的中国共产党人提出全过程人民民主的理论创新,推动社会主义民主政治实现了范式跃迁。[①] 然而,全过程人民民主作为人类民主政治的新方案,其产生和发展过程经过了长期而复杂的实践积累,既有赖于我们党对如何更好发展社会主义民主政治,如何确保人民当家作主有着更加清晰的认知和判断,同时离不开各地的实践探索,为全过程人民民主的发展汇聚庞大力量。从这一意义上来说,上海市作为中国改革开放的龙头地区,其在发展全过程人民民主过程中的作用和贡献不容小觑,能够为全过程人民民主的深化落实提供上海经验。

1. 注重创新,锐意进取的精神理念

民主具有一些共同的评价标准,但是如何实现民主,通过具体的形式保障人民权利却是一个重大的现实挑战。为此,就需要依托一线基层的丰富民主实践,通过民主形式的积极探索推动中国民主形式的与时俱进。2015 年 5 月,全国人大常委会法制工作委员会通过《全国人大常委会法制工作委员会基层立法联系点工作规则(试行)》,上海市长宁区虹桥街道随后被确立为全国人大常委会法制工作委员会的基层

---

① 张利涛、郑彬:《范式跃升:从人民民主专政到全过程人民民主》,《前沿》2024 年第 1 期。

立法联系点。此后,虹桥街道的基层立法联系点探索出多项立法咨询工作的创新性措施,例如,设立信息采集点、"一二三四"工作法等,虹桥街道的基层立法联系点成为民意表达与汇集之处。截至 2023 年 12 月,上海市的 25 个基层立法联系点已经完成对 107 部法规的 21 921 条意见收集,其中 2 590 条得到采纳。① 除了基层立法联系点的创新探索,上海市在社区"三会制度"方面也实现了创新性突破,在基层一线展示了全过程人民民主的生动图景。② 由此可见,全过程人民民主的孕育离不开创新突破的价值理念,民主形式的更新有赖于主体的锐意进取。

2. 紧扣大局,聚焦地区重大发展事项

全过程人民民主不仅注重民主的程序过程,而且十分强调民主的实质性结果,将民主与经济社会发展大局紧密结合。③ 作为我国的根本政治制度,人民代表大会制度是人民当家作主的重要载体,人大代表是人民群众心声的反映者,因此践行全过程人民民主就离不开有效发挥人民代表大会制度和人大代表的作用,让人民群众能够有序参与到地区经济社会发展过程中。为了推动全过程人民民主走深走实,除了实行民生实事项目人大代表票决制,上海市还专门出台了《关于充分发挥人民代表大会重要制度载体作用　助力打造全过程人民民主最佳实践地的意见》,发挥人民代表大会在重大事项中的决策权和监督权。上海市人大为了推进全过程人民民主的发展,提出要紧紧围绕加快建设"五个中心"重要使命,开展推进践行全过程人民民主"十大行动"。④ 由此,人民群众的民主政治参与内容不再是细枝末节的,而是切切实实融入地区经济社会发展的重大事项中,重大发展事项决定的民主化程度显著增强。

3. 落脚民生,回应人民群众的急难愁盼

进入中国特色社会主义新时代,我国经济社会发展的不平衡不充分问题凸显,全过程人民民主与民生需求的紧密结合至关重要。为此,针对人民群众的急难愁盼问题,上海市通过发挥全过程人民民主的诉求表达、过程参与以及结果保障作用,促进

---

① 李小健:《上海奋力打造全过程人民民主最佳实践地》,《中国人大》2024 年第 17 期。
② 黄浦区五里桥街道人大工委:《"三会"制度展示全过程人民民主生动图景》,《上海人大月刊》2022 年第 4 期。
③ 陈亮:《全过程人民民主的逻辑理路、比较优势与实践路径》,《内蒙古社会科学》2022 年第 2 期。
④ 黄莉新:《牢记殷殷嘱托强化责任担当奋力打造全过程人民民主最佳实践地》,《上海人大月刊》2024 年第 11 期。

人民群众的民生诉求能够在民主体制中得到有效满足。例如,在诉求表达方面,上海市通过人民建议征集,全方位收集人民群众在衣食住行等方面的民生诉求;在过程参与方面,上海市发挥基层立法联系点、社区"三会"制度等载体作用,打造更加多元化的民生问题解决参与路径;在结果保障方面,上海市借助现代信息技术赋能,通过"一网统管"进行问题倒逼,[①]促使人民群众的民生诉求能够得到积极的回应和落实。2023年,上海市各级人大代表积极进行履职,接待群众近15万人次,收集意见建议数量达4万余件,推动解决事项达3.24万件,一批批惠民服务项目在人大代表的推动下落地,有力增强了人民群众的获得感。[②] 上海市的实践表明,全过程人民民主的发展离不开民生驱动,只有将全过程人民民主落脚到人民群众的生活满意度之上,才能为全过程人民民主的发展夯实民意基础。

(二) 上海市发展全过程人民民主的未来展望

发展全过程人民民主是党中央基于我国民主政治发展的实际,结合全国各地的经验探索,对我国的民主政治模式做出的战略性构想。全过程人民民主的发展前景是一片光明的,但是道路未必一帆风顺,需要我们为全过程人民民主的发展创造各种有利条件。上海市致力于打造全过程人民民主的最佳实践地,在发展全过程人民民主的过程中不可避免会遇到各种体制性或机制性障碍,为此就需要在目标认知、制度体系、效能提升以及氛围营造等层面做出更大的努力和调整,以期为推动全过程人民民主的全面发展取得更加实质性的进展和突破。

1. 坚持系统性思维,在现代化进程中全面推进全过程人民民主

全过程人民民主并非孤立存在的,而是作为社会主义民主政治的战略选择,服从于推进中国式现代化这一"最大的政治"。习近平总书记提出:"中国式现代化是人口规模巨大的现代化,是全体人民共同富裕的现代化,是物质文明和精神文明相协调的现代化,是人与自然和谐共生的现代化,是走和平发展道路的现代化。"[③]因此,从中

---

① 彭勃、杨铭奕:《问题倒逼与平台驱动:超大城市治理重心下沉的两条路径》,《理论与改革》2023年第3期。
② 李小健:《上海奋力打造全过程人民民主最佳实践地》,《中国人大》2024年第17期。
③ 习近平:《高举中国特色社会主义伟大旗帜为全面建设社会主义现代化国家而团结奋斗——在中国共产党第二十次全国代表大会上的报告》,人民出版社2022年版,第22—23页。

国式现代化与全过程人民民主的逻辑关联出发,推进全过程人民民主就需要重点做好以下工作:首先,全过程人民民主是人口规模巨大的民主,因此推进全过程人民民主要注重民主的全民性和渐进性,注重直接民主与间接民主的结合,通过有效的民主形式破解大国民主的规模难题。其次,发展全过程人民民主要满足人民对美好生活的向往,基于民主政治促进资源和机会向人民进行公平分配,通过兼顾多元群体的利益诉求保障全过程人民民主的扎实推进。再次,全过程人民民主是"全方位、全覆盖、全链条的民主",[①]强调民主的广泛充分,因此要注重在精神文明建设领域发扬民主,以全过程人民民主实现人的自由全面发展。紧接着,中国式现代化注重人与自然的和谐共生,注重生态文明建设,因此发展全过程人民民主就需要守住生态文明底线,调动全体人民投身到人人共同参与、共同奉献、共同享有的生态文明事业中。最后,发展全过程人民民主要与建设人类命运共同体相呼应,加强与外部的对话协商,在国际互动中增强全过程人民民主的国际话语权,为人类政治文明的进步贡献中国智慧。

2. 坚持协同思维,实现全过程人民民主的多层次、协调性推进

全过程人民民主不是某个层次、某个领域、某个环节的民主,而是围绕着诸多层次、领域以及环节的民主。首先,在民主的层次方面,发展全过程人民民主不仅要发展上层民主,而且要注重发展基层民主。基层民主是全过程人民民主的基石,基层民主的发展关系到全过程人民民主能否有效落地,直接回应人民的当家作主需求。因此,要大力发展基层民主,丰富全过程人民民主的基层实践,通过基层群众自治夯实全过程人民民主的基层根基。在此过程中,需要注意的一个问题在于,基层民主的发展具有全局性,因此要注重基层民主与省市,乃至更高层级民主的互动,加强跨部门、跨地区的互联互通和信息共享。其次,在民主的领域方面,发展全过程人民民主要实现人民民主在政治、经济、社会、文化等诸多领域的全覆盖,促进全过程人民民主的全面开花。在政治领域,要通过政治民主整合不同群体的意见,考虑到每个阶层的诉求。在经济领域,要通过经济民主解决利益分歧,整合不同群体一起进行经济建设。在社会领域,要实行社会民主,鼓励人民群众自我有序解决内部矛盾。在文化领域,要坚持文化民主,激发社会主义文化的百花齐放和百家争鸣。最后,在民主的环节方

---

① 中华人民共和国国务院新闻办公室:《中国的民主》,人民出版社2021年版,第1页。

面,要促进民主选举、民主协商、民主决策、民主监督以及民主管理五个环节的有机统一,避免民主环节的单一和碎片化问题。在民主选举方面,要通过直接和间接的民主选举方式,选出人民满意的候选人,夯实公共权力运作的合法性基础。在民主协商方面,要发挥"有事多商量"的协商民主传统,鼓励人们在公共决策中通过协商化解分歧、达成共识,找到各方都能接受的方案。在民主决策方面,要进一步促进公共决策的民主化和科学化,倾听多元主体的意见和看法,尽可能聚集多数人的智慧。在民主监督方面,要发挥媒体监督、社会监督等监督渠道的作用,将公权力放到人民共同监督之下,确保公共权力不会被滥用和私用。在民主管理方面,要为人民群众开辟多种参与公共事务治理的渠道和途径,整合多方面的治理资源,降低公共治理成本,实现众人事、众人治。

3. 注重成果转化,将全过程人民民主的制度优势转化为治理效能

习近平总书记指出:"民主不是装饰品,不是用来做摆设的,而是要用来解决人民要解决的问题的。"[①]换言之,全过程人民民主不是虚假、空洞的,而是能够转化为人民可以切身感受到的治理效能。2021年,上海市印发《上海市城乡社区服务体系建设"十四五"规划》相关通知,提出到2025年末社区品质和治理水平要得到显著提升,群众对社区服务总体满意率预期达到80%以上。为此,需要发挥全过程人民民主在保障人民合法权益、维护社会和谐稳定以及提升政府治理水平三个方面的作用,实现全过程人民民主对国家治理的全方位赋能。首先,扩大人民群众有效的政治参与,通过民主参与保障人民群众的合法权益。当下,随着民主形式的丰富,从"人民网"的国家发展战略意见收集,到基层的村民委员会、居民委员会选举,人民群众在国家建设中的声音越来越多地被听到。因此,要依托全过程人民民主的发展,为人民群众提供广泛多元的民主参与渠道,推动人民群众真正参与到经济社会发展进程中,做国家管理的主人。在此过程中,需要注意对人民群众的民主效能感进行评估,找出当前民主实践中存在的不足,进而对政策实践进行调整。其次,基于民主共识的达成加强社会整合,促进社会的和谐稳定。在经济社会快速发展的今天,人民内部的利益日益分化,矛盾纠纷明显增加。为此,要通过发展全过程人民民主,基于协商民主等民主形

[①] 习近平:《习近平谈治国理政》(第二卷),外文出版社2017年版,第215页。

式推动人们在民主互动中进行意见沟通和协商对话,避免个体间矛盾上升为公共纠纷,引发社会波动。最后,强化政府与民众的良性互动,建设人民满意的现代政府。政府作为公共权力的行使者,政府治理的水平关系到国家的各项事业能否稳定发展。因此,要借助发展全过程人民民主,依托民主程序,提高政府治理的透明度,及时了解民意,将党的主张、政府运行以及人民意愿紧密融合在一起,使得政府治理在党的领导下符合绝大多数人的利益,得以集中力量办大事。

4. 聚焦内生驱动,为全过程人民民主的可持续发展营造良好氛围

全过程人民民主是人民主体本位的民主,只有推动人民群众真实广泛地参与,激发人民群众参与的积极性、主动性和创造性,才能为全过程人民民主的深入发展提供持续动能。为此,需要在鼓励试点先行、加强文化引导、培育社会资本等方面着手,使得人民群众发自内心地开展全过程人民民主实践。首先,要做好试点工作,通过支持试点创新营造宽松的制度环境。自下而上的基层探索是全过程人民民主扎根开花的前提,因此要给予各地一定的自主权,支持大胆创新、实践先行,对于各地涌现出来的民主实践模式要给予相应的政策保护和资金支持,激发一线干部群众的民主实践模式探索热情。对于基层各地探索出的民主实践模式,应当及时进行总结和推广,促进经验模式的有效扩散。其次,要加强文化宣传,通过文化教育提高人民群众的民主素养。民主意识的增强需要通过相应的渠道,使得人民群众意识到参与全过程人民民主实践的意义重大。因此,可以积极围绕民主教育开展主题宣讲、实践培训等活动,让人民群众在耳濡目染的过程中树立正确而坚固的社会主义核心价值观。最后,培育社会资本,为人民群众的民主参与奠定人际关系基础。在政治学经典理论看来,社会资本是民主发展的重要影响因素,能够通过"社会信任""互惠网络"等内在机制提升人们的民主参与积极性。因此,要在基层群众自治实践中,基于党组织引领,开展生动活泼、亲密团结的集体活动,推动人民群众在自我管理、自我服务、自我教育、自我监督中加强彼此之间的主体联结。政协作为专门协商机构,需要发挥政协凝聚各方共识、增进相互理解的作用,促进各方通过友好民主协商,形成和谐关系。

第 3 章　构建服务型城市治理共同体

2023年,习近平总书记在上海考察时强调要率先"构建人人参与、人人负责、人人奉献、人人共享的城市治理共同体"。立足新发展阶段,服务、管理和发展是人民城市治理的三个关键词。城市治理应为发展服务,否则城市治理得再好,没有发展也不能成为真正的"人民城市"。作为贯彻人民城市理念和促进高质量发展的重要抓手,城市治理共同体建设始终是上海城市治理现代化探索的重要内容。在政府、社区、企业、社会组织、居民群众等多元参与主体的共建共治共享之下,上海探索构建了一种服务型城市治理共同体。它更关注治理主体"一核多方"间的统筹与联动,以高效能与现代化的多元融合为治理目标,注重数智化和以人为本的同步转型,大力推动制度体制机制创新,极大地提升了上海城市治理现代化水平,为完善城市治理及人民城市建设工作提供了理论支撑和决策参考。未来,上海将继续深化与提升服务型城市治理共同体建设,努力开创人民城市建设新局面。通过不断强化数字赋能,优化公共服务的多元高效供给,切实提升城市治理效能,为上海建设成为更高效、公正、可持续、智慧且充满人文关怀的人民城市贡献力量,更期待上海的探索和实践能为全国其他地区提供有益的借鉴和启示。

党的二十届三中全会再次强调要"坚持人民城市人民建、人民城市为人民"。通过"深化城市建设、运营、治理体制改革，加快转变城市发展方式"，"推动形成超大特大城市智慧高效治理新体系"。2023年，习近平总书记在上海考察时强调要率先"构建人人参与、人人负责、人人奉献、人人共享的城市治理共同体"。作为贯彻人民城市理念和促进高质量发展的重要抓手，城市治理共同体建设始终是上海城市治理现代化探索的重要内容。在政府、社区、企业、社会组织、居民群众等多元参与主体的共建共治共享之下，上海探索构建了一种服务型城市治理共同体，极大地提升了上海城市治理现代化水平，为完善城市治理及人民城市建设工作提供了理论支撑和决策参考。

一、人民城市治理共同体建设的理论基础

城市治理共同体理念深刻回答了由谁治理、怎么治理、治理成果由谁享有的重大问题，彰显了浓厚的人民性特质。习近平总书记多次强调坚持人民性，就是要把实现好、维护好、发展好最广大人民根本利益作为出发点和落脚点，坚持以民为本、以人为本。据此，在系统梳理治理共同体的理论基础及其发展趋势后，不难发现以坚持人民性为宗旨的服务型城市治理共同体的探索是上海人民城市建设工作的重要一环。

（一）治理共同体的理论基础及其内涵演变

党的十九届四中全会通过的《中共中央关于坚持和完善中国特色社会主义制度、推进国家治理体系和治理能力现代化若干重大问题的决定》首次提出了"社会治理共同体"建设的新概念，为未来中国社会治理的发展方向和基本路径奠定了价值基础。面对不断变化的内外部复杂环境与不确定性因素的交织，构建治理共同体以提升治理效能，是当前国家治理面临的一个重大理论与现实问题。

1. "共同体"的概念内涵及其理论脉络

"共同体"一词源于希腊语,用于描述在地缘基础上形成的亲密关系。亚里士多德(Aristotle)讨论了古典政治共同体,主张由国家制度推动的共同体美德。① 马库斯·图留斯·西塞罗(Marcus Tullius Cicero)从人的理性价值认同角度,指出"法的一致"和"利益的共同"是形成人民共同体的两个关键要素,人们会基于权利或正义的一致,为共同利益结合形成"共同体"。② 进入工业化社会后,1887 年,斐迪南·滕尼斯(Ferdinand Tönnies)首次将共同体(community)从社会(society)的概念中分离出来并加以分析。滕尼斯在其著作《共同体与社会》中将共同体分为"血缘共同体""地缘共同体"和"精神共同体"三种类型,这种分类方式强调了共同体形成的基础和纽带,如血缘关系、地域关系和精神联系。③ 滕尼斯所提出的"共同体—社会"的理想类型,启发了后续学者对于共同体的研究。埃米尔·涂尔干(Émile Durkheim)强调了共同体的功能属性,并将共同体区分为"机械共同体"和"有机共同体"两种类型,认为现代社会共同体表现为一种"有机共同体"。④ 乔治·赫伯特·米德(George Herbert Mead)从社会交往的角度描述了基于符号互动的共同体的形成过程,具有意识的个体同他者之间进行交流、交换与合作,构成一个共同的社会过程,在此过程中形成了有组织的社会经验与行为过程,并形成群体共同反映的"制度"。⑤ 可以发现,上述学者对于共同体的描述,指出了共同体所包含的地理空间属性、组织功能属性、利益价值属性等多个维度的意涵。⑥

近现代以后,自由主义与功利主义的发展冲击了传统的共有伦理与利益的联结基础,全球化的快速拓展和数字社会的高速发展也使得个体、群体与组织之间的交互界限逐渐模糊,人们开始呼吁一种更具构造力的"共同体"。以本尼迪克特·安德森(Benedict Anderson)为代表的后现代主义学者提出了"想象的共同体",他认为民族

---

① 参见亚里士多德:《政治学》,吴寿彭译,商务印书馆 1965 年版。
② 李蜀人:《西塞罗"人民""共和"思想的哲学考察及其意义研究》,《四川大学学报(哲学社会科学版)》2023 年第 3 期。
③ 参见斐迪南·滕尼斯:《共同体与社会》,张巍卓译,商务印书馆 2019 年版。
④ 参见埃米尔·涂尔干:《社会分工论》,渠东译,生活·读书·新知三联书店 2017 年版。
⑤ 参见乔治·H. 米德:《心灵、自我与社会》,赵月瑟译,上海译文出版社 2018 年版。
⑥ 文军、敖淑凤:《共同体的多重想象——民族地区的社会治理共同体及其建设路径共同体》,《西北民族研究》2024 年第 5 期。

是一种被想象出来的政治共同体,它存在于人们的想象中,而非客观的"实体的共同体"。① 安东尼·吉登斯(Anthony Giddens)则在其《现代性的后果》及《第三条道路》的书中提出了一种"脱域的共同体(disembedded community)",指出了现代性对人们日常生活时空与情境的重构作用,社会关系从彼此互动的地域性关联中脱离出来,形成超越传统地域、血缘或行政界限的共同体形式。齐格蒙特·鲍曼(Zygmunt Bauman)认为,共同体应当有的"独特的、小的、自给自足"三个特质在流动的现代性中被瓦解,共同的理解与确定性的秩序被消解,既往由个体美德推动的共同体在液态社会②中难以实现。鲍曼主张一种"真正的共同体",强调对意义、团结和集体行动的寻求,主张人们在自我的规制与约束与外部环境达到平衡的状态。③ 近现代以后,有关共同体的论述超越了地域、行政等传统界限,反映了人类社会中个体与个体之间、个体与群体之间复杂而多样的联系和互动。共同体概念被不断嵌入新的语境中,变得更加宽泛。④ 从物理空间拓展至更加广泛的社会空间,共同体更多地指向了一种紧密联结的,具有共同意志、开展共同行动的理想化集体形态。共同体可以视作社会组织、社会存在和社会经验的一种形式。⑤ 鲍曼在其《共同体》一书中将"共同体"比作家一样的存在,存在相互依赖,能够在不确定的社会中提供一种安全感。

2. 作为治理策略的"共同体"发展转向

"共同体"的多维度延展体现了其理论的高度弹性,为社会发展中的各类问题提供了解释框架,近年来尤其多被广泛运用于城市治理的范畴之中。⑥ 可以说,"共同体"已成为复杂治理情境中的重要实践策略。随着社会的发展变迁,"共同体"概念在社会实践中已经从多个维度进行了拓展和深化,拥有了不同于传统的概念意涵,其转向主要体现在以下三个方面:

---

① Anderson B. *Imagined communities: Reflections on the origin and spread of nationalism*. London: Verso, 2006.
② 鲍曼所提出的"液态现代性"(Liquid Modernity)的概念,指出液态的现代社会不再有永恒的关系和纽带,任何人的关系随时可以松绑。
③ 参见齐格蒙特·鲍曼:《共同体》,欧阳景根译,江苏人民出版社 2003 年版。
④ Hobsbawm E. *The age of extremes*. London: Michael Joseph, 1994.
⑤ 毛丹:《村落共同体的当代命运:四个观察维度》,《社会学研究》2010 年第 1 期。
⑥ 许宝君:《城市社区治理共同体构建:一个实践类型的分析框架》,《求实》2023 年第 4 期。

一是从"有形的共同体"到"无形的共同体"。其中,"有形共同体"以最初由地理空间的交往所形成的共同体为主要表现,大部分由日常的生产生活往来所形成,具有界限清晰、层次较浅的特点。"无形的共同体"则主要由意识认同所形成,大部分由共同承认、遵循的风俗、文化等无形符号所连接,具有潜移默化、传播迅速的特点。从"有形的共同体"到"无形的共同体",是人们意识自觉的体现。

二是从"封闭的共同体"到"开放的共同体"。传统生产方式与信息的闭塞使人们的交往具有内向性,从而以血缘、种族等身份符号形成了许多"封闭的共同体"。随着信息化与网络化社会的发展,多样态的交流与往来无可避免,原有共同体的边界逐渐模糊化,社会整体呈现出"你中有我、我中有你"的局面,在此环境下,全方位、多层次的"开放的共同体"开始形成。从"封闭的共同体"到"开放的共同体",是社会系统开放的体现。

三是从"地域的共同体"到"脱域的共同体"。工业文明所产生的现代性动力机制重组了时间与空间,造成了社会体系的脱域。随着传统生产关系和产业结构转变,人们的劳动方式、交往方式都发生了根本性变化,原有的地域性村居社区关系出现断裂,并在现代性的冲击中产生矛盾走向异化,地域空间不再成为人们生产生活的唯一选择。从"地域的共同体"到"脱域的共同体",是生产生活方式转变的体现。

3. 治理共同体的核心是价值回归

"治理共同体"不仅是一个联结形式上的工具性的共同体,更是一个具有实质内涵的价值性的共同体。无论是"治理"还是"共同体",其最终指向的都是"人",其出发点和落脚点都是为了满足人们更加美好的生活需要。正如马克思指出的,"人,不管是处在怎样狭隘的民族的、宗教的、政治的规定上,毕竟始终表现为生产的目的"。[①] 所以构建"治理共同体"的要义就在于使治理的功能、价值和意义最终回归到人们的日常生活之中,凸显人民性的"人本理念",其指向可以从以下三个方面理解:

一是作为地域生活形态的共同体。传统地域性共同体本身便是人们聚集形态的一种类型。通过频繁、自然的日常互动,支撑地域范围内居民之间的相互联系与情感依赖的建立。同一地域的居民在生产生活中交流互惠,共同的生产方式、行为特质以

---

① 《马克思恩格斯全集(第46卷上册)》,人民出版社2003年版,第486页。

及历史文化等,使居民之间的差异性日渐缩小,日常生活形态与社会关系网络在居民之间的空间交互中得以塑造。并且,在地域资源的整合开发中,居民构建起更为紧密的生产生活联系,进一步实现了建立在地域交互基础上的利益联结和共享,形成了自然地缘联系之上的理性联结,发展出更加稳固的共同体关系。

二是作为社会组织形态的共同体。现代社会以人群的分化和多样化为基本特征,治理共同体的建构应当基于人们的多样化需求培育多样化的组织,通过多样化组织之间的交叉、联结与合作体现出地方性和职业性治理共同体的内聚性和有序性。其中最重要的形式包括"生活共同体"和"职业共同体",这两种共同体都是现代治理共同体的主要组织形式,也在很大程度上构建了人们的日常生活。

三是作为精神文化形态的共同体。治理共同体的存在也是一种精神性的、文化性的价值存在,其主要体现为同一地域人们共享的集体意识和邻里文化。精神文化和情感与心理归属作为地缘性的价值共同体的核心,是人们交互之间相互联结的精神纽带和情感认同,体现为人与人的和睦相处、守望互助、参与分享的共同意志和行动准则,包括人们所共有的关于共同体的观念形态、价值诉求、思维方式与行为习惯。它向人们阐释"共同体"的本质意义,促成人们之间的人际信任和心理认同,从而最终影响人们的交往方式、组织需求以及组织形式。

(二)人民城市建设对治理共同体的新要求

近年来,习近平总书记多次强调的"构建城市治理共同体"引领着我国城市治理的理念创新、体制创新、方式创新。在推进中国式现代化进程中,人民城市建设理念更是对新时期城市治理共同体提出了更高的要求。

1. 坚持以人为本

"人民城市"这一概念的提出是以习近平同志为核心的党中央对我国城市 70 余年来发展演进的历史回顾和科学总结,是立足新时代指导城市发展与治理的新理论成果。通过切实行动提高了我国城市现代化治理的共建共享水平,人民城市在政治、价值和机制等维度实现了对西方城市治理体系的超越,开创了城市高质量发展的新局面,其中最为重要的就是"人民性"。

一方面,坚持以人民为中心为治理共同体指明了发展方向。为满足人民的需求,城市公共物品和服务的生产供给,都应围绕人民的需求做决策。在实现这一目标的过程中,需要依靠人民的力量,人民作为城市的主人,要全面参与城市治理。正因为坚持一切为了人民的工作理念,把实现人民对美好生活的向往作为推进城市治理的奋斗目标,我们才有了不断推进城市治理创新的强大动力,才能根据经济社会结构的变化,与时俱进地更新治理理念、调整治理模式、完善治理体制机制,以不断提升城市治理水平,更好地解决人民群众的急难愁盼问题。从更长远角度来说,人民城市治理共同体的最终目的是实现人民的福祉,是不断提升人民的获得感、幸福感、安全感。

另一方面,坚持以人民为中心为治理共同体带来了不竭动力。在治理现代化建设中,积极贯彻群众路线,坚持一切依靠人民的工作思路,最大限度动员群众力量,调动人民群众共同参与城市治理,为治理共同体注入了源源不断的强大力量。与此同时,伴随时代发展,城市治理面临的问题复杂多样,迫切需要治理能力的全面提升。除了要不断提升治理共同体的工作能力,有效调动人民群众参与其中,更需要注重提升治理共同体的风险防范能力和舆论引导能力。强化风险意识,提高对各类不确定性风险挑战的预警能力和应急处置能力,确保经济健康发展和社会运行稳定。同时,还要提高运用新媒体引导舆论和动员群众的能力。要紧密关注舆情动态,高度重视人民群众呼声,耐心倾听网民意见,及时回应社会热点关切,着力提升治理共同体应对不确定性风险的能力。

2. 顺应时代需求

进入新发展阶段,以人民城市理念构建起的新时代城市治理共同体理应契合时代发展需求,充分保证城市治理的主体多元化、成果均等化和成效持久化,为实现城市治理现代化打下坚实基础。

一方面,人民城市理念要求政府执政为民。资本逻辑主导下的城市发展崇尚效率和利益最大化,极易导致弱势群体遭受不公平对待和歧视,人民城市理念强调城市治理主体坚持人民至上,而不是资本至上,依靠人民力量对资本进行有效驾驭和利用,擦亮了城市治理共同体的人民底色。从"以经济建设为中心"到"五位一体"再到"人民城市",标志着我国经济社会发展进入了更高水平的兼顾效率与公平的新阶段。与我国经济社会的发展阶段相匹配,我国城市的性质相应地由作为经济增长引擎的生产性过渡到兼顾生产与生活的人民性。"人民城市"就要求治理共同体诠释包容性增长(inclusive growth)思想。与单纯追求经济增长不同,包容性增长倡导机会均等,社会各界公平合理地分享经济增长带来的收益。人民城市的治理是一个系统工程,要坚持以人为本,必须保证人民机会均等,共同享有经济增长的机会,切实提升人民群众的获得感和幸福感。

另一方面,人民城市建设要坚持从国情出发。坚持从中国的国情出发制定方针政策,是中国特色社会主义事业取得胜利的根本保证。要推进城市治理现代化,必须从中国具体国情出发,采取符合中国实际的治理模式,并随着中国国情的变化与时俱进地调整治理方略。依据社会主要矛盾的变化制定新的发展战略就成为坚持实事求是、从实际出发的重要体现。当前形势就是经济全球化急速向经济区域化转向。在经济全球化鼎盛时期,各国、各地区瞄准社会精英阶层,抢夺高端人才,推高经济增长速度,导致世界范围内社会各阶层之间贫富差距进一步扩大,普通人得到的经济发展红利较少。而经济区域化则会更关注平民,关注生产、生活、生态的"三生共赢"。在经济区域化的新时代,协同发展,融合共赢是关键。可见,正是由于与时俱进地提出打造共建共治共享的治理格局、建设城市治理共同体,人民城市治理现代化才得以不断取得新进展。

3. 服务全面发展

习近平总书记强调,共同富裕是社会主义的本质要求,是中国式现代化的重要特征。全体人民共同富裕绝不只是经济增长的要求,更关乎人的全面发展和社会的全面进步。现阶段,中国治理现代化的目标是包含秩序、活力与民生的多维度目标,旨在促进社会既充满活力又安定有序,最终实现社会公平正义与人的自由全面发展。

一方面,要以"四个人人"为遵循。城市治理是一个相互合作的协同过程,不同主体根据各自的功能参与治理的不同环节,才能实现善治。一个良性运行的社会,必然是不同主体通过分工与协作整合力量,实现有效治理的社会。只有人人参与、人人负责、人人奉献,才能保证人人共享。建设城市治理共同体,既是社会主体的责任和义务,也是对其权利的确认和保障。在治理共同体中,个人利益与集体利益、个人发展和社会发展是辩证统一、有机融合的关系,共同体需要每个人来尽责建设,个人的权利和价值也需要通过共同体来实现。承担治理责任的过程,也是社会主体参与社会公共事务管理,充分表达个人诉求和意愿,实现民主协商、民主管理等权利的过程。城市治理千头万绪,只要以"四个人人"为遵循,不断提升治理水平,必定能让城市真正成为市民幸福感、获得感和安全感的来源。

另一方面,要坚持活力与秩序有机统一。城市治理共同体创新,要以最广大人民根本利益为根本目标。一个社会既充满活力又安定有序,符合最广大人民的根本利益。城市治理共同体建设,是在党的领导下,整合人、财、物、信息等资源,运用法律、法规、政策、道德、价值等社会规范体系和经济、行政、法律、教育、科技等多种手段,通过多种方式对社会系统的组成部分、社会生活的诸多领域、社会发展的不同环节等进行组织、管理、服务、监督,实现上下互动、左右协调。在城市治理共同体中,坚持党的领导能够凝聚社会成员的共识,以共同的价值和目标将不同社会主体紧密地团结在一起。完善共建共治共享的治理制度,让社会成员依法依规进行活动,又给社会留出一定的弹性空间,不断激活社会创新创造活力,使社会成员能够创造性地进行生活生产。

(三)服务型城市治理共同体的构建及特征

"城市治理共同体"不仅是一个联结形式上的工具性共同体,还是一个具有实质内涵的价值性共同体。近年来,上海引入"服务型治理"的理念,通过构建以人民性为核心价值引领的服务型治理共同体,努力破解超大城市的治理困境,不断丰富人民城市建设内涵,探索具有中国特色的超大城市治理新路。

1. 服务型治理的发展脉络及界定

"服务型治理"的理念虽非约定俗成,但也拥有较长的历史渊源。2004年2月21日,温家宝同志在《提高认识 统一思想 牢固树立和认真落实科学发展观——在省部级主要领导干部"树立和落实科学发展观"专题研究班结业式上的讲话》中首次正式提出"建设服务型政府"的主张,并明确了服务型政府的内涵和建设方向,强调政府应创新管理方式,寓管理于服务之中,更好地为基层、企业和社会公众服务。这一主张的提出,标志着我国政府治理理念的转变,即从管理型向服务型转变,强调政府的公共服务职能和社会管理职能,以提高公共服务水平,让全体人民共享改革发展成果。党的十七大报告明确提出,要把"建设服务型政府"作为深化行政机构改革的重要目标。抓住"一个核心",即加快转变政府职能;健全"两个机制",即健全行政运行机制和绩效管理评估机制。一系列中央大政方针政策的出台,明确了服务型政府的建设要求,也集中体现了中国式国家治理模式由管理型转向服务型。①

一方面,基层党组织的服务功能在国家顶层设计中不断被强化。2014年5月,中共中央办公厅印发《关于加强基层服务型党组织建设的意见》,要求基层党组织把服务作为自觉追求和基本职责,寓领导和管理于服务之中,要求从强化服务功能、健全组织体系、建设骨干队伍、创新服务载体、构建服务格局等方面来形成以党组织为核心、全社会共同参与的服务格局。自此,不断满足人民日益增长的美好生活需要,重构与民众的密切关联,回应并解决其日益多元化的服务诉求,从而强化基层党组织的合法性认同,便成为党建引领基层治理的重中之重。②

另一方面,"服务型治理"的核心内涵和本质要求也已逐步明晰,即通过服务实现治理。③ 在政府和市场之外,着手寻求"第三种机制",即通过个人、组织和系统等各层次的合作,构建一种"以整合为理念,协作为手段,服务为目标"的服务型治理构想。通过服务解决社会问题,助力社会公共秩序的形成,进而促进社会良性运行与协调发展;通过服务促进政府、社会、社会组织和服务对象之间的互相沟通、协商和共识,促成治理创新。服务型治理要求把以人为本、服务为先的理念贯穿于社会治理工作中,更新治理理念和治理方式,实现由防范、控制型管理向服务型治理的转变。

2. 服务型城市治理共同体构建及基础

"服务型治理共同体"以社会服务为前提,以多方参与为价值,以公共利益为目标,以集体规范为保证,是为应对日益复杂多样的社会需求而提出的治理方案。因此,超大城市服务型治理共同体构建的核心要义在于,通过完善的社会服务体系,以组织化方式和集体化行动来实现超大城市治理的效能提升。它秉承以人为本、服务为先的基本理念,将提供优质的公共服务、实现公共利益最大化作为其工作的核心特征,通过服务解决社会问题,助力社会公共秩序的形成,进而促进社会的良性运行与

---

① 丁志刚、熊凯:《中国式国家治理现代化的三重逻辑分析》,《中南大学学报(社会科学版)》2023年第5期。
② 陈秀红:《整合、服务与赋能:党建引领基层治理的三种实践取向》,《学习与实践》2023年第8期。
③ 王思斌:《以社会工作为核心实现服务型治理》,《中国社会科学报》2015年1月13日,第6版。

城市治理的创新发展,使城市治理的功能、价值和意义最终回归到人们的日常生活中,凸显人民性和服务性的"人本理念"。

一方面,治理主体之间呈现紧密且平等的关系。与传统治理模式下主体间的松散状态或自上而下的单一线性关系不同,服务型城市治理共同体中治理主体更强调多元化和平等化。政府通过从控制者向服务者的角色转变,与其他治理主体平等、协同参与治理。当然,政府"服务者"角色的再定位与功能的再造并不是简单地从一种角色转向另一种角色,也不是从一个功能转向另一个功能,而是要从单一性角色转向复杂性角色,从单一功能转向综合化功能。① 通过政府对社区服务来化解城市发展和治理中的困境,促进政府、社会(社区)、非政府组织与居民之间的沟通、协商和共识。

另一方面,为创造公共价值而行动且更具整体性。随着时代发展,社会问题愈发纷繁,许多问题不可分割地联系在一起,因此需要系统综合研判和解决。在服务型城市治理共同体中,"共同价值"和"服务理念"发挥着统摄作用,是对传统治理模式在价值层面的超越,在寻求"共同价值"的过程中,围绕"服务理念"而生成的伦理因素开始引导城市治理主体采取公共理性行为。服务型城市治理共同体既看重过程又强调结果,将解决问题与服务对象的发展结合起来,通过治理体系(治理关系网络)的运作或改进解决困境问题,在解决问题的过程中整个解决问题的框架(制度、体制机制)也在改进。这种相互联系的整体性更有利于问题在整体上和根本上得到解决。②

3. 服务型城市治理共同体的总体特征

在服务型城市治理共同体构建过程中,治理对象日益广泛,治理内容日益复杂,其有序运行的基础是不断寻找能够把各主体凝聚在一起的价值基础和核心理念。近五年来,上海秉承公民本位和社会本位的理念,以为人民服务为职能核心,通过运用多样的、综合性的治理方式,提供着优质公共服务,承担着治理服务责任。总的来看,上海服务型城市治理共同体总体上呈现出以下四大特征。

第一,从"行政主导"到"多元参与",健全城市治理主体。上海社会治理主体从原

---

① 李杰:《服务型治理:复杂性社会中大学治理的政府角色重塑》,《江苏高教》2018年第3期。
② 王思斌:《社会工作参与社会治理的特点及其贡献——对服务型治理的再理解》,《社会治理》2015年第1期。

有单一行政单元迈向了包含各个机构、组织、群体甚至公民个体的多元梯队式的"城市治理共同体",实现从原来单纯的政府负责向"人人参与、人人负责、人人奉献"的转变。可以说,多元参与的治理共同体建设不仅蕴含着主客体共建、共治、共享的价值内涵,同时能够在高度认同的前提下进一步提升社会整体的获得感、幸福感和使命感。

第二,从"以物为本"到"以人为本",转变城市治理重心。与以往传统意义上单纯强调数字化、指标化、效率化的"物质本位"目标导向不同,上海城市治理涵盖社会财富的共享化、社会福祉的均等化、社会参与的广泛化,以及面对社会弱势群体所施行的全面保障化等多维"以人为本"理念。正因如此,城市治理逐步从外在的制度性、技术性治理,转向内在的社会文化、心理情感治理。这一过程实际上是由外显型社会逐步转向内生型社会的发展过程,也是一个从"物本"向"人本"的转型过程,更是治理现代化与人的现代化完美结合的过程。

第三,从"供给导向"到"需求导向",提升城市治理效能。与以往强调上级部门单方面自上而下进行决策与输出的"供给导向"模式不同,上海城市治理更加强调决策部门与目标群体通过交流互动、协商探讨,挖掘出相应的可执行、可优化的需求,形成基于双方交互信任的"需求导向"模式。这一模式注重结合社区优势与群体特征进行统筹安排,既用一种"优势视角"去了解城市治理目标群体的多方能力、现有资源所在,也纳入"问题视野",对各方群体所处的实际情境、存在诉求及面临的困境进行统合考量。

第四,从"经验治理"到"数字治理",改进城市治理方式。相比于原有依托个体、组织长时间积累的治理思路、治理机制、相关方案等"经验性"治理工具,上海将互联网技术、大数据等"数字治理"手段作为服务型城市治理共同体中积极响应时代发展变化的全新形式,以及促进社会主义国家治理制度体系和治理技术现代化的重要践行方式。其核心便在于将数字技术嵌入政府行政模块和公共服务过程中,借助大数据科学分析研判,推动城市治理进程在工作、决策、服务方面的智能化,改变以往凭经验办事的方式方法,注重解决治理效率低下等现实问题,使城市治理向更高层次的信息化、智慧化迈进。

二、人民城市建设中社会治理的创新实践

五年来,上海不断对人民城市理念进行现实性转化,以强化人民城市理念为统领,凝聚多元主体共识,通过法治建设、运用现代科技手段和提高精细化治理水准,大力推动制度创新,不断探索符合超大城市特点和规律的社会治理新路,积累了丰富经验,将上海的城市治理共同体及其治理能力现代化推进到一个更高水平,为加快建设具有世界影响力的社会主义现代化国际大都市奠定了坚实基础。

(一)治理主体中"一核多方"间的统筹与联动

近年来,上海基层工作重心逐步转向公共服务和社会治理,不断聚合民意,发挥人民主体地位,激发人民群众参与活力,畅通人民群众参与渠道,让人民群众真正成为城市治理的主体,不断开创人民城市建设新局面。

1. 具体做法

在人民城市理念指导下,上海不断优化城市治理主体,强调多元主体的责任意识和协作参与,调动城乡民众、企事业单位、社会组织等多方力量的共同参与,在"一核多方"共治的基础上,向更具凝聚力、包容性的服务型治理共同体转变。

一是坚持党建引领,推进协商自治。城市治理体系是由众多子系统构成的复杂系统,要充分发挥党"总揽全局、协调各方"的领导核心作用,推动党建引领城市治理的不断深化。以往由于居民表达途径不够多样化,民众需求无法完全反馈到社区。面对这一问题,上海以基层党建工作为抓手,开展以居民协商为主要内容的"一核多方"建设,强调以党的领导为核心,充分调动街道办事处、社区党组织、居民委员会、小区业主委员会、物业服务企业、辖区社会单位、社区中介服务组织以及社区居民等多方力量,持续参与社区工作,最终形成"党委领导、政府负责、公众参与、凝聚合力、多元共治、跨界联盟"的服务型治理共同体。在上海的基层中,就是以社区党总支为核心,社区议事委员会、社区妇女议事会、社区居民委员会、社区志愿服务联盟及物业、自治组织等作为集中民意和执行服务的"多方",做到民意在前,服务跟进,相互监督,高效运行。

二是统筹内部资源，不断重心下移。建设城市治理共同体，关键在于形成合力。让各类社会组织、企业单位，以及广大老百姓都能通过各种渠道表达并参与。近年来，上海在城市治理现代化道路上，通过"党员双报到"、党建联席会议、志愿者联盟等方式，在摸清基层现状的基础上，不断创新探索高效整合资源能力。同时，为提高基层干部和一线工作人员的工作能力，让他们尽可能少走弯路。2023年底，上海出台全国首个基层治理骨干专项教育培训五年规划，围绕"教什么、怎么教、谁来教"优化完善培训体系，以组织部门牵头的市、区、街镇"三级统筹"和职能部门培训"同级备案"等机制为牵引，加大培训计划统筹、对象统筹、资源统筹力度。在理顺条块关系的基础上，强化街道主体责任，着力推进街道内设机构职能整合和功能优化。

三是引导共同参与，实现协同共治。不同社会治理环节和职能可以由单一主体实施或多元主体协同实施；同一社会治理环节和职能也可以由单一主体或多元主体协同实施。在组织化和民主协商基础上，不同治理主体的能量得到聚合、需求被充分表达，这使地区具备了在公共事务治理中进行主体性行动的能力，从而实现多元治理主体的有机整合与协同共治。畅通民意，往往是唤起居民自治的第一步。基层立法联系点的成立发挥了积极作用。仅2023年，上海各立法联系点共提出6 540条立法建议。同时，上海充分发挥"人民建议征集"渠道、"随申办"上的"随申拍"等功能，让居民参与治理、群策群力变成一种举手之劳。市民们每一次的如实上报都能得到正向反馈，这种即时反馈也激发了个体的参与城市治理的荣誉感和主人翁意识。

2. 主要成效

在人民城市理念的指导与党和政府的推动下，上海始终坚持治理主体的"一核多方"机制，在多元主体的统筹与联动中不断创新，取得了显著成效。

一是应对了不同主体间的多元利益分化。上海治理主体的"一核多方"首先化解了基层部门与群众需求的利益分化。基层政府承担治理任务的落实压力，在配置公共资源时容易出现倾向性支持行为，出现治理异化。在"一核多方"治理主体体系中，居民的需求表达渠道充沛、反馈及时，能有效规避基层部门资源匹配不适的问题。其次是缓解了多元治理主体之间的利益分化。不同治理主体的治理行动逻辑不尽相同，容易给城市社会治理带来碎片化与低效能的风险。"一核多方"的统筹与联动搭建了上海社会治理多元主体之间的公共性平台，有效打破了信息屏障和利益区隔，不断化解主体之间行动逻辑的冲突与矛盾。最后是调解了居民内部的利益分化。伴随单位制的解体和城镇化的深入,上海基层社区居民内部异质性不断加强,居民之间生计方式、经济水平、消费观念差异显著,异质性需求也愈发明显。"一核多方"关注到更多不同群体的急难愁盼问题,努力确保每一位居民不会被代表,使得城市治理的公共性和有效性得以实现。

二是达成了多元主体的治理共识。在民主参与的框架下,具有不同治理资源和能力的社会各界人士,能够通过平等的对话和理性的协商过程,就共同关心的治理目标和达成共识,共同参与公共事务治理,推动公共利益实现。[①] 在价值理念方面,通过情感治理手段凝聚不同部门、不同主体之间的力量,增强基层凝聚力。立足公共利益寻找多元主体共同目标,以目标为纽带凝聚多元主体合力,进而发挥各主体的资源优势与功能优势;在思想观念方面,加强多元主体之间平等观念建设,培育社区基层治理自信。各级政府加快职能转变,合理定位在社区协同治理中的角色地位,给予辖区内企业、社会组织等主体发展空间与发展权力,实现治理主体的增权赋能;在权责认知方面,明晰了多元协同主体之间的权责界限,避免权责缺失或权责过程现象的出现。不少社区通过"小微权力清单制",明晰不同主体的权责清单事项,将权与责一一对应,为多元主体合作治理创造良好的环境。近五年来,上海的基层立法联系点从首提地发轫,不断开枝散叶,已扩至全市16个区。截至2023年底,上海25个基层立法联系点已对107部法规征集了21 921条意见,其中2 590条被采纳。通过组织化和民主协商机制,实现多元主体的协同共治,并非意味着各主体随意无序地参与,而是依据各自在治理体系中扮演的不同角色,通过差异化的贡献形成有序的协同效应,最终共同达成既定的治理目标。

三是形成了专业稳定的治理共同体。多元治理主体针对特定的社会群体实施治理,按照职能分工形成相对稳定的治理关系时,治理格局就形成了。当多元治理主体不仅能够形成相对稳定的治理格局,而且能够使彼此的治理行为和权利义务关系不断规范化、制度化,使治理活动不断组织化、常规化时,治理体制就形成了。近五年来,上海各社区党总支在结合社区工作实际的情况下,始终坚持以党建为引领,以居

---

① 郁建兴:《社会治理共同体及其建设路径》,《公共管理评论》2019年第3期。

民共同参与为基础,形成了发现问题、探索问题、群众协商、解决问题的社区协商共建的治理思路。这一思路成功地调动了社区群众参与社区共治的积极性,实实在在地解决了许多社区的难题,更促成了一支专业稳定的治理主体组织及人才队伍。上海市业委会组建率一直保持全国领先水平。截至2023年底,全市共有住宅物业管理区域1.3万余个,其中,已组建业委会的住宅物业管理区域1万余个,占符合业主大会成立条件的住宅物业管理区域总数90%以上。与此同时,上海是全国最早探索社区工作者职业化建设的城市。近年来上海持续打造职业化、专业化的社区工作者队伍以促进治理科学化发展。截至2023年底,全市社区工作者总数达6.2万人,平均年龄40岁,大专及以上学历占比89.4%,党员比例为35.3%。

(二) 治理目标中高效能与现代化的多元融合

党的十八大以来,以习近平同志为核心的党中央高度重视社会领域的改革创新,在治理目标方面提出了诸多新要求,做出了一系列新部署,推动我国实现从"社会管理"转向"社会治理"的重大突破与创新,走出了一条适应人民需求的中国社会治理现代化道路。

1. 具体做法

近年来,在人民城市发展理念指导下,上海不负习近平总书记"一流治理"的嘱托,已从注重维护社会稳定向更好地满足人民对美好生活的需求转变。在中国式现代化进程中,上海的服务型治理共同体以科学化、精细化、智能化实现着高效能治理。

一是纾解社区发展难题,推进城市治理精细化。基层治理是国家治理的基石,夯实基层社会治理根基是社会治理现代化的重要支撑。为贯彻习近平总书记"城市管理应该像绣花一样精细"的要求,上海于2021年7月印发了《上海市城市管理精细化"十四五"规划》,提出了"规划—建设—管理"有机协同的全生命周期精细化管理路径。2024年8月底编制并印发的《上海城市管理精细化三年行动计划(2024—2026年)》,是自2018年起的第三轮三年行动计划。前两轮三年行动计划为上海新增各类公园589座、绿道1322千米,实现黄浦江59千米、苏州河42千米滨水公共空间贯通开放与品质提升。其间,上海完成中心城区成片二级旧里以下房屋改造任务,旧住房更新改造7440万平方米,既有住宅加装电梯完工超过7300台;建成美丽乡村示范村 309 个、乡村振兴示范村 112 个；完成架空线入地 913 千米。截至 2024 年 6 月底，上海已累计完成 709 个"美丽街区"建设，覆盖面积占全市街区的比例为 45.5%。以静安区静安寺街道为例，其多年来深耕基层，在各领域演绎城区精细化治理的"绣花"功夫，交出全市市容环境状况社会公众满意度测评榜首"29 连冠"的卓越答卷，打造形成了具有静安特色的高效能城区治理样板间。

二是掌握城市发展规律，推进城市治理科学化。习近平总书记曾指出，做好城市工作，首先要认识、尊重、顺应城市发展规律。新时代以来，人民群众对于美好生活的向往更加迫切，对国家公平与正义、社会安全与环境等方面的诉求也愈发强烈，给上海经济社会发展和社会治理现代化也带来了新的挑战。上海是一座拥有 2 487.45 万（截至 2023 年底）常住人口、经济发达的超大城市。近年来，上海通过开展"全生命周期管理"新举措，在公共服务方面，遵循个体全生命周期的需求，依靠大数据推动"政策跟人、政策找人"，打造覆盖全生命周期的高品质公共服务体系。同时，在城市治理中注重可持续发展，致力于推动城市绿色发展。例如，在城博会上展示的城市更新技术和绿色建筑材料，都体现了上海在可持续发展方面的努力。作为国际化大都市，上海在超大城市治理中探索建立具有全球影响的经济发展、科技创新、安全发展等城市顾问制度，聚全球智慧引领城市发展。

三是服务国家发展战略，推进城市治理智慧化。近年来，作为长三角龙头的上海，在人民城市理念指导下，积极引领并组织动员各级政府、市场主体、社会组织、社会公众等多元主体共同参与社会治理，充分发挥多元治理主体的协同作用，有效协调社会利益关系，解决社会矛盾冲突，增进社会认同，促使社会既充满活力又和谐有序，最终实现社会公平正义与人的自由全面发展。以上海大力推进长三角全域公共服务均等化和智能化为例，截至 2024 年 6 月，从上海辐射到苏浙皖的"一网通办"政务服务系统不断创新，已推动建立了 152 项政务服务事项、52 个居民服务事项的长三角数据共享交换、管理系统与配套制度规范统一的工作体系，帮助长三角居民实现了跨省市线上"单点登录、无感切换、全程网办"，线下"收受分离、异地代收、就近可办"，实现了身份证、驾驶证、行驶证等 37 类高频电子证照共享互认。公共服务一体化的速度、深度、广度和温度不断被激活和彰显，越来越多的长三角人民享受到了民生红利。

2. 主要成效

作为中国最大的经济中心、世界一线城市，上海坚持守正创新，健全党组织领导的治理体系，应对城市治理需求的复杂多变，以高效能治理与治理现代化为目标，不断砥砺前行。

一是遵循人民城市理念，实现了城市治理理念的根本转变。2022年底，北京市、上海市、济南市等在内的13个城市共同发布《城市治理现代化北京宣言》，将"坚持人民至上，共创美好生活"定为宣言主题，凸显了人民城市理念对推进城市治理体系和治理能力现代化的引领作用。上海市通过不断完善治理方式、构建现代化治理格局等举措，满足新时代人民群众物质和精神层面的多元利益诉求。同时，人民城市的幸福生活不是凭空而来，单纯依靠党委政府构建服务型城市治理共同体并不现实，当人民切实意识到自身在城市治理中发挥的重要作用后，城市治理现代化才会获得源源不断的动力，有关部门千方百计地动员群众、凝聚共识，着力将协商民主嵌入城市治理的各环节各方面，充分发掘城市治理与协商民主间的关联，拓宽基层各类群体有序参与基层治理渠道，推动政府、市场和社会等多元主体同向而行，从而构建出符合人民意志、保障人民权益的服务型治理共同体。

二是完善城市现代化治理体系，升级更新传统治理模式。人民城市理念指导下的城市服务型治理共同体坚持科学性、人民性、历时性和空间性等原则，为推进城市治理现代化提供了有益思路。首先，以人民城市为发展理念，厘清长期规划与短期规划的作用，科学研判现有城市治理体系的短板和弱项，提升城市治理的核心功能和发展能级。其次，上海以绣花般功夫对城市进行精细化治理也是人民城市的题中应有之义，通过对治理方式和流程的优化再造，为群众供给更加契合需求的公共服务，能够有效提高人民城市的温度，增强人民群众的获得感和幸福感。最后，上海充分发挥云计算、大数据、区块链等技术在城市治理中的融合运用，推进数字治理基础设施建设和"一网统管"工作，拓展数字化城市管理平台功能，用"不可缺少的手段"实现"不可抛弃的目的"，以"智"促"治"，切实推进城市治理的智能化、现代化、服务化。

三是着力创新人民城市理念，引领城市治理现代化的制度设计。近年来，上海牢牢把握新的城市发展形态，推进城市治理现代化。首先，有序推进基层治理法治化、规范化，总结地方城市管理立法经验，未来努力引领推进全国性城市管理和综合执法方面的立法工作,一体推进政务公开、营商环境建设、公共安全常态化治理、公民隐私和数字伦理规范等工作,夯实城市治理现代化底座。其次,健全畅通的信息反馈和沟通机制,开放和优化政府科层结构,摒弃"维稳""摆平"固有思维,通过人民代表大会、政治协商会议、基层群众自治等制度安排,以及居民议事厅、专家座谈会、意见征询会等政策设计,重视和发挥多向度沟通协商的作用,把人民群众的知情权、参与权、监督权等真正落实在城市治理现代化实践上。最后,充分发挥考评指挥棒作用,逐步将人民城市理念嵌入干部考核制度体系。深入开展城市治理理论研究,明确城市治理现代化的重点任务和指标体系,通过科学评价、正负激励、加强培训、选好配强队伍等一系列举措,激发领导干部践行人民城市理念的内生动力。

(三) 治理内容中服务、管理与发展相结合

近年来,上海坚持以人民为中心的发展思想,将社会治理与社会服务衔接起来,努力处理好服务、管理与发展之间的关系,将追求高质量发展治理共同体不断优化完善。

1. 具体做法

在基层社会治理中,首先需要强化服务功能。无论是社区工作者还是社会工作者,最主要的职能都是为人民群众提供切实有效的服务。其次要将治理与服务相结合,最后更要面向未来,着眼于高质量发展。服务、管理和发展三个"轮子"要有机结合,形成一个整体。近五年来,秉承人民城市发展理念,上海将城市社会治理工作从"管制型"转为"服务型",从"网格化管理"转为"网格化服务"和"高质量发展",努力满足市民们日益多元化、个性化的需求。

一是重心不断下移,减负增能,探索善治之道。早在2014年上海就将"创新社会治理、加强基层建设"列为市委一号课题,基层工作重心就开始鲜明地转向公共服务和社会治理。10年间,为基层赋权、减负、增能的一系列举措逐步到位,上海的基层治理在实践中有序走向科学化、标准化、现代化,典型案例不断涌现。黄浦区推广了居委干部错峰错时上班制,实现为居民服务全年无休;长宁区延伸"小板凳"走访工作法,确保全体居委干部每周固定半天在社区微网格现场办公;闵行区发布"社区工作者胜任力模型"和"能力评估报告",全方位推动社区工作者综合胜任力的提升;普陀

区万里街道率先引进"OSM"现场管理系统,从资源管理、服务管理、安全管理和社会责任管理四个方面建立了居委会精细化管理的标准体系;黄浦区五里桥街道"一天见两面"是不少社区服务居家老人的标准……还有全市如雨后春笋般出现的社区食堂已成为上海市民追捧的对象,不少街道的社区食堂不断丰富变化菜品供给。如今市民们司空见惯的"家门口"设施与服务,仍然在持续迭代升级,不断释放更大的治理效能。

二是提升队伍专业化建设为全国打样。虽然社会工作者在中国已经实现职业化,但是社区里还有很多人没有社会工作者的职业证书或职业资格,同样从事着与社区治理及服务相关的工作。2024年3月28日,中共中央办公厅、国务院办公厅印发《关于加强社区工作者队伍建设的意见》,这是第一个专门关于加强社区工作者队伍建设的中央文件,也是对上海在社会治理领域长期探索的肯定。近年来,上海在社区工作者的规范化和制度化道路上不断精进,打造了一支政治坚定、素质优良、敬业奉献、结构合理、群众满意的社区工作者队伍,不断壮大着城市基层治理骨干力量。曾被认为专属"阿姨妈妈"的社区基层工作,无论工作方式还是人员组成,都早已今非昔比。截至2023年底,全市社区工作者总数达6.2万人,平均年龄仅为40岁,年龄结构整体良好。与此同时,上海不少区都已成立了自己的社工学院,通过赋能培训课程,全方位提升了社区工作者的综合能力。

三是壮大社会组织以服务经济社会高质量发展。在上海加快建成具有世界影响力的社会主义现代化国际大都市进程中,社会组织是一支重要的生力军。早在2019年上海各区和街镇层面就已形成了政府购买社会组织服务制度体系。基层政府积极推动社会组织融入社区治理体系。2020年全市居村民问卷调查数据显示,79.4%的被访者在过去一年参加过社会组织举办的社区活动。基层社区中社会组织生态体系日益健全,不同类型社会组织之间开始形成紧密合作的生态发展模式。截至2024年8月底,上海共有社会组织1.73万家,总资产超700亿元,在服务上海经济社会高质量发展中发挥了积极作用。同时,随着高水平改革开放和高质量发展工作的进一步深入和推进,上海民政始终坚持新发展理念,突破固有思维定式和工作范式,主动关心前来办事的群众或组织的各类需求,帮助解决各类主体在申请社会组织登记环节中的疑难问题,变"被动应对"为"主动服务"。

2. 主要成效

习近平总书记指出,推进城市治理,根本目的是增强人民群众获得感、幸福感、安全感。一直以来,上海深入践行"人民城市为人民"理念,在社会治理工作中努力将服务、管理与发展相结合,坚持把最好的资源留给人民,用优质的供给服务人民,让人民群众共享城市高质量发展的成果。

一是全面增强了群众工作能力。当前,我国发展面临前所未有的复杂环境,社会治理面临的问题复杂多样,迫切需要增强群众工作能力。群众路线是中国共产党的生命线。在推进社会治理现代化的过程中,上海以满足广大人民群众的根本利益为工作的出发点,不断改进群众工作方法,增强群众工作能力,有效调动群众参与社会治理。与此同时,当前上海的基层工作者愈发年轻化,缺乏丰富的人生阅历,想要紧密联系群众,厚植群众工作思路,以人民为重是最佳切入点。要以全心全意为人民服务为出发点、以提升政治功能和组织力为重点、以体制创新为抓手、以信息化为支撑,把加强基层党组织建设、培养锻造高素质干部和创新城市基层治理深度融合,打通影响治理效率的痛点堵点问题,初步形成全域覆盖、上下联动、精准到位、运行高效的基层治理运行机制,在全面增强基层群众工作能力的同时,实现了服务精准投送、治理精准落地。

二是持续提高了百姓生活水平。上海的社会治理坚持将服务、管理与发展相结合,不断以保障和改善民生为己任。基层工作以深入民众为主,不管是直接服务还是间接服务,都要深入了解他们的需求和难处,而且有针对性地开展实际服务。在推进实施社会政策的同时,需要结合基层工作实践,提出优化完善建议,提升治理效能,以促进经济社会发展。数据显示,2024年前三季度,上海市居民人均可支配收入高达66 341元,同比增长4.2%,稳居全国首位。在医疗方面,加快优质医疗资源扩容和均衡布局,构建整合型、高品质卫生健康服务体系,全方位全周期保障人民健康,创新推出普惠型城市定制商业保险——"沪惠保",与本市基本医疗保险形成互补;在养老方面,为积极应对人口老龄化,上海构建了以社区综合为老服务中心为枢纽平台的社区嵌入式养老服务"1+8"体系,加强老年健康服务供给,提升"全专结合""医防融合"服务能力。上海的社会治理坚持以服务发展为导向,不断改善着人民的生活品质。

三是促进了全社会的高质量发展。上海城市治理的各个方面充分考虑主体感受、确保公平正义。比如,营商环境建设,就要以经营主体"获得感"为标准制定规则,力争市场化、法治化、国际化。近年来,上海持续推动社会治理共建、共治、共享,探索出一条超大城市高质量发展路径。通过用心用情推进民心工程和民生实事,上海坚持把最好的资源留给人民,用优质的供给服务人民,让更多发展成果惠及人民,人民生活水平持续提升。2023年,上海市居民人均可支配收入超过地区生产总值(GRP)的增长,政府降本幅度超过10%。59个机关、企事业单位附属空间对外开放、为民所享。居民的消费观念不断升级,个性化定制服务、家居设计等高端消费正逐渐兴起,成为城市生活品质提升的重要标志。2024年5月,上海在商务部组织的国际消费中心城市培育建设中期评估中获得第一;新能源汽车保有量达128.8万辆,排名全球城市第一。作为国际进口消费品集散中心,上海世界知名高端品牌集聚度超过90%,一线国际品牌覆盖率98%,国际零售商集聚度位居全球第二。工业战略性新兴产业总产值占规模以上工业总产值比重达到43.9%,集成电路、生物医药、人工智能三大先导产业规模达到1.6万亿元。

(四) 治理过程中数智化和以人为本同步转型

现代城市,特别是超大城市承担着多维治理目标,但在达成这些目标的过程中,一些深层瓶颈问题较为凸显,比如:如何在充分提升政府自上而下的行政管理效率的同时,有序推动自下而上的居民自治与社区共治;如何在充分激发社会活力的同时,构建有序的社会运行新格局;如何在面对流动社会不断拓展治理网络的同时,控制治理成本和提升治理效能。要从根本上破解这些问题,就必须创造性地开展城市治理工作。

1. 具体做法

近年来,上海通过在治理工作中进行数智化和以人为本的同步转型,不断提升城市治理能级,为人民提供更好的服务和更有序的管理,更高效地应对超大城市的治理难题。

一是推出全国首创智慧城市"两张网"。抓住牵引治理体系和治理能力现代化的"牛鼻子",上海在全国首创推出"两张网":政务服务"一网通办"和城市运行"一网统管"。截至2024年7月,"一网通办"已接入事项3 668项,累计办件超4亿件,打造出

41个"高效办成一件事"标杆场景。全市所有的事项办理超过80%在网上完成。同时,"一网统管"已打造28个"高效处置一件事"标杆场景,包含了应急、消防、交通等诸多方面的城市安全保障工作,基本实现了城市各类风险和突发事件的"四早五最",即早发现、早预警、早研判、早处置,并在最低层级、用最短时间、花相对最小的成本、解决最大的关键问题、争取综合效益最佳。在《中国城市数字竞争力指数报告(2023)》中,上海以89.17的总分列居第一,位于全国数字化转型引领梯队。在2023年全球智慧城市博览会上,上海"两张网"建设更是获评全球智慧城市数字化转型最佳案例。

二是构建"互联网+社区"建设和服务平台。通过完善顶层设计,近年来上海各级政府都在加强基础设施建设,推进社区感知网络的设备改造,通过构建"互联网+社区"建设和服务平台,合理布局服务配套设备,维护好通信网络设施设备,提高了基层治理的系统集成与共享能力。早在2016年,上海市最年轻的街道——普陀区万里街道就推出了上海首个"掌上居委会"。有了它,居民与社区工作者之间的联系愈发紧密,大家对于社区情况也有了更多的关注。针对居民需求,建立广泛参与的社区网站和论坛,提升系统活力。伴随着技术发展迭代,截至2023年底,由上海市民政局推出的社会治理线上综合平台"社区云"小程序集社区治理与公共服务于一体,目前已更新至2.0版并已在全市覆盖,"上云率"近八成。以物联网、云计算、移动互联网等新一代信息技术为手段,上海正在不断努力对信息进行全方位高效率采集,构建统一的数据采集标准,让社区数据在各种应用中充分共享,最大限度地避免"信息孤岛"。

三是打造全员、全龄友好的新局面。数字技术在发挥巨大效能的同时,也伴生着数字鸿沟、数字壁垒等现象。秉承人民城市发展理念,上海既努力发挥大数据、云计算、区块链、人工智能等数字技术的效率,也努力打造着数字技术应用以及城市生活全员友好、全龄友好的新局面。具体而言,上海以人民群众的实际需求和真实问题为起点进行数字政府规划和建设;以多样化技术满足不同人群的实际需求和真实问题;以线下服务方式托底保证数字服务的均等化和包容性。在这个科技发展日新月异的时代,上海不断用数字技术和温馨服务帮助老年人与数字时代"同频共振""随申无碍",共享数字社会红利。截至2024年7月底,遍布全市的134个"爱心翼站"已开展智慧助老微课堂33期,覆盖人数81.93万人次。伫立在上海街头红色的Hello老友亭已覆盖上海16个行政区、176个街镇、600多个点位，按15分钟生活圈布设，中环内覆盖率达到80%。此外，对儿童友好，是社会文明程度提升、社会治理精细化的必然要求，体现着一座城市的远见与担当。上海市黄浦区2023年开始打造"一米童创新天地"项目，引导儿童参与体验空间设计活动，融入儿童视角，对公园、绿地、街道等现有标识导览系统进行"适儿化"提升。

2. 主要成效

新科技革命和社会治理现代化深度融合是面向新时代"中国之治"的内在逻辑和必然要求，上海的社会治理在数字转型中不断坚持以人为本，起到了"路标效应"。

一是技术更迭提升了治理效能。在新一轮技术社会浪潮中，技术迭代与社会治理体系和治理能力产生化学反应，使得社会治理现代化从平稳发展到迎来重大变革。数智转型是时代发展的趋势，将数智化技术融入治理之中是探索解决城市发展顽疾的重要路径。科技创新对于基层治理水平的提高具有重要推动作用。在现代治理的话语体系下，新科技革命为治理主体多元化创造了有利条件，从技术可操作性层面实现了治理方式的多样化，进而不断营造出社会治理理念转变的良好环境。同时，科技创新催生了基层治理新型价值，为基层治理提供新的思维理念、方式方法；为基层群众创造新型价值，使其得以充分享受技术发展带来的福利。此外，各级政府借助信息技术的力量积极宣传思想理论与政策主张，提高运用新媒体引导舆论和动员群众的能力，同时紧密关注舆情动态，高度重视群众呼声，耐心倾听网民意见，及时回应社会热点关切，全面提升了舆情应对能力。

二是扁平架构提高了治理精准度。新科技革命让技术与社会的关系网络突破了政府垄断和市场垄断，实现了向更加微观精准的元治理转变。一方面，新科技革命激发了多元主体的活力，社会治理的固化现象得以缓解，信息技术的发展克服了传统信息交换成本高、效率低、速度慢的缺点，使居民和社会组织等主体参与社会治理更加便捷，有利于激发其参与治理的意愿；另一方面，新科技革命所建构产生的平台效应为更多主体参与社会治理创造了可能性，有利于实现政府、公众、企业、社区工作者等城市治理主体的协同性。与此同时，更加扁平化、多样化的科技手段让治理场景从物理空间转为数字场域，形成了更高效精准的服务治理网络。数智化还实现了"公众赋权"和"社区赋权"，高新技术的孵化和应用使公众和社会组织深度参与社会的数智化治理,可以有效弥补政府治理的盲区、排解科层式管理的堵点,更加全面细致地解决社会问题。

三是提前布局了不确定性风险治理。指数级新兴技术的不断涌现、交叉和蝶变推动着社会生产生活方式的变革。在新科技革命的冲击下,社会利益冲突伴随着社会格局的调整不断涌现,基本民生问题、流动人口问题、阶层贫富分化问题、资源配置不均衡问题等新风险的叠加对当前的社会治理提出了更大的风险挑战。而随着互联网和信息技术的普及应用,传统风险在新技术下的迭代极易产生乘数效应,增加了当前的社会治理难度。依托互联网产生的各类非正式群体增加了线上、线下两个维度的社会群体性事件的发生概率和发生规模,政府信息安全问题、用户个人隐私问题也给传统社会治理带来了极大的考验。近年来,上海坚持以人民为中心,不断自我突破。在创新驱动发展中探索科技以人为本的治理路径。以人民利益为重,以人民福祉为本,以人民意愿为基,增强基层应对不确定性风险的能力,确保人民群众享受到更多的科技红利。

(五) 治理结构中组织形式和体制机制的创新

党的二十届三中全会提出"要完善共建共治共享的社会治理制度",这是新时代加强和创新社会治理的重要任务,其成效将直接影响我国国家治理现代化水平。新征程上,上海更要以体制机制创新推动基层治理水平的提升,实现治理效能最大化。

1. 具体做法

近五年来,上海按照"城市是生命体、有机体"的要求,坚持系统思维,发挥好各方力量,探索具有中国特色、体现时代特征、彰显我国社会主义制度优势的超大城市发展之路,着力打造治理体系和治理能力现代化的城市样本。

一是推陈出新用党建串联治理主体。为绣好超大城市治理的"绣花针",织起城市治理的"大网格",统筹不同类型城市空间的治理问题与治理需求,上海不断加强基层党建引领,通过将"支部建在连上"实现城市治理结构扁平化,通过积极主动地抓好社会治理的重心与合理关切,不断提升治理效能。从上海的"两新组织""楼宇党建"到"社区党建""区域化党建",再到长三角G60科创走廊九城市"产业链供应链创新链党建",从"党员双报到"到"党建联席会"再到"红色物业",上海的基层党建工作与时俱进，积极探索，不断推陈出新，在充分调动各治理主体主观能动性的同时，还尝试着让治理对象变成治理力量。2023年5月，党建引领网格实体化已在闵行区七宝镇全域推开，通过推进全域组织体系、全域共建体系、全域流程体系等"三大体系"建设，构建协调沟通、定向培养、督查约请、考核评价、路管会自治联动、组团式协治联动、分类化共治联动等"七项机制"，显著提升了引领治理能力、综合处置能力、服务群众能力等"三项能力"，实现了全空间治理、全机制调动、全主体联动，基层治理效能明显提升。

二是立法政策双重推动重点区域先试先行。好的政策制度环境是实现社会治理现代化的根本保障。2021年4月23日正式发布的《中共中央 国务院关于支持浦东新区高水平改革开放打造社会主义现代化建设引领区的意见》对浦东新区乃至全上海以全面高效回应人民群众需求为中心，促进城市治理高质量发展具有标志性意义。2021年9月通过的《上海市浦东新区深化"一业一证"改革规定》优化了审批流程和集中审批程序，将市场主体进入特定行业涉及的"多张证"整合为"一业一证"，成为上海市人大常委会取得全国人大常委会立法授权之后出台的首部浦东新区法规。此外，当前上海已成为全球仲裁机构资源最集中、最丰富的城市之一，拥有国际化的仲裁员队伍和先进的仲裁服务，为境内外当事人提供了优质、专业、高效的商事争议解决服务。上海法院在推进首创性改革、推动数字改革赋能、提升诉讼效率、减轻企业诉讼负担、坚持企业感受度导向等方面做了大量卓有成效的工作。2023年上海市法院系统对标世行新的评估体系后，推出了146项制度机制的改革措施，以促进诉讼质量和效率的提升。在这些措施中，有9项首创性改革在全国得到复制推广。

三是术业有专攻跨领域协同创新。坚持社会治理创新与其他领域改革协调推进是中国社会治理现代化的必然要求。上海推进社会治理制度建设，始终坚持问题导向，把专项治理与系统治理、综合治理、源头治理结合起来。一方面，不断汇聚专业力量，加强人才队伍建设。积极发展社会治理各类专业性、社会性力量，诸如社会工作专业人才、社会志愿者队伍力量、人民调解员、驻村法律顾问等专业技术人才，积极构建合作型、共识性的主体参与模式。不断加大社会治理服务人才培养力度，健全培训机制，落实人才培养方案，理顺基层人员晋升机制，为基层留住人才。另一方面，树立系统思维，坚持社会治理创新与其他专业领域的协调推进，使各项改革良性互动、相互促进，而不是相互掣肘、相互阻碍。例如，上海持续深化推广由公安牵头的派出所、司法所、律师事务所"三所联动"机制，将法治思维注入矛盾化解的前端。截至2024年8月，全市已全面建立起"三所联动"工作机制，共有223家司法所、320家公安派出所、268家律师事务所参与，截至2023年底已联动化解矛盾纠纷33.6万件。

2. 主要成效

伴随上海治理体系的不断发展，服务型治理共同体不断成长，其综合治理能力和高效协调水平也稳步提升。在制度化运作、创新性实践、可持续模式方面都取得了突破性进展，给全国其他地区源源不断输送样本。

一是推进了全过程人民民主深度融入城市治理。通过制定出台相关法律法规，上海的社会治理体系确保了主体参与机会的公平、参与方式的有序，依法保障了城市治理秩序和活力的有机统一。与此同时，治理中统筹安全与发展，建立了"事前风险防控、事中风险控制、事后风险化解"的系统化风险化解机制，建设着安全韧性城市。在推进全过程人民民主深度融入城市治理的进程中，实施着更好满足人民群众对美好生活向往的高品质服务供给战略，不断完善政府购买服务机制，提高公共服务供给能力和质量。通过深化户籍制度改革，提高基本公共服务对外来人口的开放度，加大公共服务的跨区域协同共建共享，推动中心城区优质服务资源向新城区疏解和集聚，高起点、高规格、均衡化配套建设服务设施，把上海打造成高品质服务新高地，打造人人拥有高品质生活的幸福城市。

二是构建了不断创设参与性的服务型治理共同体。在"一核多方"治理体系下，上海构建的服务型城市治理共同体以创设和提高参与性为主，[1]其核心在于将个体嵌入相应的组织共同体之中，并促进多元主体在治理实践中形成一种功能耦合的互补式协同治理。由多元治理主体组成的共同体并非一种落实治理政策的工具性存在，而是形成治理的集体性意志，主动发挥创造性功能的关键机制。[2] 其中，基层组织是一种具有制度性、专业性、事务性的组织化形式，培育并检验了治理主体的行动

---

[1] Shan F, Zhao Y. Study on the Management Models of Urban Multi-Ethnic Community in Northwestern Cities of China — The Case of Lanzhou//International Conference on Business Intelligence & Financial Engineering, 2012.

[2] 吴重庆、张慧鹏：《以农民组织化重建乡村主体性：新时代乡村振兴的基础》，《中国农业大学学报（社会科学版）》2018年第3期。

能力。从不同维度构成了上海治理主体的组织化实践路径,在治理目标的指引下,组织化行动实现对社会多元主体的动态整合。参与性的共同体创设增强了居民社会治理的主人翁意识,在参与中贡献智慧、在互动中增进共识,实现公共利益最大化,夯实共同体建设的广泛社会基础。

三是提高了服务型治理共同体的动态发展能力。在上海基层社区精细化的不断深入探索中,社区自身通过扫描环境发现机会,并据此整合、构建和重组内外部资源以改善运营操作能力,从而适应动态复杂快速变化环境的能力也正在逐日增强。社区治理离开居民参与就会变得空洞且无力,培育居民参与社区建设和治理的主体责任,能高效提升社区温度和黏度。通过资源的整合和再调度,上海城市社区基层工作者及城市居民的自我认知能力得以提升,并对所辖所处社区有了更全面丰富的认知。近年来,上海社区工作者的思维方式、看问题的角度以及处置问题的能力都得到了优化。从以往的被动地"要我做",逐渐向主动地"我要做、我能做"甚至是创造性的"我来做"转变。在动态发展的理念之下城市社区自我更新能力得以培育,最终必将服务于实现人的自由全面发展。

三、服务型城市治理共同体的深化与提升

服务型城市治理共同体建设的社会化活力来自人们自觉自愿的组织化行为,各种社会文化、情感与心理的认同既是这种自觉自愿行动的精神动力,也是城市治理迈向现代化的动力源泉和价值追求。从这个角度看,服务型城市治理共同体反思了传统城市治理术的技术价值预设,旨在通过治理结构和功能的完善形成更加协调的城市环境。作为一种全新的治理思路,服务型治理共同体不仅实现了对城市治理价值的再反思、理论的再定位以及实践的再建构,也同步开启了超大城市治理转型的新向度。面向未来,上海如何将善治理念精准落地为政策并加以执行,并在此过程中不断满足民众的相关需求,不断开创人民城市建设新局面,成为新时代"上海之治"的重要内容。

(一)服务型城市治理更高目标愿景

当前,上海的服务型城市治理共同体已具雏形,并产生了很好的实践效果。下一

步,在人民城市理论的指导下,上海的服务型城市治理更高目标愿景是构建一个更高效、公正、可持续、智慧且充满人文关怀的城市。这个愿景的实现需要政府、市场、社会和居民等多方面的共同努力和协作,共同推动上海城市治理的现代化、数智化和人性化发展,也唯有此才能真正实现人人参与、人人负责、人人奉献、人人共享。

其一,高效是服务型治理的基石。服务型治理强调的是政府或组织以服务为导向,积极主动满足民众需求。在这一模式下,提供高效的服务是至关重要的。高效意味着能够快速、准确地响应需求,减少不必要的延误等待和浪费,提高民众的满意度和信任度。更为重要的是,高效的服务型治理有助于提升资源的利用效率。在有限的资源条件下,通过优化流程、提高决策效率、加强跨部门协作,减少浪费,确保资源得到最有效的利用,实现城市治理的快速响应和高效运作。这不仅可以满足更多民众需求,还可以全面提升政府或组织的形象和公信力。此外,高效的服务型治理还能够促进创新和进步。在追求高效的过程中,政府或组织需要不断探索新的服务方式和技术手段,以适应不断变化的社会需求。这种创新精神不仅有助于提升服务质量,还可以推动整个社会的科技进步和文明发展。然而,要实现高效的服务型治理,并非易事。它需要政府或组织具备强大的组织能力和执行力,能够迅速响应和应对各种挑战和变化。同时,还需要建立科学、合理的绩效评估体系,以确保高效的服务提供得到持续的激励和保障。

其二,公平是服务型治理的标尺。服务型治理的本质是强调政府或治理主体以服务为导向,以满足公众需求、提升公众福祉为目标。在这一框架下,公平公正成为衡量治理效果的重要标尺。既确保城市治理的公正性和公平性,又为所有居民提供平等的机会和资源。这要求城市治理必须兼顾不同社会群体的利益,消除歧视和偏见,促进社会和谐稳定。在资源配置上,政府应确保公共资源的合理分配,避免资源过度集中于某一特定群体或地区,从而保障所有公民都能享受到基本的公共服务。在机会提供上,政府应创造公平的社会环境,使每个人都有机会通过自身努力实现个人价值和社会地位的提升。在责任担当上,政府应明确各治理主体的责任边界,确保各方在享受权利的同时,也承担相应的义务和责任。此外,公平在服务型治理实践中还体现在政策制定和执行过程中。政府应广泛听取公众意见,了解公众需求,确保政策制定符合大多数人的利益。在执行过程中,政府应加强对政策执行情况的监督和评估,确保政策得到有效落实,同时及时调整和完善政策,以适应社会发展的需要。

其三,绿色是服务型治理的内核。将绿色发展理念融入服务型城市治理的全过程,才能切实推动"三生(生产、生活、生态)融合"。近年来,上海城市绿化覆盖率不断提高,公园绿地、生态廊道、屋顶花园等绿色空间成为市民休闲娱乐的好去处,有效缓解了城市热岛效应,提升了空气质量。截至2023年底,"一江一河"沿线已有32座环上公园建成开放。绿色建筑与低碳社区的建设,通过采用节能材料、雨水回收、太阳能利用等技术手段,降低了建筑能耗,减少了碳排放,为居民创造了更加健康、舒适的居住环境。绿色出行方式的推广,如公共自行车租赁系统的完善、电动汽车充电设施的普及、步行与骑行友好型道路网络的构建,正逐步改变市民的出行习惯,鼓励大家减少私家车依赖,选择更加环保的出行方式。2024年上半年,上海新能源汽车推广应用新增35.35万辆,市场渗透率达67%,累计推广量已达136.7万辆,占全国近10%以上。与此同时,垃圾分类的严格执行与资源回收体系的建立健全,不仅增强了市民的环保意识与责任感,还促进了资源的有效循环利用。与之相伴的是不断上升的全市公众生态环保满意度。2023年,全市公众生态环保满意度综合得分81.65分,较2021年提高0.29分;其中绿色生活方式更是达到了88.78分。[①] 上海的绿色生活实践逐渐构建起自然与人类、城市与市民同发展、共促进的命运共同体。

其四,数智是服务型治理的大脑。智慧城市,作为信息化时代的城市进化形态,正以数据驱动的方式重塑着我们的城市面貌与生活方式。随着物联网、大数据、云计算、人工智能等前沿技术的深度融合与广泛应用,通过智能感知、智能分析、智能决策和智能执行等手段,城市治理的智能化和精细化水平不断提升,为民众提供了更加便捷、高效、个性化的服务。在2020全球智慧城市大会正式发布的世界智慧城市中,上海从全球350个城市中脱颖而出,获得最高殊荣——世界智慧城市大奖。这是中国城市首次获得该奖项,充分表明上海的智慧城市建设成效卓著,得到了来自全球的广泛关注和高度认可。近年来,上海通过集成智能安防、环境监测、社区服务等功能,为民众营造了一个安全、舒适、便捷的居住环境,不断提升着居民的生活幸福感与安全感。2023年,上海市长宁区北新泾"AI+社区"作为上海首个智慧社区建设示范点开

---

① 上海市人民政府:《上海市生态环境局关于2023年度公众对生态环境满意度调查结果的通报》,上海市人民政府网,2024年5月15日,https://www.shanghai.gov.cn/gwk/search/content/1c907212b922450f979fdf6f4bb01207。

展实践探索,初步探索出一条具有上海特色的无障碍、数字化建设之路。智慧生活的全面普及,不仅让城市运行更加智能、高效,还为居民带来了前所未有的便捷与舒适,是创造高品质生活不可或缺的重要手段。

其五,人文是服务型治理的灵魂。人文不仅关乎人的情感、价值观和文化认同,还涉及对人的尊重、理解和关怀。在服务型治理中,这些人文因素被转化为具体的服务理念和行动,成为提升治理效能和民众满意度的关键。要关注民众的精神需求和情感体验,营造温馨、和谐、包容的城市氛围。通过加强社区建设、推动文化繁荣、提升公共服务质量等方式,增强居民的归属感和幸福感,让城市成为居民心灵的港湾。通过注重人文因素,政府可以建立更加紧密和信任的关系,提升公众对政府的认同感和满意度。这有助于增强政府的公信力和权威性,为政府的各项决策和行动提供有力的支持。同时,人文因素还可以激发公众的积极性和创造力,推动社会的持续发展和进步。2023 年,上海了推出 113 个"社会大美育"课堂,全市 200 余家专业文化艺术场馆机构"打开围墙",开展艺术普及教育活动近 8 000 场。同时,上海还通过举办各类文化节、民俗活动及非遗展示,深入挖掘并弘扬地方特色文化,让市民在参与中感受文化的魅力,增强对本土文化的认同感与自豪感。

(二) 科技赋能创造和引领智慧城市

习近平总书记强调,要全面贯彻网络强国战略,把数字技术广泛应用于政府管理服务,推动政府数字化、智能化运行,为推进国家治理体系和治理能力现代化提供有力支撑。上海在优化完善人民城市服务型治理共同体时,要不断强化数字赋能,促进"整体智治",满足人民日益增长的美好生活需要。

一要不断前行突破技术壁垒。上海的数字转型发展需要依托大数据建立全域数据信息共享平台,形成公共数据资源中心,消除信息孤岛。同时需要加快建立跨域跨界的环境监测、养老服务、人力资源、社会保障、信用体系等数据库,建设上海城市数据信息共享平台。首先,打通数据壁垒,实现跨区跨界的业务协作。当前最重要的是规范标准化业务数据接口,如异地执法、跨域监管等区域间协作业务,有力支撑全域协同政务服务。其次,整合资源,推动数字产业发展。通过数据信息共享平台建设,整合基层现有各类政务信息资源,并提供增值数据服务,实现规模运行的集约经济效应。同时,数据信息共享平台的建设也将带动大数据、软件开发集成、信息系统运维、信息服务等相关数字产业的发展,为数据产业链的发展带来巨大的经济效益。再次,通过数据挖掘加工,产生巨大的商业价值。数字经济产业推动知识和数字网络经济发展。通过政企数据融合,集聚一批企业和人才,围绕数据挖掘利用进行研究开发,催生和培育一批移动互联网产业、大数据产业及数据服务产业,促进经济增长由粗放型向集约型转型升级。最后,营造良好的商业环境,促进城市服务转型和服务经济增长。依托数据信息共享平台汇聚的数据资源,可推动形成政务服务个性化、城市管理精细化、政府服务便捷化、产业发展智能化的格局。通过收集分析数据和智能信息以更准确地规划各类业务基础架构和政务服务,从而创造更加具有竞争力的商业环境以吸引投资者,促进城市服务转型和服务经济发展。

二要努力创新实现技术融合。社会治理现代化是系统治理、依法治理、综合治理和源头治理的全方位立体化工程,推动社会治理效能的提升必然要有充分的理论创新。要加速推动社会治理的标准化、协同化、精准化、规范化和信息化,就需要将新科技革命的理论成果切实转化为社会治理效能。尤其是努力实现更多"从0到1"的突破,突出抓好原始创新能力的提升,构建好共建共治共享社会治理格局的基础支撑。同时,面向新全球化、产业变革与社会转型三重叠加的历史交汇期,要实现更加精细化、更加便捷化、更加智能化的社会治理,亟须做好新科技革命的创新成果转化。为有效应对数字治理进程中所衍生出的新风险与困境,未来不仅需要继续加强数字技术创新,还需在此基础上联合技术网络打造关系嵌合及响应机制,打破以往的一刀切、条块分割管理体系,妥善运用大数据网络,为社会治理提供有力的技术支撑,有效综合各部门信息资源。此外,"区块链"催生了社会治理现代化的新契机,面向"中国之治"的时代要求,要使"区块链"时代和社会技术交相耦合,通过自然技术和社会技术的相互赋能,从技术上实现社会的良性运转,有效解决不信任问题,进而推动社会治理体系和治理能力现代化。还应以智能物联网激发社会治理效能,把新技术、新应用融入社会治理各个环节,优化"城市大脑"、提升智慧社区建设水平、做细数字治理平台,不断拉动新技术、新应用的创新力、创造力和生产力。

三要正确处理好科技与人的关系。在社会"技术化"的历程中,把技术环境和技术工具作为"为我所用"的依托,推动"技术向善",促进人工智能融入社会,共同走向善治，避免出现智能风险、智能偏见、智能失权。要把以人为本作为社会治理现代化的逻辑起点。社会治理现代化的实现依赖于人工智能时代的技术产出和成果转化，而人工智能的走向和发展更要服务于以人为本的逻辑内涵。要挖掘和运用服务型治理的价值张力，统合好人工智能时代和社会治理现代化的内涵和方向，发挥 AI 治理的可塑性和高效性。此外，更需要注重以伦理引导数字技术向善。在数字时代背景下，数字技术赋能不应该以牺牲部分人群的利益来获得改革成果，而应主动惠及、关怀数字弱势群体。要坚持重视个体在社会治理中的主体性地位，主张在治理实践中将"人"的多重因素纳入考量，通过增强治理韧性，化解社会治理主体的内在风险，并发挥人的能动作用，推动社会治理和社会发展过程回归"人之本真"。同时，还需要坚持顶层设计和基层探索相结合，加强治理体系与其他相关领域的整合性与系统性。坚持树立底线思维，激发社会活力，促使治理主体对社会发展进程中的潜在风险与发展机遇，有提前应对的意识。有效联结多重治理机制，探索出一条符合上海发展实际、惠及更多民众且更大化地发挥社会性力量，最终实现服务型城市治理共同体的路子。

（三）优化公共服务的多元高效供给

在当今社会，随着经济的快速发展和人民生活水平的不断提高，人们对于公共服务的要求日益增强。这一趋势深刻驱动着服务型城市治理共同体的优化与升级，构建一个多元化、高效能的供给体系显得尤为重要。这不仅关乎政府的高效治理与市场的活力激发，还离不开社会各界的广泛参与和协同合作。通过政府主导、市场运作、社会参与的相辅相成，共同推动社会资源的优化配置与高效利用，优化公共服务供给，以满足人民群众日益增长的美好生活需要。

首先，政府作为公共服务的核心提供者，起到规划引导与政策保障的作用。政府应通过科学规划与顶层设计，明确优化公共服务供给的目标与路径。这包括制定长远发展规划，如智慧城市、绿色生态城市建设等，以及短期行动计划，如老旧小区改造、公共服务设施升级等，确保各项政策与措施有的放矢。同时，政府应建立健全政策支持体系，为公共服务供给提供法律保障和财政支持。通过税收优惠、补贴奖励、融资便利等政策工具，激励企业和社会组织积极参与公共服务供给相关项目的建设与运营。

其次，市场是资源配置的决定性力量。在优化公共服务供给体系中，市场运作能够有效激发各类主体的积极性和创造力,提高供给效率和质量。一方面,企业应成为公共服务产品和服务的主要提供者,通过技术创新、管理创新和服务创新,不断满足消费者多元化、个性化的需求。另一方面,市场机制能够引导资源向高效益领域流动,实现资源的优化配置。通过公平竞争的市场环境,优胜劣汰,促使企业不断提升产品和服务质量,降低成本,提高性价比。

最后,社会参与是优化公共服务供给体系不可或缺的一环。它不仅能够汇聚社会各界的智慧和力量,形成共建共治共享的良好局面,还能够增强人民群众的获得感、幸福感和安全感。应鼓励社会组织、志愿者团体等积极参与公共服务供给相关项目的策划与实施,发挥其在资源整合、服务提供、监督评估等方面的独特作用。还要加强公民教育,通过宣传教育、示范引领等方式,引导公众树立绿色、健康、文明的生活理念,积极参与环境保护、社区治理等公益活动,共同营造和谐美好的城市环境。重要的是确保社会参与的有效性和可持续性。通过设立投诉举报渠道、开展满意度调查等方式,及时了解公众对公共服务供给的意见和建议,为政府决策和市场运作提供参考依据。

具体来讲,可主要从以下三个方面优化公共服务供给。第一,全面提升供给水平。高品质的公共服务供给直接关系到人民群众的获得感、幸福感和安全感。提升公共服务水平,首先要确保基本公共服务的均等化,如教育、医疗、社保等,让每个人都能享受到高质量的公共服务。这要求政府加大投入,优化资源配置,特别是加大对农村和边远地区的支持力度,缩小城乡、区域间的公共服务差距。同时,公共服务还应注重个性化和差异化,政府应鼓励和支持社会力量参与公共服务供给,引入市场机制,提供更多元化、更高质量的公共服务选项。例如,通过政府购买服务,引入专业机构和企业参与教育、养老、文化等领域的服务供给,满足人民群众多样化的需求。

第二,持续推动产业升级。产业升级是推动经济发展的重要动力,也是提升公共服务品质的重要保障。首先,加大研发投入,鼓励企业技术创新、管理创新和产品创新,提高产业的核心竞争力。通过创新驱动,推动传统产业转型升级,培育新兴产业,形成新的经济增长点。其次,坚持绿色发展理念,推动产业向绿色低碳转型。加强环境保护和生态修复,提高资源利用效率,减少污染物排放,为人民群众提供更加宜居的生活环境。最后,推动产业之间的融合发展,特别是制造业与服务业、农业与工业等之间的深度融合。通过融合发展,实现产业链的延伸和价值链的提升,为公共服务提供更多的产品和选择。

第三,完善优化交通网络。公共交通是城市发展的命脉,也是城市公共服务的重要环节,更是市民极为关注的热点问题。完善交通网络,可以缩短人们的出行时间,提高出行效率。首先,构建综合交通体系,加强公路、铁路、航空、水运等多种交通方式的融合发展,形成便捷高效的综合交通体系。通过优化交通网络布局,提高交通设施的连通性和可达性,方便人民群众的出行。其次,利用现代信息技术手段,推动交通系统的智能化升级。通过智能交通系统的建设,实现交通信息的实时共享和智能调度,提高交通运行效率和管理水平。最后,鼓励和支持绿色出行方式的发展,如公共交通、骑行、步行等。通过完善公共交通设施、建设自行车道和步行道等措施,为人民群众提供更加便捷、环保的出行方式。

(四) 全面推进城市社会高质量发展

城市社会高质量发展,是在满足人民日益增长的美好生活需要的基础上,实现经济、社会、环境等多方面的协调、均衡和可持续发展。服务型城市治理作为一种强调服务导向、注重民众参与和多方协同的治理模式,为城市社会高质量发展提供了重要路径。以服务型城市治理推进社会高质量发展是一个涉及多维度、多层面的复杂而系统的工程。

第一,创新驱动发展,激发城市内生动力。创新驱动发展是城市高质量发展的核心动力。首先要加强科技创新体系的建设,提升国家创新体系的效能。这包括加大基础研究和应用研究的投入力度,突破一批关键核心技术,形成自主可控的技术体系。同时,推动产学研深度融合,加快科技成果转化应用,缩短科技成果从实验室到市场的周期。其次,企业是科技创新的主体,要鼓励企业加大研发投入,建立研发准备金制度,支持企业牵头承担国家、省重大科技项目。同时培育一批高新技术企业和科技型中小企业,形成梯次合理的创新型企业集群。此外,还应重视高校、科研院所等创新源头的建设,推动产学研协同创新,形成开放合作的创新生态。再次,要深化科技体制改革,完善科技创新体制机制,激发企业和科技工作者的创新积极性。加强知识产权保护,营造公平竞争的市场环境。加强创新基础设施建设,如建设高水平的实验室、科技园区等，为创新活动提供有力支撑。最后，引进和培养创新人才。要实施更加积极、开放、有效的人才政策，吸引和留住海内外高层次人才。加强本土人才的培养和激励，形成梯次合理的人才队伍。通过建设创新创业平台、优化人才发展环境等措施，为人才提供广阔的发展空间和良好的工作环境。

第二，生态文明建设，推动绿色低碳发展。首先，深化污染防治攻坚战。要以精准、科学和依法的治理方式，深化污染防治攻坚战。通过加强大气、水、土壤等环境污染治理，持续改善生态环境质量。加强固体废物和危险废物管理，防止环境污染和生态破坏。其次，推动绿色低碳发展。优化能源结构，大力发展清洁能源和可再生能源。推动产业绿色转型升级，发展绿色低碳产业和循环经济。通过实施节能减排、资源循环利用等措施，降低能耗、物耗和排放强度。再次，加强生态系统保护和修复。加强生态系统保护和修复重大工程建设，实施山水林田湖草沙一体化保护和修复。加强生物多样性保护，维护生态平衡和生态安全。通过加强生态环境监管和执法力度等措施，确保生态环境得到有效保护和修复。最后，培育生态文化。要广泛宣传生态文明理念，培育全社会尊重自然、顺应自然、保护自然的生态文化体系。通过加强生态文明教育、推广绿色生活方式等措施，提高公众的生态环保意识和参与度。加强生态环保国际合作与交流，共同应对全球性环境问题。

第三，优化体制机制，确保服务均衡可及。深化公共服务领域的改革，政府应持续加大对公共服务的投入，优化资源配置，提高服务效率和质量。鼓励社会力量参与公共服务提供，形成政府主导、社会参与的多元化服务供给格局。多渠道筹集资金，优化财政支出结构，确保公共服务领域资金稳定增长。通过创新体制机制，加强区域合作与交流，推动公共服务资源的共享和优化配置，实现区域间的均衡发展。同时，加强相关项目监管，确保资金精准高效使用，防止浪费与腐败。此外，应积极探索提升公共服务均衡性和可及性。构建服务共享机制，打破行政空间限制，推动公共服务资源的均衡配置和高效利用，通过功能复合机制创新，实现服务功能的复合利用和互补发展，提高服务效能。如以万里街道的"心防工程"为起点，探索各类专业服务深入融合城市社区基层治理的可能性与可行性。还应通过推动公共服务的数字化建设，利用大数据、云计算等信息技术手段提高服务效率和便捷性，通过具体设定供给场景提升差异化服务供给能力，实现精准对接和高效供给。

专栏 3-1

从"心"入手，万里无忧

上海市普陀区万里街道是 1997 年上海市政府规划新建的"跨世纪大型示范居住区"，也是 2014 年街道体制改革后全市第一个从大镇析出的新街道，具有早期商品房多、小型生活商业设施多、各类学校多、居民密度高的"三多一高"特点，近年来由此导致的邻里、家庭、物业等矛盾纠纷频发，基层社会治理工作面临着较大的压力。

在不断探索构建服务型城市治理共同体的道路上，万里街道聚焦小切口大变化，创新性探索出一条以"心防工程"筑就社会风险自我防范机制的基层治理新路子。2021 年起，依托"万里无忧·心理健康互助大联盟"（由街道 9 个职能部门、3 个专业中心、5 家自治组织和 8 家社会力量组成，协力打造的互助平台），"心防工程"正式启动。在全市率先试点公益法律顾问进家庭，并通过与"走四百"、平安志愿服务等工作紧密结合，依托"一网统管综治平台"，归集信访、110 警情、12345 上海市民服务热线等多渠道数据信息，并与精卫中心实现全要素信息共享，及时了解和掌握社区心理画像，确保第一时间发现矛盾隐患，实现实时派单、定人定位、前端干预。

经过三年多的创新实践，万里街道的心防工程织密了"街道、片区、居民区、家庭"四级服务网络，推进了"心防"体系建设与靠谱解纷中心的深度融合。2023 年社区矛盾发生总数较 2020 年同比下降 52%，重复信访率同比下降 57%，"民转刑""民转访"案件逐年下降，无个人极端暴力案事件发生，矛盾一次性化解率同比上升 40%，居民安全感和满意度逐年上升。2024 年 7 月，"心防工程"2.0 版本正式启动，不断拓展功能外延，补齐发展短板。力争让队伍力量更加多元、前端排查更加精准、居民参与更加直观，不断提升"心防工程"市域治理能力和水平。

资料来源：课题团队整理。

第4章　打造人民城市文化自信自强的上海样本

本章从人民城市文化理念的内涵和价值、文化建设的创新实践，以及文化建设的经验和展望三个方面进行了详细阐述，强调了文化自信自强在推动人民城市文化繁荣发展中的重要作用，探讨了在建设习近平文化思想最佳实践地的过程中，如何打造人民城市文化自信自强的上海样本。

首先，指出上海在现代化发展中，以人民为中心，倡导城市文化可持续发展，形成了融合生态、人文、科技的城市文化。上海的文化建设不仅注重理论逻辑和实践路径的结合，还强调了文化自信与文化自强的相互赋能。上海人民城市的文化建设目标是提升市民精神修养，弘扬中华优秀传统文化，探索中华文明现代形态的上海实践。

其次，具体论述上海在公共文化服务、文化空间建设、文化产品供给、文旅体融合、文化治理等方面的创新实践。上海通过建设优质均衡的公共文化服务体系，拓展公共文化新空间，丰富文化产品的生产和供给，加强文旅体深度融合，发挥文化的社会治理功能，不断提升城市文化软实力。

最后，总结上海人民城市文化建设的经验，并对未来的发展进行了展望。上海将继续坚持以人民为中心的发展思想，保护和利用历史文化遗产，推动文化创新和改革，打造多元的城市文化景观，提升城市的国际影响力，为建设社会主义现代化国际大都市提供坚强的思想保证和文化支撑。

打造文化自信自强的上海样本是建设习近平文化思想最佳实践地的生动体现，与社会主义国际文化大都市的建设目标相互形塑。在建设国际文化大都市的时代进程中，无论是理论逻辑还是实践路径，文化自信与文化自强始终融合互动、相互赋能，共同推动上海文化繁荣发展。习近平总书记提出的"人民城市"，本质是强调城市以人为本的人文性，将城市发展建设的宗旨落脚在人民的幸福上。上海在现代化发展过程中，以人民为中心，倡导城市文化可持续发展，形成融合生态、人文、科技的城市文化，在中国式现代化的文化背景下提升市民精神修养，弘扬中华优秀传统文化，探索中华文明现代形态的上海实践，打造人民城市文化自信自强的上海样本，建设习近平文化思想最佳实践地，为加快建设具有世界影响力的社会主义现代化国际大都市提供坚强思想保证、强大精神力量、有利文化条件。展望未来，坚定文化自信，根植"海纳百川、追求卓越、开明睿智、大气谦和"的城市精神，将开放、创新、包容的城市品格融入社会生活各方面，大力传播和弘扬红色文化、海派文化和江南文化，上海的城市发展将会再创辉煌，成为当前世界未来城市发展的新文化标杆。

一、人民城市文化理念的内涵和价值

2019年11月2日，习近平总书记考察上海时，首次完整提出"人民城市人民建，人民城市为人民"的重要理念，深刻回答了建设什么样的城市、怎样建设城市，以及城市建设依靠谁、为了谁的这些关于城市建设的核心理论问题，强调坚持以人民为中心，让人民有更多获得感，为人民创造更加幸福的美好生活。

从文化层面来看，人民城市的概念，是一个有别于西方的中国式现代化城市建设的核心理念和思想，是当代中国提倡的一种新的社会主义性质的人文性，对已出现各种城市病的现代主义的西方城市建设模式的超越，体现了社会主义文化理念在城市建设上的引领性，这也是目前中国对全球城市发展模式的新贡献，以及对世界城市文化理念的新推进。

(一) 人民城市的文化内涵

当前,世界格局和时代命运的变化正以前所未有的方式展开,以习近平同志为核心的党中央统筹把握中华民族伟大复兴战略全局和世界百年未有之大变局,上海作为人民城市文化建设创新发展的排头兵和先行者,须以习近平文化思想为理论武器和行动指南,深化对社会主义文化建设的规律性认识,积极把握时代机遇,从容应对各种风险和挑战,彰显人民城市中文化建设的影响力,以文化高质量发展推动文化自信自强,担负起人民城市建设中文化传承发展的重要使命,打造习近平文化思想最佳实践地,提升上海作为人民城市的精神品格,给予人民城市发展以精神动力和文化支撑,推进社会主义国际文化大都市建设,奋力谱写中国式现代化发展的文化新篇章。

1. 以习近平文化思想为指导,明确人民城市文化建设的基本理念

习近平总书记在党的二十大报告中做出了我国文化建设"推进文化自信自强,铸就社会主义文化新辉煌"的重大部署,指明了文化发展的方向性、全局性、战略性目标。在文化传承发展座谈会上,习近平总书记强调,在新的起点上继续推动文化繁荣、建设文化强国、建设中华民族现代文明,是我们在新时代新的文化使命。

上海作为世界了解中国的窗口,一直具有独特而重要的作用。习近平总书记多次对上海的文化工作做出重要指示和部署。建设社会主义国际文化大都市目标的确定、上海城市精神和城市品格的提炼、人民城市重要理念的提出以及对其他上海文化建设工作的具体要求,都是习近平文化思想的重要组成部分,推动上海国际文化大都市建设不断迈上新的台阶,为建设习近平文化思想最佳实践地提供了坚实的基础。

在上海考察时,习近平总书记对人民城市建设和文化工作做出重要指示和部署,提出要贯彻新时代中国特色社会主义文化思想,深化文化体制改革,激发文化创新创造活力,大力提升文化软实力。上海作为全面建设社会主义现代化国家的排头兵,应以习近平文化思想为引领,积极贯彻党的二十大精神,推进文化自信自强,加强文化领域高质量发展,守正创新,彰显人民城市的文化品牌标识度和影响力。上海国际文化大都市建设,既要坚持创造性转化、创新性发展,实现文化产业与文化事业的全面繁荣,也要以社会主义核心价值观为引领,坚守社会主义意识形态建设的底线"红

线",发展社会主义先进文化,弘扬革命文化,传承中华优秀传统文化,让城市精神品格赋能文化软实力的跃升,让"人民城市"近悦远来,让上海更好成为展示中华文化的重要窗口。

2. 文化融合助力提升城市软实力,彰显人民城市的精神品格

每个城市都有自己的历史文脉,以及由此而来的城市精神品格。上海具有"海纳百川、追求卓越、开明睿智、大气谦和"的城市精神。上海市第十二次党代会明确提出"红色文化、海派文化、江南文化是上海神韵魅力所在,必须充分彰显'上海文化品牌标识度'","城市精神品格浸润人心,红色文化、海派文化、江南文化融合发展"。《上海市建设习近平文化思想最佳实践地行动方案》强调,要"用好用活红色文化、海派文化、江南文化"。"三种文化"相互关联、彼此共生、融会贯通,植根于无处不在的日常生活,丰富了上海的文化个性,铸就了上海这座城市特有的历史底蕴。上海的三大特色文化共生共荣,既符合上海文化开放融合的优秀特质,也为社会主义国际大都市建设提供了必要的文化土壤。

人民城市建设是"三种文化"融合发展的广阔舞台,也是习近平文化思想的重要体现和实践平台。红色文化指向人民城市建设的精神引领,江南文化连接人民城市建设的文化传承,海派文化则更注重融合与共生。"三种文化"合力践行人民城市重要理念,就是要始终把人的感受度作为最根本的衡量标尺,塑造人性化城市、感受人文化气息、体验人情味生活;就是要动员人人起而行之,坚持人人都是软实力,推动人人展示软实力,努力打造既讲规则秩序又显蓬勃活力,既有国际风范又有东方神韵,既能各美其美又能美美与共,既可触摸历史又能拥抱未来,既崇尚人人奋斗出彩又体现处处守望相助的生动图景。

上海积极吸收、融合"三种文化"优势资源,打造亮点特色,加快经济社会发展全面绿色转型,加快更新提升基层公共文化设施,打造"家门口的文化客厅""最美公共文化空间"。通过文化引领"宜居""乐居"的品质生活,厚植人民城市的文化品位。秉持"以人民之心为心",以人民的感受度和获得感作为检验文化发展成效的标尺。坚守为民情怀,撬动公共文化赋能人民城市建设的巨大潜力,让百姓成为公共文化建设的主体,进而更好向世界展示中国理念、中国精神、中国道路。通过"三种文化"融合发展,充分彰显城市美的追求、高的颜值、暖的表情。

近年来,虽然上海城市软实力建设水平有较大提高,部分文化建设指标在国际文化大都市中名列前茅,但上海城市文化发展仍然存在较大的进步空间。上海在建设国际文化大都市的过程中,需要以上海的三大特色文化融合发展为基石,深刻把握"第二个结合",在传承中华优秀传统文化中推进文化创新的自觉性达到新高度,突出中华文明的连续性、创新性、统一性、包容性、和平性,形成中国式现代化在城市文化发展领域的典型示范。

3. 文化发展主动服务国家战略,展示人民城市的文化国际形象

人民城市的发展,尤其是文化发展应放在"全国一盘棋"的格局中,上海也不例外,一直将文化发展放在中央对上海发展的战略定位上、放在经济全球化大背景下、放在全国发展大格局中、放在国家对长三角发展的总体部署中,拓宽上海发展视野、发展空间、发展腹地。上海是中国面向世界,展示人民城市形象的重要文化窗口、舞台、码头,上海国际文化大都市的建设必须自觉服务于展示中华文明的影响力、自觉服务于国家发展战略的大局,充分利用自身的区位优势与历史文化资源,继续在服务"一带一路"、上海合作组织、"进博会"、长江经济带发展、世界城市群建设等国家发展战略中体现文化担当和文化创新。

对标国际文化大都市建设的发展现状,我们应该进一步明确上海建设国际文化大都市的工作重点,在体现综合成效的同时彰显上海的独特风范,提升文化发展"世界影响力"的能级。践行人民城市理念,以人民之心为心,将城市精神和城市品格贯穿于国际文化大都市建设的全过程、各领域,不断回应和满足人民群众多样丰富的精神文化需求。要大力提升上海文化的原创能力和全球文化生产要素的配置能力,强调对上海丰厚文化资源的创造性转化和创新性发展,使"上海出品"在中国和世界文化市场上占据更大的份额,向世界传递发端于上海又被全世界认可的"上海价值"和"上海精神"。数字文化产业的腾飞正在成为上海文化产业的核心标识,要抓住城市数字化转型的重大契机,大力布局数字经济背景下的文旅发展格局,推动文化资源向生产要素的转化,激活全社会的文化创造活力,不仅要建立满足多样性文化需求的公共文化服务供给体系,同时要建立连接全国和全球的数字文化市场体系,充分彰显社会主义现代化国际大都市文化事业和文化产业两个方面的繁荣发展。

人民城市是由一个个鲜活的人建设而成的,城市是文化的容器,而文化就是人生活的世界,在上海城市的国际文化形象传播中,传达平凡个体对城市建设的贡献,对城市精神的自觉持守,对城市生活的感受,用心用情去触摸并感受城市的呼吸,讲述一个个立体鲜活、以人为本的上海城市故事,通过故事蕴含的情感纽带,不断向世界浸润、传达和展现上海及中国城市的精神品格和风貌,持续提升上海乃至中国的国际文化形象的知名度和赞誉度。

（二）人民城市文化理念的世界贡献

西方城市已进入缓慢发展期,而中国城市发展正处于兴盛中,有关城市发展的实践和理念创新,正逐渐转移到以中国为代表的新兴国家,"人民城市"文化理念以习近平文化思想为基本遵循,紧扣"以人民为中心"的价值取向,可见"人民城市"理念的提出顺应世界城市格局的发展趋势,代表着中国城市建设的文化理念,正因为其"以人民为中心"的人文性,走向世界前沿的城市文化理念,为世界未来城市的理论发展提供了中国智慧,具有重大的理论价值和世界贡献。

党的十八大以来,习近平总书记关于人民城市及相关城市文化有一系列重要论述,具有重要的理论指导价值。一方面,习近平总书记在人类历史上首次提出人民城市,并且明确了人民城市"以人民为中心"的文化理念。(1) 2019年11月2日,习近平总书记考察上海杨浦滨江公共空间时,首次完整提出"人民城市人民建,人民城市为人民"重要理念,强调坚持以人民为中心,让人民有更多获得感,为人民创造更加幸福的美好生活。(2) 2020年11月,在浦东开发开放30周年庆祝大会上,习近平总书记强调,要坚持广大人民群众在城市建设和发展中的主体地位的理念。(3) 2022年10月16日,党的二十大报告强调:"坚持人民城市人民建、人民城市为人民,提高城市规划、建设、治理水平,加快转变超大特大城市发展方式……打造宜居、韧性、智慧城市。"①(4) 2023年11月28日至12月2日,习近平总书记在上海考察时指出,要全面践行人民城市理念,充分调动人民群众积极性、主动性、创造性,努力走出一条中国特

---

① 习近平:《高举中国特色社会主义伟大旗帜　为全面建设社会主义现代化国家而团结奋斗——在中国共产党第二十次全国人民代表大会上的报告》,人民出版社2024年版,第24页。

色超大城市治理现代化的新路。城市建设是中国式现代化建设的重要引擎。习近平总书记对城市文化乃至社会主义文化建设也有着深刻的认识和明确的思想指导。习近平总书记指出:"我国有五千多年的悠久文明,城市是一个主要载体。"① "文化是城市的灵魂。"② 城市历史文脉体现了一个城市在几千年发展中延续不断的精神文化,"要本着对历史负责、对人民负责的精神,传承城市历史文脉,下定决心,舍得投入,处理好历史文化和现实生活、保护和利用的关系,该修则修,该用则用,该建则建,做到城市保护和有机更新相衔接"。③ 城市历史文化遗存是重要的城市历史文脉和精神的载体,"历史文化是城市的灵魂,要像爱惜自己的生命一样保护好城市历史文化遗产"。④

上海作为全国改革开放排头兵、创新发展先行者,在落实"人民城市"及其城市文化理念过程中具有独特的定位和担当。为深入贯彻落实习近平总书记在上海考察时的重要指示精神,不断提高社会主义现代化国际大都市治理能力和治理水平,2020年6月23日,中国共产党上海市第十一届委员会第九次全体会议审议通过《中共上海市委关于深入贯彻落实"人民城市人民建,人民城市为人民"重要理念,谱写新时代人民城市新篇章的意见》,对落实人民城市建设目标进行了全面部署,提出了未来上海发展的五大目标:人人都有人生出彩机会、人人都能有序参与城市治理、人人都能享有品质生活、人人都能切实感受城市温度、人人都能拥有归属认同,显示了上海建设人民城市的坚定决心,为上海城市软实力的持续提升提供了根本的价值依据。2021年6月22日,中国共产党上海市第十一届委员会召开第十一次全体会议,审议通过《中共上海市委关于厚植城市精神彰显城市品格全面提升上海城市软实力的意见》。2023年12月18日,中国共产党上海市第十二届委员会召开第四次全体会议,审议通过了《中共上海市委关于深入学习贯彻落实习近平总书记重要讲话精神加快建设具有世界影响力的社会主义现代化国际大都市的决定》。2024年11月6日,上海市委书记陈吉宁主持上海市委常委会扩大会议,进一步深化对人民城市理念的认

---

① 习近平:《论坚持全面深化改革》,中央文献出版社2018年版,第228页。
② 习近平:《十八大以来重要文献选编》(上),中央文献出版社2014年版,第603—604页。
③ 习近平:《习近平关于城市工作论述摘编》,中央文献出版社2023年版,第100页。
④ 同上。

识,会议指出,以城市精神品格为引领,用红色文化感召人心、滋养人心,高质量实施"党的诞生地"红色文化传承弘扬工程,推动公共文化服务贴近群众、惠及群众,持续打响"上海文化"品牌等,强调以更大的自信和底气讲好人民城市故事,推动人民城市理念人人皆知、人人共鸣、人人行动。2024年11月12日,学习贯彻习近平总书记关于城市工作重要论述理论研讨会在上海举行。中共中央政治局委员、中宣部部长李书磊出席并致辞,中共中央政治局委员、上海市委书记陈吉宁出席并致辞。与会专家表示,党的十八大以来,以习近平同志为核心的党中央高度重视加强党对城市工作的领导,部署实施城市领域一系列重大战略和重要举措,走出了一条中国特色城市发展道路。习近平总书记关于城市工作的重要论述,具有鲜明的人民性、实践性、时代性,把城市建设和治理提升到城市文明的高度,是对城市发展规律的深刻认识。要深入学习贯彻习近平总书记关于城市工作的重要论述,坚持人民城市人民建、人民城市为人民,深化城市建设、运营、治理体制改革,提高对外开放水平,共建和谐美丽城市。要加强城市文化建设,保护赓续城市历史文脉,更好建设城市文明,促进文明交流互鉴。

以人民城市建设为指引,以推动高质量发展为主题,上海的国际文化大都市建设要持续探索中国特色社会主义城市文化的繁荣之道,为城市软实力的不断提升提供坚实的文化动力。上海建设人民城市不仅要在经济社会发展的物质层面达到全面的现代化,更为内在的是,还要承担历史所赋予的文化使命,以城市文化的繁荣发展推动上海社会主义国际化文化大都市建设目标的全面实现。

作为中国特色社会主义国家,城市化进程的加速发展,需要创建既具有中国特色又有世界意义的城市文化理论。西方城市文化理论几经流变,具有一定的借鉴意义,但中国城市的历史流变、社会土壤、文化背景具有一定的中国特色,因此,我们需要扎根中国城市建设的现实、实践和应用来提炼具有中国特色社会主义的城市理论。

从古今中外城市发展实践及其理论构建的历程来看,人民城市文化理念基于中国城市现代化发展的独特实践,既超越了中国传统的民本思想,同时与西方的城市文化理念有着制度和文化上的显著差异,为中国特色社会主义城市发展道路提供了科学理论的支撑。人民城市理念既科学揭示了城市建设依靠谁、为了谁的根本问题,深刻回答了建设什么样的城市、怎样建设城市的问题,也向上海提出了走出一条中国特色人民城市发展道路、打造人民城市建设上海样本,让上海成为更好展示社会主义文化和中华文化的重要对外窗口的重大时代任务。人民城市的文化观念在中国城市建设实践中逐渐形成与发展,"人民城市"理念指明了下一步建设中国特色社会主义现代化城市的正确方向,上海实践对构建"人民城市"具有重要的经验性探索意义。[1]人民城市建设最终就是要实现"人民城市人民爱":人民城市属于人民,充分彰显了城市内在的人本价值;人民城市服务人民,更好满足人民对美好生活的向往;人民城市成就人民,为人民追梦圆梦提供广阔的舞台。[2] 人民城市的文化理念既有马克思主义理论为指导,又有着深厚的中国城市发展的实践基础,必然在世界各种城市理论中脱颖而出。

人民城市文化理念从实践中来,实践将为人民城市文化理论发展提供丰富的实证基础,更为重要的是,人民城市文化理念也终将指导中国城市的现实发展。在当下的时代背景下,在社会转型、经济转型等浪潮中倡导人民城市建设,克服了单纯追求城市规模扩张、着力解决城市功能过度集中、人口过度集聚、大城市病加剧等问题,回到人民的生命体和人文关怀的意义上来,努力满足和提升人民群众的精神文化需求,所以说人民城市的文化建设可让城市成为一个有温度有活力的宜业、宜居、宜乐、宜游的城市,这为中国城市高质量发展,乃至中国式现代化建设指引了前进的方向,更为当今世界的城市发展模式提供了一种"以人民为中心"的先进文化理念,这不仅丰富了全球的城市研究和发展理论,还代表全球新兴发展国家提出了一种超越以往西方的城市文化理论。

二、人民城市文化建设的创新实践

习近平总书记明确指出,城市建设是中国式现代化建设的重要引擎,城市建设中尤为重要的是文化建设,因为"文化是城市的灵魂",在推进中国式现代化发展的过程

---

[1] 徐锦江:《全球背景下的"人民城市"发展理念与上海实践》,《上海文化》2021年第12期。
[2] 马涛:《加快建设人民城市》,《学习时报》2022年12月5日,第1版。

中,要持续筑牢城市建设的根与魂,提升人民城市的精神品格,以社会主义城市的文化实践发展给人民城市建设提供精神动力和文化支撑。党的十八大以来,上海城市文化的建设正朝着人民城市的方向推进,力求逐步满足人民多层次文化需求,全方位营造城市人文气息,彰显上海文化魅力,提升城市文化核心竞争力,推动文化旅游消费升级,提升城市文化国际影响力,推动城市文化数字化转型升级,提升国际文化大都市吸引力。

(一) 以文惠民,建成优质均衡的公共文化服务体系

党的十八大以来,上海一直践行人民城市的理念,上海文化建设的目标是保障人民的基本文化权益,为人民群众提供更多优质实效的公共文化服务,提高人民群众的文化素养,满足人民群众多样化的文化和精神需求,着力构建与具有世界影响力的社会主义现代化国际大都市相匹配的现代公共文化服务体系。

1. 以人民为中心,切实保障人民基本文化权益

首先,为了更好保障人民城市中人民群众的基本文化权益,上海不断强化公共文化服务制度保障。认真践行"人民城市人民建,人民城市为人民"重要理念,制定《上海市公共文化服务保障与促进条例》《上海市关于推进公共文化服务高质量发展的意见》《上海市基本公共服务项目清单》,调整新一轮基本公共文化服务项目和实施标准,在法律法规上切实保障了上海人民的文化权益。

其次,优化公共服务运行机制,促进公共文化服务提质增能。深化公共图书馆、文化馆总分馆制建设,全覆盖建立"区级馆为总馆,街镇馆、社区中心为分馆,居村活动室、农家书屋等为基层服务点,社会参与,区域联动"的运行架构。持续推进公共文化服务供给侧结构性改革,提升和发挥"公共文化内容配送平台"作用,市、区两级公共文化内容配送平台每年为街镇、居村配送文化活动、文艺指导,年受益人次超2 000万。每年举办上海市及长三角地区公共文化和旅游产品采购大会,有力激活公共文化服务产品供应活力,鼓励各类主体参与公共文化设施运营和公共文化内容配送,2023年首邀采购主体入驻,首次全面排摸需求清单。2024年10月18—19日,文采荟聚、艺美江南:长三角文化和旅游公共服务产品采购大会在上海青浦举行,来自长三角地区的130多家供应主体现场参展。除参与"公共文化内容配送"的主体外,展

会还特邀"非遗＋""市民艺术夜校""社会大美育课堂"等主体参与，另有1400多家主体参与云上文采会展示。这些举措都有效推动了供需双方精准对接，推动了国有文艺表演团体、社会主体提供更多小型、轻型、优质文艺产品。这些公共文化服务产品丰富了居民的精神文化生活。

最后，提升公共文化设施便民利民水平。全市公共图书馆、文化馆、社区文化活动中心免费向市民开放。市、区公共图书馆每周开放时间不少于70个小时。文化馆、社区文化活动中心每天向公众开放，每周开放时间已达到60个小时。截至2023年底，上海市已备案博物馆165座。以2023年上海全市常住人口2487.45万人计，平均每15.1万人就拥有一座博物馆，远超全国平均水平。上海正以"大博物馆计划"为引擎，推动建设中国特色、世界一流的"博物馆之都"，并赋能上海城市软实力提升，助力打造习近平文化思想最佳实践地。在收费博物馆、美术馆中，未成年人、老年人、现役军人、消防救援人员、残疾人和低收入人群参观博物馆实行门票减免，"5·18"国际博物馆日、"文化遗产保护日"期间组织全市文博场馆、优秀历史保护建筑等向市民游客免费开放。推动公共文化设施错时、延时开放，鼓励开展夜间、流动服务，社区文化活动中心延时开放比例达80%，一批博物馆、美术馆试点夜间开放，推出"奇妙夜"系列活动。据统计，2023年全市博物馆、美术馆举办展览超1400场，接待观众超3600万人次。博物馆、美术馆等公共文化设施能够给市民提供大量优质、全方位的公共文化服务，提升了市民的精神素养和文化品格。

2. 人民踊跃参与，不断激发公共文化服务发展活力

上海为了充分释放公共文化服务发展活力，首创实施"大博物馆""大美术馆""社会大美育"计划。充分发挥本市文博美术机构集聚的资源优势，创新实施以上海博物馆为平台的"大博物馆计划"、以中华艺术宫为核心的"大美术馆计划"、以市群众艺术馆为重点的"社会大美育计划"，成功举办"何以中国""何谓海派""对话世界"等文博美术大展系列首展，着力打造"上海市民艺术夜校""社会大美育课堂"项目，推出"乐游上海艺术季"。作为2023年上海市政府为民办实事项目，全年打造100个"社会美育大课堂"，举办5000场艺术公共教育活动。2023年还首次以"城市美育日"形式，启动上海市民文化节，开展群众性文化活动近3万场，丰富了市民的文化活动。这些文化活动激发了市民参与和学习文化的热情，提高了市民的文化素养。

> **专栏 4-1**
>
> ## 上海市民艺术夜校
>
> 上海践行人民城市理念,开展为民办实事项目,着眼市民群众美育需求,构建"1+16+X"总分校体系,采用延时开放、公益性收费模式,在晚间时段为18—55岁中青年提供文化艺术普及课程,覆盖全市16个区,2022年线上线下开设150门课程,惠及近1.5万名市民,被《人民日报》头版点赞。2023年全年开设教学点位143个,线上线下开设686门课程。2024年9月2日,上海市民艺术夜校秋季班报名通道开启,共投放1072门课程、2.5万个名额。最多时90万人同时在线抢课,很多热门课程都是"秒光",可谓"一课难求"!人人向往美好生活,市民艺术夜校的火爆,说明人民群众对文化生活品质的要求越来越高,把文化艺术追求当成日常生活的一部分,政府提供的文化艺术普及课程服务完全适应了人民群众的更高审美文化需求。
>
> 资料来源:课题团队整理。

上海在文化建设中以人民为落脚点,广泛开展群众性文化活动。上海市民文化节是全国首个以"政府主导、社会支持、各方参与、群众受益"为模式的大型文化节庆活动,贯通全年、覆盖全市,既是"一年办一次"的节,又是"一次办一年"的节。从2013年3月23日首届上海市民文化节启动以来,市民文化节"永不落幕",共推出各类活动约40万项,约2亿人次参与,培育各类"百强"团队和个人近万支(名)。2024年3月30日,以"人民城市 人人出彩"为主题的上海市民文化节携春风而至,"城市美育日"打开一年的精彩。市民们走出家门,在佘山上、在苏州河畔、在公园、在商超、在街区、在文化场馆里,千余项文化活动全城展开。这些群众性文化活动体现了人民城市人民建、人民城市为人民的宗旨。

紧跟新时代数字化发展步伐,为了更好服务人民群众的文化生活,上海近年来启动"公共服务数字赋能专项行动",发布《全民数字素养与技能提升长三角共同行动倡议》,推动基层公共文化设施数字化更新,加强线上数字场馆和数字文化资源建设,推出一批数字阅读、在线赏析、云上服务、智慧治理等便捷、友好的应用场景。"文化上海云"是全国首个实现省级区域全覆盖的公共文化数字化服务平台,覆盖全市的370多家市级、区县、街道乡镇三级的文化馆、图书馆、展览馆、美术馆、文化服务中心,通过互联网融合为一朵文化云,每月在线活动数4 000多条,用户只需点开文化云手机软件,便可享受便捷、丰富、精彩的公共文化服务。此外,公共文化场馆在微信公众号、抖音、喜马拉雅、小红书等多个新媒体平台注册账号,多渠道释放公共数字文化资源,形成公共文化数字服务矩阵,取得良好社会效应。

为了提高公共文化服务水平,上海开展"公共文化从业人员万人培训计划"。2023年度上海市公共文化和旅游从业人员万人培训项目共开展2万人次的培训活动。聚焦全市各级公共文化从业人员尤其是基层一线人员专业能力提升需求,为促进上海文化和旅游深度融合高质量发展提供了有力的人才支撑。

3. 人民是服务对象,持续满足人民多样化的文化需求

为了满足人民群众的文化旅游需要,上海开展文化和旅游公共服务机构功能融合试点。探索公共图书馆文献资源挖掘、景区联动赋能公共文化服务、打造海派生活空间等公共文旅融合发展新路径。在全市公共图书馆、文化馆、社区文化活动中心、村居委综合文化活动室以及旅游服务中心中遴选的30家市级融合试点单位顺利完成试点任务。在社区文化活动中心、商业场所等人流密集场所内增设225家"旅游咨询服务点",延伸旅游咨询服务功能。

上海依托文化文物单位的资源,进一步推动文化文物单位进行文化创意产品开发。在总结近年试点成果的基础上,继续深化本市文创开发激励试点,印发《关于上海市文化文物单位实施文化创意产品开发收入分配激励的指导意见》。在原有8家试点的基础上,扩大试点范围,经初步统计,有30家左右文博科普类事业单位符合试点申报条件。分步提高文创激励总量标准,2022—2023年由不超过年人均2万元提高到2.5万元,2024—2026年可视情况提高到3万元,可见文创产业的发展呈良好态势。

上海进一步提升公共文化设施使用效能。积极推进市级公共文化设施收费定价工作,出台《上海市公共文化设施收费管理办法》,同时配套出台市级价格管理公共文化设施目录。2023年推出的"从波提切利到梵·高：英国国家美术馆珍藏展",是上海博物馆首个收费特展,展期98天,共开设50场夜场,观众总人数超过42万,推出线下文创产品共200余种,销售额超过2 400万元,展览媒体传播总阅读量突破4亿。

为了满足上海乃至全国人民观看文化大展的需要,进一步繁荣美术文博展览,文博场馆聚焦主题主线,推出了一系列高质量的文化展览,如2022年上海博物馆推出的"宅兹中国——河南夏商周三代文明展"遴选文物217件(组),文物总量314件,其中一级文物多达67件(组),涉及89个考古遗址,汇集二里头遗址出土的镶嵌绿松石兽面纹牌饰、网格纹铜鼎,殷墟妇好墓出土的妇好鸮尊等诸多重要藏品,集中展现了夏商周三代重要考古发现,反映了夏商周时期的社会生活、礼乐制度及文化面貌,探寻中华文明的起源。2024年推出的"金字塔之巅:古埃及文明大展"是有史以来全球最大规模、亚洲最高等级的古埃及文物出境展。展览汇集492组788件古埃及文明不同时期的珍贵文物,包括图坦卡蒙等法老雕像,成套木乃伊棺和雕像等重磅展品,力图向观众揭秘古埃及文明面貌。这些文化展览拉动了文化消费,商旅文体溢出效应尤为明显。

(二) 以文润城,全方位打造人民城市公共文化新空间

增进民生福祉是公共文化建设的出发点和落脚点。在以人民为中心的中国式现代化道路探索中,围绕"人民城市人民建,人民城市为人民"理念,上海加快拓展公共文化新空间,优化公共文化空间的文化设施布局,持续赋能公共空间文化内涵,全面优化公共文化空间的服务网络与服务功能。

1. 拓展"一轴、一带"的公共文化空间布局

城市公共文化空间布局在城市文化规划和建设发展中占据着越来越重要的位置,上海以东西向为轴,在公共文化空间布局中提升城市文化建设能级。上海的东侧,临港新片区文化旅游目的地品质不断提升。临港会议中心、临港科技智慧图书馆、临港演艺中心等文旅项目先后投入运营,上海天文馆正式开放。上海国际旅游度假区2022年获批国家级旅游度假区,度假区各片区开发建设取得突破,核心区全球首个"疯狂动物城"主题园已于2023年开放,其他片区也在加快两个高品质度假酒店和生态项目建设,横沔老街开发打造古镇游憩新体验。上海的西侧,松江云间会堂文化艺术中心、人文松江活动中心投入运营,上海科技影都核心区加快建设,华阳湖滨水工程开工建设,松江区博物馆新馆立项,区博物馆新馆藏品梳理工作已经基本完成,"东方童梦奇缘"亲子主题乐园会议中心开工建设。佘山国家旅游度假区计划依

托松江枢纽、轨交12号线西延伸等重大工程,吸引长三角地区游客,打造消费旅游重镇。西侧长三角生态绿色一体化发展示范区青浦区域加快建设上海文化影视科技产业集聚区,落户影视企业、单位38家,上海市影视版权服务中心(青浦)、上海市影视摄制服务机构(青浦)、上海影视人才培训基地等功能性平台已实体化运作。环淀山湖区域结合环城水系环游区建设,分别推出"环游水城""研学三部曲"两大主题产品,创新打造"一湖一水"高品质文旅休闲目的地。

上海公共文化空间布局,沿着黄浦江,在南北方向上彰显出文化创新带活力。宝山上海国际邮轮旅游度假区提升工程竣工验收,成功创建第二批市级旅游度假区。黄浦大豫园片区以打造"东方生活美学"集聚地为抓手,挖掘品牌文化中彰显东方美学和美的生活方式,升级文旅消费方式,通过对快乐消费产业持续精细化运营,推动东方生活美学产业发展。徐汇滨江梦中心,穹顶艺术中心完成内部结构施工,西岸大剧院完成内部结构施工。闵行推进马桥遗址博物馆(中华文明探源基地)综合项目建设。奉贤区海国长城生态修复工程、上海之鱼——九棵树艺术公园竣工验收。金山滨海国际文化旅游度假区正努力打造集娱乐、生态观光、休闲度假、商务会展和户外运动于一体的世界级滨海旅游度假目的地。

2. 以重大文化展馆为载体,建设城市文化活力中心

人民城市的文化设施建设是城市文化发展的重要抓手和载体,以重大文化展馆等为重要的文化活力中心,让人民群众共享文化。近年来上海逐步建设了一系列重大的文化活动馆或文化活动中心。比如,少年儿童图书馆长风新馆正式开放,实现"一馆两址"同步运行,是目前全国收集少儿出版物语种最多的省级少儿图书馆,网上预约持续火爆,成为新的文化地标。推出百年童书系列展,培育少儿阅读特色品牌,探索"阅读+"服务新模式,推出"行阅自然"与"行阅上海"系列活动。上海博物馆东馆已建成开放,拥有了更大的展馆场地,更好地服务于人民群众的观展需求,助力上海建成全球化、现代化的"博物馆之都"。古船博物馆规划聚焦出水文物保护,强化古船船体与船载文物临时保护,完成考古保护舱建设,建立临时考古站,同步推进考古发掘、文物保护、场馆建设和公众教育。推进古船博物馆规划建设,完成古船博物馆项目建议书编制工作。上海美术馆分馆签约落户奉贤新城,推动专业艺术资源下沉基层,把上海中心区域的文化资源向城市周边逐步辐射,提高周边人民群众的文化享受水平。

3. 建设上海五个新城的公共文化空间

按照"独立的综合性节点城市"定位,上海五个新城在文化空间和文化品牌上有着不同的打造方向,上海市文化和旅游局率先与五个新城签订战略合作协议,围绕嘉定新城"汽车文旅"、青浦新城"江南水乡"、松江新城"上海之根"、奉贤新城"东方美谷"、南汇新城"未来之城"目标,建立文化场馆共建、展览展示共办、公共服务共享、文旅活动共推、人才队伍共育等五大协作机制,系统性谋划五个新城文旅资源配置,主动布局具有强大牵引力、持续带动力的文旅项目,加强协同联动、导入优质资源、打造特色品牌、提升区域软实力、拓展全新增长极,助力将五个新城打造成为新型都市旅游目的地。

结合每个新城的实际情况,上海推动市级文化资源向新城倾斜。比如,推动中国上海国际艺术节、上海市民文化节、上海旅游节等文旅重点资源,以及上海博物馆、上海美术馆、上海市群众艺术馆等市级机构场馆向新城倾斜下沉。举办以"五湖耀新城,文旅润民心"为主题的活动,推出"新城五湖发现之旅"。支持嘉定新城举办上海汽车文化节,青浦新城举办青浦江南水乡音乐节,松江新城举办上海之根文化旅游节,奉贤新城举办花海美妆音乐节,南汇新城举行"滴水湖欢乐颂"。

此外,还新增五个新城民间收藏文物鉴定咨询服务点,依托嘉定博物馆、松江区博物馆、青浦区博物馆、奉贤区博物馆和上海中国航海博物馆,建立每月一次鉴定服务的长效机制,为新城文物收藏爱好者提供免费鉴定咨询服务。这样在公共文化空间布局上,使得中心城区与五个新城获得文化资源的均衡发展。

4. 塑造丰富的城市文化空间新景观

通过文化赋能,上海更好激活城市有机更新,推动"建筑可阅读"品质提升,截至2022年12月,上海全市设置提供数字化阅读体验的建筑二维码达2957处,全市各类开放参观建筑数量达1056处。上海"建筑可阅读"升级到以"数字转型"为特征的3.0版,"上海市建筑可阅读"官方微信小程序、"建筑可阅读"专线巴士等,让人们在市内各场景沉浸式阅读建筑、感知城市文化。推进上海杨浦生活秀带国家文物保护利用示范区创建,杨浦区借力高校学科优势,开展工业遗产基础研究、工业遗产保护活化利用研究等项目,推动杨树浦电厂、圣心医院等文物保护利用重点项目。活化利用老厂房、老仓库等工业遗存,推出"我的工业游痕"主题活动,选取40余处上海工业遗存,邀请市民游客参与并形成独特的工业考古游痕。2022年经过4年的保护性修缮,上海现存规模最大、最完整、种类最多的中后期石库门建筑群——张园正式对公众开放,成为一处新的城市文化空间景观。

区别于传统的美术馆、博物馆、展览馆、画廊等展示空间,上海正式公布"美术新空间",即在室内或户外的特定空间内,经常性向社会公开陈列展示视觉艺术作品的非营利性场所。在首批授牌的"新空间"中,既有人气爆棚的"打卡地",如"上生·新所""m+幸福里""m+黑石空间""今潮8弄无边界青年创想中心",也有在商场、公园中闹中取静的艺术空间,如"静安雕塑公园艺术中心""APSMUSUEM",还有地铁、小区停车棚等与人们生活息息相关的公共空间,如"上海地铁美术新空间""星梦停车棚"。此外,按照"总量平衡、优化布局、动态调整"的总体要求,演艺新空间呈现倍增效应,全市共授牌演艺新空间100多家,类型涵盖商场、办公楼、文创园区、博物馆、艺术中心、剧场户外空间等,启动全市演艺新空间特色地标评比工作,为上海演艺新空间的开拓发展助力。

5. 全方位打造"人民城市"公共文化新空间

上海"全方位打造'人民城市'公共文化新空间",获得文化和旅游部改革创新优秀案例。坚持"业态、形态、生态、文态"有机融合,结合"道路+""公园+""生活圈+",开展城市公共空间的文化"微更新"改造,植入阅读、展览、演艺、休闲运动等元素,升级打造150多家"家门口好去处"、100多家演艺新空间以及一批人文新景观、休闲好去处,进一步拓展具有社交化、特色化功能的新型文旅公共空间。优化"望江驿""人人屋""水岸汇""城市书房""艺术社区""艺术商圈"等空间布局。在社区文化活动中心、商业场所等人流密集场所内增设225家"旅游咨询服务点",延伸旅游咨询服务功能,为市民提供更好的文化服务。

专栏4-2

最美公共文化空间

为了让城市生活"绽放秀带",倡导打造城市最美空间,2008年首届最美公共文化空间大赛在上海市民文化节的平台上应运而生,2022年市级赛事升格为全国赛事,已走入长三角、走向全国,开展"长三角及全国部分省市最美公共文化空间大赛",有11个省市、112个城市广泛参与,涌现出一大批高颜值、有内涵、有温度的最美公共文化空间。2023年的长三角及全国部分省市最美公共文化空间大赛,覆盖基层文化空间、公共阅读空间、商圈文化空间、文博艺术空间、跨界文化空间、美丽乡村文化空间6个单元,设置空间类、运营类、设计类等奖项,旨在为全国公共文化一体化发展发掘并树立一批样板案例,为营造公共文化空间积蓄"设计力量"。本次大赛共有来自20个省级行政区的148个市及10个自治州的2 684个空间参赛,其中2 507个空间通过预审。2024年2月26日,经过专家初评、复评和终评,获奖名单公布,最终产生"最美公共文化空间大奖"20个、"百佳公共文化空间奖"109个、"优秀公共文化空间案例奖"212个、"优秀运营奖"15个、"网络人气奖"46个。上海乃至全国的城市最美公共文化空间打造,成为城市文化空间改造的新时尚新热点。

资料来源:课题团队整理。

人民城市需要持续开展基层公共文化设施更新与提升工作。上海制定《上海市基层公共文化设施更新与提升指引》,文化赋能公共空间,激发社区艺术活力,建设"家门口的文化客厅"。完成文化和旅游部关于基层综合性文化服务中心运行管理排查工作,完善全市273个社区文化活动(分)中心、5 800个居村综合文化活动室的信息更新与情况分析。此外,人民城市需要深化公共图书馆、文化馆、美术馆、博物馆总分馆制建设。在全面完成区级图书馆、文化馆总分馆制建设全覆盖的基础上,持续拓展馆外服务点、延伸服务点、流动服务点建设,吸纳有条件的社会力量自主或合作建设特色服务点,实现公共文化资源在区域内联动共享,持续推动优质文化资源延伸下沉。目前,全市已建成文化馆分馆365个,公共图书馆分馆(基层服务点)2 384个,各类新型公共文化空间约3 500个,更好地提升了基层公共文化设施的有效利用效益。

(三) 以文化人,丰富文化产品的生产和供给

上海的文化建设通过丰富文化产品的生产和供给,不仅满足了人民群众的精神需求,还增强了人民的精神力量,为人民城市的建设提供了强大的精神支撑和文化保

障。人民城市的发展不仅需要强大的物质力量,还需要强大的精神力量。习近平总书记指出:"没有先进文化的积极引领,没有人民精神世界的极大丰富,没有民族精神力量的不断增强,一个国家、一个民族不可能屹立于世界民族之林。"①在精神支撑上,人民城市的文化产品的丰富供给,引导人民的精神生活,塑造人民的精神灵魂,为推进中国式现代化提供强大精神力量。

1. 上海文艺作品呈现欣欣向荣景象

自党的十八大以来,上海在文艺产品的生产和供给方面取得了显著成就,为人民城市的文化建设提供了丰富的精神食粮,在文学艺术创作和生产方面也取得了显著成就,多部作品获得了包括"五个一工程"奖和茅盾文学奖在内的重要奖项。

在第十四届"五个一工程"奖中,上海有5部作品获奖,包括电影《我是医生》、电视剧《彭德怀元帅》《平凡的世界》、歌曲《幸福少年》(组歌)和图书《布罗镇的邮递员》。在第十五届"五个一工程"奖中,上海有6部作品获奖,包括电影《我不是药神》、电视剧《大江大河》《黄土高天》、歌曲《一路走来》、图书《战上海》以及上海市委宣传部获得组织工作奖。在第十六届"五个一工程"奖中,上海有10部作品获奖。其中,电视剧《功勋》和图书"足迹"系列获得"特别奖",电影《奇迹·笨小孩》《攀登者》、电视剧《人世间》《超越》、杂技剧《战上海》、广播剧《黑色沃土》、歌曲《一起向未来》、图书《千里江山图》等作品获得"优秀作品奖",上海市委宣传部获得了"组织工作奖"。在第十七届"五个一工程"奖中,电影《长安三万里》《万里归途》《人生大事》,电视剧《繁花》《三体》《城中之城》,歌曲《新路》,网络文艺《中国奇谭》,理论文章《论"以国际法为基础的国际秩序"》等获优秀作品奖,上海市委宣传部获得组织工作奖。

在茅盾文学奖方面,上海作家的作品也有突出表现:在第九届茅盾文学奖中,金宇澄的《繁花》获得该奖项;孙甘露的《千里江山图》获得第十一届茅盾文学奖。

2024年9月21日,第34届电视剧"飞天奖"、第28届电视文艺"星光奖"在福建厦门揭晓,上海出品的《何以中国》《万桥飞架——山水间的人类奇迹》获"星光奖"优秀电视纪录片奖,电视剧《繁花》《风吹半夏》《三体》《超越》《欢迎来到麦乐村》获"飞天奖"优秀电视剧奖。这些获奖作品不仅体现了上海文学艺术创作的高水平,还展现了

---

① 习近平:《论党的宣传思想工作》,中央文献出版社2020年版,第96页。

上海在文学艺术领域的深厚底蕴和创新活力。通过这些精品力作,上海的文艺人才得到了锻炼和展示,同时为推动社会主义文化繁荣发展做出了积极贡献。

为推动文学艺术创作,上海进行了多方面的政策引导和支持。一是资助项目和创作扶持。上海在推动文学艺术创作方面实施了多项政策支持,旨在鼓励和促进文学艺术创作的繁荣发展。上海文化发展基金会接受文化艺术项目的资助申报,对文学、网络文学、电影、电视剧、舞台艺术、美术等文艺创作项目提供资助。这些资助项目旨在鼓励原创优秀作品的创作,包括长篇小说、长篇纪实文学、诗歌集、散文集等文学形式,以及重大革命历史题材、重大现实题材、中华优秀传统文化题材等。二是主题创作引导。上海鼓励围绕宣传党的二十大精神、反映百年来中国共产党的辉煌历程和伟大成就的文学艺术作品创作。同时,支持反映上海城市历史文脉、弘扬城市精神和城市品格的上海故事创作,以及体现爱国强军、献身国防的文艺作品。三是青年文学人才培养。上海市作家协会通过实施"531"计划,保持文学创作队伍的完整性和年龄均衡,同时加大对青年作家的培养力度,如首创签约网络作家制度,吸纳优秀年轻作家,并提供一对一辅导。四是文化体制改革。上海深化文化体制机制改革,优化文艺创作生产资助体系,健全政策法规保障,充分发挥文联、作协作用,推动文艺创作由"高原"走向"高峰"。总之,这些政策和措施共同构成了上海文学创作支持的框架,旨在激发文学创作的活力,培养文学人才,保护和传承城市文化精神,以及提升上海文化的国际影响力。

尤其值得一提的是,人民城市的文学艺术发展,凸显"人民"主题,突出"温暖现实主义特色",紧扣人民关注的题材,栩栩如生地表现人民群众在文学影视作品中的主人翁形象,生动演绎人民群众在推动历史发展中发挥的作用,弘扬人民群众在社会主义建设中的力量。如《战上海》《心居》《大博弈》《苍穹以北》《城中之城》《纵横芯海》《军刀出鞘》等现实题材重点项目,《三体》《人生之路》《繁花》《长街行》等根据名著IP改编重点项目,《先生之风》《大宋海商传》《生当作人杰》等历史题材重点项目,都凸显了人民至上的理念。

2. 上海演艺活动正在蓬勃发展

上海的亚洲演艺之都建设加快复苏,2023年全市举办营业性演出超4.5万场,接待观众2 000万人次,票房收入超33亿元。演艺产业规模不断扩大,目前上海市共有演出主体1608家,其中文艺表演团体428家,演出场所经营单位129家,演出经纪机构1051家。推动实施"上海首演""上海首展""上海首秀"计划,做大做强各具特色的驻场品牌,打造"来沪必看"精品剧目,确立全球"首演首秀首发"演艺重镇地位。打造"演艺大世界",集聚22个专业剧场和39个"演艺新空间",打造一公里演艺生活圈。在主要票务平台设立"演艺大世界"品牌专区,提高"演艺大世界"知名度和影响力。以"亚洲大厦星空间"、上海大剧院的"大咖·咖啡厅"、天蟾逸夫舞台的"蟾空间"为代表,推动商场、文创园区、酒店、餐厅、书店、艺术中心、旅游景点、游轮等场所推出100家演艺新空间,引领小剧场演出发展潮流。其中,亚洲大厦已发展成拥有16个演艺空间、2688个座位、总面积约4000平方米的演艺街区,凭借亮眼的驻场沉浸演出,推动演艺生态集群形成。

为了激发人民的文艺创造力,上海还努力培育民间艺术力量。指导演出行业协会举办"上海市优秀民营院团展演""优秀民营院团长三角展演""沪剧月""街头艺术节""首届民营沪剧月"等活动。提升街头艺人表演品质,本市持证上岗的街头艺人总数超过200人,遍布6个中心城区的近30个表演点,"上海街艺"的品牌知名度显著提升。此外,上海正全力打造"音乐剧之都"和"喜剧之都"。利用上海音乐剧艺术中心、上海国际音乐剧节、上海音乐学院国际音乐剧节、华语音乐剧大赏等平台,推动音乐剧、喜剧市场主体及优秀人才在上海集聚发展,确立上海演艺音乐剧和喜剧全国标杆地位。

3. 上海网络文化发展健康有序

随着互联网的发展,网络成为人民群众获取文化资源的重要渠道,上海网络文化健康有序发展,出现了一系列优秀作品,如网络剧《在希望的田野上》《启航:当风起时》、网络电影《我们的新生活》、网络纪录片《小小少年》、网络综艺《花好月圆会》等14部作品入选国家广播电视总局2021年优秀网络视听作品,获奖数量位居省级前列。上海坚持净化网络视听生态环境,加强网络视听服务管理,坚决抵制网络视听节目不良倾向。

上海的网络文化产业高地建设提速增效,稳步推进网络文化产业基地建设。上海制订国家网络视听产业基地(紫竹园)三年行动计划,推动园区升级东扩,开展网络视听产业发展现状调查及趋势分析研判,推动MCN等新业态、新模式发展,举办中国游戏创新大赛、网络文学现实题材征文大赛,网络视听平台覆盖全国近一半网民,

2023年网络视听产业规模超2 200亿元。此外,全球电竞之都建设稳步向前,中国电竞产业研究院落户,制定国内首部《电子竞技主播行为规范》,保持国内举办重要电竞赛事最多、拥有高水平电竞俱乐部最多等优势。通过这些举措,上海的网络文化呈现出有序健康、稳步发展的良好态势,为网络时代人民的精神文化需求提供了良好的文化产品。

4. 上海创意设计产品硕果累累

党的十八大以来,上海作为中国的经济中心和时尚之都,其创意设计产业取得了显著的发展。上海市政府高度重视创意设计产业,通过一系列政策和活动,推动了设计赋能产业、服务城市、美化生活等方面的进步。上海市政府出台了《促进上海创意与设计产业发展的实施办法》,旨在推动创意与设计产业的发展,提升上海作为国际设计之都的地位。政策涵盖了工业设计、时尚设计、建筑设计等多个领域,并提出了具体的发展目标和措施。

2020年,上海创新创意设计研究院成立,致力于打造"世界级设计驱动式创新转化引擎",旨在推动设计创新及其转化,服务和引领产业转型升级。上海通过设立如"前沿设计创新奖"等奖项,鼓励和表彰在设计领域做出突破性贡献的个人和作品,提升设计的创新性和影响力。"上海设计100+"是上海建设世界一流"设计之都"的重要举措,旨在展示和推广各行各业的优秀设计项目。2022—2023年度的"上海设计100+"吸引了来自全球18个国家和地区的2 542个优秀项目申报,展示了设计在赋能产业、点亮生活、服务城市、洞见未来等方面的成果。2024年的上海国际室内设计节以"智 & 术,设计上海滩!"为主题,探讨了智能技术与室内设计的结合,推动设计与产业的深度融合,为消费者带来更美好的生活体验。"设计上海"作为亚洲庞大的设计会展生态网络之一,展示了来自全球数百个品牌与设计师的精彩作品,提供了一个专业的交流平台,引领了设计行业潮流与最新趋势。上海成功举办了"上海设计周"等活动,这些活动不仅展示了上海在设计领域的最新成果,还为设计师和设计品牌提供了交流和合作的平台。2023年首届杨浦国际设计节开幕,全力打造上海"设计之都"核心功能区,通过广告创意设计高峰论坛、城市设计创新发展论坛等活动,推动了设计领域的交流与合作。这些活动和项目不仅展示了上海在创意设计领域的成就,还为设计师和设计企业提供了展示和交流的平台,进一步推动了上海创意设计产业的繁荣发展。

上海大力发展创意设计产业,也带来了硕果累累的创意设计产品。比如,上海的文创产品设计结合了丰富的文化元素和创意,如"大观园"文创产品设计,它以《红楼梦》为灵感,通过国潮风格插画和长卷形式,将经典文学作品与现代设计相结合,创造出具有东方文化魅力的产品。上海时尚设计产业总产出2 143亿元,通过时尚设计引领潮流、绿色、健康、智能和个性化消费,提升文化娱乐等数字内容的原创能力和设计美学水准。上海的工业设计领域表现突出,拥有国家级工业设计中心,推动了电子信息、生命健康、汽车、高端装备、新材料等产业的设计能力全面提升。上海的数字设计产业总产出达到6 789亿元,显示出强劲的发展势头,数字经济成为文创产业高质量发展的新引擎。

上海积极推动创意设计与科技、制造业、城市宜居产业的融合发展,通过设计提升产品和服务的质量,增强城市的竞争力。大创智创新发展示范园区完成国家级文化产业示范园区验收,获评国家级文化产业示范园区称号。相关园区开展文创产品开发工作,筹备打造上海文创产品开发联盟。此外,上海创意设计高地建设夯实基础,举办2023世界设计之都大会,打造"上海国际设计百人"智库。上海致力于将设计作为驱动产业创新发展的关键因素,通过设计提升产品和服务的附加值,推动经济的高质量发展。上海通过参与联合国"创意城市网络"等国际平台,积极开展国际合作和交流,提升上海设计的国际影响力。这些措施和活动共同推动了上海创意设计产品的繁荣发展,为上海建设成为世界一流的"设计之都"奠定了坚实的基础。

(四) 以文兴业,加强文旅体深度融合创新发展

人民城市不仅是人民群众学习、工作和居住的地方,也是人民群众生活和休闲的场所,还是其他地域的人民群众所期待的"诗与远方"之旅游目的地。"文化是旅游的灵魂,旅游是文化的重要载体",上海正不断加强文旅体的深度融合,促进人民城市的文旅供给和发展。

1. 持续优化人民城市的文化旅游供给

上海加强旅游景区度假区建设,按照文旅部有关世界级旅游度假区的认定工作要求,已认定上海市级旅游度假区6家,其中2家获批国家级旅游度假区。上海积极

培育旅游休闲街区,已认定4家市级旅游休闲街区,其中思南公馆街区、武康路—安福路街区、愚园艺术生活街区获批国家级旅游休闲街区。上海积极推进国家文旅消费示范试点建设,2020年上海市徐汇区、黄浦区、静安区进入第一批国家文化和旅游消费示范城市名单,2021年浦东新区、虹口区进入第二批国家文化和旅游消费试点城市名单。至此,上海共有5个国家文化和旅游消费示范、试点城市。此外,夜间文化旅游消费成为文旅发展新趋势,2021年上海的黄浦区外滩风景区、黄浦区新天地—思南公馆地区、徐汇区徐家汇源—美罗城、徐汇区衡复音乐街区、静安区南京西路商圈、杨浦区五角场地区入选全国首批夜间文化和旅游消费集聚区项目,2022年上海的黄浦区豫园片区、徐汇区西岸美术馆大道、徐汇区安福路文艺街区、长宁区新华历史风貌街区、静安区大宁片区、浦东新区上海国际旅游度假区核心区入选全国第二批夜间文化和旅游消费集聚区,2023年上海的长宁区愚园路风貌街区、普陀区莫干山路艺术街区、闵行区夜虹桥潮流街区、浦东新区世博前滩片区入选全国第三批夜间文化和旅游消费集聚区。至此,上海共有16个区域入选国家级夜间文旅消费集聚区。新一线城市研究所发布的"2024中国城市夜经济指数"对中国337座地级以上城市的夜间经济活力做出综合评估,上海位列该指数全国第一,夜间文化旅游消费的发展为上海的文旅发展奠定了良好的基础和环境。

上海文旅融合激发消费潜力,以2023年为例,上海国际电影节吸引观影人次约42.7万人次,票房超3 600万元;上海旅游节期间实现旅游总消费886.6亿元,同比增长13.5%,春节、"五一"假期上海市旅游消费位列全国城市第一,中秋、国庆假期旅游消费同比增长29.7%。上海逐步提升工业旅游发展能级,创建市级工业旅游基地2家,工业旅游服务质量优秀单位2家,达标单位10家。崇明区长兴岛江南造船工业旅游基地、普陀区苏河水岸工业旅游基地被评为国家工业旅游示范基地。上海深入实施乡村旅游精品工程,明确乡村民宿证照管理,引导乡村民宿在八大区域集聚发展。上海乡村民宿达482家,其中星级乡村民宿117家。上海积极推动郊野公园景区化,长兴岛、浦江、廊下3座郊野公园成功创建4A级旅游景区。上海目前共有5个镇(乡)入选全国乡村旅游重点镇(乡)、27个村入选全国乡村旅游重点村。上海还印发《2023年上海建设国际消费中心城市工作要点》的通知,积极促进文旅深度融合及文旅消费。

2. 加强人民城市的文化旅游深度融合

在红色文化方面,上海着力打造"党的诞生地"红色文化旅游集群,成功创建中国共产党一大、二大、四大纪念馆国家5A级旅游景区。上海策划"建党百年上海红色旅游10条精品线路",其中,"开天辟地·革命启航""大国海陆空·科技向前冲"两条线路入选文化和旅游部"建党百年百条精品红色旅游线路"名单。上海组织上海大学生旅游节"红色自拍节""红色旅游线路设计大赛"等系列活动。上海举办"东进之路"长三角红色旅游主题活动。上海弘扬红色文化的一系列举措不仅促进了红色旅游的发展,还让社会主义的文化根脉代代传承,增强了红色文化的引领力、凝聚力和创造力,提高了上海现代化发展的文化自信。

在海派文化方面,上海打造以"建筑可阅读"为标志的海派文化旅游集群,梳理城市地标建筑、优秀历史建筑等资源,全面开启"建筑可阅读"数字化转型。结合城市微更新,打造"街区可漫步"微旅行产品,形成"海派文化之源""魅力衡复·旧貌新颜""走进外滩建筑"等海派文化旅游线路。"建筑可阅读"荣获文化和旅游部"2022年度文化和旅游最佳创新成果"。上海还创新实施"海派城市考古",推出"海派城市考古"微旅行系列产品。这一系列举措,不仅传承和发展了海派文化,还把海派文化的传承融入现代都市生活之中,体现了城市文脉发展和现代生活的融合。

在江南文化方面,上海打造以水乡古镇为核心的江南文化旅游集群。上海建设古镇文旅业态提升示范样板,15家古镇联手建设都市旅游休闲度假目的地、传统文化传承发展基地和江南文化活态博物馆。加快推进朱家角古镇旅游区、枫泾旅游区等创建5A级旅游景区。此外,上海还着力打造彰显时尚动感的都市文化体验集群。涌现舞剧《永不消逝的电波》《朱鹮》、杂技剧《战上海》等经典驻场演出,亚洲大厦"星空间"驻场演出群落市场影响力和品牌影响力不断增强。全市演艺新空间达到100家,引发文化与商业、旅游的"破圈"携手,塑造新业态。演艺大世界品牌持续彰显,大型艺术展会密集登场,确立上海全球"首演首秀首发"演艺重镇地位。这样,上海把江南文化融入文化旅游中,以文促旅,以旅推文,使得文化和旅游在融合之中获得深度发展。

3. 优化城市旅游新空间

上海不断丰富"中心城区"旅游内涵,徐汇区"衡复音乐街区""徐家汇源—美罗城"成功创建国家级夜间文化和旅游消费集聚区,"武康路—安福路"获评上海市旅游休闲街区。长宁区持续开展"虹桥之秋"文化旅游购物节、"遇见愚园路""国际社区美好生活"微游活动,愚园艺术生活街区获评国家级旅游休闲街区。静安区聚焦国家级文旅消费示范区建设,星巴克臻选烘焙工坊已成为星巴克全球销售额最高门店,咖啡体验文化周首次联名地标性上海夜生活集聚区"安义夜巷",张园西区作为中心城区首个"留改拆"城市更新试点项目于2022年12月正式向公众开放。黄浦区老城厢历史文化风貌区焕发活力,演艺大世界国内申报演出超3.9万场,豫园线上线下同步举办新春游园会,打造市级数字商圈标杆项目"数字豫园"。杨浦区持续深化建设生活秀带国家文物保护利用示范区,《上海杨浦生活秀带国家文物保护利用示范区的实施方案》获国家文物局正式批复,其中35个任务子项已完成23项,29个重点项目已完成19项。虹口区入选第二批国家文化和旅游消费试点城市,多伦路文化名人街获评市级旅游休闲街区,完成李白烈士故居修缮改造,举办纪念鲁迅诞辰140周年系列活动、世界城市文化论坛等。浦东新区都市现代建筑及滨江游憩多点布局,小陆家嘴浦东美术馆、世博文化公园、前滩休闲公园等标志地段引流明显。普陀区长风都市休闲区创建成为市旅游特色示范区,苏河水岸工业旅游基地入选国家工业旅游示范基地,举办苏州河文化艺术节、苏州河城市龙舟邀请赛、"半马苏河"文化旅游节、首届上海国际MCN大会暨品质生活直播节等。闵行区在研学旅游、郊野旅游建设方面亦有建树。总之,上海各区根据自身特色和优势,优化了城市旅游新空间。

上海"沿江沿湾"旅游正在转型升级,2022年10月,上海国际邮轮旅游度假区正式获批为上海市级旅游度假区。《上海国际邮轮旅游度假区总体规划》进一步推动建设集邮轮、游船、游艇(帆船)以及水上运动于一体的度假区,打造水上产品首发基地。上海不断拓展"一江一河"水上游览功能,2023年一季度,黄浦江游览和苏州河游船接待游客超过50万人次。黄浦江"世界会客厅"引流效果明显,2022年10月,"初心启航·浦江红色文化游"被交通运输部列为国内水路旅游客运特色文化游试点航线,"浦江游览6"轮被列为试点船舶,打造水路精品航线。滨江岸线多元复合文化演艺设施与时尚场馆结合,梅赛德斯-奔驰文化中心、1862时尚艺术中心、宋城演艺、世博文化公园北园以及"世博—前滩"区域9家高端酒店成为旅游住宿消费增长的新引擎。上海全力打响"悠游苏州河"全新旅游品牌,苏州河外滩源码头、四行仓库码头、昌化路码头、长风公园码头和西康路码头投入使用,水上航线将天安·千树、M50创意园区、上海纺织博物馆、上海造币博物馆等沿线优秀历史建筑、时尚地标串珠成线。上海推进长江国家文化公园建设和保护,会同相关部门确定长江国家文化公园区域范围,编制《上海市长江国家文化公园建设保护规划》,稳步推进保护传承、研究发掘、环境配套、数字再现、文旅融合等工程。通过这些举措和实践,上海"沿江沿湾"旅游正在不断转型,并且在逐步升级。

上海的五个新城在文旅品牌方面凸显鲜明的主题形象,围绕嘉定新城"汽车文旅"、青浦新城"江南水乡"、松江新城"上海之根"、奉贤新城"东方美谷"、南汇新城"未来之城"目标,打造新型都市旅游目的地。五个新城地方工艺主题特色资源丰富,嘉定竹刻、松江顾绣被列入首批国家级非物质文化遗产,松江顾绣亮相意大利米兰当代艺术中心"遇见上海"主题展览。重大文化设施成为"网红"地标,嘉定保利大剧院、松江云间艺术中心、奉贤九棵树未来艺术中心等专业剧场达到国内顶尖水准,南汇新城上海天文馆成为目前全球建筑规模最大的天文馆,上海美术馆分馆、上海科技馆分馆等重大设施持续建设。崇明"世界级生态岛"深化巩固全域旅游示范区成效,在东部、中部、南部、西部、长横五大文旅片区的基础上,筹备成立区级文旅联盟。持续开展房车营地建设,完成新建房车营地11个。竖新镇、横沙乡获评第二批全国乡村旅游重点镇(乡),江南造船厂获评国家工业旅游示范基地。推进西沙明珠湖国家5A级景区创建,充分挖掘西沙明珠湖核心景区文化内涵。上海的五大新城依托自身的文化资源,不断深挖特色优势,激活城市文化旅游的个性化服务,提升了都市旅游的文化内涵和意蕴。

4. 提升市民游客获得感

上海做实家门口服务,市民"家门口的好去处"数量稳步提升。以"开放互动、便捷可达、共建共享、特色鲜明"为原则,已认定三批150个上海市民"家门口的好去处"。以社区为轴心,整合周边生产、生活、生态资源,突出"微旅游、慢生活"主题,构筑城市"15分钟旅游圈"。依托楼宇、街区、商圈、公共文化设施,面向市民打造宜游、宜乐、宜购、宜学的城市商旅融合综合体。力争实现旅游信息服务社区全覆盖,面向市民定期推出旅游惠民产品。

上海进一步完善旅游公共服务体系,优化旅游景区(点)交通服务保障,衔接好景区"小交通"与城际"大交通",构建便利顺畅的旅游交通网络体系。加快推进"语言无障碍"服务,上海文化旅游门户网站上的语种数量达14种。立体推进旅游厕所革命,制定《上海市旅游厕所质量评定工作规程》,开展最美旅游厕所推选活动,完善旅游厕所电子地图标注。积极推动"旅游咨询服务转型提升""旅游咨询服务进社区"两个办实事项目。持续推动数字景区、数字酒店和数字场馆建设,"快速入驻"轻量化部署模式覆盖至全市3 000余家酒店,推动252家A级景区、美术馆、博物馆登陆"文旅一码游"统一预约平台。持续推进"四季上海"文旅消费信息发布平台转型升级,每周推送沪上文旅服务指南。全新推出"乐游上海艺术季",打造全市文博、美术、演艺资讯集成平台。帮助老年人更好地适应文旅数字化场景,通过制定长者版界面、提供线上景点讲解等方式为老年人以及残障人士提供文旅服务。在上海旅游节和中国旅游日等重要节点组织景区景点门票半价优惠活动,推广文化惠民工程,体现公共文化服务为人民的宗旨。

(五) 以文治城,更好发挥文化的社会治理功能

上海在促进城市文化发展和繁荣中加强文化治理创新,进一步完善人民城市的文化治理体系,提高人民城市的文化治理能力,维护社会和谐稳定。同时,注重发挥人民群众和社会组织的作用,推动社会力量参与城市的文化治理,发挥文化在基层社会治理中的重要作用。

1. 提升文化行政服务能力

上海深入推进"放管服"改革,以"减环节、减时间、减材料、减跑动"为目标,全力推进业务流程革命性再造。目前所有行政审批事项均实现"可以零跑动""最多跑一次"。深化"证照分离""一业一证"改革。建立行业综合许可制度,打造市场主体办事"网购级体验",将涉及地方事权的文旅局7个行业3项审批的行业综合审批在全市推广实施。上海聚焦重点区域、重要领域、重大改革,实施精准放权赋权。下沉办事层级,将部分政务服务事项收件、发证委托区级实施。向浦东新区和"五大新城"委托下放事权,同时分批由临港集中行使市级和区级事权。上海实施"高效办成一件事"。推出"我要当个体演员""我要当导游""我要拍文物""有线电视过户""内资娱乐场所变更名称""旅游发展专项资金申请"等便利举措。实施"好办快办"。通过数据共享,申请表单预填率可达到50％以上,最大限度减少需申请人自行录入的数据项,通过大数据进行AI辅助预审,智能判断申请人提交材料的准确性和完整性,提高一次申报通过率。通过数据共享、调用电子证照获取,实现"免于提交",减少申请人实际提交的材料。

2. 提高文化治理法治化水平

上海大力强化文化领域立法工作,地方法规《上海市公共文化服务保障与促进条例》于2021年1月1日起施行,《上海市红色资源传承弘扬和保护利用条例》于2021年7月1日起施行,《浦东新区文物艺术品交易若干规定》创制性立法于2022年10月1日起施行。市政府规章《上海市文化领域相对集中行政处罚权办法》于2022年4月15日起施行,《上海市美术馆发展与管理办法》于2023年4月15日起施行。上海还开展地方性法规《上海市公共图书馆条例(暂名)》的立法工作,联合七部门制定实施全国首个省级政府规章《上海市公共文化设施收费管理办法》,出台《上海市密室剧本杀内容管理暂行规定》,修订印发《文化市场综合执法领域部分行政处罚裁量基准(2022版)》《文化市场轻微违法行为依法不予行政处罚清单》,牵头制定《长江三角洲区域文化市场轻微违法行为免罚清单》和行政规范性文件《关于规范本市房屋短租管理的若干规定》。

上海加强文化市场综合执法,对于互联网上网服务营业场所、经营性互联网文化单位,充分利用互联网及移动网络优势,探索建立远程在线监管模式,利用技术手段提高监管工作效率。以诚信管理为手段,进行分类管理,对守法经营的管理主体加大支持力度,对违法主体加大惩戒力度,营造行业守法经营与诚信自律的氛围。指导黄浦区做好文化和旅游部信用经济发展试点工作。加强长三角地区旅游领域信用监管合作,制定印发《长三角旅行社综合信用评价指引》。

上海全面启动"八五"普法工作,编制《在文化旅游广电文物系统开展法治宣传教育的第八个五年规划》和《上海文化和旅游、广电、文物系统"谁执法谁普法"普法责任清单》,线上开展"上海市文化和旅游系统法治知识竞赛",组织参与上海市首届法治文化节。此外,上海推进文旅标准化体系建设,推动《房车营地服务规范》国际旅游标准通过国际标准化组织立项,完成《人工沙滩景区服务与管理规范》全国性行业标准,制定《数字景区建设技术指南》《研学旅行服务规范》等地方标准,制定《电子竞技指导员管理规范》团体标准,实施《电子竞技场馆运营服务规范》地方标准。

3. 构建多元社会主体协同治理体系

上海正在推动多元社会主体协同治理,充分发挥文化主管部门牵头作用,加强与本市公安、工商、文化执法等部门的协同互动,加强与长三角省级文化主管部门的协同互动,形成信息互通、管理协同、执法联动、区域一体的管理格局。在高危体育、新闻出版、版权、电影等方面继续推进跨区域执法协作,成功查办多起大案要案、移送相关案件线索,有效打破区域、领域壁垒,有力推进行刑衔接工作。建立由审批部门、执法总队、投诉处理单位等参加的"文旅市场闭环管理工作机制",确立定期工作例会、信息共享机制。实施社会共治,充分发挥行业协会作用,建设行业自律管理体系,制定行业自律标准。全面推行文化市场市、区、街道(镇)"三级联动"巡查机制,目前共有巡查员近千名。

4. 文化在基层社会治理中发挥重要作用

文化作为价值观的体现,具有强大的社会引领力、凝聚力和创造力。文化在上海城市的基层社会治理中发挥着不可或缺的作用,通过重构社会价值观念、促进经济发展、构建社会价值与塑造社会精神等多种方式,为基层社会的和谐稳定和发展提供强大的文化支撑。上海通过保护和修复历史文化街区,建设文化设施等措施,增强居民对文化的认同感,提高社会治理效率。这些举措有助于保留和传承本民族的文化,同时带来经济价值和社会效益,改善社会关系,为社会治理创新开辟新的路径。上海推动中华优秀传统文化融入基层社会治理,通过鼓励社区工作者学会运用中华优秀传统文化,满足人民群众对美好生活的向往,增强人民群众的获得感、幸福感和安全感,不断提升治理能力和治理水平,坚定文化自信,增强基层社会治理中的文化引领作用。

三、人民城市文化建设的经验和展望

上海在人民城市的文化建设方面,全面践行了"人民城市人民建,人民城市为人民"的理念,做出了很多实践性探索,取得了一系列文化建设成果,真正达到了人人参与、人人负责、人人奉献、人人共享的人民城市建设目标,获得了人民群众的好评,我们可以从中归纳一些人民城市文化建设的经验和规律，在此基础上还需要进一步完善文化建设，以期望人民城市文化建设的美好未来。

(一) 经验启示：发展目标、方法创新和价值应用

人民城市文化建设是一个多维度、多层次的复杂过程，涉及公共文化服务的提升、文化与经济的融合、历史文化遗产的保护，以及城市品牌的塑造等多个方面。近年来，上海人民城市的文化建设取得了一系列卓有成效的成果。

其一，上海文化建设秉持以人民为中心的发展目标，践行人人共享文化成果。上海文化建设坚持以人民为中心的发展思想，践行人民城市为人民的理念，不断满足人民多样化、丰富性的文化需求，服务于人民的全面发展。城市的发展最终是为了促进和实现人的全面发展，尽管这看似是一个哲学意义上的终极目标，却是城市得以长期存续的根本依据，以此来衡量一个城市的发展健康与否，也是最为科学的标准，应该是以人民为中心的城市建设观的基本出发点。围绕建设社会主义国际文化大都市的阶段性建设目标，深入研究、设计、制定、更新相关政策细则，持续优化技术创新、数字城市、文创发展、文旅建设、文化交流等若干提升上海文化软实力的制度保障措施，能够有效促进上海建设社会主义国际文化大都市的进程。上海人民城市的文化建设应始终坚持以人民为中心，服务于人的全面发展，不断满足人民对美好生活的需求。这意味着人民城市的文化建设不仅要关注大型文化设施和活动，还要关注基层文化建设和社区文化生活，让文化发展成果惠及所有市民。

其二，注重人民城市文化实践中的方法创新，确保人人参与文化活动。在社会主义市场经济条件下的人民城市文化建设中，我们应该把文化创造的权利、评价的权利、选择的权利交给人民群众。文化之为文化，从源头上来说，就是普通民众在生活实践中形成的生活方式。人民生于斯，长于斯，所以才把某种独特的文化形态认同为自己共同的家园。从某种意义上来说，亲身参与社会实践的人民群众更能敏锐地感受到时代的脉搏，对时代脉搏的敏锐感受也更能激发他们的表达欲望和实践意愿。统筹兼顾与分类指导充分结合，保障规划执行的科学性与合理性。党的十八大以来，上海不断寻求新的人人参与文化活动的城市运营和治理模式，在法规法治保障、体制机制安排上提出了很多创新性的理念和做法，强调差异化管理和服务，提升城市治理

的精准性和实效性，更加关注人民生活品质与幸福感的获得和提升，走出了一条具有中国特色的超大型城市文化建设之路，有效推动了上海数字化、智能化、可持续化发展，为国内城市的文化发展树立标杆。通过制度创新、数字化转型、公共文化服务体系建设、文化遗产保护以及开放的文化交流等措施，上海正努力实现确保人人参与文化活动、人人参与文化治理、人人参与文化创新等权益保障，强化文化政策制度的有效供给，持续完善多领域专业化的实施细则，以方法、举措的深化细化来推动城市文化的高质量发展。

其三，高度关注人民城市文化理念价值与现实应用发展，实现人人进行文化创造。我们提出以人民为中心的城市发展观，应该是更根本的价值理念，这就需要我们不仅对标纽约、伦敦、巴黎、东京的指标体系，还需要了解文化实践中人民群众的问题、难点和痛点，以人民群众文化权利、文化创造和文化幸福感和获得感为旨归。上海在"十四五"规划中明确了建设社会主义国际文化大都市的目标，强调了文化品牌标识度的提升、城市精神品格的鲜明、文化生活的丰富多彩以及文化竞争力的增强，致力于通过文化发展来提升城市的整体形象和居民的生活质量。鉴于上海城市文化发展的现实复杂性，上海重点关注人民城市文化价值取向与发展中的现实困境，赋予人民群众进行文化学习的社会公益机会，引导人民群众进行一系列城市文化创造创新活动，实施注重城市文化的整体规划和协调发展，结合数字城市规划与海派文化传承，兼顾公共文化服务和繁荣民营经济，兼顾历史和现实、传统和现代的文化融合，传承城市文脉，培育本土文化品牌，激发文创产业活力，展示上海城市文化的多元化与国际化底色，进一步促进城市文化体系的成熟与完善。上海通过一系列文化发展策略和实践活动，不断丰富社会主义国际文化大都市建设体系的内涵，为其他城市提供了可借鉴的经验。通过这些努力，上海市正朝着建设一个更加开放包容、更富创新活力、更显人文关怀、更具时代魅力、更有世界影响力的社会主义国际文化大都市的目标迈进。

（二）发展展望：建设习近平文化思想最佳实践地

海纳百川，追求卓越。从现有上海的人民城市文化建设的实践中，我们不仅总结规律经验，还力求优化完善，更好聚焦打造人民城市文化自信自强的上海样本，建设习近平文化思想最佳实践地,秉持开放包容、交流融合的精神,深化以文塑旅、以旅彰文,坚持守正创新,推动向心而生、与美同行。做优做强满足人民美好生活的民心工程,建设全球资源配置的文化码头,实施国际传播叙事的出海战略,抢抓数字文旅转型创新的全新赛道,发挥人民城市的新质文化生产力的增长效应,全面提升上海国际文化大都市的能级和水平,进一步增强上海城市软实力,为在新的起点上持续推动文化繁荣、建设社会主义文化强国、建设中华民族现代文明做出新的更大贡献。

其一,健全完善现代公共文化服务体系,促进人民精神生活共同富裕。把最好的资源留给市民,以优质的供给服务人民,不断满足人民群众多样化、多层次、多方面的精神文化需求,让人民享有更加充实、更为丰富、更高质量的精神文化生活。深化公共文化服务高质量发展先行区建设,激发各类文艺院团和文博机构发展活力,深入实施"大博物馆计划""大美术馆计划""社会大美育计划"。创新传统公共文化设施建设和利用方式,打破行政区域界限、事业产业界限、政府社会界限,积极培育新型公共文化空间,升级打造演艺新空间、美术新空间、家门口好去处。探索深化公共文化机构免费开放,探索开展特色化、多元化、个性化的非基本服务,建设全民共享的高品质文化空间。打响"一江一河游览""建筑可阅读""演艺大世界""海派城市考古"等上海文旅品牌,推进全社会迈向精神生活共同富裕。

其二,加强优秀传统文化保护传承转化,助推建设中华民族现代文明。从构建上海城市历史文化脉络出发,实施上海文明探源工程,围绕一批重点考古项目开展工作。积极推动上海建设成为全国重要的考古文化资源的汇聚地、研究高地和展示平台之一,通过论坛、展览、文创、出版物和影视作品等多种形式,诠释"何以"考古主题。推动历史文物"活起来",打造海派文化标识体系建设工程,实施"海派城市考古",推出"建筑可阅读"4.0版。促进红色资源"热起来",策划、推介一批革命文物系列精品陈列展览,形成一批场馆文教活动品牌,规划推出一批红色旅游精品线路。展现非遗文化新魅力,拓展非遗保护传承的空间和场景,推广国风、国潮、国货,丰富传统节日、民俗活动的内容和形式,加强文创产品开发、IP授权合作、文旅互动体验,降低公众入门门槛。

其三,打造传得开、留得住的文艺精品力作,助力人民文艺勇攀高峰。人民城市需要创作更多优秀的文艺作品,给人民群众讲好新时代的上海故事,提升上海城市文化的核心竞争力。原创力是城市发展的真正动力。坚持以社会主义核心价值观为引领，秉持以人民为中心的创作导向，深入实施"上海文艺再攀高峰工程"。上海建设社会主义现代化国际大都市，应将自身置于中国式现代化的伟大进程中，充分挖掘上海"红色文化、海派文化、江南文化"特色底蕴，聚焦"三种文化"融合背后的时代变迁与社会进步，大力开展新时代现实题材文艺创作。鼓励创作者深入生活、扎根人民，描绘上海在新时代改革开放中昂扬奋进、勇于探索的新风貌，讲述上海在创新驱动发展、经济转型升级、社会治理创新等方面的时代故事，展现上海在中国式现代化中的龙头带动和示范引领作用。同时，要不忘历史根脉，积极弘扬中华优秀传统文化，赓续红色血脉，深入挖掘和整理红色文化资源，继续推进红色文艺创作，再现沪上红色文艺的新辉煌，让红色基因代代相传。上海应进一步加大文学戏剧影视转化力度，通过跨界融合、创新表达，将更多优秀的文学作品转化为影视作品、戏剧演出等，让文学之美以更加多元、生动的形式呈现给广大观众，讲好中国故事，传播中国文化，扩大优秀作品的国际传播力和影响力。

其四，扩大内需和深化供给侧结构性改革相结合，推动城市文旅市场繁荣发展。实施重大文化产业项目，带动战略整合项目业态，丰富生态圈，延长产业链，实现投资供给和消费需求的良性循环。有效盘活存量项目、存量资产，形成存量资产和新增投资的良性循环。坚持融合创新发展，推进文化和旅游深度融合，以文塑旅，以旅彰文，深化建设红色文化、海派文化、江南文化、时尚创意文化旅游集群，打造有文化底蕴的世界级旅游度假区、景区、休闲街区等千万级旅游流量入口，培育以外来消费为主体的文化旅游商圈，建设现代生活示范水岸和世界级滨水文化区。推动有效市场和有为政府更好结合，打造文旅最优营商环境，深化"放管服"改革，健全文旅法治体系，培育集聚更多高端引领企业、创新策源企业、产业链主企业。

其五，实施安全高效的文化数字化战略，塑造人民城市文化创新发展新优势。以新基建为基础支撑、以大数据为关键要素、以体系化应用激活文旅生产力，让科技为文旅赋能，让文旅为科技增值。加强数字文化内容资源建设，丰富总量、创新样态、提升质量，打造分级分布、品质优良的数字文化资源库群。提升文化大数据管理服务水平，运用大数据资源为文化需求预测、内容供给、能效反馈提供有力支撑。把握新技术引发的文化内容变革、生产变革、体验变革、场景变革，建立文旅元宇宙企业图谱，培育文旅元宇宙创新实践，打造沉浸式文旅体验空间和数字文旅超级场景，建设新内容创制产业集聚发展区和文旅元宇宙创新应用示范区。大力发展网络视听、电子竞技、动漫游戏、沉浸演艺、数字藏品等优势产业，开发更具上海标识、虚实融合、人机交互的文旅消费新场景，增强城市年轻态和年轻力。

其六，加强人民城市的国际传播力，开创人民城市国际文化交流中心的新格局。上海需要深耕于推动中国文化"走出去"，传播人民城市的国际形象，持续拓展外宣融媒体矩阵，加快对外文化宣传创新实践。比如，2023年上海已成功举办首届世界中国学大会·上海论坛和第五届世界考古论坛·上海等重要学术会议。启动"奔流：从上海出发，全球城市人文对话"项目，开展《奔流》首季上海论坛等系列活动。赴丹麦、荷兰、西班牙举办"魅力上海"城市形象推广活动。赴澳门举办"上海之夜"主题城市宣推、文旅展示活动。围绕共建"一带一路"倡议十周年，"一带一路"电影节联盟已扩展至48个国家55家电影节机构，举办丝绸之路国际艺术节联盟论坛，签署《丝绸之路国际艺术节联盟上海共识》。加强上海国际旅游形象宣传，聘请7位国际旅游形象公益推广人，发布全新国际旅游形象宣传片。

在人民城市建设的宏观视角下，未来上海的文化建设将为城市发展提供多方面的内在支撑，这些支撑不仅关乎城市的经济发展，更涉及城市精神面貌、品格的塑造和居民生活质量的提升。首先，上海的文化建设坚持以人民为中心的发展思想，通过实施文化惠民工程，优化公共文化服务资源配置，满足人民群众多样化、品质化、个性化的文化需求。上海致力于构建市、区、街镇、居村四级文化服务网络，通过公共文化服务的高质量发展，增强市民的文化参与感、获得感和幸福感，从而提升城市的整体文化能级和社会文明程度。其次，上海的文化建设注重保护和利用历史文化遗产，如加大文物保护力度，完善文物安全管理机制，以及推动非物质文化遗产的保护和传承。这些措施有助于保持城市的历史连续性和文化多样性，也为城市提供了丰富的文化资源和创意灵感。此外，上海的文化建设还强调创新和改革，推动文化与科技、旅游、体育等其他领域的融合发展，培育新的文化业态和消费模式。通过深化文化体制改革，激发市场主体活力，促进文化创意产业的发展，上海正逐步成为具有国际影响力的文化创意产业中心。上海还致力于打造多元的城市文化景观，通过保护和改造历史文化风貌区，活化利用工业遗产，以及建设新的文化设施和地标，增强城市的文化魅力和吸引力。这些文化空间不仅为市民提供了丰富的文化生活场所，还成为城市对外文化交流和展示的重要平台。最后，上海的文化建设还着眼于提升城市的国际影响力。通过举办国际文化节展赛事活动，加强国际传播能力建设，以及推动文化"走出去"，上海正努力成为全球文化产品的重要创制中心和文化交流的枢纽。综上所述，上海的文化建设在未来的人民城市建设中将发挥更加重要的作用，不仅能够增强城市的内在品质和文化竞争力，还能够提升居民的文化素养和生活质量，促进城市的可持续发展。

第5章　在保障改善民生中建设让生活更美好的城市

本章深入领会习近平总书记人民城市重要理念及党中央对上海城市工作重要指示的核心要义，聚焦上海人民城市建设中的民生保障领域，选取"在保障改善民生中建设让生活更美好的城市"作为核心研究议题，旨在全面探讨上海人民城市发展对人民生活各方面的深远影响。本章内容从理论探讨、实践发展、未来展望三大维度展开：理论探讨层面，围绕中国特色社会主义民生理论的发展历程，阐释了在人民城市理论中增进民生福祉的重要性；实践发展层面，结合新时代中国特色社会主义的时代背景，系统梳理并总结了上海在增进民生福祉方面的重点成效，特别是在幼有所育、学有所教、劳有所得、病有所医、老有所养、住有所居、弱有所扶七大民生领域取得的全面进展；未来展望层面，提出系列策略建议，包括注重协调三次分配、营造全龄友好环境、重视数字包容性发展、持续推进民心工程等，旨在建设好属于人民、服务人民、成就人民的城市，实现城市让生活更美好的目标，以期为上海深化人民城市建设提供参考。

一、中国特色民生理论与人民城市民生理念

"民生"一词在中国古已有之，意思是百姓的生计或人民的生活。但是，"民生"一词也经历了词汇化、概念化和概念群化的长期演变历程。[①] 在奴隶社会和封建社会，"民生"完成了词汇化，逐渐成为统治阶级治国理政的重要内容，也成为人们考察中国历史发展与反思社会兴衰治乱的关键词与参照物。在半殖民地半封建社会，"民生"实现了概念化，这主要归功于孙中山，他将其外延主要归结为衣、食、住、行四大方面。在社会主义社会，"民生"正在进行和完成概念化，这主要得益于中国共产党的民生理论与实践。中国共产党以中国传统文化的民本思想和马克思主义民生思想为基本源头，借鉴吸收了西方社会保障理论政策，形成了中国特色社会主义的民生理论与实践。

（一）中国化马克思主义坚持民生建设实践

马克思主义的终极目标是建立人人平等、人人幸福的共产主义社会，在实现这一终极目标的过程中，民生思想在整个理论体系中占据重要位置。马克思主义对民生有着鲜明的态度和立场，包括对人民群众主体地位的认识、对人的全面而自由发展的追求、对解放全人类的信心等，这些思想深刻地反映着马克思主义对民生的关切，是马克思主义民生思想的集中体现。"现实的人"的需要是马克思主义民生思想的出发点和聚焦点，社会生产和私有制变革是马克思主义民生思想的基础和主要内涵，实现人类的普遍幸福是马克思主义民生思想的核心和终极目标。[②] 具有丰富内涵的马克思主义民生思想是中国共产党民生建设的重要理论基础。

[①] 孙来斌、刘近：《中国民生概念发展史论要》，《湖北社会科学》2014 年第 6 期。
[②] 王历荣：《新中国 70 年民生建设的理论基础及经验启示》，《甘肃社会科学》2019 年第 6 期。

中国共产党自成立之初就为广大人民谋幸福，历来高度重视民生建设，不断尝试将马克思主义民生思想与中国特色社会主义建设实践相结合，在民生领域对马克思主义民生思想进行了充分的中国化发展，逐渐形成了具有中国特色的民生理论与实践。早在1922年，党的二大就提出设立工厂保险、保护失业工人等旨在改善工人待遇的民生主张。1931年，《中华苏维埃共和国劳动法》专门规定了社会保险等相关问题。中华人民共和国成立伊始，即于1951年颁布了《中华人民共和国劳动保险条例》，民生建设就旨在探索一条快速摆脱贫困、实现共同富裕的道路，可惜"左"的思潮路线使其遭受挫折。改革开放以来，中国共产党以解放发展生产力、解决温饱为逻辑起点，采取"摸着石头过河"的改革策略，在探索实践中逐渐找到一条具有中国特色的民生发展道路，逐渐形成一些有效做法和相关政策。尤其是进入21世纪后，自中国共产党正式提出社会建设和"五位一体"总体布局以来，党和国家一直将保障和改善民生作为社会建设的重点，民生理念日渐清晰，民生制度日益成熟。

（二）新时代中国特色社会主义完善民生制度

2004年，党的十六届四中全会通过的《中共中央关于加强党的执政能力建设的决定》首次提出"社会建设"和构建社会主义和谐社会的重大战略思想。2007年，党的十七大提出加快推进"以改善民生为重点的社会建设"，努力使全体人民"学有所教、劳有所得、病有所医、老有所养、住有所居"，此即民生"五有"领域。2012年，党的十八大报告继续强调，"加强社会建设，必须以保障和改善民生为重点"，在民生"五有"领域持续取得新进展。

2017年，党的十九大报告指出，中国特色社会主义进入新时代，我国社会主要矛盾已经转化为人民日益增长的美好生活需要和不平衡不充分的发展之间的矛盾。从这个重大判断来看新时代的社会民生，确实呈现出一些新特点，包括民生消费由数量增长为主向质量提升为主转变、民生需求由私人产品为主向私人产品与公共产品并重转变、人民生活由差别性改善向公平性改善转变等，这表明我国民生已经进入由生存型转变为发展型的全面升级的新时代。[1] 党的十九大报告还正式提出了新时代中

---

[1] 窦孟朔、窦建爽：《新时代的民生内涵与建设路径》，《科学社会主义》2018年第5期。

国特色社会主义思想,并提出了新时代坚持和发展中国特色社会主义的14条基本方略(14个"坚持"),其中之一就是"坚持在发展中保障和改善民生",并将之前的民生"五有"拓展为"七有",包括"幼有所育、学有所教、劳有所得、病有所医、老有所养、住有所居、弱有所扶"。

2019年,党的十九届四中全会通过的《中共中央关于坚持和完善中国特色社会主义制度推进国家治理体系和治理能力现代化若干重大问题的决定》首次提出"民生保障制度",将社会保障拓展为民生保障,这是习近平新时代中国特色社会主义思想的新内容与新发展,也是一项重大的理论创新。① 民生保障不同于社会保障,可以从以下两个方面来理解。

其一,从制度体系来看,民生保障的层次范围比社会保障更宽广。近年来我国社会保障制度体系日益完善,并在保障基本民生方面取得了显著成效,但社会保障侧重生存托底性的制度安排,主要集中在生活救助、灾害救助、养老保险和医疗保险等领域,保障范围较小。民生保障制度不仅保障人民的生存问题,而且关注人的发展问题,是一个更宽广、更高层次的范畴。另外,民生保障不仅突破了社会保障的内容和类型,而且实现了保障理念的思维革新。进入新时代,只有构建一个多层面、多维度、高质量和促进人全面发展的民生保障体系,才能在解决民生领域诸多问题的同时满足人民对美好生活的向往。②

其二,从文化语义来看,中国民生保障的含义比欧美国家社会保障更丰富。社会保障的英文"social security"意即"社会安全",而且由于美国政府在1934年最初为应对经济危机提出并使用这个词的特定背景,其重点甚至是"经济安全",即防范收入风险和增加收入安全。③ 而汉语中的社会"保障",还兼有"保护""保证"等多种含义。不仅如此,中国古代不同历史时期的民生内容都涉及保民、安民、利民及富民等多个层次:保民是最基本的民生保障任务,安民是指能够洞察民间疾苦、治理动荡不安的社会、切实安定人民生活,利民是要为民谋利,让民众过上衣食无忧的生活,富民是让人

---

① 白维军、王邹恒瑞:《新时代民生保障制度的话语场景与理论价值》,《内蒙古社会科学》2021年第2期。
② 同上。
③ 赖金良:《作为社会基础设施的民生保障体系建设》,《浙江社会科学》2012年第5期。

民过上富足的生活。① 这比西方的社会保险、社会安全、社会保障等含义要丰富得多。

当然,由于基于劳工权利保障理念设计的社会保障制度仍然是一种局部性、特殊性的保障,西方国家又发展出了更具有全面性和普遍性的社会福利(social welfare)制度。但使用这一西方概念也会有一定问题,因为汉语"福利"一词大多意指额外的利益、待遇或好处,②有锦上添花、吊高期待之虞。

或许正是由于"保障"和"福利"都无法完整准确地表达民生的全部内容,我们注意到,2022年党的二十大报告使用了"福祉"一词。这个中文词语大致对应于英文的"wellbeing",都能够表达比较丰富的含义。2023年,党的二十届三中全会又使用了"民生制度体系"概念,替代了之前的"民生保障制度"概念。相比之下,不变的是"制度",变化的是不再只强调"保障"。这种变化更好地涵盖了民生的丰富内容体系,保障民生、改善民生、增进民生福祉是一致的、连贯的、递进的。

当然,也要注意到,从党的十九大至今,始终强调"坚持在发展中保障和改善民生"。新时代以来,保障和改善民生的原则是:坚持实事求是,处理好尽力而为与量力而行之间的关系;坚持共享理念,处理好人人尽责与人人享有之间的关系;坚持与时俱进,处理好循序渐进与持之以恒之间的关系。③ 党的二十届三中全会的表述是:在发展中保障和改善民生是中国式现代化的重大任务。必须坚持尽力而为、量力而行,完善基本公共服务制度体系,加强普惠性、基础性、兜底性民生建设,解决好人民最关心最直接最现实的利益问题,不断满足人民对美好生活的向往。

(三)人民城市重要理念突出城市民生

2019年11月,习近平总书记在党的十九届四中全会闭幕后的第二天到上海考察,首次提出"人民城市"重要理念。之后,习近平总书记在2020年底出席上海浦东开发开放30周年庆祝大会、2023年底再次考察上海时,都对人民城市建设作出重要指示。其中,他多次讲到民生工作,例如:坚持以人民为中心,聚焦人民群众的需求,努力创造宜业、宜居、宜乐、宜游的良好环境,让人民有更多获得感,为人民创造更加

---

① 高和荣:《新时代民生保障制度的类型转向及特征》,《社会科学辑刊》2020年第3期。
② 赖金良:《作为社会基础设施的民生保障体系建设》,《浙江社会科学》2012年第5期。
③ 岳天明:《党的十八大以来我国民生建设的创新与启示》,《中州学刊》2022年第9期。

幸福的美好生活；衣食住行、教育就业、医疗养老、文化体育、生活环境、社会秩序等方面都体现着城市管理水平和服务质量；要着力解决人民群众最关心最直接最现实的利益问题，不断提高公共服务均衡化、优质化水平；要践行人民城市理念，不断满足人民群众对住房的多元化需求，确保外来人口进得来、留得下、住得安、能成业；要把增进民生福祉作为城市建设和治理的出发点和落脚点。

可以说，习近平新时代中国特色社会主义思想关于民生工作的重要论述在人民城市重要理念中有着对应的体现。我们认为，人民城市重要理念进一步突出了城市民生的重要性。

对城市民生问题的重视其实早就见之于马克思主义理论的核心问题意识。恩格斯在其著作《英国工人阶级状况》一书中就关注了工业化城市中的民生问题。他对曼彻斯特工人聚集区拥挤且不卫生的居住条件、长时间工作和低工资、缺乏政治权利等现象的社会观察，不仅揭示了当时工人阶级的悲惨状况，还为马克思主义理论关于资本主义批判、阶级斗争、无产阶级革命等核心理论的形成奠定了基础。[1] 此后，列斐伏尔等西方马克思主义理论家以"城市空间"作为理论抓手，对资本主义城市民生问题进行了政治经济学批判。在资本主义社会中，城市空间受到资本的控制，这种控制通过城市规划、建筑布局和基础设施的建设表现出来，影响了城市居民的生活条件和社会地位。[2] 资本主义社会将城市空间商品化以谋求资本增殖，这一过程往往优先服务于资本和精英阶层的利益，而忽视了广大城市居民的实际需求，导致了不平等的空间分布。[3] 通过阐明城市中的"集体消费"概念，卡斯特尔指出，住房、教育、医疗、交通基础设施和公共安全等公共服务承担着保障居民基本生活条件的责任，但是由于这些"集体消费"无法直接带来利润，造成资本主义城市在"集体消费"中的矛盾角色。[4] 源自资本增殖的内生性需求与城市居民对公共物品的诉求间不可调和的矛盾成为西方城市发展中的根本问题。

与西方的城市批判理论相对，中国共产党人重视城市民生建设实践。中华人民

---

[1] 参见恩格斯：《英国工人阶级状况》，中共中央编译局译，人民出版社1956年版。
[2] 参见亨利·列斐伏尔：《都市革命》，刘怀玉、张笑夷、郑劲超译，首都师范大学出版社2018年版。
[3] 参见哈维：《叛逆的城市》，叶齐茂译，商务印书馆2014年版。
[4] 夏建中：《新城市社会学的主要理论》，《社会学研究》1998年第4期。

共和国成立后,中国共产党在城市实施了一系列重要的政策和措施,旨在重建城市内部社会结构,改善城市居民的生活条件,推动城市的现代化进程。改革开放以来,我国经历了世界历史上规模最大、速度最快的城镇化进程。从1978年到2014年,我国城镇化率年均提高1个百分点,城市数量由193个增加到653个。进入新时代,常住人口城镇化率由2000年的36.22%提升到2017年的58.52%,2020年达到60.6%,我国正从一个农业人口大国转变为以城镇人口为主的现代国家。在21世纪以来中国人口结构快速城市化,城市居民对城市生活质量提出更高要求的新时代背景下,城市民生工作的重要性愈发凸显。正如习近平总书记所说,我国城市发展已经进入新的发展时期,城市是我国经济、政治、文化、社会等方面活动的中心,要深刻认识城市在我国经济社会发展、民生改善中的重要作用。[①]

二、城市民生"七有"的上海实践与经验

(一) 幼有所育:推进托育服务与学前教育高质量发展

"幼有所育",指的是对0—6岁学龄前儿童的保育和教育,包括3—6岁儿童的学前教育和0—3岁婴幼儿的托育服务。实现"幼有所育",是我国国民教育体系高质量发展的基础,也是缓解人民生育养育压力、建立完善生育支持政策的关键一环。习近平总书记在党的十九大报告中首次提出要在"幼有所育"上不断取得新进展,要"办好学前教育",这为我国0—6岁学龄前儿童的保育和教育指明了方向,提出了要求。上海坚持政府主导、社会参与、普惠多元、安全优质、方便可及的原则,一体化推进学前教育和托育服务发展,学前教育与托育服务资源快速增量扩容,质量持续稳步提升。近年来,广大家长对学前教育的需求已经从"有园上"转到"上好园",对托育服务的充裕性和便捷性提出更高要求。为回应人民群众的期盼,上海进一步优化发展理念,力争从"幼有所育"迈向"幼有善育":扩大优质资源,努力把每一所家门口的幼儿园都建成人民满意的高质量幼儿园;加强普惠托育服务体系建设,推动服务类型多元化和服务形式多样化,赋能家庭科学育儿。

[①] 参见中共中央党史和文献研究院编:《习近平关于城市工作论述摘编》,中央文献出版社2023年版。

1. 完善托幼工作制度设计,聚焦普及普惠

2018年,上海成立托幼工作联席会议,由教育部门牵头,会同多个部门定期商议如何规范0—3岁儿童的托育制度。同年,上海市人民政府印发《关于促进和加强本市3岁以下幼儿托育服务工作的指导意见》《上海市3岁以下幼儿托育机构管理暂行办法》以及配套的《上海市3岁以下幼儿托育机构设置标准》,建立健全托育工作的管理体制与机制,促进托幼一体化发展,引导社会以多种形式提供托育服务,构建起上海市托育服务体系。2020年,中共上海市委、上海市人民政府印发《关于推进学前教育深化改革规范发展的实施意见》,进一步完善学前教育公共服务体系,并明确要求新建改扩建幼儿园原则上都要开设托班。2023年1月1日,上海率先实施《上海市学前教育与托育服务条例》,作为全国首部覆盖0—6岁幼儿全年龄段公共服务的地方立法,将学前教育与托育服务一体规划、一体保障、一体实施。

一系列政策出台有效地推动了上海市托育服务事业健康发展,资源供给和服务质量显著提升。2023年11月,为建设高质量托育公共服务体系,努力实现"幼有善育",上海市政府印发《关于进一步促进本市托育服务发展的指导意见》(以下简称《指导意见》),明确提出到"十四五"期末,全市常住人口每千人拥有3岁以下婴幼儿托位数不低于4.5个,托幼一体幼儿园占比达到85%,社区托育"宝宝屋"街镇覆盖率达到85%(其中中心城区达到100%),家庭科学育儿指导站实现街镇全覆盖(见表5-1)。《指导意见》还规定了托育服务体系的"四梁八柱",即四种主要形态和八大政策措施,并提出进一步完善托育机构设置标准和管理规范(如图5-1所示)。

表5-1 上海市扩大托育服务规划指标

扩大托育服务规划指标	2025年
每千人常住人口拥有托位数	⩾4.5
开设托班的园所占幼儿园总数的比例	85%
社区托育"宝宝屋"街镇覆盖率	85%
社区托育"宝宝屋"街镇覆盖率(中心城区)	100%
家庭科学育儿指导站街镇覆盖率	100%

> **四梁：四种主要形态**
> - 幼儿园开设的托班
> - 街镇举办的社区托育"宝宝屋"
> - 各类社会组织、企业、事业单位和个人举办的托育机构开设的托班
> - 科学育儿指导服务
>
> **八柱：八大政策措施**
> - 深入推进托幼一体化建设
> - 着力深化社区托育服务建设
> - 鼓励引导社会力量举办托育机构
> - 持续加强托育机构科学配置和规范管理
> - 大力开展托育服务从业人员队伍建设
> - 不断推进托育服务质量提升
> - 全面开展家庭科学育儿指导服务
> - 严格守牢托育服务安全健康底线

图 5-1 上海市托育服务体系的"四梁八柱"

2023年7月，上海市托幼和学前教育工作联席会议办公室印发的《全面建设高质量幼儿园的实施意见》明确提出：到2025年上海公办幼儿园全部建成高质量幼儿园，民办幼儿园全部达到普通幼儿园办园标准，公办幼儿园在园幼儿占比不低于80%，普惠性幼儿园覆盖率不低于95%，各级各类幼儿园班额达标率100%，为推进高质量建设工作，上海还将"学前儿童善育"列入市委、市政府民心工程和为民办实事项目。截至2023年底，上海在提高公办幼儿园占比、普惠性幼儿园覆盖率以及学前三年毛入园率方面均取得了显著成果，公办幼儿园在园幼儿占比达到80%，普惠性幼儿园覆盖率达到93%，学前三年毛入园率达到99%。

2. 大力扩充普惠性托育资源，缓解家庭养育压力

一是推进托幼一体幼儿园建设。上海市教委抓住人口结构变动契机，要求全市新建和改扩建的幼儿园原则上都开设托班，同步在现有幼儿园中积极开设托班，鼓励民办幼儿园开设普惠托班。市、区两级财政将学前教育和托育服务财政补助经费纳入预算，将公办幼儿园托班纳入学前教育财政投入体系，按照学前教育生均经费基本标准保障公办幼儿园托班运营。上海市教委对纳入市政府实事项目的普惠性托育点给予一次性开办经费支持，用于购买玩教具和设施设备等，各区相应给予配套。

二是创新开设社区托育"宝宝屋"。乡镇政府、街道办事处负责保障社区托育"宝

宝屋"的日常运营,"宝宝屋"因地制宜采取多种模式柔性嵌入,开设在社区党群服务中心、为老服务中心、市民驿站等现有设施中,每年为幼儿家庭提供不少于12次免费照护服务,超过免费服务的部分按照公益普惠的原则收费。"十四五"期间社区托育"宝宝屋"将实现中心城区全覆盖。

三是引导各方提供多元化托育服务。2018年以来,上海积极鼓励有条件的机构提供多元化服务,鼓励有条件的大型国企等用人单位面向职工子女提供托育服务。重新修订托育机构设置标准和管理办法,适当降低从业年限、场地面积、楼层规定等要求,支持社会力量提供优质服务。对民办托育机构给予各类税费优惠,水电煤等公用事业费用按照居民生活类标准,对普惠性托育机构通过综合奖补等方式支持日常运行经费。

3. 建设高素质托幼人才队伍,提升保教服务质量

一是建立一支重德有能的托育服务队伍。上海坚持以德为先、幼儿为本、能力为重的原则,明确托育机构从业人员准入标准和行为准则。形成了市、区联动,市场补充,相关院校及社会各方共同参与的托育机构从业人员培养培训体系。通过中高贯通、中本贯通、高本贯通等方式,系统培养托幼管理、育婴员、保健员、保育员和营养员等专业人员,定期开展线上线下相结合的职后培训,做到100%持证上岗、100%职后培训。

二是建设一支高素质善保教的学前教育队伍。保教并重是学前教育的基本原则和工作特点,上海在全国首创成立了53个市级保育带头人工作室,培育了数百名优秀的保育员、育婴员,并举办市级托幼行业职业技能大赛,提升队伍专业技能。根据实际需要扩大高校和职业院校已有学前教育专业点、高等学历继续教育学前教育专业点的招生规模。开展学前教育专业高一层次学历继续教育和职业能力培训。实施"未来教师储备与培养计划",为非师范类院校的优秀大学生加入学前教育教师队伍搭建桥梁。

4. 完善科学育儿指导服务网络,助力家庭教育

一是持续充裕科学育儿服务资源。在市级和16个区建立早教中心和覆盖所有街镇的科学育儿指导站,形成由教育、卫健、妇联等多部门合作的"1+16+X"的科学育儿指导服务体系。建立家庭科学育儿指导的专兼职师资队伍和各类志愿者队伍。

通过公益性科学育儿课程、讲座、线上视频直播等途径,每年为适龄婴幼儿家庭提供不少于12次的公益免费线下指导服务。坚持12年开展"亲子嘉年华""专家大讲堂""育儿周周看"等形式各异的科学育儿指导项目。

二是布局"嵌入式"科学育儿指导服务。在"儿童优先、服务家庭、教养医结合、精准指导"理念的引领下,各区布局完善嵌入式、标准化的家门口科学育儿指导服务点建设,打造含有科学育儿指导服务的"15分钟社区生活圈"。把"上海科学育儿指导服务"嵌入"随申办",实现一键点击预约。2021年开始,科学育儿指导升级"进社区、进园区、进家庭、进场馆、进楼宇"的"五进"新模式,从原来的早教中心和指导站"等家长"到"送服务",全方位立体化地宣传、配送公益资源。

三是数字赋能科学育儿指导服务。在教育数字化转型的契机下,上海运用信息化工具赋能托育服务,搭建家长需求与资源供给精准对接的桥梁,逐步实现从面上覆盖到精准推送、从线下指导到"互联网+"的转变。2022年,科学育儿指导纳入"一网通办"出生"一件事",置于婴幼儿全生命周期发展的最前端。2019年"育之有道"App发布,提供覆盖全市16个区的高质量普惠性线上线下活动,定时投放指导活动内容微视频、直播讲堂,并扩展到东方网、网易公开课、腾讯视频等大型平台公益播出,极大地提升了科学育儿指导的可及性。

5年来,上海立足长远落实我国人口长期均衡发展政策,推进学前教育与托育服务高质量发展,努力实现"幼有所育""幼有善育",让婴幼儿得到优质照护、家庭育儿压力得以缓解,进而提升育龄群体的生育意愿,促进城市人口的长期均衡发展。

(二) 学有所教:构建优质均衡的基本公共教育服务体系

学有所教,就是要让每个孩子享有平等受教育的机会,让人民享有更好更公平的教育。习近平总书记在党的二十大报告中指出,要"坚持以人民为中心发展教育,加快建设高质量教育体系,发展素质教育,促进教育公平""加快义务教育优质均衡发展和城乡一体化,优化区域教育资源配置",对新时代教育事业质量和水平全面提升提出新的要求。上海全面贯彻党的教育方针,落实立德树人根本任务,加快建设高质量基础教育体系,显著扩大基础教育优质资源,提高教育教学质量,提高基本教育公共服务均等化水平,努力实现教育资源从基本均衡到优质均衡的跨越,使优质教育资源全民共享。5年来，上海以立德树人为目标，坚持以人民为中心，持续推进教育公平，补齐民生短板。以创新发展理念统筹各级各类教育事业发展，深化教育领域综合改革，努力让人民不仅"有学上"，还能"上好学"。

1. 推动义务教育资源优质均衡发展，建设"家门口的好学校"

上海在2014年整体通过义务教育均衡督导认定的基础上，坚持办学条件保障和内涵建设提升并重，创新学校联动发展机制，激发学校变革内生动力，不断缩小城乡、校际办学差距，努力办好每一所家门口的学校。

一是坚持城乡一体，促进城乡融合发展。2015年，上海出台了《促进城乡义务教育一体化的实施意见》，加快促进义务教育学校建设、设备配置、信息化建设、教师配置与收入标准、生均经费等标准"五个统一"，到2020年如期完成建设任务。2022年，上海又出台了新一轮义务教育学校"五项标准"，参照市民家庭生活条件平均水平，补齐基础设施短板，改善学生在校生活所必需的环境。自2017年起，上海实施"城乡学校携手共进计划"，通过全方位托管和互助成长项目，促进郊区学校的发展。首轮计划覆盖76所学校，2021年启动的第二轮计划进一步推动66所学校提升办学品质。自2021年起，新评特级校长、特级教师、正高级教师中约20%的人员需流动到乡村学校支教3年，以带动乡村教师的专业提升。

二是推进学区化、集团化办学，促进校际均衡发展。2019年以来，上海重点推进紧密型学区和集团建设，实施管理、师资、课程、文化等互通互融，提高每一所成员校的办学效益，带动面上学区、集团提升质量。2023年，上海市出台了《上海市示范性学区和集团建设三年行动计划（2023—2025年）》，以优质资源共享、教师有效流动和一体化评价为重点，在紧密型学区和集团占比进一步提高的基础上，建设一批市示范性学区和集团，进一步营造良好的学区和集团发展生态。

三是加强示范引领，打造优质学校。为树立家门口好学校的价值标杆，上海自2015年起开始重点实施新优质学校集群发展行动计划，在市级层面汇聚近百所示范性公办学校，带动各区新优质学校集群发展，形成各具特色的优质成长之路。2018年出台《实施百所公办初中强校工程的意见》，着力把128所强校工程实验校办成"家门口的好初中"，通过名校长名师带动、优质资源辐射、关键项目突破等方式，促进百余所实验校变革育人方式、提高办学质量。

2. 全面深化高中阶段教育改革,推动从"育分"到"育人"的转变

上海牢牢抓住新高考改革、新课程实施的契机,聚焦高中教育重点领域和关键环节,强化高中教育资源布局和条件保障,全面深化高中阶段育人方式改革,着力探索一条以人为本、聚焦内涵、特色多样的高中教育高质量发展之路。

一是探索综合素质评价,驱动高中育人方式改革。作为国家首批高考综合改革试点省市,上海积极以综合素质评价驱动高中育人方式改革,构建了品德发展与公民素养、修习课程与学业成绩、身心健康与艺术素养、创新精神与实践能力四大板块的综合素质评价体系和信息管理系统,依托校外活动联席会议制度,在市、区两级设立社会实践基地和社会实践岗位,配套开发研究性学习自适应学习平台和第三方课题认证平台,重点强化学生社会实践和研究性学习经历。借助"全员导师制"创新学生发展指导模式,为学生开设生涯课程和生涯规划指导服务,引导学生学会选择、自主发展。

二是聚焦内涵建设,促进办学品质提升。上海普通高中教育改革发展始终聚焦内涵建设,通过深化日常教研指导、编制《普通高中学校建设标准》《普通高中课程实施方案》和开展发展性督导等举措,在高中"双新"课改实施背景下,不断引导高中学校围绕关键办学要素寻求内涵突破。首先是全面提升校长课程领导力。推动建设具有学校特色、融合国家课程与校本课程于一体的学校课程图谱,聚焦学生核心素养培育。其次是扎实开展"双新"培训。全市分年级、分学科滚动组织教师培训,统一开发市级师训课程,配套录制高中全学段、全学科"空中课堂"视频示范课,确保教师"应培尽培"。再次是全力做好教研指导。组织编写《学科教学基本要求》《学科德育教学指导意见》和《单元教学设计指南》,落实市、区、校三级联动日常教研,配套开发教学设计工具、质量监测指标和课程管理平台,强化专业指导与技术支持。最后是发挥示范引领作用。依托"双新"示范区和示范校,以项目化方式引领推进"双新"重点难点问题的攻关研究和成果推广。

三是打造特色高中,坚持特色多样发展。近年来,上海持续开展特色高中建设,探寻一般普通高中转型发展之路,推进高中教育从"分层发展"向"分层与分类相结合"的特色多样优质发展格局转变。全市已连续实施两轮"特色普通高中三年行动计划",至今已评估命名20所市特色普通高中,支持90所市、区级项目学校持续探索特色办学,占全市普通高中近1/3。市级项目学校的特色覆盖科技、理工、环境生态、生命、音乐、美术、体育等15个领域。特色高中建设使学生个性化发展的兴趣需求得到积极回应,特色学习与生涯规划形成对接,普通高中多样化发展的氛围和局面初步形成。

3. 不断完善课后服务供给体系,落实减负增效

上海全面贯彻中央关于义务教育阶段"双减"重大部署,出台《上海市义务教育课后服务工作指南》,不断完善供给体系,大力创新管理机制,在推进义务教育阶段学校课后服务提质增效上开展了大量实践探索。

一是优化供给,大力拓展课后服务课程资源。在课后服务的供给上,一方面,通过确定优质校外教育机构"白名单"或实施课后服务基地共建等多种形式,充分挖掘并全面统筹科教、地域文化、文博、红色教育等公共资源;另一方面,利用数字化平台资源开展课后服务内容设计、联合教研、经验交流,鼓励学校自主选择并开发课后服务课程。广泛征集中小学课后服务的优秀课程和经典案例,为薄弱学校和远郊学校输出丰富、多元且可选择的优质服务课程,促进教育资源的区际及校际均衡。

二是创新管理,全面提升校内课后服务水平。上海市积极创新课后服务管理机制,建立了基于数据支持的供需诊断机制,优化课后服务的供给结构,提高课后服务的针对性和有效性。建立了包括课程引入前审核、实施过程及实施后评价的全程式课后服务质量监管机制,强化对课后服务课程的过程管理和评估。各区普遍建立了以激励为主的课后服务评价机制,通过评选课后服务优秀案例、先进单位、先进工作者等活动,营造起全社会重视课后服务的良好氛围。部分区域引入第三方专业机构,研制符合区域实际的质量评估标准及数据收集工具,帮助区域或学校的课后服务开展评估、分析和改进。

三是加大投入,确保校内课后服务的公益性。2021年,上海出台义务教育课后服务经费补助标准,义务教育教师课后服务补助经费由财政予以保障,不向学生家长收取任何服务性费用或代收费。日常运行经费方面,按照在校生每生每年不低于100元的标准安排经费补充学校用于免费课后服务的能耗、设施设备、材料购置等运行经费支出。人员补助经费方面,按照每课时85元的标准安排经费,在做好校内公示的基础上,据实发放教师课后服务报酬,保障参与教师应有待遇。同时,把教师参加课后服务的表现作为职称评聘、表彰奖励和绩效工资分配的重要参考。

4. 建设"五位一体"的家庭教育指导服务体系,营造协同育人共同体

上海贯彻落实《关于健全学校家庭社会协同育人机制的意见》等文件精神,以深

化协同机制为抓手,积极构建组织管理、指导服务、队伍培养、评价引领、研究突破"五位一体"的家庭教育指导服务新体系。

一是构建"3+16+X"的家庭教育指导网络。在管理平台上,上海构建了市区校联动、线上线下互通的"3+16+X"的家庭教育指导网络。"3"是指市级层面的家庭教育研究和指导中心、上海市家长学校和上海市家庭教育研究会指导服务中心,各有侧重,共同推进;"16"是指覆盖上海16个区的区家庭教育指导和研究中心;"X"则指线上线下家长学校,以及每个街道、社区家庭教育指导服务站点。线下整合各方优质资源,研制《上海市中小学幼儿园家长学校建设标准》,规范家长学校建设,编制上海市分学段《家庭教育指导手册》。线上推进"互联网+"家庭教育指导,打造"上海家长学校"公众号,建立全市统一的家庭教育指导权威平台,形成统整各区、各类资源的家庭教育新媒体矩阵。

二是打造区域性学校家庭社会协同育人共同体。在协同创新上,上海积极推动区域联动,通过"上海市家庭教育示范校""社区家庭教育指导示范站点"评估,总结推广典型经验。2017年启动家庭教育示范校评审工作,目前共有630所中小学、幼儿园成为上海市家庭教育示范校(2023—2027年)。市级层面梳理汇编出版了上海市家庭教育示范校建设经验和典型成果,召开全市总结表彰会,发挥示范校辐射功能。2024年,上海家长学校在杨浦、闵行、宝山、徐汇4个区先行试点15分钟家庭教育服务圈,共51家上海家长学校街道(镇)工作站宣告成立,为社区居民提供15分钟之内"可达可享"的家庭教育指导服务。

三是开发家庭教育指导服务专业人才资源库。在队伍保障上,上海建立市级家庭教育指导专家库,启动"上海市学校家庭教育指导骨干教师"培训,将"家庭教育指导"专题培训纳入暑期校园长培训、班主任高端研修班等。同时,结合全员导师制的推行,开展全体教师家校沟通专题培训,强化教师家庭教育指导能力建设。建立公益性家庭教育指导讲师团,在项目和活动中挖掘家庭教育指导志愿者,建立广泛的家庭教育指导联盟。每年举办家庭教育主题宣传周活动,邀请全国知名家庭教育指导专家主讲家庭教育高峰论坛。在全市范围内遴选成立家庭教育指导名师工作室,着力培养在全市或全国有影响力和辐射力的家庭教育指导核心骨干队伍。

(三)劳有所得：以制度创新带动高质量就业和收入结构优化

习近平总书记在党的十九大报告中指出，"要坚持就业优先战略和积极就业政策，实现更高质量和更充分就业"，在包括"劳有所得"在内的各项民生事业上不断取得新进展。近5年来，中共上海市委、上海市人民政府始终坚持"就业是最大的民生"，将实现更加充分更高质量的就业、让更多民众获得稳定可预期的收入，作为践行以人民为中心的发展思想、扎实推进共同富裕的重要基础，致力于充分发挥就业在促进收入增长、缩小收入差距方面的重要作用。上海的就业促进与收入分配结构调整工作因地制宜，不断提高制度供给水平，持续增强基层工作创新能力，在许多方面取得了突出成绩。

1. 下沉社区：促进就业公共服务与社区工作体系有机结合

2023年8月，上海市人力资源社会保障局、上海市民政局联合印发《上海市"15分钟就业服务圈"社区就业服务站点建设指引》。各区根据指引，精准锁定就业重点群体人数多、就业帮扶需求大的区域，在社区层面，依托党群服务中心、基层公共就业服务平台、社工站等各类公共服务平台，嵌入式地设立社区就业服务站点，空间、资源、信息上实现了共享和集成。截至2024年6月底，全市已建成社区就业服务站点239个。就业促进公共服务下沉社区后，信息沟通和信息匹配有了载体，能够实施精细化管理、多元就业渠道供给和就业托底保障"三位一体"的就业促进措施，相关政策部门能定期去社区进行政策宣传咨询，有些社区还创新性地推出"系统集成帮办服务"，把用人单位和劳动者的需求集成起来，实现"一口式"受理。

社区就业服务站点还集成了劳动关系公共服务工作，将浦东张江2021年在全国首创的"调裁立审执"劳动人事争议一站式多元解决机制进一步深化。多个企业集中的社区均已设立"一站式"争议解决平台，并推行"劳动解纷＋就业帮扶"的服务模式，为有需要的劳动者主动提供就业支持。

2. 制度赋权与数字赋能：切实保障新就业形态劳动者合法权益

数字经济和共享经济的快速发展催生了各类新就业形态，也改变了传统的就业结构。党的二十大报告、"十四五"规划和2035年远景目标纲要都提出要"支持和规范发展新就业形态"。上海的新就业形态劳动者数量已经超过320万，这一群体的规模日益扩大也引发了对雇用属性和劳动保障的关注。近年来，上海出台了多项维护新就业形态劳动者权益保障的政策。2023年,上海市总工会协调"饿了么"企业工会举行了全国网约送餐行业的首次职代会,签订首份集体合同。同一年,上海推进了新就业形态职业伤害保障试点,目前已将美团、饿了么、货拉拉、曹操出行等7家新就业形态职业伤害保障试点平台企业的113.09万名劳动者纳入保障,还为新就业形态劳动者制定了《新就业形态劳动者(灵活就业人员)专享保障》。

政策的落地离不开流程的科学化。为了更好地服务新就业形态劳动者,上海工会"瘦身"了入会流程,职工扫码即可加入工会,并将工会服务内嵌到上海市民最常用的服务平台系统"随申办"中,大大提升了工会服务的可及性。截至2023年6月,上海工会的实名制会员已达705万人,其中,新就业形态工会会员有49.9万人。为新就业形态劳动者群体量身定制的《新就业形态劳动者(灵活就业人员)专享保障》明确规定,职工参保只需登录"随申办"App,找到"新就业劳动者互助保障参保申请""参保缴费"事项,即可实现一键参保、线上缴费。据2023年度给付报告,全年共有2 359人次申请给付,总计给付384.49万元保障金。

3. 有为政府结合有效市场:助力青年群体就业创业

近年来,受各种因素影响,青年群体的就业压力逐年递增,帮助高校毕业生、长期失业青年等群体实现就业,是上海民生工作的重中之重。"青年职业见习计划"是上海首创的做法,2002年实施后被人社部推广至全国。之后,该计划相关政策不断更新,2021年的政策修订将高校和中职院校毕业学年的青年学生也纳入职业见习范围,开全国先例。这一政策的目的是让应届毕业生在毕业前就能获得相应的专业技能和职场适应能力;政策效果也十分显著,参与见习计划的学生,其就业率远高于其他学生。2024年4月,共青团上海市委推出了"上海青年政策在线平台",汇编整理了"十三五"和"十四五"期间与青年发展十大领域相关的700多个政策文件,有关就业、创业的相关信息都可以在平台上查询。

"创业是就业之源",上海市就业促进中心的2020年居民创业状况调查显示,上海每100位16—64岁的居民中参与创业活动的人数为11.8人,这一创业活动率持续保持在较高水平,而每个创业企业平均创造8.1个就业岗位,创业带动就业的倍增效应日益显现。为了进一步降低青年人创业负担,上海推进实施初创期创业组织社保补贴、首次创业一次性补贴等一揽子扶持政策。2023年共有1.14万户享受创业补贴,补贴金额2.8亿元。

4. 强化"技能优先"战略:发挥高技能人才的增收带动作用

2022年底,上海发布了《激发重点群体活力带动城乡居民增收实施方案》,提出要瞄准八类增收潜力大、带动能力强的重点群体,其中第一类就是技能人才。对于技能人才,上海近年来出台了多项政策,持续推动技能劳动者收入水平提升、扩展技能劳动者成长空间、营造崇尚技能的社会氛围。自2017年起,上海每年都发布企业技能人才市场工资价位,向社会释放"多劳者多得、技高者高薪"的信号。2023年首次发布人工智能、生物医药、集成电路三大先导产业高技能人才工资价位信息,推动高技能人才进一步向重大战略、重点产业集聚。同年,上海还将"企业内部薪酬分配向科技人才、高技能人才和生产服务一线岗位倾斜""技能人才工资增长幅度高于本单位职工平均增长幅度"纳入和谐劳动关系企业创建指标,加强正向激励。修订上海企业工资专项集体合同参考文本,增加技能人才薪酬分配协商条款,倡导企业建立以技术、技能价值为导向的技术及技能岗位津贴和科技创新津贴,倡导企业工资分配向关键岗位、生产服务一线岗位和技术、技能岗位倾斜。

2018年以来,在相关政策的作用下,上海市技能人才的薪酬迅速提升,根据人力资源社会保障部开展的企业薪酬调查,2022年,上海市技能人才的年均工资为16.22万元,比2021年提高1.35万元,同比增长9.4%,维持在较高水平。近年来增长率也是首次高于全口径城镇单位就业人员的总体平均工资(见表5-2)。

表5-2 上海市年均工资:技能人才 VS 总体

年 份	技 能 人 才		全口径城镇单位就业人员	
	年均工资(万元)	增长率(%)	年均工资(万元)	增长率(%)
2022	16.22	9.37	14.62	6.87
2021	14.83	9.45	13.68	10.23
2020	13.55	5.94	12.41	7.91
2019	12.79	5.35	11.5	9.32
2018	12.14	—	10.52	—

(四) 病有所医：深入贯彻健康中国战略

党的十九大报告指出："人民健康是民族昌盛和国家富强的重要标志。要完善国民健康政策，为人民群众提供全方位全周期健康服务。"近5年来，上海始终将保障人民健康放在优先发展的战略位置，不断优化健康服务的质量和效率，着力提升医疗服务的公平性和可及性，为实现健康中国的战略目标贡献上海智慧和上海方案。

1. 强化制度引领，将健康理念融入万策

上海秉承"将健康融入万策"理念，自2019年起，率先实施了全国首个省级中长期健康行动方案——《健康上海行动（2019—2030年）》，将健康纳入城市规划、建设和管理的核心要素，制定了涵盖医疗、教育、环境和交通等多个领域的系统化的健康促进策略和举措。在该行动方案的指引下，上海通过普及健康知识、优化健康环境、推广合理膳食、倡导全民健身、加强慢性病防治等18个重大专项行动，引领市民健康服务由传统的单一医疗模式走向更加综合和全面的健康管理模式。上海还建立了健康影响评估制度，确保所有重大规划、政策和工程项目在制定和实施时都将市民健康作为重要考量，切实维护和提升民众健康福祉。

健康上海行动为市民构建起了一个全域覆盖、全程管理的健康生态系统，营造起全民崇尚健康的良好氛围，市民健康意识显著提升。上海居民健康素养监测最新数据显示，2023年，上海市民健康素养水平达到40.46%（如图5-2所示），超过半数的市民经常参与体育锻炼，成人吸烟率降至19.2%，居全国最低水平。在健康中国行动考核中，有16项指标提前达到2030年目标，在全国40个健康城市建设样板城市中，上海9个区位列其中。期望寿命、婴儿死亡率、孕产妇死亡率等三大健康指标也持续保持在全球最高水平。

2. 优化资源配置，推动优质医疗服务扩容下沉

2019年9月，上海出台《关于提升区域医疗服务能级 完善分级诊疗制度的实施意见》。各区因地制宜，引入市级三甲医院，联动区域医疗中心、社区卫生服务中心，以分片包干、专科联合等多样化形式，打造区域医联体，资源、技术、信息实现了区域整合和上下贯通，优质医疗服务跨越医院围墙，广泛惠及市民。截至2024年7月，全市已建成55个医联体，实现了医联体网格化建设全覆盖。

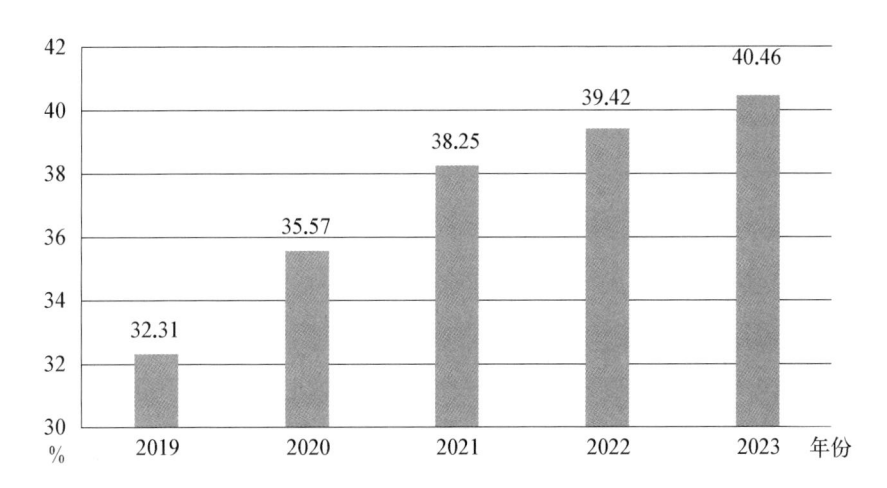

图 5-2　2019—2023 年上海居民健康素养水平

数据来源：2019—2023 年上海市居民健康素养调查。

在医联体内，龙头医院的资深医生会定期去基层医院坐诊和查房，各医院还通过远程会诊和信息共享机制，为患者提供更加高效、更高质量的医疗服务。截至 2023 年，上海市中医医联体在社区及二级医院已经开设了 69 家名中医工作室、100 个名中医基层工作站，市民就近就能体验优质中医药服务。部分二、三级医院和社区医院合作，针对社区多发病、常见病以及特定病种，共同制定了高效双向转诊的临床路径，推行联合病房服务；社区患者出现紧急或复杂病情时，可以通过绿色通道快速转诊至上级医院接受专业治疗，病情稳定后则能顺利转回社区医院继续进行康复治疗和后续护理。这一模式提高了医疗服务的连续性和协调性，确保患者获得及时、适宜的医疗照护。

基层卫生服务是居民健康的"守门人"。2011 年起上海正式启动家庭医生签约服务试点，始终以之作为夯实医疗健康服务网底的重要举措，不断进行制度创新和政策突破。2021 年，上海依托"建立 100 个园区（楼宇）健康服务点"为民办实事项目，推进功能社区签约服务试点，将签约服务延伸至学校、产业园区、办公楼宇、企事业单位、养老机构等区域，并向全人群覆盖。截至 2024 年 6 月，上海市全市签约 1 100 余万人，重点人群签约率达到 84%，在职、在校人员签约数增长趋势明显。为进一步提升签约居民的医疗服务体验，上海持续释放政策红利。借助医联体，基层卫生医疗机构重点建设"全专结合"特色门诊，特定病种的签约患者可获得三甲医院的优质诊疗资源甚至同质化服务。2024 年 4 月起，上海全面实施二、三级医院门诊号源优先向社区开放，家庭医生能为患者预约早于社会面5天的专家号源，还能为急重病患者提供未来2—3天的优先预约服务。慢病患者在社区就诊均可享受长处方、延伸处方。部分区还规定，赴村卫生室门诊就诊，报销比例可再提高10%。

此外，上海还采取增加医疗设备、扩充药品种类和服务范围，以及专家下沉等一系列"组合拳"，确保基层医疗机构能够承接更多患者需求。截至2024年6月，58.1%的社区卫生服务中心配备了CT，60%以上可开展门诊小手术，为居民提供适宜的清创缝合术、烧伤冲洗清创术、浅表肿物切除术、脓肿切开引流术等。各区还成立区域心电、影像、检验三大诊断中心，为社区患者提供辅助检查和诊断支持。医联体内社区与二、三级医院的常见病、慢性病药品供应吻合度达到78.4%，社区用药难问题持续得到解决。2024年1月—8月，市、区两级医疗机构已派出专家2.1万人次，下沉社区开设专科门诊，惠及居民40.3万人次。在上海十大服务行业满意度第三方测评中，社区医疗服务连续6年排名第一，得到了社会各界和社区居民的广泛认可。

专栏 5-1

上海市基层卫生健康便民惠民服务举措

为进一步提高人民群众在基层就医的获得感和满意度，上海市卫健委于2023年10月发布《上海市基层卫生健康便民惠民服务举措》，围绕完善机构布局、改善服务体验、提升服务能力、提高签约服务感受、做好健康管理、优化就医付费结算等6个维度提出10条举措。

一是完善机构布局。因地制宜开展社区卫生服务机构新建、迁建和改（扩）建，推动社区中医馆、中医阁以及中医药特色示范站点建设，推进社区卫生服务机构与养老机构、社区综合为老服务中心等毗邻设置。将社区卫生服务延伸至功能社区，推进社区住院与家庭病床服务有序衔接。到2025年，社区卫生服务设施15分钟慢行可达覆盖率达到90%以上。

二是改善服务体验。各区域性医疗中心专家号源向家庭医生签约服务团队下沉比例逐步达到30%，在市级医院和区域性医疗中心指定专人或专窗，实施对签约居民的"优先就诊、优先检查、优先住院"；做好延时服务，在工作日中午提供便民(配药)门诊、双休日提供门诊服务,双休日门诊中至少半天开设预防接种门诊,方便在职(校)人群错时就诊;改善就医服务环境,设置和完善机构内就诊指南及路径标识,提供轮椅等必要的便民设备设施,推进老年友善和儿童友好基层医疗机构建设。

三是提升服务能力。推动上级医院适宜科室主治及以上职称的医师下沉社区开设门诊服务,每周开设门诊不少于3次,持续做好家庭病床、安宁疗护等服务,推进社区康复中心、护理中心、标准化口腔诊室和中医特色专病(专科)规范化建设;调整药品供应目录,强化互联网医疗平台功能,优化延伸处方、长处方工作,加强社区卫生服务中心与二、三级医疗机构常见病及慢性病用药目录衔接,实现区域医联体内医疗机构常见病、慢性病用药目录统一;开展社区卫生服务中心互联网诊疗服务,并依托远程医疗中心和区域心电、影像、检验诊断中心,为居民提供随访和复诊等服务,为社区提供远程医疗和辅助诊断支撑。

四是提高签约服务感受。通过线上线下相结合,加强家庭医生与签约居民的联系,每季度至少主动联系一次签约居民,加密对重点人群的随访频次,建立长期稳定的服务关系;优化互联网签约服务,通过"互联网+"家庭医生签约服务信息平台,实现线上签约、改签、解约和健康咨询服务;建立社区居民服务响应平台,协助提供咨询、随访、门诊预约等服务。

五是做好健康管理。重点加强对老年人和慢性病患者的健康指导,持续做好0—6岁儿童健康管理服务。按年度为签约居民开展健康评估,出具健康评估报告,提供针对性健康管理服务。推广市、区签约服务信息平台家庭亲情账户功能应用,形成健康管理的联动效应。

六是优化就医付费结算。实施"先诊疗后付费"、社区普通门诊诊查费减免、免收社区住院预交费等政策,做好社区卫生服务中心及所属分中心、服务站、村卫生室的医保联网结算,推广医保电子凭证,实现全程无接触支付。

资料来源:《〈上海市基层卫生健康便民惠民服务举措〉政策解读》,上海市卫生健康委员会、上海市中医药管理局,2023年10月9日,https://wsjkw.sh.gov.cn/zcjd/20231009/82d8fb6021fd4a99abe42586dee4fb59.html。

3. 推动卫生健康数字化转型,提升服务便捷性

便捷性是衡量城市公共服务质量的关键因素,也是提升居民幸福感的重要体现。智慧城市的构建则代表着城市发展的未来方向。在医疗信息化建设方面,上海始终走在前列。截至 2024 年 6 月,全市已有 266 家医疗机构获得"互联网诊疗服务方式"或"互联网医院冠名"许可,为患者提供网上门诊、一键续方、在线咨询、医技开单等便捷服务,还为常见病和慢性病患者提供复诊和随访服务,并且所有公立互联网医院均可提供跨院复诊和配药服务。多家互联网医院还针对老年用户开通了"长辈模式"。

为进一步简化预约流程,2021 年,上海整合"一网通办"、上海健康云和医联平台等,实现了全市医疗机构数据的互联互通,并在全国范围内率先统一了省级号源池,市民通过"上海健康云"App 等平台,一键预约全市所有三级医院与部分二级医院的服务。2020 年起,上海市卫健委会同市医保局、申康医院发展中心、市大数据中心等启动"便捷就医服务"数字化转型工作,目前已建成一批数字化就医应用新场景,如精准预约、智能预问诊、检查检验结果互认、医疗付费一件事、电子病历卡和出院小结、智慧急救等,以简化患者就医流程,提升门急诊服务效率。截至 2024 年 7 月,上海实现了检查检验互联互通互认应用全覆盖,市级医院总体互认率达 96.6%,区属医院达 95.1%;部分科室预约时段从 1 小时精确到 30 分钟;各级医院平均候诊时间缩短至 60 分钟以内,有效缓解了"挂号难、排队长"问题。

在异地就医方面,截至 2022 年 8 月底,上海 16 个区的 809 家定点医疗机构已全部实现跨省医保直接结算,上海参保人在外省市、外省市参保人在上海跨省住院直接结算累计结算人数达到 277.91 万人次。依托长三角一体化建设,上海牵头推进异地就医门诊医保结算"一卡通"。截至 2024 年 4 月,实现长三角区域 41 个城市全覆盖,涉及 2.45 万家医疗机构,累计结算超过 3 300 万人次,减少群众垫付近 56 亿元。进一步地,上海还牵头推进示范区内医保"同城化",在全国范围内率先推行区域内就医免备案、经办服务一站式、慢病特病结算通、网上医保在线支付、异地审核协同化,已覆盖青浦区等三地的所有 85 家医疗机构,惠及 230 余万名参保人员。

上海还将智慧医疗与社区服务融合,通过在社区建设智能健康小屋和远程医疗服务点,使居民在家门口就能享受健康自检自测服务和专业健康指导服务。目前,上海共有238家标准化智慧健康驿站实现了街镇全覆盖。上海还通过队伍整合和流程再造,实现部分疑难疾病的一站式诊疗服务。以肺部多发结节为例,上海市胸科医院诊疗团队汇集呼吸内科、胸外科、放疗科、放射科等精英骨干,建立多学科联合诊疗模式,为患者提供个性化的治疗方案,自2020年起,已成功救治200余名疑难肺部多发结节患者。

4. 关注重点人群,打造全周期的健康保障服务

上海还特别关注老年人、儿童、孕产妇、慢性病患者等重点人群,致力于打造覆盖全生命周期的健康保障服务体系。在老年健康方面,上海将老年人作为家庭医生签约服务的重点人群,为其提供健康评估、疾病预防、健康教育和康复指导等连续性、个性化的健康管理和医疗服务。2017年起上海大力实施长期护理保险政策,依托居家社区养老服务体系,为老人提供生活照料、日间托养、康复护理等相关健康支持。截至2024年8月,已形成由1 200多家护理服务机构、近6万名护理服务人员、年支出近40亿元规模的服务体系,每年为近40万失能老人提供护理服务保障,上门入户服务年均数千万次。

在妇幼健康方面,2021年起上海依托《第五轮公共卫生体系建设三年行动计划》,整合孕产妇健康管理和儿童早期服务,打造妇幼整链式全生命周期健康管理服务体系,提供覆盖孕期—胎儿期—婴儿期—幼儿期—学龄前期全程的早期发展促进指导服务。上海还十分重视儿童和孕产妇心理健康,增设学校和社区心理健康服务网络,为其提供心理咨询和干预服务。2023年,上海婴儿死亡率、孕产妇死亡率分别为2.14‰和2.89/10万,已达发达国家水平。

与此同时,上海构建整合式社区慢性病健康管理模式,"以人为核心"共病综合管理服务能力不断提高。依托家庭医生签约服务,为社区慢病患者提供长期健康监测和管理,上海市在全国率先开展社区慢性病健康管理支持中心建设,截至2022年11月,全市已有11个区的23家社区卫生服务中心完成了支持中心的标准化建设。为推进慢病管理精细化,上海建立慢性病患者数据库,为其建立健康档案,截至2022年底完成健康风险评估217.61万人,开展标准化健康管理服务180万人次。上海还建立了多种早期癌症的筛查模式及策略,癌症早筛早诊工作在全国处于领先水平。目前上海的癌症患者5年生存率为61.6%,已连续10多年持续上升;常见恶性肿瘤诊

断的早期比例提升至42.8%。此外,为增强职业健康管理与服务能力,将职业健康帮扶工作纳入年度惠企政策清单,2022年在10个区、1个健康园区、110家企业开展,已全部通过评估验收。

(五) 老有所养：全面建设老年友好城市和老年宜居社区

上海于1979年步入老龄化城市,早于全国21年,是特大城市中人口老龄化发展较迅速,且人口老龄化程度较深的城市。快速的人口老龄化、高龄化进程叠加城市快速发展和社会结构持续调整,成为上海这座特大城市须直面的挑战。因此,上海在借鉴国际先进经验并深入本土调研的基础上,提出发展"9073"养老格局,即90%的老年人家庭自我照顾,7%的老年人社区居家养老服务,3%的老年人机构养老服务。[①] 上海市委、市政府高度重视社会养老服务体系建设,着力解决老年人关心关切的养老问题,不断满足养老服务发展中面临的多样化、个性化和高层次的需求,坚持以人民为中心,着力解决养老民生问题,持续增进民生福祉。

1. 社区居家养老服务综合体系日益完善

上海率先在全国范围内提出社区嵌入式养老服务模式,并逐渐成为上海中心城区养老服务的主流模式。社区嵌入式养老服务供给具备资源集成、离家近的优势,易获得服务供需双方的肯定。嵌入式养老服务体系大大提升了老年群体享受短期居住养护、日间照料与居家照护等服务的便利性,还涵盖了助餐服务,以及丰富的精神文化活动、个性化的家庭医生健康管理方案、专业的养老顾问咨询和全面的家庭支持服务,全方位满足老年人多元化、高质量的养老需求,成为社区居家养老的重要载体,最终使老年群体更好地实现原居安老。截至2023年底,上海建成社区综合为老服务中心459个,197家以短期住养照料为主的长者照护之家、918家提供白天托养照料的社区日间服务中心、346家社区长者食堂、1 500个老年助餐点,社区养老综合服务网络实现街镇全覆盖并向片区延伸,极大地提升了养老服务供给的可及性与精准性。[②]

---

① 朱勤皓、蒋蕊等编：《大城养老——上海的实践样本》,上海人民出版社2017年版,第5页。
② 《2023年上海市老年人口、老龄事业和养老服务工作综合统计信息》,上海市民政局,2024年7月6日,https://mzj.sh.gov.cn/2024bsmz/20240706/73924c349fd475a9d46b6019f1a396b.html；《市政协十四届二次会议第0223号提案的答复情况》,上海市民政局,2024年5月31日,https://mzj.sh.gov.cn/MZ_zhuzhan2595_0-2-8-2593/20240531/e0870e076c6e428e9349872649fea24e.html。

随着人口高龄化的不断加剧,老年认知障碍的发病率也随之上升。截至2022年,上海开展的老年认知障碍风险的分级筛查与社区干预试点工作中,漏斗式分层筛查率达65%,先后完成6万多例社区居民脑健康筛查和报告以及2000多名老人认知障碍精准干预和评估首创"黄金三分钟认知障碍"筛查工具,不断优化评估量表,形成精准快捷的上海评估标准。"老年认知障碍友好社区"的建设与发展亦成为上海推进社区养老服务工作的重点,2019年上海启动首批老年认知障碍友好社区建设试点,截至2023年底,上海市已建成老年认知障碍友好社区220个,并不断向街镇全覆盖推进。

2. 养老床位实现总量增长、结构优化、空间优化

生活品质的显著提升及公共卫生环境的不断改善,使原本健康状况不佳的高龄老年人群体得以延续生命,这一现象也显著加剧了他们对医疗照护服务的迫切需求。老年人中高龄老年人或是带病生存的老年人及其家庭对于养老服务的期待,已从基础的日常生活照料需求转变为集生活照料、专业护理与综合医疗服务于一体的全方位需求体系。鉴于此,上海市政府相关部门基于老年群体的新特征与新需求,积极调整升级养老服务策略,以更好地满足老年人群的新期待与新要求,在养老床位总量增长、结构优化以及空间优化方面齐发力。

一是养老机构床位总量持续增长。一直以来,上海市政府将新增养老床位的建设作为重要任务之一,推进多主体、多渠道、多方筹资并着力打造养老"一张床"。2023年,上海全市建设养老机构700家,养老机构床位16.69万张,比2019年增加1.53万张(如图5-3所示)。基本实现了上海提出的养老服务格局"9073"中3%的户籍老年人可选择机构养老的目标。

二是养老床位供给结构不断优化。截至2023年底,上海市护理型床位建设达10.66万张,占全市养老机构床位数的63.9%,养老机构认知障碍照护床位1.2万张,占全市养老机构床位数的7.2%(如图5-4所示)。"家庭照护床位"服务已覆盖超过2000户家庭,通过养老机构派遣的专业服务团队,将高质量的养老服务无缝对接至老年人家庭。确保老年人在家庭熟悉环境中也能获得养老机构提供的专业服务,实现养老模式的创新升级。

三是养老床位空间布局与使用的优化均衡。2024年1月,上海市民政局出台《上

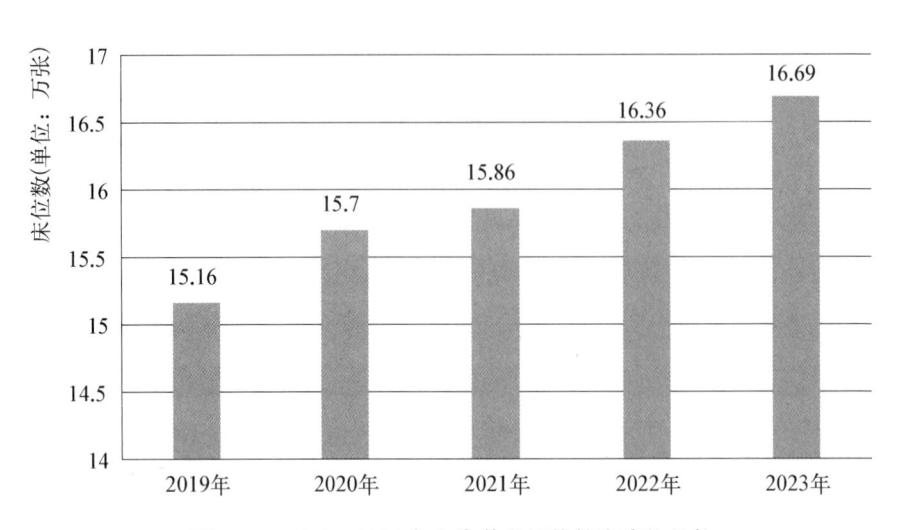

图 5‑3　2019—2023 年上海养老机构核定床位总数

数据来源：2019—2023 年上海市老年人口和老龄事业监测统计信息。

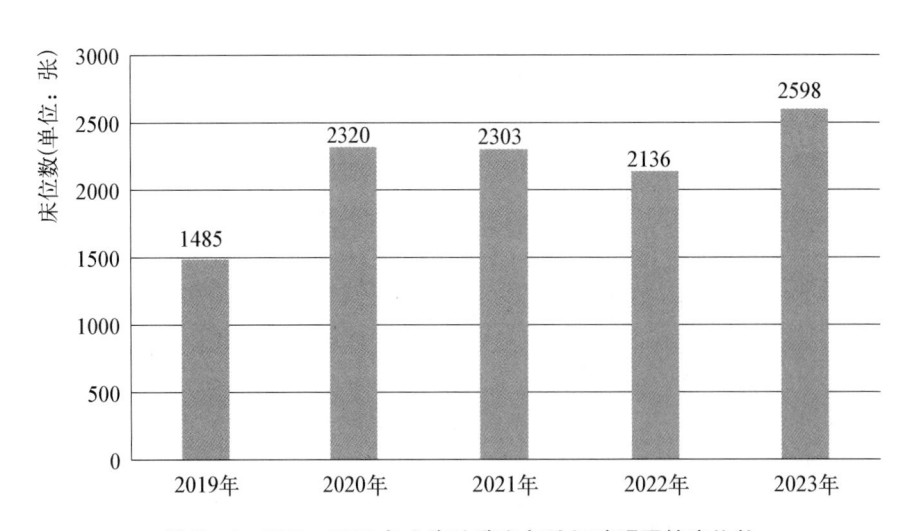

图 5‑4　2019—2023 年上海改造老年认知障碍照护床位数

数据来源：2019—2023 年上海市国民经济和社会发展统计公报。

海市保基本养老床位统筹及轮候管理办法（试行）》，打通了全市 16 个区的养老院床位申请，人户分离的老人可以申请入住就近的养老院，不再受户籍地所在区或者街道的区域限制，有效打破了以往区级养老床位间的流通障碍，促进了养老床位资源在全市范围内的灵活配置与高效利用。

3. 医养结合深入推进

人口老龄化程度的持续加深促使为老年群体提供高效优质的医疗、康复护理服务的紧迫性愈发显著。上海是全国率先提出将医疗服务和养老服务相结合的城市,并致力于打破养老领域和医疗领域之间的资源壁垒,不断完善医疗服务体系,促进保健、诊疗、康复、护理和养老服务的有序衔接,构建涵盖机构、社区、居家多层次的老年医疗护理综合服务体系。积极引领并深入实践医养结合的创新模式,不断拓宽和提升医疗为老服务的覆盖面和供给能力,以丰富多样的服务形式满足老年人多样化的健康需求。

一是养老机构医养结合全面发展。截至 2023 年底,养老机构内设医疗机构 330 家,占养老机构总数的近一半,比例为 47.1%。此外,自 2018 年起,上海市积极推动并实现无内设医疗机构的养老机构与社区卫生服务中心或其他专业医疗机构的广泛签约合作,基本覆盖全市范围内的此类养老机构,以确保老年人能够获得及时、便捷的医疗服务。

二是社区居家医养结合程度不断加深。社区卫生服务中心被定位为医养结合支持平台,其基本服务项目的 6 大类 141 项中,包括社区护理服务、居家护理服务、老年人健康管理等服务项目,可为老年人提供更加便捷、个性化的医养服务。截至 2023 年底,上海市共建家庭病床 8.87 万张;65 岁及以上老年人口健康管理人数达 356.06 万人,占同年龄组人口比重 81.3%。

三是为老年人服务的专业医疗机构加快发展。截至 2023 年底,全市建设老年医疗机构(老年医院、老年护理院)共 103 所;老年护理院床位数达 2.91 万张。[①] 与此同时,上海持续推进老年友善医疗机构建设,提升老年人就医服务体验。实施多渠道挂号服务确保就医渠道畅通。建立老年人就医绿色通道,提供导医等个性化服务,并为特殊老年群体(如空巢、失独、残疾老人)提供定制化"一对一"陪诊服务。2021—2023 年,上海市建设老年友好医疗机构数达 644 家。

4. 养老服务队伍建设不断强化

上海已经进入深度人口老龄化阶段,养老服务业需要引进大量劳动力,人力

---

① 《2023 年上海市老年人口、老龄事业和养老服务工作综合统计信息》,上海市民政局,2024 年 7 月 6 日,https://mzj.sh.gov.cn/2024bsmz/20240706/73924c349f4d475a9d46b6019f1a396b.html。

资源的持续供给和养老服务水平的不断提升关乎养老服务业的未来。建设一支结构合理、规模适当、技能较高的养老护理员队伍是养老服务工作的重要保障。为提升养老服务的品质与供给效能,上海始终坚持职业培训与学历教育并重,保障优化养老服务人才队伍。通过系列激励措施,不断激发养老服务人才的创新活力和工作热情,推动养老服务队伍建设向制度化、规范化、长效化方向发展。顺应养老照护行业日益精细化的划分趋势,上海正积极回应多元化、多层次的养老需求,大力挖掘并培养养老服务新职业新岗位,为老年人提供更加优质贴心的服务。

一是持续开展学历教育。截至2025年5月,与上海开放大学合作举办"智慧健康养老服务与管理"大专班已招生八届,累计2100余人报名学习,近1100人顺利毕业。二是不断加强养老护理员职业技能培训,建立统一的养老护理员职业技能评价体系,落实养老护理员培训补贴政策,每年组织开展养老护理员技能培训,截至2023年底,全市拥有护理员总数约6.1万人,全市护理员总体持证比例达到79%,其中初级护理员占比为65%,中、高级护理员占比为14%。三是加大对养老护理员入职补贴力度,对符合条件的养老护理员,按照中专(职校、技校、职高)学历每人3万元、专科(高职)及以上学历每人4万元的标准,给予一次性入职补贴。四是举办相关职业技能竞赛和评比表彰活动,连续两年举办上海市养老护理行业职业技能大赛,以赛促建,不断提高养老护理员技能水平。2021年开展了"百佳养老护理员"评比表彰活动,提高养老护理员的职业荣誉感。五是直面老年人对陪诊服务、安宁疗护及居家护理等领域的紧迫需求与期盼,正式推出并启用针对陪诊员、安宁疗护师、养老辅具适配师等关键岗位的专业培训标准,旨在让老人们能轻松地享受更加便捷、舒适的养老服务。①

5. 智慧养老能力持续增强

信息技术与养老服务的深度融合,有助于增强服务资源的优化配置,并显著提升整体服务质量。上海正全力构建智慧养老综合服务平台,整合社会各界养老资源,旨在通过先进的信息技术配以坚实的人力服务队伍,打造极具时代特征的智慧养老服

---

① 肖彤、王海燕:《上海发布3个养老从业人员培训标准 聚焦多个难点》,《解放日报》2024年8月27日。

务模式。此举不仅彰显了科技赋能养老的深刻内涵,还切实地以科技之力,为老年人群体提供更为高效、贴心与便捷的服务。

一是加强智慧养老基础设施建设。截至 2023 年底,上海市建成智慧健康养老示范基地(区)6 家、智慧健康养老示范街镇 31 家。建成上海市基本养老服务综合平台,实现养老服务信息一网共享。积极推进智慧养老院建设,2023 年建设智慧养老院 30 家。开展老年人"一键通"为老服务应急呼叫项目,服务对象涵盖 30 万名老年人,为老年人提供紧急救助、主动关爱以及各种生活服务。二是依托信息技术创新养老服务模式。通过街镇全覆盖的养老顾问点,结合空中养老顾问、养老云直播等线上模式,着力实现线上线下全方位打通养老服务供需对接"最后 100 米"。试点"养老院+互联网医院"模式打造智慧陪诊助医服务体系,截至 2023 年底,建成"养老院+互联网医院"104 家。三是鼓励开发智慧养老应用场景。2020—2021 年,上海民政共发布两批 20 个智慧养老应用场景需求清单,具体包括老年人防跌倒、老年人紧急救援、认知障碍老人防走失、智慧助餐等 20 个场景。梳理智慧养老产品和服务清单,引导社会和企业为老年人提供经济实用的智能养老产品和服务,推进上海智慧养老产业发展,促进银发经济发展。四是提升老年人数字技能,助力实现老年人信息无障碍。2021 年开始,上海城市数字化转型工作领导小组领衔开展上海"数字伙伴计划"项目,推行"智能伙伴"计划、"随行伙伴"计划、"互助伙伴"计划,致力于弥合接入、使用、技能提升三个层面的数字鸿沟。

(六) 住有所居: 推进"四位一体"的租购并举住房保障体系

住房既是民生问题,也是发展问题,以习近平同志为核心的党中央和上海历届市委、市政府始终高度重视住房保障问题。2023 年 11 月 29 日,习近平总书记在上海闵行区新时代城市建设者管理者之家考察时强调,"要践行人民城市理念,不断满足人民群众对住房的多样化、多元化需求,确保外来人口进得来、留得下、住得安、能成业"。上海住房保障体系推进过程中,力求在确保住有所居的基础上推进实现安居宜居的高层次目标。当前上海住房保障政策基本实现人群全覆盖,不设户籍和收入限制,采用多主体共同参与建设和运营的方式,确保可持续和高品质的建设路径,并制定符合居民经济承受能力的住房供应标准。

1. "一张床、一间房、一套房"多层次租赁住房供应体系构建不断完善

据估算,上海市租房人口约 1 000 万,占常住人口的 40%,其中本市户籍人口约 10%、非沪籍常住人口约 85% 有租赁居住需求。① 因此,上海坚持"分层次、多渠道、成系统、全覆盖"的原则,着力健全"一张床、一间房、一套房"的租赁住房供应体系。截至 2024 年 6 月底,全市保障性租赁住房(含公共租赁住房)累计建设筹措 51.3 万套(间),累计供应 31.9 万套(间),占住房总供应的近半数。②

2023 年,上海市针对城市基础建设和公共服务一线务工人员(快递员、物业人员、环卫工人等)租房"远、贵、难"的痛点,创新打造"新时代城市建设者管理者之家"项目,为来沪务工人员提供"一张床"的住房选择。从保障性租赁住房中遴选升级打造了一批低租金、可负担的宿舍型租赁房源,首批共筹措供应床位 1.1 万张,月租金以 500—1 000 元为主,基本为入住人员收入的 10%—15%,解决一线劳动人员的住房困难问题。大城市住房价格偏高与刚步入社会的青年、新市民自身存在的收入偏低和阶段性住房支付能力相对较弱之间存在突出矛盾。基于青年和新市民对于住房租金合理、户型适宜、职住平衡、租赁关系稳定等需求,上海面向刚步入社会的新市民和青年人提供"一间房"(独立一居室或小户型的租赁住房)的租赁房源选择,满足他们初入社会时的住房需求。人才是上海建设成为具有世界影响力的社会主义现代化国际大都市的核心资源。③ 为吸引并留住更多优秀人才,提升城市综合竞争力,上海推出保障性租赁住房政策,面向企事业单位的管理人员、科创人才以及家庭型客户,提供"一套房"的租赁选择,旨在帮助各类人才在上海实现"安居梦",实现人才"引得进、留得下"的发展目标。

2. 廉租房、共有产权房受益群体逐步扩大

廉租房面向上海城镇户籍的低收入住房困难家庭供应,有租金配租和实物配租两种保障方式。共有产权保障房是为提高中低收入住房困难家庭的住房可负担性,按照有关标准建设、限定套型面积和销售价格,限制使用范围和处分权利,由政府和

---

① 《"四个租"解决租房核心难题:房管局局长解读租购并举的"上海样本"》,光明网,2021 年 5 月 19 日,https://m.gmw.cn/baijia/2021-05/19/1302303489.html。
② 《保租房建设供应年年跑出加速度 上海"十四五"新增保租房目标已完成八成 新供应保租房土地居主要城市之首》,《解放日报》2024 年 7 月 10 日。
③ 严荣、张黎莉:《上海保障性住房发展研究》,中国建筑工业出版社 2024 年版,第 125 页。

购房者共同承担住房建设资金的住房供给模式。① 上海的廉租房和共有产权房政策通过不断调整和完善,逐步扩大了受益群体,提高了保障水平,并在实际操作中引入多项便民措施和管理制度,以更好地满足中低收入家庭的住房需求。

2022年1月起,上海调整廉租住房相关政策标准,进一步扩大廉租住房政策受益面、提高廉租住房保障水平,调整内容包括:放宽收入和财产准入标准,调整保障家庭分档区间标准,提高租金配租家庭租赁补贴标准,限定最大补贴面积标准等。② 截至2022年底,全市廉租房受益家庭达14.2万户。③ 同时,通过业务流程革命性再造和大数据信息整合互通,上海全面推行廉租房申请"一件事"改革,推出线上申请全流程"零跑动"办理。2019年12月,上海市政府发布《上海市共有产权保障住房管理办法》的修改决定,放宽了非本市户籍家庭的申请条件,使更多符合条件的非沪籍家庭能够申请共有产权保障住房,进一步扩大了共有产权保障房的保障对象,以适应更多中低收入家庭的住房需求,降低购房成本,保障了中低收入家庭拥有房产的权利,一定程度上平抑了房价的过度上涨。截至2022年底,共有产权保障房购房签约达14.3万套。④

3. 居民刚性住房需求和多样化改善性住房需求充分满足

一是优化住房限购政策,提升购房包容性,更好地满足居民合理住房需求。首先,实施差异化、分区域调整优化住房限购政策。缩短非沪籍居民家庭以及单身人士购房缴纳社会保险或个人所得税的年限,扩大购房区域。据2024年5月上海四部门联合发布《关于优化本市房地产市场平稳健康发展政策措施的通知》,非沪籍居民购房所需缴纳社保或个税年限"五改三",即从"连续缴纳满5年及以上"调整为"连续缴纳满3年及以上";五个新城以及南北转型等重点区域的非沪籍人才购房"三改二",即从"连续缴纳满3年及以上"调整为"连续缴纳满2年及以上"。其次,调整相关政

---

① 上海住房和城乡建设委员会等:《住有所居——上海和新加坡的实践与探索》,上海人民出版社2020年版,第27页。
② 《上海进一步放宽租赁住房准入标准》,中华人民共和国中央人民政府网,2021年12月29日,https://www.gov.cn/xinwen/2021-12/29/content_5665258.html。
③ 《对市十六届人大一次会议第0574号代表建议的答复》,上海市人民政府网,2023年5月16日,https://www.shanghai.gov.cn/gwk/search/content/ba1f0d457d9743d480782d561330ad7a。
④ 同上。

策口径。取消离异购房限制,调整住房赠与规定,支持企业购买小户型二手住房用于职工租住。最后,支持多子女家庭合理的住房需求。二孩及以上多子女家庭可增购一套住房,并优化多子女家庭在个人住房贷款中首套住房认定标准,减少购房利息负担。

二是充分发挥住房公积金支持效应,支持全生命周期住房消费,重点保障基本住房消费需求,坚持差别化的公积金贷款政策。首先,住房公积金助力租赁住房的支持力度不断加大,2023年5月起,实施多子女家庭住房公积金支持政策。符合上海市租赁提取规定的多子女家庭,可依据实际房租支出情况提取住房公积金。2023年10月起,实施上海市住房公积金支持城市更新政策,纳入上海市城市更新范围内的旧住房更新改造项目。其次,提供更加灵活和优惠的住房公积金贷款条件,以满足不同家庭的住房需求。自2023年5月起,住房公积金贷款政策进行多项优化,更好地支持多子女家庭和改善型住房需求。多子女家庭在上海市购买首套住房时,可享受最高贷款限额上浮20%的优惠政策。从2023年10月开始,调整购买存量住房的贷款期限:房龄介于6—20年的住房,可申请的贷款期限最长可达30年;房龄在20—35年的住房,贷款期限最长为50年减去房龄。

4. 存量住房居住条件持续更新改善

一是开展城市更新行动,改善人居环境,积极推进老旧住房持续更新,完善配套设施,提升社区服务水平。在坚持保护和保留老旧住房原有特色的前提下,聚焦房屋使用功能的完善程度、配套设施的健全程度、是否存在安全隐患、群众要求迫切的各类旧住房,结合"美丽家园"三年行动计划及专项改造项目、解决手拎马桶、老旧住房安全隐患处置等专项推进老旧小区改造。截至2022年,全面完成中心城区成片二级旧里以下房屋改造工作(如图5-5所示),2023年以来继续推进零星二级旧里以下房屋、不成套住房和城中村改造,持续推进实现住有宜居的目标。

二是加速推进既有多层住宅加装电梯工作。上海的加装电梯工作已从"单门洞加装"向"规模化加装"转变,形成"规模化加梯+住宅修缮"一体化推进的模式。2021年,上海市房管局发布了《上海市既有多层住宅加装电梯操作指引》,2024年8月,长宁区探索发布了《既有多层住宅加装电梯法律风险防范指引》,为市民提供了详细指导和全流程法律保障。通过全电子化线上办理提高了审批效率。既有多层住宅加装

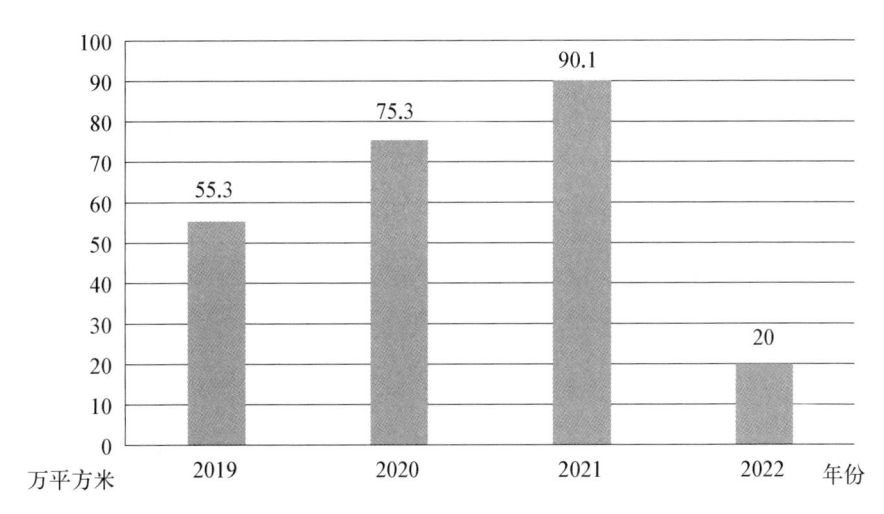

图 5-5 2019—2022 年上海中心城区成片二级旧里以下房屋改造面积

数据来源：2019—2022 年上海市国民经济和社会发展统计公报。

电梯工程自 2020 年纳入市委、市政府民心工程以来，获得快速发展，2019—2023 年，上海市已有多层住宅加装电梯完工运行 7 308 台。

三是积极探索物业管理领域区域化发展的新路径，促进物业服务高质量发展。2021 年，上海市房屋管理局发布《关于进一步贯彻实施〈上海市住宅物业管理规定〉的若干意见》，明确要推动区域化物业管理。浦东新区在全国率先发布《浦东新区促进住宅物业市场化、规模化、区域化发展三年行动计划（2023—2025）》，旨在通过市场驱动、规模效益及区域协同三大策略，全面提升住宅物业管理效能，并明确鼓励高质量物业服务企业深度融入老旧住宅社区的治理之中，创新性地打破了小区物理界限。

（七）弱有所扶：建立全面覆盖的社会保障和救助体系

从坚持和完善中国特色社会主义制度、推进国家治理体系和治理能力现代化的角度来看，社会救助是"兜底线、救急难、保民生"的基本制度。党的十九届四中全会提出"建立解决相对贫困的长效机制"，在 2020 年消除绝对贫困后，相对贫困将会成为未来社会救助工作的重要内容。同时，社会救助也是上海建设"人民城市"的兜底性工作，事关困难群众基本生活和衣食冷暖，更是保障基本民生、促进社会公平、维护社会稳定的基础性制度安排。上海的社会救助工作坚持以习近平新时代中国特色社会主义思想为行动指南,不断追求服务质量的提升,确保了全市社会救助体系的顺畅和高效运作。上海的社会救助工作不仅为困难群众提供了及时和有效的帮助,还为城市的和谐与进步做出了积极贡献。在过去5年,上海在社会救助工作方面取得了成绩,尤其是在救助制度化、信息化和社会化等方面表现突出。

1. 制度化:创新和完善社会救助体系

上海构建了"9+1"社会救助制度体系,这一体系以最低生活保障为基础,涵盖医疗、教育、住房等专项救助,实现了救助的多元化和综合性。同时符合人民城市坚持人民至上,关注每个市民的生活状况,确保政策的普惠性和实效性。即以最低生活保障、特困人员救助供养、支出型贫困生活救助等基本生活救助,医疗救助、教育救助、住房救助、就业救助、受灾人员救助等专项社会救助,临时救助等急难社会救助三类社会救助为主体,以慈善组织等社会力量参与为补充的社会救助制度体系。

2019年,《上海市社会救助条例》(以下简称《条例》)正式实施,为社会救助工作提供了法治保障,也标志着上海在社会救助领域进一步规范化、系统化,在全国范围内具有示范和引领作用。《条例》规范救助申请、审核、发放等流程,确保救助工作的公平、公正和透明,也是为全面建成更高水平小康社会托底的重要法治保障。《条例》在帮助绝对贫困人口的同时,也把社会中各类处于生活窘境和发展困境的群体纳入保障和改善民生的对象范围之中。

另一方面,社会救助制度不断完善。2021年,为贯彻落实中共中央办公厅、国务院办公厅印发的《关于改革完善社会救助制度的意见》,上海市结合实际提出实施意见。目标是在基本实现分层分类、城乡统筹的基础上,到2025年,健全困难对象主动发现、精准识别、需求评估和精细服务机制,构建应对相对贫困的救助帮扶体系,初步形成法治健全、体制完善、机制高效、政策完备、管理规范、服务便民的,具有时代特征、中国特色、上海特点的现代社会救助体系。到2035年,实现社会救助事业高质量发展,改革发展成果更多惠及困难群众,总体适应建设具有世界影响力的社会主义现代化国际大都市的民生兜底保障需要。根据上海市民政局数据,2019—2023年,上海市城镇居民最低保障人数呈现逐年下降趋势,保障金额则在逐年提升;农村居民最低保障人数和保障金额除2022年略有提升外,整体上也是呈现保障人数下降、保障金额上升的趋势(见表5-3)。

表 5-3　2019—2023 年上海市居民最低生活保障情况

年　份	城镇居民最低生活保障对象		农村居民最低生活保障对象	
	人　数	金额(万元)	人　数	金额(万元)
2019	1 816 916	191 830.42	393 469	32 981.12
2020	1 776 503	197 829.61	369 160	33 876.85
2021	1 684 207	200 945.72	367 253	35 174.44
2022	1 612 339	207 901.99	391 772	37 651.9
2023	1 523 388	212 406.81	365 622	36 829.47

资料来源：上海市民政局。

2. 信息化：科技赋能提升救助效率

上海的人民城市建设在利用科技创新提高公共服务效率和透明度方面不断发力，如建立居民经济状况核对系统，实现救助对象的精准识别和救助资源的合理分配。在救助工作中推行"互联网＋社会救助"模式，通过在线平台简化救助申请流程等，救助工作方面具体的信息化包括以下三个方面。

一是大力建设社会救助工作信息化系统。上海市社会救助工作的目标是建设智慧民政，不断提高效率，方便居民办事，实现部门间的信息共享、业务协同，推进民政信息化建设和信息系统的升级改造，优化"社会救助业务平台""社会救助服务平台""数据交换与共享平台"，建成了包括上海民政网站、综合办公平台等在内的现代信息化体系。在此基础上，上海进一步强化社会救助系统功能，精准落实社会救助。推进民政救助业务全流程精准管理，实现核对数据智能化交换，利用大数据、人脸识别等先进技术，实现对流浪乞讨人员的精准服务。例如，徐汇区开发了"精准救助"场景，利用民生大数据来识别那些没有主动提出或申报自己困境的"沉默的少数"，确保困难家庭能够及时得到帮扶。静安区则作为民政部社会救助创新试点，通过搭建大数据平台、培育专业化队伍、供需精准对接、制定标准化指引等方式，走出了一条全周期服务类社会救助的新路径。

二是提升社会救助技术统一与信息的共享。上海市在社会救助工作信息系统建设的基础上，为进一步打破信息壁垒，保障网络互联、信息互通、数据共享，推进社救助数据统一与信息共享。首先,建立了上海民政大数据中心。按照统一的数据标准,整合汇聚了民政各条线业务系统数据,实现了民政内部业务数据融合共享,以及与市数据交换平台和其他部门的数据交换。其次,加强部门间的信息共享。区级层面通过打通内部与外部的信息孤岛,实现数据、业务、资源的互联、共享、对接,建成横向全面覆盖、纵向无缝衔接、业务互联互通、数据实时共享的精准帮扶信息系统,推动社会救助向智慧化发展。如长宁区通过形成"可统计、可分析、可回溯"的精准救助大数据,推动困难群众精准识别、精准管理和精准帮扶,促进社会救助向智慧化发展。在业务互联方面,精准帮扶信息系统汇集了人社局、卫健委、医保局、房管局、教育局、应急局、残联等相关数据,促进跨部门、跨层级信息交换共享。如静安区"一口上下"救助业务系统经过升级改造,打通救助家庭数据库、区网格化管理平台、市条线信息系统,通过区政务信息资源共享交换平台,生成包含人员信息、走访清单、帮困资金等内容的困难群众基础数据库。同时实现了民政救助数据与相关委办局及社会组织的救助数据实时交换共享,基本做到救助对象不遗漏、不重复。如2020年徐汇区被选为民政部社会救助改革创新试点,探索困难家庭救助帮扶综合评估工作。徐汇区为探索困难家庭多维困境认定方法,通过应用民生大数据进行数字建模动态监测,及时发现救助线索予以救助。

三是强化信息化助力智慧救助。上海民政以"互联网+"为视角,依托"智慧民政"系列工程,统筹建设社会救助综合管理平台,实现网上受理审批、资金和人员动态管理,开通网上申请渠道,方便困难群众。如为积极回应普遍存在的救助对象人户分离等问题,将社会救助项目纳入"全市通办",让"数据多跑路、群众少跑腿",进一步方便困难群众办事。创新"互联网+救助"的救助机制。如依托大数据平台,上海在长宁区试点"社区救助顾问制度",帮助困难群众掌握并找到适合自己的救助政策,为他们提供个性化服务和全程陪伴式帮扶。同时,浦东新区"政策找人"通过"大数据筛选+救助顾问走访+X"的机制,延伸"整合+链接+陪伴+成长"的服务救助内涵,积极探索困难群众"主动发现、精准识别、需求评估和多元服务"四位一体全过程救助工作模式。

3. 社会化:社会力量积极参与社会救助

人民城市鼓励社会创新和公民参与,通过社会力量的参与提高了救助服务的多样性和有效性。上海积极引导和激励社会力量参与社会救助,形成了政府、市场和社会三方共同参与的良好局面。在实践中,各区纷纷出台社会力量参与的政策指引,通过工作思路的转变和工作机制的创新实现了社会力量的有效参与,形成了社会救助社会化的氛围,促进了社会救助多元目标的实现和救助对象个性化需求的满足,提升了社会救助工作的效能。例如,在社会力量参与服务型社会救助方面,2023年浦东新区出台了《关于加强社会力量参与服务型社会救助的指导意见(试行)》,鼓励社会工作专业力量、志愿者和爱心人士参与社会救助,提供精准多元的救助服务。

社会力量参与社会救助是政府社会救助工作的重要补充,能够帮助政府充分发挥社会救助兜底线的作用,激发传统救助载体的活力,实现困难群众需求与救助资源的有效对接。以慈善超市的运营为例,上海市积极鼓励慈善超市的服务内容和运营模式从单一性向多样性发展,鼓励发挥市场和社会力量的积极作用,委托有资质、有爱心、懂经营的社会组织来管理运营,探索慈善超市社会化运作的新模式、新机制,使慈善超市焕发了新的生机和活力。例如,浦东新区慈善超市中众多运营主体为社会组织,运营状况较好;长宁区和闵行区的一些"传统慈善超市"委托爱心企业运营,也取得了较好的效果。

社会力量参与社会救助能够满足救助对象的个性化需求,提升社会救助的质量,实现困难群众对于美好生活的向往。上海各区通过创新社会治理机制不断提高社会救助的质量和效率,在实践中涌现了一批社会力量参与社会救助的创新做法。如豫园街道"豫厢助"项目动员社会力量参与,为社区中的困境家庭提供救助帮扶,涵盖生活救助、就业扶持、教育资助、医疗保障等各方面,实现对困难家庭的全方位支持。静安区实施"桥计划"项目,充分发挥社会工作者、社区工作者、志愿者的各自优势,为救助对象提供物质保障、生活帮扶、心理疏导、社会功能重建等专业化、多样化、多层次的服务,取得了良好效果。

三、城市让生活更美好的民生重点与展望

(一) 完善三次分配,促进共同富裕

随着经济全球化加速发展,我国仍面临着发展不平衡、分配不均衡的矛盾。习近

平总书记指出,生产力要得到根本性释放,核心动力机制在于完善社会分配机制,构建初次分配、再分配、第三次分配协调配套的基础性制度体系。共同富裕是中国式现代化的重要特征,也是区别于西方资本主义现代化的显著标志。目前,上海已经把共同富裕作为城市建设的重要目标,努力在就业与分配制度改革中推进中国式现代化。

首先,要继续完善初次分配制度。作为我国科技创新、先进制造业的聚集地,上海要持续探索健全劳动要素按贡献参与分配机制,既要坚持劳有所得,得其应得,又要充分激发知识、技术、管理、数据等生产要素所有者的积极性和主动性,确保劳动者能真正共享改革发展的成果;尤其要健全技术要素、技能要素和管理要素按贡献参与分配机制,完善技术成果评价、转化与分配的市场化机制,建立根据经营绩效、风险与责任挂钩薪酬的制度。

其次,要持续健全再分配制度。要完善税收调节机制,优化税收结构、完善个人所得税制度、完善消费财产等方面的税收,进一步深化税收征管改革,提升税收监管能力;要进一步推动基本公共服务均等化,通过清单化、标准化方便市民群众"一站式"了解服务权益,持续将民生服务事项纳入"一网通办";推动公共服务资源下沉和共建共享,提高服务便利化水平;针对部分群体服务保障存在的薄弱环节,研究补齐软硬件短板的政策举措,推进基本公共服务提质增能。

最后,要建立健全第三次分配机制。进一步推动上海慈善事业融入全市发展大局,拓展活动新领域,及时精准补缺补漏,合力把社会保障网织密扎牢,让慈善事业更具向心力;融入群众日常生活,进一步提升慈善活动品牌,发展社区公益慈善,借助互联网提升科技赋能水平,让慈善事业更具生命力;融入城市文化发展,广泛宣传慈善,强化榜样引领,弘扬志愿精神,让慈善事业更具感召力;融入法治上海建设,要以法治确保规范高效、公开透明,让慈善事业更具公信力。

(二) 关注代际平衡,建设全龄友好城市

在民生福祉和公共政策上,全球正面临代际平衡问题,欧美地区甚至出现"代际战争"端倪。在欧洲,代际战争通常包含代际在再分配政策上的分歧,包括养老金制度、失业保险、健康保险等社会保障制度,尤其是养老金制度的改革集中代表了代际在资源分配上的冲突和争夺。在美国,代际战争主要体现在贫富差距的持续拉大方

面。"千禧一代"在生命周期的每一个节点都遭遇了社会的转折,读大学时负担助学贷款,进入劳动力市场遭遇金融危机,经济上的贫困正在阻断年轻世代实现他们的美国梦。

在代际平衡问题上,我国最早重视老年群体。从2009年起,全国老龄办在全国开展"老年友好型城市"建设试点工作。老年友好型城市的内涵包括:减少和改善老年人在城市生活中遇到的各种问题,包括交通、住房、医疗、购物等方面的障碍;促进积极老龄化,鼓励老年人参与社会活动,保持身心健康,实现自我价值;提高老年人的社会参与度,包括教育、文化、体育等方面,使他们能够继续为社会做出贡献。2019年,中共中央、国务院印发的《国家积极应对人口老龄化中长期规划》提出,到2035年老年友好型社会总体建成。

之后是重视儿童群体。2019年,国家发展改革委与联合国儿童基金会共同发起"关爱儿童、共享发展、促进可持续发展目标实现"的合作倡议,彰显我国贯彻儿童友好理念的政策决心和实际行动。2021年,"十四五"规划和2035年远景目标纲要提出"儿童友好"的明确目标及内容。2021年,国家发展改革委联合其他部门发布《关于推进儿童友好城市建设的指导意见》,提出到2025年,通过在全国范围内开展100个儿童友好城市建设试点,推动儿童友好理念深入人心,让儿童友好要求在社会政策、公共服务、权利保障、成长空间、发展环境等方面得到充分体现。儿童友好型城市是指一个政府在城市所有方面全面履行儿童权利公约,给予儿童政治优先权,将儿童纳入决策体系,并提供适宜的条件、环境和服务,以保障儿童的生存权、发展权、受保护权和参与权。

然后是重视青年群体。在国家出台相关政策前,有学者沿用老年友好城市和儿童友好城市的提法,将青年友好型城市作为青年和城市工作的结合。2022年,中央宣传部、国家民委、共青团中央等17部门联合印发《关于开展青年发展型城市建设试点的意见》。"青年友好"与"青年发展"两者有着质的不同。前者只要求营造有利于青年全面发展的软环境和硬环境,而后者还要求广泛凝聚青年共识、激发青年活力、助力青春建功。

上海作为现代化国际大都市,对青年和人才一直有很大的吸引力,但近年来面临人口结构深度老龄化和国内其他城市的人口与人才竞争,也开始重视青年发展型城市建设。我们认为,青年发展型城市建设可注重五个维度的实践路径:优化人才政策吸引青年群体,持续增强城市人口活力;保障青年人口住房需求,促进青年群体就业创业;推进城市公共服务均等化,保障青年人口健康发展;出台生育托育专项服务,推进普适化养老体系建构;构建青年社会组织体系,提高青年群体社会参与度。同时,可根据发展性、公平性和可行性三大原则建构青年发展型城市指标体系来进行评估。[1]

上海在老年友好型城市、儿童友好型城市、青年发展型城市建设试点和示范中都积累了宝贵经验。从对一老一小的重视到对青年的重视,上海可从人的全生命周期出发建设全龄友好城市,促进代际平衡与代际和谐。

(三) 推进生活数字化转型,建设数字包容型社会

数字技术逐渐成为经济社会发展的重要驱动力。以数字化为核心、网络化为基础、智能化为引领的科技革命蓬勃发展,正在重塑人们的生产生活方式和传统的社会结构、社会形态,提升社会服务效能。习近平总书记强调,"数字技术作为世界科技革命和产业变革的先导力量,日益融入经济社会发展各领域全过程,深刻改变着生产方式、生活方式和社会治理方式"。[2] 党的十八大以来,我国将大数据与人工智能纳入国家发展战略,加速推进"数字中国"建设,全方位推进数字化转型。"数字化"发展正逐步打破传统的时空界限,产生全新生产协作、生活体验及交流方式,构建了跨越时空界限的社会生态系统。

同时值得注意的是,伴随着信息创新技术为人类社会带来前所未有的福祉和便利,社会不平衡的风险也在进一步加剧。在数字化时代,如何确保每个人都能平等地享受数字技术带来的红利,成为时代赋予我们的重大课题。构建一个互信互享、具有包容性的社会成为数字时代最大的机遇和挑战,要让数字技术真正惠及全人群,共同迈向更加繁荣、公正、可持续的未来。

2021年,上海市委、市政府发布《关于全面加速上海城市数字化转型的指导意

---

[1] 李骏、陈雨蒙:《论青年发展型城市建设:缘起、实践与评价》,《青年发展论坛》2024年第2期。
[2] 《习近平向2022年世界互联网大会乌镇峰会致贺信》,中国新闻网,2022年11月9日,https://www.chinanews.com.cn/gn/2022/11-09/9890371.shtml。

见》,强调要实施整体性变革,力求在经济、生活、治理三大领域实现全面的数字化转型,要通过全方位赋能与革命性重构推动城市发展。在此基础上,《上海市城市数字化转型"十四五"规划纲要》进一步明确了"推动生活数字化转型,创造高品质生活"作为数字化转型发展的关键领域,凸显了"以人为本"的数字生活设计理念。

推动生活领域的数字化转型,是上海深入贯彻"人民城市"发展理念的关键举措与重要着力点。为深度契合市民对美好生活的追求,上海市聚焦于提升市民的数字生活服务感受度,致力于让广大市民对于数字生活可感、可知、可及,构建高品质的数字生活场景。未来上海的数字化转型工作要以市民的实际需求为导向,积极构建智能化、便捷化的数字公共服务生态体系,全面保障和改善基本民生,在公共卫生、健康医疗、教育学习、养老服务、就业促进、社会保障等多个民生领域深度融合数字技术,旨在解决市民的痛点、堵点,提升市民的体验度和感受度,让市民的生活更加便捷、高效。这一过程不仅是对"人民城市"理念的深刻践行,更是实现全民共享数字红利、共同迈向数字新生活的重要里程碑。最终以数字化手段增添城市温情,努力打造一个充满人文关怀与未来感的上海。

(四) 坚持人民性原则,办好民心工程与民生实事

上海市委于 2020 年通过《关于深入贯彻落实"人民城市人民建,人民城市为人民"重要理念,谱写新时代人民城市新篇章的意见》后,加快形成"1+N"政策制度体系,连续每年推出一批民心工程和为民办实事项目。上海市相关领导也指出,要在深入建设人民城市上聚力突破,就要紧扣人民群众急难愁盼问题实施民心工程和民生实事项目;要创新机制、创新模式,把民心工程办得更实更可持续。我们认为,这需要坚持人民性原则,具体包括优先人民公共性、注重人民多样性、提高人民参与性、增强人民感受性。

上海的民心工程和民生实事,首先抓住了公共空间这个人民城市建设的牛鼻子,最大范围地回应公共需求,最大程度地保障公共利益。黄浦江、苏州河"一江一河"两岸公共空间建设工程是集大成者,把最好的土地资源用来建设生态空间、体育空间、文化空间、服务空间。此外,还有 15 分钟社区生活圈、以党群服务中心为引领的社区公共服务空间建设,以及各个街居因地制宜开展的社区空间规划和微更新。2021 年

通过的《上海市城市更新条例》也高度强调公共性,例如,编制规划实施方案应当确保公共利益,加强公共设施建设,优先考虑公共服务设施薄弱的区域等。未来,上海在继续建设维护"城区—街区—社区—小区"多个层次公共空间的同时,还应注重空间使用,尤其是以空间为载体培育社会主义核心价值观引领的公共文化精神。

人民在政治意义上是个整体,但在社会意义上具有多样性。上海的民心工程和民生实事,大多都目标清晰地指向"老、小、旧、远"等重点社会群体。社区养老服务设施建设工程重点打造与"养、食、居"密切相关的社区养老服务综合体、老年助餐服务场所、居家环境适老化改造等,既有多层住宅加装电梯工程重点解决"悬空老人"上下楼困难问题。学龄前儿童善育工程通过普惠性托育点建设和婴幼儿早期教养指导服务重点解决家庭托育问题,小学生校内课后服务工程通过免费的校内课后延时服务重点解决家庭看护问题。旧区改造工程、"城中村"改造工程和农村人居环境优化工程关注的是人居环境亟待改善的区域和居住条件极端困难的群体。社会群体有"老""小"等生命周期的划分,有"旧""远"等居住空间的差异,也有物质利益的分化、需求层次的不同等各种多样性。未来,上海的民生实事要更好体现受益群体全覆盖和需求回应全方位,并继续重点向那些在经济社会生活上面临迫切难题或处于滞后地位的社会群体倾斜,以切实推进全体人民共同富裕。

人民的参与性是人民城市建设活的灵魂。上海在推进民心工程和民生实事的过程中,也在同步增强人民的参与性。以旧区改造为例,上海先后探索出社会力量和功能性国有企业参与旧改的模式,并摸索总结出"旧改群众工作十法",从而加快了旧改攻坚进度。以加装电梯为例,一些街镇建立居委主动协商、重点群体专门协商、党员带头协商、加梯公司多元协商等机制,从而推动加梯从单个门洞向"整小区""整居委"推进。创设人民建议征集办公室也是在激发市民主人翁意识,进一步打造全过程人民民主。未来,上海要继续从源头和过程两方面进一步加强人民对城市发展的全面参与,推动人人起而行之,落实民生实事项目长效化机制。

人民城市建设的成效性如何,最终要看人民群众的感受度如何。上海对民心工程的明确要求就是必须"感受度强"。早餐工程发展出"流动餐车+早餐""便利店+早餐""新零售+早餐""互联网平台+早餐"等多种模式,便民就医工程全面开展预约诊疗服务和检验检查互联互通互认,它们和其他民心工程都是通过有效回应群众的急难愁盼和难点痛点问题从而增强群众的感受度。未来,上海要加强对民生工作群众感受度的评估。在内容上,既包括获得感、幸福感、安全感,也包括认同感、归属感、成就感。在方法上,既可以依托政府部门的实事项目满意度测评,也可以借助专业机构的民生民意调查研究,还可以发挥"12345上海市民服务热线""一网通办"等实时交互大数据平台的作用。

第6章 建设人民向往的高水平生态之城

建设人民向往的生态之城,既是城市推进人与自然和谐共生现代化的题中应有之义,也是深入贯彻落实习近平生态文明思想和人民城市理念的必然选择。本章立足建设人民向往的高水平生态之城,从理论、实践与展望等方面对上海建设人民向往的高水平生态之城进行系统分析,研究发现:(1)人民向往的高水平生态之城源于对马克思主义生态思想继承发展、对西方生态城市理论的批判吸收,是习近平关于生态城市重要论述的集大成者,其核心要义包括"三生"统筹、生态惠民、绿色转型、全民参与、生态法治体系,具有鲜明的时代特征和价值。(2)过去5年以来,上海在推进污染防治攻坚、优化生态空间、践行绿色生活、推动多元共治等方面形成了一系列经验与做法,对其他城市形成了重要的示范和借鉴价值。(3)面向人民日益增长的美好生活需要,对标全球生态城市建设标准,上海需要进一步谋求更高标准的环境质量、打造更高品质的生态空间、推动更高水平的绿色发展、倡导更高品位的低碳风尚、深化更高效能的环境治理。本章对人民向往的生态之城进行了理论解构,对上海建设人民向往之城的经验举措进行了总结提炼,将为新时代城市绿色发展提供重要的理论支撑和实践依据。

作为人民城市重要理念的首次提出地,上海在过去5年间,以习近平总书记考察上海重要讲话精神为指引,在污染防治攻坚、生态环境空间分区管控、生活垃圾分类和绿色低碳文化培育,以及生态环境多元共治和生态环境治理现代化等方面进行了大量探索,总结和提炼上海建设人民向往的生态之城的经验举措和成功模式,能够为新时代城市绿色发展提供理论支撑和实践依据。

一、生态之城的理论渊源、核心要义与时代价值

在推进中国式现代化的时代背景和历史使命下,建设人民向往的生态之城,既是城市推进人与自然和谐共生现代化的题中应有之义,也是深入贯彻落实习近平生态文明思想和"人民城市"理念的必然选择,代表了中国对新时代城市发展的人民性、自然性的深刻理解,不仅为推进城市人与自然和谐共生提供了科学指导,还为全球生态城市建设贡献了中国智慧。

(一) 生态之城的理论渊源

人民向往的高品质生态之城相关理念和论述,既是我国在推进城市可持续发展中对实践经验的总结提炼,也是对马克思主义生态思想的继承和发展,以及对西方生态城市理论的批判和吸收。习近平总书记关于"生态城市"的论述是实践和理论的集大成者。

1. 对马克思主义生态思想的继承和发展

马克思主义生态思想辩证地审视了人与自然的关系,并深刻揭露了自然的主体性地位,以及资本主义制度的反生态性痼疾。人民向往的生态之城相关思想和理念脱胎于马克思主义生态思想,并进一步从实践角度深化了城市与自然和谐发展的指导思想和实现路径。

首先,马克思主义生态思想始于对人与自然关系的理解。马克思主义生态思想

对城市发展中人与自然关系的认识是辩证统一的,马克思把自然界看作一种主体,"解放自然就意味着从否定自然界的主体性恢复其主体性地位,使自然界重新与人一起回到一个共同的有机世界里"①。恩格斯说:"我们不要过分陶醉于我们人类对自然界的胜利。对于每一次这样的胜利,自然界都对我们进行报复。"②中国特色生态之城理论虽然继承了马克思主义生态思想,但更注重从解决环发矛盾的角度,探索人与自然和谐共生的城市发展理念。

其次,马克思主义生态思想认为城市扩张将导致自然丧失主体性。马克思主义生态思想认为城市的扩张就是对自然空间的掠夺和消耗,是使自然丧失主体性并屈服于人类空间扩展的过程。但也因此,基础性自然条件的丧失会对赖之生存的城市的发展造成灾难性影响。特别是进入工业资本主义时代以来,大工业城市作为财富聚集和人类活动的主要领地,其无度发展致使人类与自然的关系堕入势同水火的陷阱。③ 马克思举例说:"文明和产业的整个发展,对森林的破坏从来就起很大的作用,对比之下,它所起的相反的作用,即对森林的护养和生产所起的作用则微乎其微。"④中国特色生态之城理论吸收了马克思主义生态思想中人类的城市开发活动与自然生态系统保护相冲突的认识,并肯定和集成了其对生态系统破坏不可逆的判断。但中国特色生态之城理论也辩证地看待这种冲突关系,提出了城市绿色发展、公园城市建设等理念,积极探索资源节约、环境友好的生态城市建设路径。

最后,马克思主义生态思想认为资本主义制度本身具有反生态性。资本主义的生产关系对财富积累和资本增殖的追求,决定了资本主义制度具有反生态性。资本家对利润的追求,导致其更倾向于由社会承担污染治理的成本,进而不断增加污染的范围。"资本家在生产劳动的过程中,会不断利用生态公共产品产生的自然力来提高自身劳动生产力,以获取更多的利润。"⑤资本家对超额利润的追求,必然会导致其对具有公共品属性的生态产品掠夺性开发和利用,因此,无论是何种基于西方经济学的

---

① 王传发、刘学明:《马克思主义生态理论概论》,人民出版社 2020 年版,第 48 页。
② 《马克思恩格斯选集(第 3 卷)》,人民出版社 2012 年版,第 998 页。
③ 全燕黎、康兴源:《中国共产党生态城市观的三维阐析:价值、出场与实践》,《城市学刊》2023 年第 2 期。
④ 《马克思恩格斯文集(第 6 卷)》,人民出版社 2009 年版,第 272 页。
⑤ 同上。

制度设计,都难以根治生态环境问题。基于对马克思主义生态思想中资本主义制度劣根性的认识,中国特色生态之城理论充分认识到制度创新在推进人与自然和谐共生的城市建设中的重要作用,提出要以制度推进城市生态文明建设。

2. 对西方生态城市理论的批判和吸收

中国特色生态之城理论继承和扬弃了西方生态城市理论。习近平总书记主张借鉴国外城市先进经验,2016年,习近平总书记在主持召开中央财经领导小组第十二次会议时强调,要着力开展森林城市建设。2018年,习近平总书记在四川考察调研时指出,天府新区是共建"一带一路"和长江经济带发展的重要节点,一定要规划好建设好,特别是要突出公园城市特点。西方生态城市理论与中国特色实践的结合,成为中国特色生态之城理论的重要理论渊源。

(1)西方近现代城市规划中对"城市病"的治理思路。在全球高密度城市建设、高速度城镇化发展背景下,在人类享受着工业化、现代化"福利"的同时,"城市病"问题也成为制约现代城市发展和治理的难题。"城市病"问题最早出现于18世纪的英国,工业革命带来了大量工业型城市,过快的工业化转型速度和工业生产导向的城市建设,与相对滞后的社会事业形成了深层次矛盾,进而引发了住房、环境、疾病和犯罪等系列问题。针对"城市病"问题,英国的托马斯·莫尔提出了城市乌托邦思想,即通过合理的城市设计,构建理想城市(社区)来解决现实社会与城市问题。随后霍华德提出了"田园城市"思想,雷蒙德·昂温提出了卫星城市思想,帕特里克·格迪斯提出了城市集聚区和区域规划思想。这些近现代城市规划的思想都为解决公共卫生、居住环境、城市治理等"城市病"问题提供了思路和借鉴。但上述思想仍局限于从城市规划的角度解决"城市病"问题,主要思路是从问题出发,通过空间格局的优化来解决环境、交通、治理等问题,缺少对城市和生态两个系统的整体筹划,以及对城市运行环节的考虑。

(2)西方生态城市理念中对自然与城市关系的认识。现代生态城市思想起源于霍华德的田园城市,其核心在于城市与自然的平衡。在1971年联合国教科文组织发起的"人与生物圈(MAB)"计划中,正式提出生态城市理念。生态城市在广义上被认为是以生态学原理为指导的新型社会关系和新的文化观,狭义上指在生态学原理指导下,更加高效、和谐、健康、可持续的人类聚居环境。1984年,美国生态建筑学家理查德·雷吉斯特(Richard Register)将生态城市建设的意义和原则,界定为以相对较小的城市规模建立高质量的城市、就近出行、小规模地集中化、物种多样性有益健康。[①] 1990 年,城市生态组织提出要基于生态原则重构城市目标,标志着生态城市从理念探索阶段进入目标设定阶段。美国学者罗斯兰德门(Roseland)在 1994 年指出,生态城市应当包含城市的可持续发展、优良的技术、健康的社区,社会的生态化以及土著人世界观等方面。[②]澳大利亚建筑师唐顿认为,城市生态涉及城市与自然系统、城市内部人与人之间,以及城市与农村社区之间的相互关系,更加突出了生态城市建设中各系统的协调性。进入 20 世纪 90 年代后,可持续发展理念得到政府和公众的普遍认同,在城市规划和发展中,对人居环境质量和居住品质的要求不断提升,城市的可持续发展越来越得到重视。随着城市规模的扩大和城市环境问题的加剧,生态城市的建设更加复杂,涉及的主体更加广泛,而生态城市建设的行动实践仍然较为碎片化,以生态社区、绿色建筑为主的城市生态化改造模式已经难以适应生态城市建设要求,与系统的生态城市目标体系更是存在较大的差距。

(3) 西方人本思想与城市发展理念的融合。城镇化水平的提升、城市社会的多元化也带来了城市各类主体对城市发展诉求的增加,脱胎于理论研究的生态城市目标体系难以满足公众对城市发展的需求,城市中的人从服务城市的工具变成了城市服务的目的,城市的发展越来越回归"人本思想",对于能够直接或间接体现提升居民生活质量的相关指标在城市竞争力指数评价中占据越来越大的比重。以纽约的 Greener NYC 为代表的城市发展战略和规划在目标体系设定时,更加突出目标体系的公众参与性和政策导向性,强调其在提升公众生态意识、提高公众参与度、协调各类主体等方面的作用,在推进模式上更加注重系统性,强调参与主体多元化转变,强调先进技术手段的运用以及信息化管理,更加倾向于采用"目标—行动"路线的务实推进模式。西方城市发展理念中的人本思想,仍局限于城市公共服务功能的提升和城市治理的多元化。生态环境并未作为人的福祉纳入城市发展理念,尤其对城市生

[①] Richard Register. "Eco-cities: Making Cities Sustainable is A Crucial Challenge", *A Quarterly for Human Sustainable Culture*. Context Institute, 1984.
[②] Roseland. *Dimensions of the Future: An Eco-city Overview. Eco-city Dimensions*. New Society Publishers, 1997.

态对人的健康、心理,以及人的创造性影响等方面考虑较少。

3. 习近平总书记关于"生态城市"的重要论述

新时代中国特色生态之城相关理论在城市的发展、规划、布局,以及人居体验等多个领域,都贯彻了人与自然和谐共生的理念。习近平总书记指出,城市发展"不仅要追求经济目标,还要追求生态目标、人与自然和谐的目标",[①]要求生态城市的规划采用平衡的方法处理好自然与社会空间、人的行为与空间布局等多重关系,造就现代城市空间以满足人民提出的生活与安全需求。习近平生态文明思想对"生态城市"的阐释主要从五个方面展开:

一是生态城市建设要把城市放在大自然中。习近平总书记指出,要"把城市放在大自然中,把绿水青山保留给城市居民"。[②] 在空间布局中,一方面,城市要按照自然生态本底、河流山脉的自然机理,因地制宜布局城市公园绿地体系,布局城市的生产生活生态空间;另一方面,要留足生态空间,保护城市中具有重要生态功能的生态空间,并通过联通、拓展、生态修复等方式,提升生态空间的功能。在城市开发中,要强调科学和集约发展,根据生态承载能力,合理设置开发强度,根据空间功能定位,推进城市内部空间合理布局,集约发展,提升单位土地的利用效率,提升生产生活空间的交通便捷度。

二是生态城市建设要以自然资源禀赋和自然规律为基础。习近平总书记提出,"把水资源作为最大的刚性约束,合理规划人口、城市和产业发展"。[③] 强调生态城市建设要尊重自然规律,合理利用和发挥自然资源禀赋。通过设置生态红线,守牢城市生态安全的底线。习近平总书记提出:"要停止那些盲目改造自然的行为,不填埋河湖、湿地、水田,不用水泥裹死原生态河流。"[④]同样,解决这些问题也需要遵循自然规律。针对城市缺水问题,他提出通过建设"海绵城市"模式,使雨水自然积存、自然渗透、自然净化。

三是生态城市建设要坚持治山、治水、治气、治城一体推进。生态城市建设要坚

[①] 习近平:《论坚持人与自然和谐共生》,中央文献出版社2022年版,第125页。
[②] 中共中央文献研究室:《十八大以来重要文献选编》(上),中央文献出版社2014年版,第602页。
[③] 同上。
[④] 习近平:《论坚持人与自然和谐共生》,中央文献出版社2022年版,第125页。

持系统思维,习近平总书记指出:"山水林田湖是城市生命体的有机组成部分,不能随意侵占和破坏",①在规划中要考虑城市建设对生态环境的影响,抛弃"先建设、后治理"的发展方式;同样,在城市治理中也要"坚持治山、治水、治气、治城一体推进"。城市的地形、水系、大气和城市空间应当系统考虑,实现生态保护、环境修复和城市病问题治理的协调。生态城市建设在面对"城市病"问题时,也要遵循系统评估和动态维护的思路。"城市病"问题并非单独出现,而是表现为多重问题的并发现象,2017年,习近平总书记在视察北京城市规划建设管理工作时,提出要健全规划实时监测、定期评估、动态维护机制,建立"城市体检"评估机制,建设没有"城市病"的城市。"城市体检"评估对多种城市问题进行全面诊断和系统性治理,为系统诊断"城市病"问题提供了思路。

四是生态城市建设要让人民有更多获得感。坚持以人民为中心,是生态城市建设的基本原则和根本出发点。一方面,生态城市建设要聚焦人民群众的需求。习近平总书记指出:"无论是城市规划还是城市建设,无论是新城区建设还是老城区改造,都要坚持以人民为中心,聚焦人民群众的需求,合理安排生产、生活、生态空间,走内涵式、集约型、绿色化的高质量发展路子,努力创造宜业、宜居、宜乐、宜游的良好环境,让人民有更多获得感,为人民创造更加幸福的美好生活。"②另一方面,生态城市建设的成效最终要用人民群众满意度来衡量。"人民城市人民建、人民城市为人民"是对传统民本思想和人本城市观的超越,将人民作为城市治理的"始点"和"终点",明确了人民是城市建设与城市治理的全部。人民群众是城市的建设者,也是城市建设和发展的出发点。人民群众的评价是生态城市工作合格的关键。习近平总书记指出:"城市规划建设做得好不好,最终要用人民群众满意度来衡量。"③当前城市建设中的生态环境问题、城市病问题、居民感知度和满意度问题,以及城市治理中的社会问题,其根源之一就是人民评价在城市规划、发展和考核体系中的缺位。新时代、新阶段生态城市工作需要进一步保障人民群众的参与权、决策权和评价权,提升人民群

---

① 习近平:《论坚持人与自然和谐共生》,中央文献出版社2022年版,第126—127页。
② 中共中央党史和文献研究院编:《习近平关于城市工作论述摘编》,中央文献出版社2023年版,第37页。
③ 中共中央文献研究室:《习近平关于社会主义社会建设论述摘编》,中央文献出版社2017年版,第136页。

众的生态意识和生态环境共治能力,建立以绿色、宜居、集约、适度为导向的城市发展评价机制。

五是生态城市建设要把生态价值考虑进去。"绿水青山就是金山银山"的理念既是生态环境良好地区发展经济的重要思路,又是城市发展的基本遵循。城市发展也要将生态环境保护作为提升人口集聚能力、要素配置能力和城市竞争力的重要途径,推动生态价值的转化,走绿色增长之路。2018年春节前夕,习近平总书记赴四川看望慰问各族干部群众时的讲话指出,天府新区是共建"一带一路"和长江经济带发展的重要节点,一定要规划好、建设好,特别是要突出公园城市特点,把生态价值考虑进去,努力打造新的增长极,建设内陆开放经济高地。在人民向往的生态之城建设语境下,公园城市不仅是城市的风貌、人居环境的体现,还是城市提升生态产品供给能力的重要实现路径,也是人、城、境、业相统一的城市发展模式。

(二) 生态之城的核心要义

人民对美好生活的向往,本质上是对高水平生态系统服务的向往。建设人民向往的高水平生态之城,其重要目标便是协调好城市经济社会发展和生态环境保护的关系,平衡城市生产、生活与生态空间的关系,将城市建设成没有"城市病"的城市,促进新时代城市高质量发展。人民向往的高水平生态之城建设的基本原则是生产、生活与生态"三生"统筹,根本目的是实现生态惠民,发展动力是绿色低碳转型,治理模式是全民共同参与,制度保障是严格法治体系。

生态之城建设的基本原则是三生统筹。绿色、自然、生态、韧性是现代城市的标志和底色,生态之城建设也需要统筹生产、生活、生态空间,实现人、城与自然的和谐共生,使城市成为一个安全、自然、健康的美丽家园。

1. 城市与自然是生命共同体

"人与自然是生命共同体",城市也是一个有机的整体。从城市复合生态系统理论看,城市被认为是一个高度复杂、功能稳定、动态平衡的社会—经济—自然复合生态系统,强调社会、经济、自然协调发展,实现人与自然的和谐共生。[1] 城市在要素上

---

[1] 范育鹏、方创琳:《生态城市与人地关系》,《生态学报》2022年第11期。

包括生物、气候、生境、土壤、土地、科技、基础设施等,在功能上包含产品生产、养分循环、人居环境、能量流动、调节功能、就业等,在服务上包括产品提供、生物多样性、环境调节、文化休闲、人体健康、美学等(如图6-1所示)。可见,城市具备实现人与自然协调发展、物质充分利用、信息交流畅通、经济环境协同的能力。①

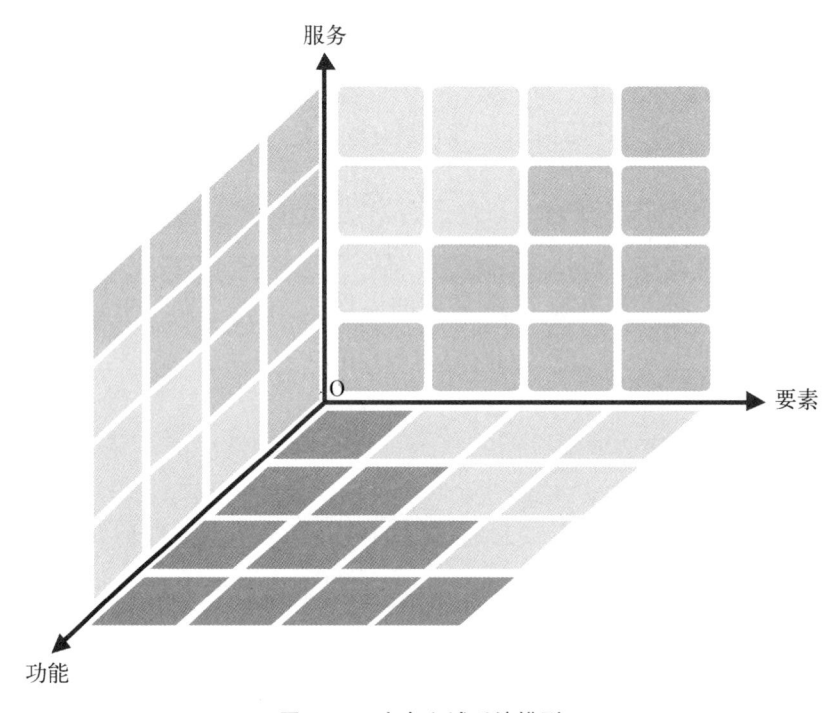

图6-1 生态之城系统模型

资料来源:作者自绘。

生态之城作为一种更高水平的城市形态,遵循着城市生态系统的一般规律,也具有一定的特殊性。首先,生态之城是一个具有多样性、稳定性、持续性强的生态系统,并兼顾人类生存需要和生物多样性效益,充分体现人与自然、城市与自然相互依存的关系;由此,生态之城应该和自然生态系统一样具有自我调节、恢复进而维持自身稳定的能力。其次,在环境品质上,生态之城应该具备良好的大气、土壤、水体等环境质量,实现天蓝、地绿、水清。再次,在功能上,生态之城除了具备基本的生态系统服务功能,还尤其强调环境健康与人体健康,为人的健康提供良好的生态环境基底,充分

---

① 范育鹏、方创琳:《生态城市与人地关系》,《生态学报》2022年第11期。

满足市民的生态环境需求。最后,在发展目标上,生态之城是实现人与自然的和谐统一,蕴含着人与人的和谐、人与自然的和谐、自然系统和谐三个层面,不仅能维持和调节自然,还能满足城市中人的发展需求。

2. "三生融合"的城市空间格局

霍华德的"田园城市"及《雅典宪章》将城市功能划分为居住、工作、生活等,对应着生产、生活与生态空间。城市复合生态系统理论将城市定义为生产空间、生活空间与生态空间有机融合的系统。受限于工业文明时代的各种空间,尤其是生产空间近邻可能产生负外部性影响,严格的功能分区可能导致生产、生活和生态空间割裂,以及职住空间分离。为此,重新建立分离空间之间的有机联系,促进"三生空间"适度融合,是城市空间优化的重要方向。[1] "三生融合"是城市产业空间与城市生活、生态环境之间有机融合与共同发展。

习近平总书记指出,城市发展要把握好生产空间、生活空间、生态空间的内在联系,这为生态之城建设指明了方向。生态之城的"三生融合"不只是生产、生活、生态空间简单的叠加,而是各空间功能相互支撑、相互服务,形成有机融合的结构(如图6-2所示)。从空间肌理上,生态之城顺应城市自然肌理,把生态要素引入城市,将城市融入自然,让城市与自然融合共生。从功能融合上,生态之城的"三生融合",是要坚持以人为本理念,既要注重提高经济发展质量,又要拓展民生服务供给功能,提升城市生态服务功能,整体统筹"三生"空间布局,实现经济发展质量、人民生活水平与生态空间品质的"三生"融合。

3. 安全韧性的城市发展范式

当今社会,自然灾害、极端天气、环境污染等突发事件频发,城市成为各类自然与人为灾害事故的高发区域,安全韧性日渐成为新时代生态之城建设的新范式。从理论上看,安全韧性城市是指一个城市在系统面对外部干扰时,具备维持或迅速恢复期望功能的能力,并进行适应性调整,保持可持续发展。[2] 基于公共安全体系理论,结合安全韧性城市的承受、适应、恢复等关键特征,安全韧性城市包括安全风险事件、城

---

[1] 鲁达非、江曼琦:《城市"三生空间"特征、逻辑关系与优化策略》,《河北学刊》2019年第2期。
[2] 赵来军:《上海安全韧性城市建设面临的问题和对策》,《科学发展》2022年第2期。

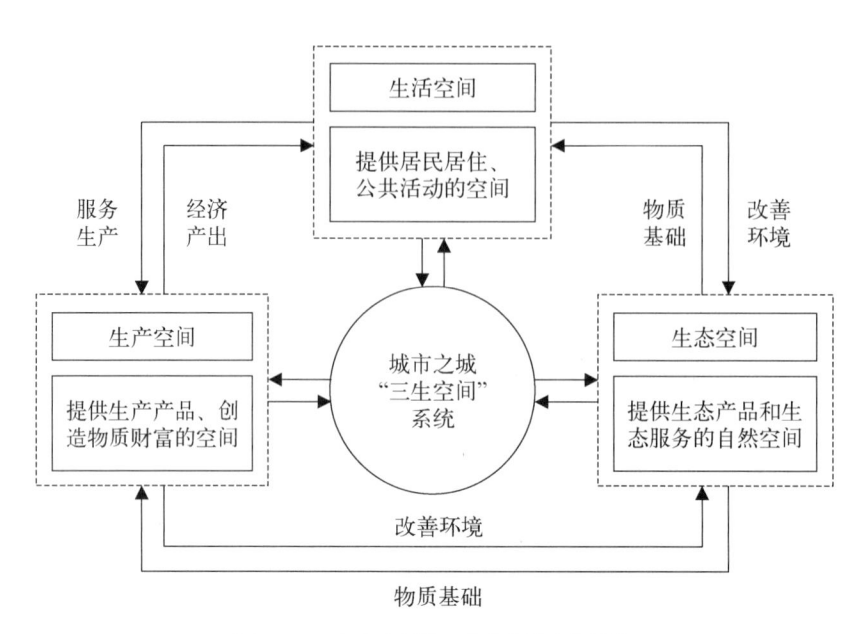

图 6-2　生态之城"三生空间"融合结构

市承载系统、安全韧性管理三个维度。① 可见,安全韧性城市是一个复合系统,涉及基础设施、城市管理与资源环境等多方面的协调。②

从现实看,致力于推动城市转向更加包容、安全和可持续的安全韧性理念成为全球城市发展重要趋势,如纽约、东京、伦敦、巴黎等纷纷开展韧性城市建设。近年来,我国北京、上海、广州、重庆、南京等城市也出台了韧性城市相关规划政策,从绿色低碳、生态环保、海绵城市等方面发力。③ 2023 年 11 月,习近平总书记在上海考察时提出"全面推进韧性安全城市建设"。为此,需要将安全韧性作为生态之城建设的重要内容,需要以底线约束和安全韧性为前提,通过严守生态红线、遵循自然肌理等,提升城市对自然生态系统的适应能力,并从科技、管理、文化等多方面提升安全韧性城市的支撑能力。

---

① 范维澄:《以安全韧性城市建设推进公共安全治理现代化》,《人民论坛·学术前沿》2022 年第 Z1 期。
② 黄弘、李瑞奇、范维澄等:《安全韧性城市特征分析及对雄安新区安全发展的启示》,《中国安全生产科学技术》2018 年第 7 期。
③ 郭睿、王卿、张焕等:《台风"级联效应"灾害下城乡环境的响应机制与营建策略——基于乐清市虹桥的研究》,《城市规划学刊》2024 年第 2 期。

(三) 生态之城理论的时代价值

人民向往的高水平生态之城理论是人民城市理论的重要组成部分，为推进人与自然和谐共生提供了科学指导，为全球生态城市建设贡献了中国智慧和上海方案，具有鲜明的时代特征和价值。

1. 生态之城理论是人民城市理论的重要组成部分

生态之城理论深刻回答了为什么建设生态之城、建设什么样的生态之城以及怎样建设生态之城等理论和现实问题，这些是人民城市理论的重要内涵，也是人民城市建设的重要出发点。

一是生态之城理论诠释了人民城市的人民性。从理论发展看，在马克思主义城市理论以及传统城市发展历程中，城市主要强调物质层面、精神文化层面对人民需求的满足，而人民对高品质生态环境的需求长期被忽视。[1] 随着城市建设从最初的生产生活空间向生态空间转变，合理安排生产、生活、生态空间成为城市发展的重要内涵。习近平总书记在继承和发扬马克思主义城市思想的基础上，借鉴吸收其他国家城市建设与发展的经验与教训，针对我国城市建设与发展中面临的新挑战，提出了"人民城市"这一城市发展新理念。[2] 人民向往的高水平生态之城充分体现了人民对高品质生态环境的需求，从生态环境和人民需求的角度深刻回答了建设什么样的城市、怎样建设城市的重大命题，进一步诠释了人民城市的人本价值。

二是生态之城理论体现了人民城市的发展观。一方面，人民城市理论强调坚持以人民为中心的发展思想，而生态之城强调为城市发展提供高品质的生产空间、生活空间，不断满足人民的物质需求与精神需要；另一方面，人民城市的性质决定了它是公平的城市和可持续发展的城市，[3] 生态之城建设注重为人民提供物质、精神、生态等多种功能，强调经济社会发展全面绿色转型，将有助于实现绿色生产、绿色生活、绿色生态的有机统一。可见，生态之城体现了人民城市以人民为中心、可持续的发展观。

---

[1] 刘士林：《人民城市：理论渊源和当代发展》，《南京社会科学》2020年第8期。
[2] 奚建武：《"人民城市论"的逻辑生成与意义呈现——习近平关于城市建设和发展的重要论述研究》，《上海城市管理》2022年第1期。
[3] 袁晓玲、李思蕊、李朝鹏：《为城市发展定标："人民城市"理念下城市高质量发展的价值遵循、逻辑意蕴与实践取向》，《当代经济研究》2022年第11期。

三是生态之城理论彰显了人民城市的生态观。为了满足人民群众的物质需求，城市发展长期侧重生产空间，忽视高水平生活与生态空间。人民城市是一个新的城市概念和形态，以及城市发展的新模式，包含了绿色城市、智慧城市、人文城市、创新城市、紧凑城市等多种城市的内涵。[①] 生态之城理论从多方面彰显了人民城市的生态观：首先，彰显了人民城市的生态要素观，生态之城强调高品质的生态、空气、水、土壤等要素，注重满足人民对优良生态环境的需求。其次，彰显了人民城市的生态系统观，生态之城还蕴含着绿色生态理念，强调构建人、城市、自然相互依存与相互影响的和谐生态系统，[②]这是为人民提供高品质生态环境的基础。最后，彰显了人民城市的生态空间观，生态之城理论强调改善物质环境的同时，也要强调实现城市功能从生产功能向生产、生活、生态功能相结合的转变。

2. 为城市的人与自然和谐共生发展提供科学指导

近年来，城镇化快速推进导致人口、资源、环境等矛盾日益突出，城市病日益明显，生态环境问题面临大量历史欠账、问题积累和现实矛盾。推进城市实现人与自然和谐共生成为城市发展的必然选择。生态之城理论与人与自然和谐共生在内涵、建设路径相近，将有助于为城市的人与自然和谐共生提供科学的理论与实践指导。

一是为城市的人与自然和谐共生提供了规划指引。对于什么是城市的人与自然和谐共生，以及如何推动城市实现人与自然和谐共生，其关键在于做好科学规划，生态之城建设规划为城市人与自然和谐共生提供了规划指引。近年来，我国大量城市编制生态之城相关规划，以生态之城建设推动人与自然和谐共生开展了大量实践探索。如上海在《上海城市总体规划2017—2035》中提出建设生态之城，《上海市生态空间专项规划（2021—2035）》提出践行人民城市、公园城市、韧性城市发展理念，打造"一座令人向往的生态之城"。国内也涌现出了长三角生态绿色一体化发展示范区、雄安新区、中新天津生态城、合肥滨湖卓越城生态城区、北京怀柔科学城等案例，为生态之城建设提供了范本。生态之城建设规划，将为人与自然和谐共生在用地配置、产业布局、人口引导、空间管控、生态建设、环境改善等方面提供规划基础。

---

① 刘士林：《人民城市：理论渊源和当代发展》，《南京社会科学》2020年第8期。
② 李渊、张明：《以人民为中心：人民城市建设的底色思维》，《上海城市管理》2020年第5期。

二是为城市的人与自然和谐共生提供了新的发展模式。实现人与自然和谐共生,要求改变传统高污染、高能耗的发展模式,实现发展方式绿色低碳转型,厚植高质量发展的绿色底色。人民向往的高水平生态之城强调经济社会发展绿色转型、人民群众生态环境获得感提升等,突出人、城、自然、治理等的有机统一,为城市的人与自然和谐共生建设提供了科学指导和实践指引。

三是为城市的人与自然和谐共生提供了空间载体。生态城市是一个复合生态系统,包括生态安全格局、生物多样性保护、人居环境健康、发展方式绿色转型等方面。① 人与自然和谐共生的城市构成要素更加复杂多元,涵盖领域兼顾自然与人工生态系统,且生态系统具有脆弱性。② 可见,城市的人与自然和谐共生强调生产、生活、生态的"三生统筹"。人民向往的高水平生态之城强调提供高品质的"三生"功能,构建有机融合的"三生"空间,这为城市实现经济发展、人民生活与生态环境的融合发展提供了空间载体。同时,人民向往的高水平生态之城还强调建立科学的空间规划体系和用途管制制度,这为锚定城市的人与自然和谐共生提供了空间基础。

3. 为全球生态城市建设贡献中国智慧和上海方案

过去半个多世纪以来,城市化与气候变化、生态环境危机等全球性挑战相互交织,给城市可持续发展带来巨大挑战。③ 当今世界,全球57%的人口居住在城市,④城市占全球能源消费总量的75%和碳排放量的70%。气候变化、空气污染、水质下降、生态系统退化、废物处理、土壤退化等问题日益严重,据世界卫生组织(WHO)报告,全球每年约有700万人死于空气污染;世界经济论坛(WEF)预测,到2050年,城市固体废物预计将比当前增加超过50%,达到每年38亿吨。⑤ 为此,建设生态之城成为

---

① 张玉、徐岩、邓鹏翔等:《面向全球城市的生态城市评价体系构建及建设经验研究》,《生态经济》2022年第9期。
② 单菁菁、王德忠、赵昌文等:《圆桌论坛:建设人与自然和谐共生的现代化城市》,《城市问题》2024年第5期。
③ 余兆武、马文娟:《绿色低碳,让城市更美好》,《科学》2024年第4期。
④ 《联合国人居署:城镇化仍势不可挡,2050年全球城镇人口将占68%》,联合国新闻网,2022年6月29日,https://news.un.org/zh/story/2022/06/1105282。
⑤ 《全球每年产生超20亿吨城市固体废物,足以覆盖地球到月球距离的两倍》,世界经济论坛,2024年4月4日,https://cn.weforum.org/agenda/2024/06/https-www-weforum-org-agenda-2024-04-circular-economy-waste-management-unep-cn/。

全球城市应对可持续发展挑战的共同目标。

一是在实现经济持续增长的同时保持生态环境质量改善。纵观全球及我国城市发展历程，城市基本上都是走消耗资源、破坏环境的道路，尤其是发展中国家城市生态环境问题尤为严峻，似乎难以跳出依靠资源、破坏环境的怪圈。[①] 我国城市发展尽管也走过粗放式发展道路，但我国及时意识到生态环境保护的重要性，以马克思人与自然关系思想为指导，始终注重满足人民对美好生活的需求，给人民提供更多的生态产品、创造更广阔的宜居空间，提出建设人民向往的高水平生态之城，有助于实现经济持续增长和绿色低碳转型，并实现生态环境品质显著提升。可见，建设人民向往的高水平生态之城实现了对以往发展中国家传统发展模式的超越，跳出了经济发展与生态环境保护相矛盾的困境。

二是建立了基于城市合作建设生态城市的发展范式。生态之城并非一个独立系统，而是与外部生态系统及其他城市具有紧密物质流、能量流、信息流联系的复合网络。我国在建设人民向往的高水平生态之城时，注重发挥行政力量，以多个城市，甚至城市群为尺度建设生态之城，如环鄱阳湖生态城市群、长三角生态绿色一体化发展示范区；[②]或者从城市群出发，进行生态保护、污染协同治理，构建生态环境管理体系等，[③]构建生态之城建设合力。同时，生态之城建设也并非经济发达地区的特有权利，经济欠发达地区也具有建设生态之城的条件。我国也积极推动欠发达地区进行生态之城建设，发展生态旅游、生态工业、生态农林产业等，促进生态产品价值实现。[④]

三是为超大城市实现人与自然和谐共生提供参照模式。特大超大城市实现人与自然和谐共生是一个世界级难题，建设生态之城为特大超大城市实现人与自然和谐共生现代化提供了新的模式。上海把握超大城市特征和发展规律，提出打造人与自

[①] 苏峰：《生态文明建设的中国智慧与中国方案》，《河南工程学院学报（社会科学版）》2021年第4期。
[②] 钟业喜、吴青青、吴思雨等：《生态安全约束下环鄱阳湖生态城市群空间格局演变研究》，《江西师范大学学报（自然科学版）》2021年第5期。
[③] 罗雁南、孙涛：《长三角城市群环境污染协同治理效果综合评估及应用研究》，《环境科学与管理》2023年第11期；孙久文、崔雅琪、张皓：《黄河流域城市群生态保护与经济发展耦合的时空格局与机制分析》，《自然资源学报》2022年第7期。
[④] 李梓雯、龚容、彭蓉等：《自然资源生态产品价值实现的模式研究——以六安市林业产业发展规划为例》，《林产工业》2022年第6期；华启和、王代静：《生态产品价值实现的地域模式——丽水市、抚州市比较》，《南京林业大学学报（人文社会科学版）》2022年第3期。

然和谐共生的现代化国际大都市,探索具有上海特点的超大城市人与自然和谐共生之路。上海建设人民向往的高水平生态之城,是人与自然和谐的宜居之城、生态环境健康的美丽之城、生态经济繁荣的活力之城、生态文化时尚的潮流之城、生态治理先进的共治之城。①

二、建设人民向往的高水平生态之城的上海实践

人与自然和谐共生是人民城市的重要内涵,人民城市建设需要将良好的生态环境作为基本公共产品提供给人民。上海市被赋予了探索超大城市人与自然和谐共生之路的重要使命。然而,上海作为一个超大城市,人口与产业高度密集,环境容量有限,建设人民向往的高水平生态之城仍然面临较大的挑战。自从人民城市理念提出以来,上海市牢固树立生态优先、绿色低碳发展导向,加快打造令人向往的生态之城,人民群众的获得感、幸福感、安全感不断增强。据第三方调查,上海公众对生态环境的满意度得分从2015年的66.5分提升到2023年的81.7分,这反映出上海市民在生态环境方面的积极性与获得感不断提升。上海市在推进污染防治攻坚、优化生态空间、践行绿色生活、推动多元共治等方面,形成了一系列经验与做法,对于国内其他城市在建设人民向往的高水平生态之城方面具有重要的示范和借鉴意义。

(一) 污染防治攻坚,守护碧水蓝天净土

良好的生态环境质量是人民向往的高水平生态之城的基础。5年来,上海市积极开展生态环保行动,推进污染防治攻坚,打造生态环境基础设施,构建现代环境治理体系,联合苏浙皖共同守护碧水蓝天净土。上海市在人口、经济、能源消费保持增长的同时,实现了主要污染物排放总量持续下降,均超额完成国家下达的减排目标,污染防治攻坚战阶段性目标全面实现。在党中央对各省市污染防治攻坚战考核中,上海在2020年度排名全国第一。如今的上海,天更蓝、水更清、地更绿,人民群众

---

① 参见周冯琦、胡静:《上海蓝皮书:上海资源环境发展报告(2021)》,社会科学文献出版社2021年版。

的获得感不断提升,昔日的一条条河流、一个个湖泊变成了一道道亮丽风景线,城在碧水绿荫之间,人民乐享绿色生态,成为高密度人居环境下可持续发展生态之城典范。

1. 滚动性推进生态环境保护行动计划

(1) 实施环保三年行动计划。早在2000年,上海市人民政府就编制和实施了《2000—2002年上海市环境保护三年行动计划》,截至目前,已实施8轮。其中,前7轮生态环保三年行动计划累计安排项目1 600余个,资金投入超5 000亿元。近5年,上海市分别实施了第七轮和第八轮环保三年行动计划,第八轮环保三年行动计划首次将人民城市作为重要理念,强调以人为本,坚持人民生态环境需求为导向,通过高质量的生态环境建设,提高城市吸引力和人民群众的归属感。近年来,上海市通过持续努力,环境基础设施渐趋完善,污染防治能力大幅提升,一些突出环境问题得到解决,生态环境质量和城乡环境品质明显提升。《上海市生态环境状况公报2023年》数据显示,上海市在$PM_{2.5}$年均浓度、环境空气质量指数(AQI)优良率、主要河流断面水质要达到Ⅲ类及以上占比等指标上均实现了预期目标。

(2) 实施污染防治攻坚专项行动计划。5年来,上海市围绕人民生态环境需求、生态环境问题短板,坚决打好污染防治攻坚战,不断提升人民群众满意度。一是深入打好蓝天保卫战。上海市以改善大气环境质量为核心,实施了2018—2022年、2023—2025年两轮清洁空气行动计划,从能源、产业结构、交通、建设、农业、社会面源污染等多个领域改善环境空气质量,有效削减了二氧化硫、氮氧化物、挥发性有机物、颗粒物等大气污染物排放。2019—2023年,上海市$PM_{2.5}$、PM_{10}、氮氧化物、环境空气质量指数总体平稳下降(如图6-3所示),空气质量优良率均优于全国平均水平;其中,2023年,上海市环境空气质量指数优良率为87.7%,较2019年提升了2个百分点(见表6-1)。上海的天空一天比一天蓝,市民群众的"蓝天幸福感"越来越强。

二是深入打好碧水保卫战。上海市通过统筹水资源、水环境、水生态治理,深入打好碧水保卫战。水资源方面,上海市持续推进饮用水水源地规范化建设与水源保护区环境监管,推进水源地生态补偿,提升供水保障能力,建设饮用水示范区,切实加强饮用水水源保护,保障公众身体健康和生命安全。水环境方面,上海市依托河湖长制的全面落实,实施河道整治、雨污混接改造等工作,并以街镇为单元,推进50个生态

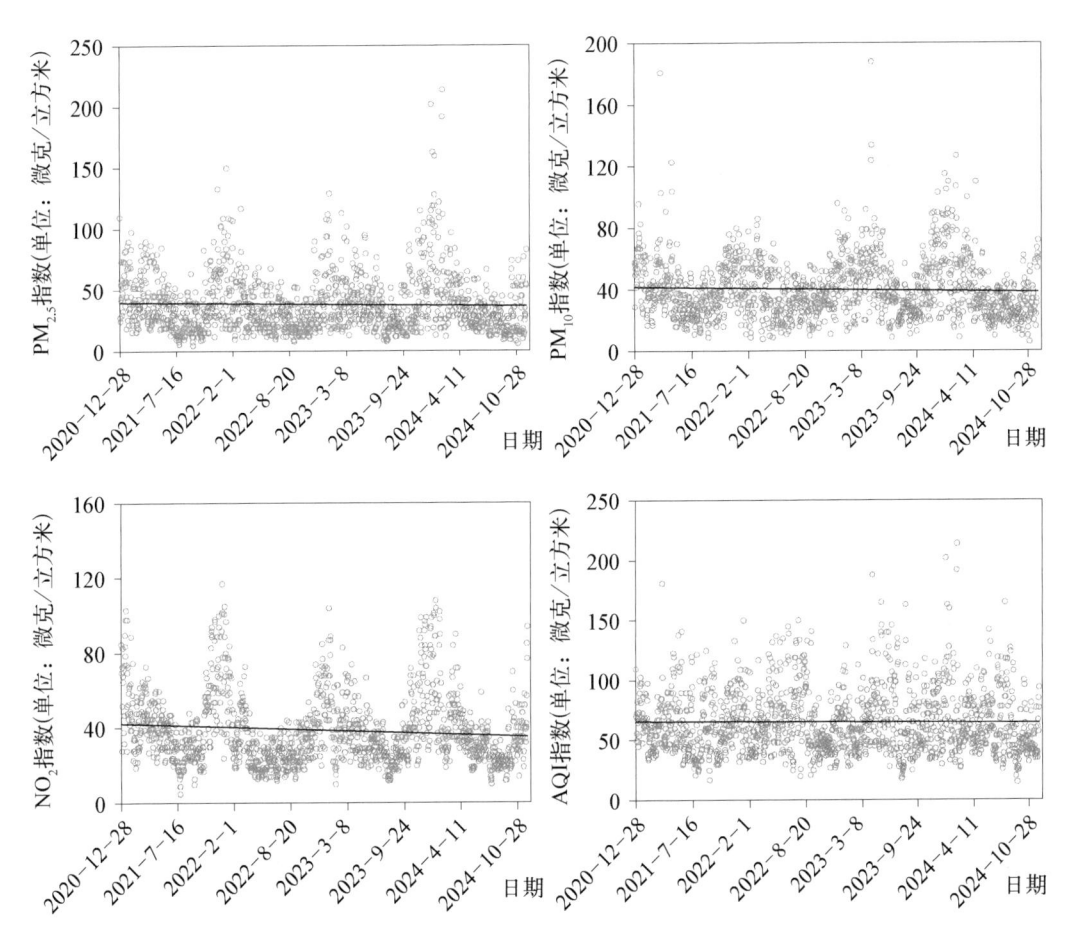

图6-3 2020年底以来上海主要空气质量指标变化情况

表6-1 2019—2023年上海市环境空气质量等级

年份	指标					上海空气质量优良率(%)	全国空气质量优良率(%)
	空气质量等级(天数)						
	优	良	轻度污染	中度污染	重度污染		
2019	80	229	48	7	1	85.7	82.0
2020	117	202	39	7	1	87.2	87.0
2021	125	210	29	1	0	91.8	87.5
2022	129	189	47	0	0	87.2	86.5
2023	132	188	41	3	1	87.7	85.5

资料来源：2019—2023年全国、上海市生态环境状况公报。

清洁小流域建设,打造"幸福河"样板;全面持续推进长江入河排污口规范整治,建立一批可推广、可复制的整治示范工程,积极推进污水管网建设,实现城镇污水管网全覆盖。5年来,上海水环境质量持续改善,Ⅱ—Ⅲ类水质断面较2019年提升了49.5个百分点,上海市水环境总体优于全国平均水平。水生态方面,上海市持续实施河湖综合治理,打造水生态廊道,着力打造连续贯通、水清岸绿、生态宜人的幸福亲水环境,2021年启动"美丽河湖"系列建设。如今的上海,城在碧水绿湖之间,人民乐享绿色生态,苏州河再现水清岸洁、鱼翔浅底,人民群众的水生态环境获得感、幸福感、安全感不断提升。

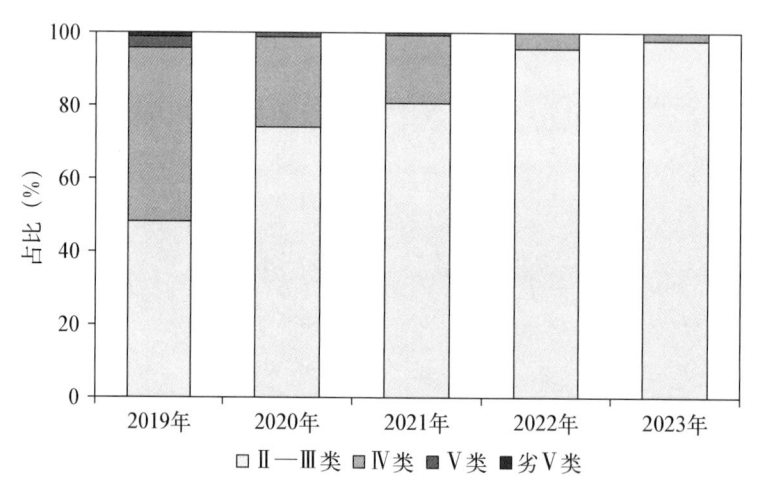

图 6-4 2019—2023 年上海市主要河湖断面水质

资料来源:历年上海市生态环境状况公报。

三是深入打好净土保卫战。近年来,上海深入推进农村生活污水和垃圾治理、农业面源污染防治,推进农用地土壤污染防治;落实农用地分类管理制度,健全土壤环境质量类别动态调整机制;管控建设用地土壤污染风险,探索"环境修复＋开发建设"模式;推进"无废城市"建设;实施新污染物治理行动,制定新污染物治理行动实施方案。截至2023年,全市纳入国家土壤环境监测网的15个土壤质量达标率为86.7%,受污染耕地和重点建设用地安全利用率持续保持在100%,有效保障了人民群众"吃得放心,住得安心"。

2. 以四个结构调整推动全面绿色转型

5年来,上海市坚持标本兼治、治本优先,注重结构调整与布局优化,坚持以亩产、效益、能耗、环境"四个论英雄",积极落实"双碳"发展战略,充分发挥生态之城的引领作用和倒逼作用,不断推进能源结构、产业结构、交通结构、用地结构四大转型调整力度,培育绿色发展新动能。

(1) 以"四个论英雄"推进产业结构调整。上海作为超大城市,面临人口众多、土地资源短缺、环境容量有限等问题,必须推动资源节约集约利用。5年来,上海市坚持"四个论英雄",积极推动产业结构调整。一是以亩产论英雄,提升经济密度。为破解土地资源趋紧、商务成本上升、产能过剩等难题,上海加快摆脱过去依靠资本、土地的粗放式发展模式,大力发展知识、技术和资本密集型产业,放大"五型经济"优势,提高资源投入产出效率。二是以效益论英雄,提升产业能级。上海市通过着力构建"2+(3+6)+(4+5)"现代化产业体系,[①]发布了推动制造业高质量发展的三年行动计划,并印发促进绿色低碳产业发展、培育"元宇宙"新赛道、促进智能终端产业高质量发展等行动方案,持续提升产业能级和综合优势。2019—2023年,上海市在工业用地面积保持稳定的情况下,规模以上工业总产值从34 427亿元提升至39 400亿元,战略性新兴产业规模不断增长,其在规模以上工业总产值中的占比也从32.43%提升到43.92%(如图6-5所示),呈现出工业密度与工业效益双增长的局面。三是以能耗论英雄,推动绿色转型。上海市积极淘汰落后产能,坚决遏制高耗能、高排放、低水平项目盲目发展,并依靠科技创新、绿色金融等手段,推动吴淞、桃浦等老工业区转型升级。2019—2023年,上海市单位工业总产值用电量总体下滑,从2019年的207千瓦/万元降低至2022年的187.9千瓦/万元,2023年有所回升(如图6-6所示)。四是以环境论英雄,提升生态环境质量。上海坚持生态优先、绿色发展理念,实行严格的入园项目环境准入管理,对准入条件不过关的实行"一票否决"。[②]

(2) 以"双碳"战略倒逼能源结构调整。近年来,上海市切实推进碳达峰、碳中和

[①] "2"即传统产业实现数字化、绿色生态两大转型;"3+6"即三大先导产业和六大重点产业,三大先导产业是指集成电路、生物医药、人工智能,六大重点产业是指电子信息、生命健康、汽车、高端装备、先进材料、时尚消费品;"4+5"即四大新赛道产业和五大未来产业方向,四大新赛道产业包括数字经济、绿色低碳、元宇宙、智能终端,五大未来产业方向包括未来健康、未来智能、未来能源、未来空间和未来材料。
[②] 参见尚勇敏:《上海提升资源环境效率的探索与展望》,《上海蓝皮书:上海资源环境发展报告(2021)》,社会科学文献出版社2021年版。

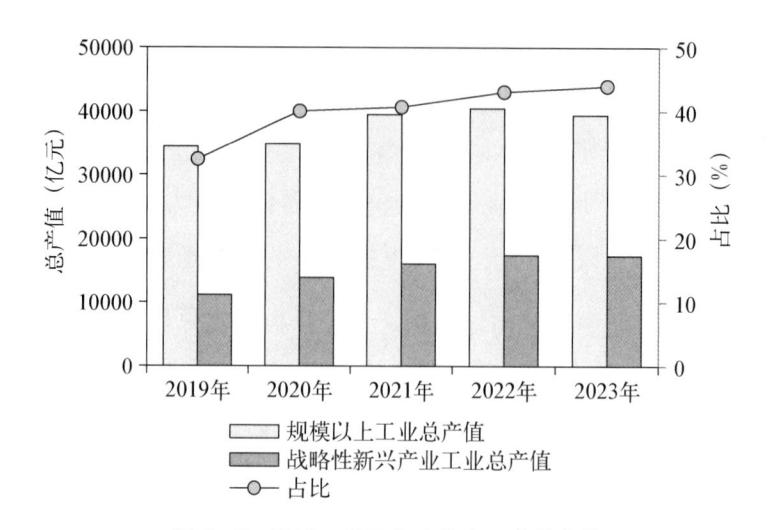

图 6-5　2019—2023 年上海市工业总产值

资料来源：历年上海市国民经济和社会发展统计公报。

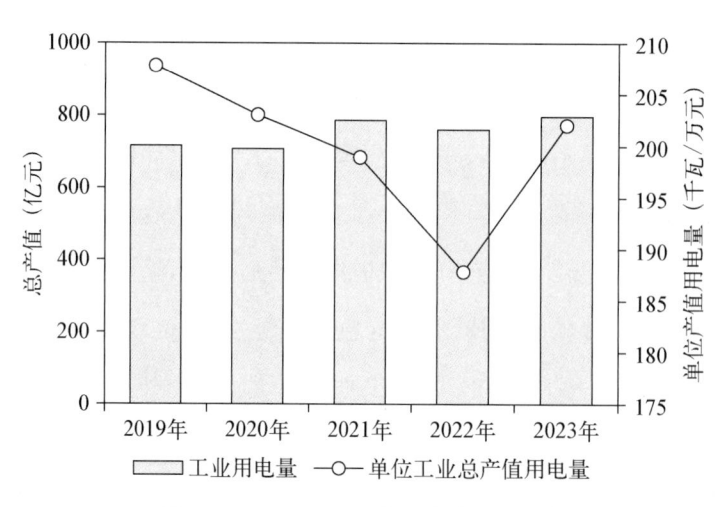

图 6-6　2019—2023 年上海市工业用电

资料来源：历年上海市统计年鉴。

各项工作，积极推动能源结构转型。一是严控化石能源消费。上海市在确保能源供应安全的基础上，持续削减煤炭消费总量，优化市内煤电结构，加强煤炭清洁高效利用。二是大力发展清洁能源。上海坚持市内市外并举，重点围绕风光大力发展可再生能源，实施"光伏＋"专项工程，推进海域风电开发、生物质发电等项目，推动可再生能源向集中与分布式并重转变。积极争取新增市外来电供应，积极争取布局外来电通道，有序推进智能电网建设，为能源低碳转型打好基础。三是提升能源利用效率。

进一步推动全社会节约利用能源,严格落实能耗双控制度,加大节能减排工作力度,持续提升能源利用效率。上海市能源转型取得显著成效,2023年,上海市电网可再生能源占全市用电量比重为30.3%,可再生能源装机容量占本市发电装机容量的16.2%,单位GDP能耗较5年前累计下降约20%。

(3) 以新能源引领交通运输转型。近年来,上海市持续提升交通绿色清洁水平,推进运输体系绿色发展。一是大力实施公交优先战略。上海市大力推行新能源公交车,计划到2027年底前,公交车全面实现新能源化,并积极完善城市轨道交通网络,2019—2023年,全市轨道交通运营线路总长从809.9千米增加到1154千米,位居全球各城市首位。二是大力推广新能源汽车。上海市出台了若干鼓励新能源汽车购买和使用的政策与专项资金等(如图6-7所示),统筹推广新能源汽车。据上海市《政府工作报告》显示,2023年上海新能源汽车保有量达到128.8万辆,排名全球城市第一,建成公共充电桩19.6万个(含2600个换电设施)、个人充电桩报装接电51.81万户。三是持续推进交通运输装备调整。上海市积极推进老旧标准汽车淘汰与治理。截至2023年,累计淘汰国三柴油车约1.1万辆。同时,开展氢燃料电池汽车示范应用,加速推广新能源运输装备应用。

(4) 以功能转型推动用地结构调整。

近年来,上海市围绕城市核心功能,加快构建"中心辐射、两翼齐飞、新城发力、南北转型"的空间新格局,促进用地结构调整和功能优化。一是积极推动主城区功能综合升级,通过聚焦城市活力品质,着力提升"一江一河"功能品质,保护历史文化与工业遗产,集聚跨国公司总部、金融商务机构等,将主城区打造成"生活秀带""发展绣带",以及高端服务业集聚区、休闲目的地。二是打造"五大新城",围绕嘉定新城、青浦新城、松江新城、奉贤新城、南汇新城等的功能定位,分类指导新城建设,拓展城市发展空间。三是推动南北转型,围绕金山、宝山两大传统工业城区,推动功能布局、产业调整、土地更新,培育发展新动能,打造新增长极。四是建设崇明世界级生态岛,2022年1月,上海市印发《崇明世界级生态岛发展规划纲要(2021—2035年)》,全面构筑生态环境优势,全力构建生态产业体系,加快提升生态惠民水平,生动演绎了绿水青山就是金山银山的崇明案例,推动建设人人幸福和美的宜居乐土。

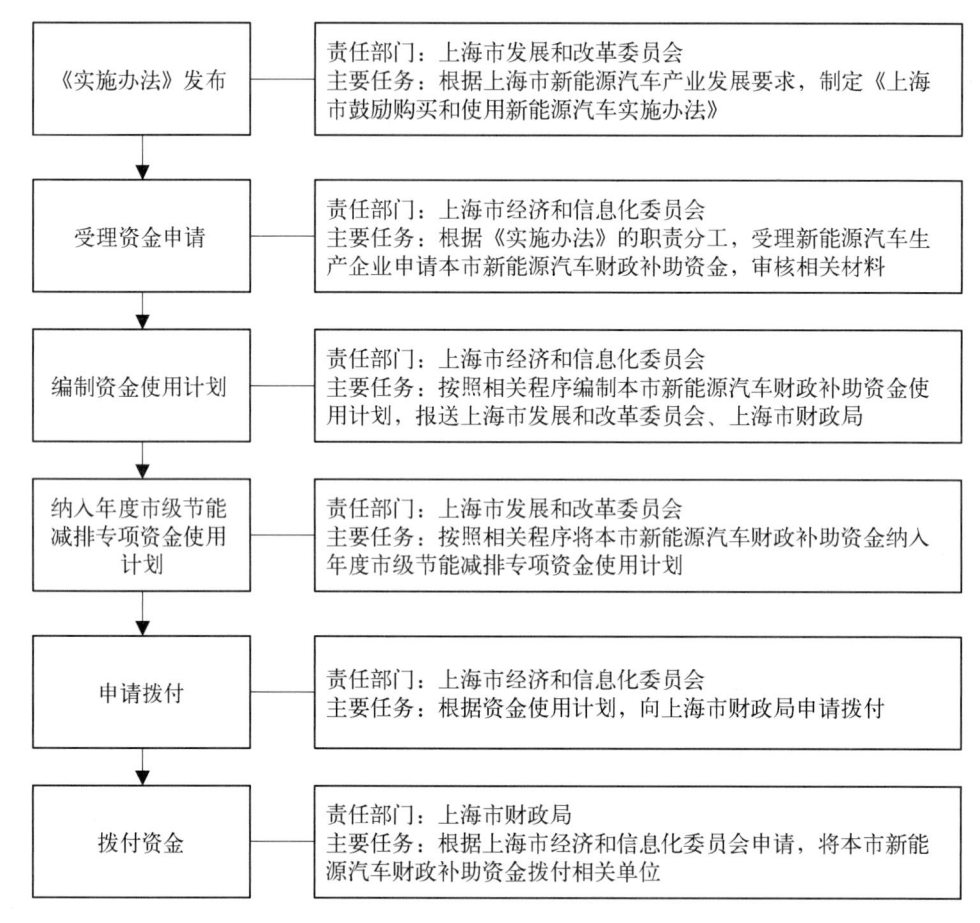

```
┌─────────────┐    ┌──────────────────────────────────────────┐
│《实施办法》发布 │───│ 责任部门：上海市发展和改革委员会              │
│             │    │ 主要任务：根据上海市新能源汽车产业发展要求，制定《上海│
└──────┬──────┘    │ 市鼓励购买和使用新能源汽车实施办法》           │
       │           └──────────────────────────────────────────┘
       ▼
┌─────────────┐    ┌──────────────────────────────────────────┐
│  受理资金申请  │───│ 责任部门：上海市经济和信息化委员会             │
│             │    │ 主要任务：根据《实施办法》的职责分工，受理新能源汽车生│
└──────┬──────┘    │ 产企业申请本市新能源汽车财政补助资金，审核相关材料  │
       │           └──────────────────────────────────────────┘
       ▼
┌─────────────┐    ┌──────────────────────────────────────────┐
│ 编制资金使用计划 │───│ 责任部门：上海市经济和信息化委员会             │
│             │    │ 主要任务：按照相关程序编制本市新能源汽车财政补助资金使│
└──────┬──────┘    │ 用计划，报送上海市发展和改革委员会、上海市财政局   │
       │           └──────────────────────────────────────────┘
       ▼
┌─────────────┐    ┌──────────────────────────────────────────┐
│纳入年度市级节能 │    │ 责任部门：上海市发展和改革委员会              │
│减排专项资金使用 │───│ 主要任务：按照相关程序将本市新能源汽车财政补助资金纳入│
│    计划      │    │ 年度市级节能减排专项资金使用计划              │
└──────┬──────┘    └──────────────────────────────────────────┘
       ▼
┌─────────────┐    ┌──────────────────────────────────────────┐
│  申请拨付    │───│ 责任部门：上海市经济和信息化委员会             │
│             │    │ 主要任务：根据资金使用计划，向上海市财政局申请拨付  │
└──────┬──────┘    └──────────────────────────────────────────┘
       │
       ▼
┌─────────────┐    ┌──────────────────────────────────────────┐
│  拨付资金    │───│ 责任部门：上海市财政局                     │
│             │    │ 主要任务：根据上海市经济和信息化委员会申请，将本市新能│
└─────────────┘    │ 源汽车财政补助资金拨付相关单位                │
                   └──────────────────────────────────────────┘
```

图 6-7 新能源汽车推广应用专项资金操作流程图

资料来源：上海市人民政府网。

3. 完善生态环境治理体系与基础设施

5 年来，上海市积极建立健全生态环境治理体制机制，着力提升生态环境基础设施水平，提升生态环境治理能力。

（1）健全环境治理责任与全民行动体系。环境治理要求政府、企业、市民等的共同参与，上海市强化政府主导作用，明晰政府、企业、公众等各类主体的权责，推动环境治理多元共治。一是健全环境治理领导责任体系，将生态之城建设主要指标纳入高质量发展评价体系。二是健全环境治理企业责任体系，包括全面实行排污许可管理制度，完善清洁生产审核政策、企事业环境信息公开制度、上市公司环境信息强制披露制度等。三是健全环境治理全民行动体系，上海市通过畅通"12345 市民服务热线"、推行民间河长湖长、激发环境责任意识、推广绿色生活等途径，推动形成生态环境全民共建共治共享。

（2）健全环境治理监管与法规政策体系。上海市积极健全法规标准体系，严格执法、刚柔并济，推动环境治理科学监管。一是不断完善地方生态环境立法。近年来，针对面临的资源环境承载能力紧张、污染防治力度有待加强、绿色转型有待加快等问题，上海市围绕环境保护、大气污染防治、土壤污染防治、无废城市、饮用水水源保护等，制定了一系列地方法规，在全国率先推进发展方式绿色转型立法，发布《上海市发展方式绿色转型促进条例》，依靠法治守牢生态环保底线。二是完善地方标准与制度。近年来，上海市发布了30余项生态环境治理方案的地方性标准，包括全面实行排污许可管理制度，全面实施企业环境信用评价制度，推行绿色产品政府采购制度等。三是健全环境治理监管体系，建立常态化监督执法正面清单管理制度，实施包容审慎监管和柔性执法，建立高水平智慧执法监管体系。

（3）优化生态环境管理第三方服务体系。上海市不断强化市场治污，早在20世纪90年代就有企业涉足第三方治理，2014年发布《关于加快推进本市环境污染第三方治理工作的指导意见》，在全国率先推行环境污染第三方治理试点。近年来，上海市全面推广环境污染第三方治理，出台第三方环保服务规范，并在产业园区及街镇培育第三方环保服务新模式、新业态，发挥试点示范带头作用，总结形成可复制、可推广的经验。2021年，上海市启动首批第三方环保服务示范项目，宝山高新技术产业园区等10个项目入选，创新第三方环保服务模式与机制。

（4）积极发展绿色金融与碳市场交易。上海大力发展绿色金融，全力打造国际绿色金融枢纽。一是大力发展绿色金融。为提升绿色金融服务水平，推动经济社会发展全面绿色转型，出台《上海市转型金融目录（试行）》等一系列文件，推进生物多样性金融（Biofin）、绿色供应链等试点，浦东新区成为全国首批气候投融资试点地区，积极为碳密集型、高环境风险项目提供低碳转型金融服务。二是建立上海绿色金融服务平台。上海市运用金融科技工具，探索绿色项目要素智能识别、环境风险自动审核和分类标识及时认定。截至2024年初，已有农中建交等13家银行成为首批入驻机构，完成首批入库项目11个，促成项目融资35.81亿元。三是积极开展碳市场建设。

作为全国率先开展碳交易试点工作的城市之一，上海市积极开展碳市场建设，并积极探索发展碳金融，服务实体经济绿色转型。自2013年上海碳市场上线运行以来，市场运行平稳有序，是全国唯一达成全部履约年度均实现100%履约的试点市场，且市场覆盖范围广、市场主体类型丰富，碳配额总成交量排名全国前列，核证自愿减排量（CCER）成交量排名全国第一。

(5) 着力提升生态环境基础设施水平。近年来，上海市针对污水处理能力、生活垃圾、工业固废、资源综合利用等生态环境问题与短板，积极提升生态环境基础设施水平。一是提升污水处理系统能力和水平。上海市积极推动竹园、泰和、白龙港等污水处理厂扩建，推动市政排水系统建设及农村生活污水处理设施提标改造；积极推动初雨治理和雨污混接改造，以临港新片区、五大新城、北外滩地区等为抓手，推进海绵城市试点区建设。二是提升固废治理设施水平，上海市高标准推进"无废城市"建设，近年来，积极推进塑料包装回收设施、生活垃圾配套转运设施、废物处理装置、建筑垃圾资源化利用设施、固废资源化利用设施等。三是推进生态环境信息化管理基础设施建设，利用卫星遥感、无人机、大数据等手段，开展非现场执法检查；同时，启动建设覆盖各类固体废物和各个处理环节的数字化综合监管平台，建立生态环境智慧检测网络体系，实现各类生态环境智能化监管和数据信息汇聚共享。

专栏6-1

上海市启动建设固体废物数字化综合监管平台

上海市按照"7+1+1"平台架构体系，启动建设固体废物数字化综合监管平台，打造"7"个固体废物监管专题、"1"个固体废物智能协同中心和"1"个"无废城市"重点任务模块，横向覆盖生活垃圾、建筑垃圾、一般工业固体废物等各类固体废物，纵向打通生产、贮存、运输、处置、利用各个环节和现有各类固体废物数据壁垒，加快构建"空天地路"一体化监管体系，实现固体废物领域"一屏观天下，一网管全城"的监管格局。

资料来源：上海市生态环境局。

4. 区域携手共同建设绿色美丽长三角

上海坚持区域协作、联保共治,共建绿色美丽长三角,在制度建设、联防联治、信息共享等方面开展了大量探索。

(1) 牵头开展生态环境治理一体化制度建设。为破解长三角各地生态环境治理诉求不同、环境治理与绿色转型能力水平不一,以及区域性、跨界性生态环境等重点问题,上海联合各省市推动生态环境一体化制度建设。一是建立生态环境保护协作机制,牵头建立健全长三角区域生态环境保护协作机制,建立长三角区域生态环境保护协作小组,以及重污染天气应急联动、生态环境监测联动等一系列专项工作小组。二是建立跨区域生态环境保护与协同防治机制,包括重污染天气预警应急联动、重点跨界水体联保共治、建立固废危废利用处置"白名单"机制、跨区域排污权交易制度、生态补偿机制等。三是开展政策制度创新和先行先试,依托长三角生态绿色一体化发展示范区"一体化制度创新试验田"优势,开展生态环境制度创新。截至2023年底,累计形成136项制度创新成果,其中38项已面向全国复制推广。

(2) 共同推动区域污染联防联控联治。为破解长三角地区共同面临的系统性、区域性、跨界性生态环境问题,上海联合各地聚焦大气、水、土壤及固废等重点领域,开展污染联防联控联治。一是联合推进大气污染治理。在生态环境部等的指导下,上海与各省市联合滚动编制实施秋冬季大气污染综合治理攻坚行动方案,推动夏季臭氧污染综合防治攻坚以及重点时段空气质量应急管控。二是联合推进水污染治理。上海市牵头签署跨省突发水污染事件联防联控合作协议,联合推进长江口—杭州湾污染防治攻坚战。三是联合推进土壤及固废污染治理。上海积极开展土壤污染源排查整治,制定受污染耕地安全利用方案,开展园区地下水环境状况调查等;同时,积极推动长三角固废污染联防联治,探索推进"无废城市"一体化建设、危废跨省转移补偿机制、危废二维码互认互通等,促进危废协同管理。

(3) 推进区域环境信息共享。上海联合各省市推动区域环境联动检测和信息共享,推进跨界毗邻地区生态环境联合检测,完善长三角地区环境信息共享机制,积极搭建长三角平台和长三角环境信息大数据平台,生态环境数据常态化共享。2022年8月,长三角区域环境空气质量预报正式上线,三省一市生态环境部门通过可视化视频开展区域空气质量预报会商,统一发布预报专报,实现大气数据共享以及监测、预报、评估工作有效联动。截至2023年底,实现长三角41个城市、400多个站点空气质量检测数据、2 000多个重点源在线数据共享,共发布长三角环境空气质量预报72期,进一步提升了长三角区域大气污染联防联控效能。

(二) 优化生态空间,筑牢城市生态安全防线

城市在发展过程中面临城市建设空间与生态空间冲突的问题。为此,习近平总书记指出:"必须把保护城市生态环境摆在更加突出的位置,科学合理规划城市的生产空间、生活空间、生态空间,处理好城市生产生活和生态环境保护的关系,既提高经济发展质量,又提高人民生活品质。"①习近平总书记用"两山"形象地比喻"生态空间"和"经济发展空间",强调了生态空间对于城市发展的重要作用。上海是我国生态之城建设的先行者和探路者,明确提出要打造可持续发展的生态之城。经过近年来的深入发展,上海生态空间格局更加优化,城市生态安全底线不断夯实。

1. 生态空间规划引领,优化生态空间格局

上海市积极开展生态空间专项规划编制工作,实现了对城市全域空间尺度、功能复合的城乡一体化绿色生态网络体系构建,②发布《上海市生态空间专项规划(2018—2035)》,明确提出构建"双环、九廊、十区"多层次、成网络、功能复合的生态空间格局,着力打造城乡公园体系、森林体系、湿地体系三大体系。

一是完善由国家公园、区域公园、城市公园等为主体,以微型公园、立体绿化为补充的城乡公园体系。上海市针对不同类型的公园,在充分考虑市民诉求的前提下,建设多层次、多要素、多功能、多特色的城乡公园。比如构筑环城生态绿带,以外环绿带为重点抓手,并将其作为重要纽带,向内连接楔形绿地、向外连通生态间隔带,实现从"环绕中心城的绿化带"到"环穿主城区的公园带"的功能跃升。上海通过规划首先确立了环城的一级控制区(绿线)规划,以"城市绿线"划定工程范围,逐步细化绿化带用地分类及相关控制性指标,动态调整环城绿带规划功能。市政府建立外环线建设领

---

① 《习近平在江苏考察时强调贯彻新发展理念构建新发展格局推动经济社会高质量发展可持续发展》,中国新闻网,2020年11月14日,https://www.chinanews.com.cn/gn/2020//11-14/9338463.shtml。
② 王彬、金忠民、陈圆圆:《"上海2035"总规指引下上海市生态空间专项规划编制研究》,《上海城市规划》2023年第2期。

导小组,成立环城绿带建设处,统筹全城绿带建设。实施企业"租地备苗"政策,吸引社会力量参与建设;市区两级签订目标责任书,采用"市补一块、区贴一块、捆绑开发、征地不改性"的政策,推动工程建设。对公园周边居民进行调研、走访,并开展环城公园带建设市民需求调查,以人民诉求为导向解决相关问题。各区结合自身特色形成各具特色的环城生态绿带。

二是构筑市域"两区、一网"城市森林空间体系。上海积极打造环廊森林片区,建设城区森林群落。比如,青浦区练塘镇东庄村森林建设,东庄村生态公益林、水源涵养林连片成景,形成"村在林中、林在村中"的生态和谐的美丽画卷。采取的主要做法是贯彻落实"林长制",形成镇、村二级林长,另设有巡林员、护林员等,制定科学的森林管护与造林方案,建立并推行长效护林机制,落实问、巡、宣、盯、管、督、改"七管齐下"的治林措施。以森林建设为抓手,发展菌菇种植和采摘等"林下经济",将"美丽资源"转变为"美丽经济",助力乡村振兴。

三是规划形成"两圈、一带、一网、两集合群"湿地总体布局。上海积极推进建设长江口湿地圈、淀山湖群及黄浦江上游水源湿地圈,杭州湾北岸湿地带,河流及运河湿地网,城市人工库塘和景观水面等小型湿地集合群和城市郊区种植及养殖塘集合群。比如,鹦鹉洲湿地保护,运用基于自然的手法,提出鹦鹉洲生态湿地建设设计方案,形成湿地、水域、林地复合的滨海生态空间。在已建成保滩坝的基础上,针对坝内堤前受损区域,建设复合湿地,不仅节省经济成本还符合自然规律。将湿地分为净化展示区、盐沼湿地恢复区、生态廊道缓流区、自然湿地引鸟区。对重点保护的鸟类保育区,需要经过特殊申请才准许进入。通过政府引导,广泛调动科研机构、公益组织、社会公众等参与湿地保护的积极性,构建湿地生态保护的广泛联盟。建成后,鹦鹉洲湿地吸引了震旦鸦雀、水雉等100余种鸟类,且在水质净化、防范台风等方面均发挥了重要的生态功能。

2. 生态空间分区管控,严守生态保护红线

一是上海加强刚柔并济生态空间管控,形成刚性管控和弹性应对两类方式。在刚性管控方面,划定生态红线,明确核心保护区域;在弹性应对方面,划定限制建设区,为生态要素布局优化以及生态效益提升预留一定弹性。针对生态空间进行分区管控,取得了丰硕的成果。

二是严格保护一类、二类生态空间。生态保护红线包括一类、二类生态空间。一类生态空间包括上海崇明东滩国家级自然保护区、上海市九段沙湿地自然保护区的核心范围；二类生态空间包括国家级自然保护区非核心范围、市级自然保护区、饮用水水源一级保护区、国家森林公园、野生动物重要栖息地、山体和重要湿地。生态保护红线以内生态空间为严格管控区域，制定刚性管控政策，严格限制经济开发活动，保护生态空间生态功能。比如崇明区生态保护红线管理，崇明生态保护红线共划定506.72平方千米，占崇明区行政区划面积的20%以上。坚持保护核心区域，实施生态修复和提升工程。崇明东滩鸟类国家级自然保护区，经过持续不断的加强保护与修复，湿地面积持续增长，物种数量不断提升；长江刀鲚国家级水产种质资源保护区，严格落实长江"十年禁渔"政策，加强保护区内监管，就地拆解渔船，为渔民提供新的就业岗位，长江刀鲚得到有效保护。

三是严守永久基本农田底线。耕地不仅是重要的农业生态空间，还是重要的农业生产土地。上海坚决制止耕地"非农化"、防止耕地"非粮化"，实行最严格的耕地保护制度，持续加强农田水网生态保护与修复，充分发挥耕地和永久基本农田的生产服务作用。比如奉贤区浦秀村耕地管理，浦秀村位于奉贤区庄行镇，拥有永久基本农田2 000亩、一般耕地500亩，是庄行郊野·农艺公园的核心区和重点建设区域。浦秀村严格遵守庄行镇的规划要求，在严守耕地保护的条件下推动全域土地综合整治。加强村内相关人员的培训，利用GIS软件监管耕地变化情况，明确各类土地用途。明确耕地保护责任人，签订耕地保护目标责任书，结合"1+6+N"微网格治理动态巡查，实现对全域耕地有效监管。试点推动"沪耕码"建设，对各耕地板块进行分级分类赋码，实现耕地资源管理数字化、网络化和智能化。

四是建设用地总量做"减法"，生态空间总量做"加法"。上海率先在全国提出建设用地总规模"负增长"，在规划编制中就提出建设用地规模缩减目标，在具体推进过程中以低效建设用地减量为主，转变以投资和要素投入为主导、土地增量规模扩张的传统发展模式，通过资源利用方式转变倒逼发展方式转型。比如崇明区陈家镇建设用地规模减量，陈家镇东侧是东滩鸟类国家级自然保护区和长江口中华鲟自然保护区等重要生态空间，按照"生态优先、鸟进人退"的思路，陈家镇的城镇建设空间需要大幅削减约40%。镇政府、开发公司一度不接受建设空间缩减导致高昂的经济利益损失。然而,在区、镇、开发公司经过反复沟通后,形成一致思想,认为崇明应站在上海、长三角乃至全国的角度来权衡取舍,最终同意对建设空间做"减法",从而扩大了生态空间范围,增强了空间的生态系统服务功能。

3. 在城市更新中修复,提升生态空间品质

上海生态修复与城市更新并举的总体目标是建设绿色城市、韧性城市、宜居城市,不断提升上海生态空间品质,为人民提供优越的人居环境。上海生态修复已经形成开发边界内以街镇为单元、开发边界外以村为单元的陆海全域3类一级分区(生态、城镇、农业)和12个二级分区。生态修复与城市更新并举的区域主要集中在城镇型生态空间,以主城区品质改善区为主,新城品质建设区、新市镇品质提升区等为辅。

一是构筑蓝网绿脉。构建人与自然和谐共生的城市蓝绿生态网络,增加和优化公共生态产品供给,满足人民对高品质生态空间的需求,提升城区宜居环境品质。比如百禧公园——上海最长菜市场变身首座"高线公园",百禧公园以曹杨路菜市场为基础,结合城市碎片化空间,打造城市公园,成为人们休闲的好去处。公园分为南北两侧,充分考虑周边社区居民、学校、商业办公等市民的休闲娱乐需求,设置有篮球场、休闲驿站、步道等多种休闲活动空间,结合生态的设计手段,大幅提升市民满意度、获得感,实现生态、社会、经济效益的综合提升。

二是开展棕地生态修复。以棕地生态修复为抓手推动城市国土空间功能更新,环境污染地块生态经修复后再利用,打造为环境改善、功能提升、富有活力、增添魅力的城市生态空间,推动城市功能转型升级。比如桃浦中央公园绿地功能再造,桃浦中央公园原址为工业用地,根据场地污染布局及地形情况制定综合性土壤修复策略,将南侧的土壤调整到北侧并增加种植土,选用抗污染、适应性强的植物,提高植物成活率。在此基础上,构建泵站、调蓄池、湿地等完善的雨洪管理系统,从而将工业用地转变为具有生活气息的生态空间。

三是构建城市生态廊道。生态廊道能够隔离城市组团,实现生态空间的互联互通。重点推进中心城区骨干河道构筑具有开放性的滨水公共空间,提升滨水空间的连通性以及提升滨水空间的生态功能。比如,"一江一河"滨水空间功能提升,上海以黄浦江、苏州河滨水生态空间为抓手,打造高品质的"一江一河"滨水生态空间,从"工业锈带"变身为"生活秀带""发展绣带"。对"一江一河"滨水空间进行规划,出台《黄

浦江沿岸地区建设规划（2018—2023）》和《苏州河沿岸地区建设规划（2018—2035）》，全面加强"一江一河"滨水生态空间建设。围绕"一江一河"滨水空间格局，全面完善滨水空间绿地系统建设，并围绕"一江一河"滨水空间建设城市公园，如后滩湿地公园、半马苏河公园等。此外，在基础设施、管理以及交通便利性方面均做出了相应安排，不仅使得"一江一河"滨水生态空间品质大幅提升，还让市民游览体验大幅提高。

4. 加强生物多样性保护，建立万物和谐共生的美丽家园

生物多样性是上海持续提高城市生态韧性、积极应对气候变化、实现绿色可持续发展的重要支撑。近年来，上海发布了《关于进一步加强生物多样性保护的实施意见》《上海市生物多样性保护战略与行动计划（2024—2035）》，提出要保护重要生态系统类型、加强城乡生物多样性保护以及健全生物多样性保护制度体系等。上海在生物多样性保护方面开展了一系列实践，如开展生物多样性调查、外来物种入侵治理、加强公众参与等工作，取得了丰富的经验。

一是开展生物多样性调查。上海市发布《上海市生物多样性调查技术细则（试用）》以及要求各区编制区级调查工作方案，完成全市生物多样性的本底调查评估，摸清生物多样性家底。比如静安区生物多样性调查，在全市统一安排下，静安区开展生物多样性调查评估工作，制定《静安区生物多样性调查评估方案》，针对辖区内4个陆生生物多样性调查重点样区及6个水生生物多样性调查样点开展生物多样性调查。2024年7月，静安区生态环境局开展了夏季鸟类的生物多样性调查活动，涉及的区域覆盖了区内主要的4个城市公园和5条重要样线，以期全面考察静安区鸟类生物多样性现状。经过本次调查，共记录到15种鸟类，包括5种上海市重点保护野生鸟类以及多种重要的水鸟资源。

二是治理外来物种入侵。上海积极开展外来物种治理，对外来入侵物种进行普查，识别外来物种在上海市的空间分布以及危害程度，对入侵严重的外来物种进行重点监测，制定相应的防控技术方案，保障城市本土的生物多样性。比如崇明东滩互花米草治理，崇明东滩原本植物品种为海三棱藨草，而在2002年以来互花米草入侵崇明东滩的情况愈发严重，以致鸟类生存环境受损。2013年9月，崇明东滩启动生态修复项目，控制互花米草，恢复芦苇、海三棱藨草等本土植被，生态环境得到明显改善，鸟类种群数量显著增加。崇明东滩的生态修复经验为中国海滨湿地类型控制外来物

种入侵和探索湿地保护提供了可复制、可推广的宝贵经验。

提升公众参与积极性。上海在开展生物多样性公众参与方面采取了多种措施,目标在于提升公众对生物多样性的认知,提升公众参与生物多样性保护的积极性。上海在生物多样性保护方面开展了许多活动,如上海植物园建有上海生物多样性体验中心,上海自然博物馆邀请专家讲授生物多样性保护知识,金海湿地公园组织生物多样性主题宣传等。通过开展具体的生物多样性活动,潜移默化地提升公众对于生物多样性保护的认识,促进大众参与生物多样性保护的积极性。比如以"貉口普查"为抓手推动公众参与,2020年左右,貉开始在上海夜间频繁出现,其不仅是国家二级重点野生保护动物,还是上海本土物种。为保护貉的生存和栖息环境,减少人貉冲突,上海联合多家单位以及数百名市民开展"貉口普查",探索出市民参与城市生物多样性保护的新路径。在这一过程中,第一次组织市民参与建设监测网络,助力搭建貉口数据库;第一次引导公众参与科学保护行动,参与"貉口普查"的志愿者身份多样,通过开展这一工作,让社会公众了解生物多样性保护相关的专业知识,提升了公民对生物多样性保护的认知。

(三) 践行绿色生活,倡导生态文明新时尚

习近平总书记说:"生态环境问题归根结底是发展方式和生活方式问题。"[①]推动形成绿色生活方式,既能从公众生活端减少资源消耗和环境污染,也能倒逼生产方式实现绿色转型,对于经济社会可持续发展具有重要意义。习近平总书记指出:"绿色生活方式涉及老百姓的衣食住行。要倡导简约适度、绿色低碳的生活方式,反对奢侈浪费和不合理消费。"[②]5年来,上海深入践行"人民城市人民建,人民城市为人民"重要理念,对标最高标准、最好水平,促进生活方式绿色化转型,让人民群众有更多的获得感、幸福感和安全感。

1. 创新固体废物管理,推进"无废城市"建设

作为全球超大城市之一,上海在经济快速发展的同时,面临着产业集中度高和固体废物产量大的挑战,加之生态环境的承载能力有限,建设"无废城市"显得尤为紧

---

① 习近平:《论坚持人与自然和谐共生》,中央文献出版社2022年版,第10页。
② 同上书,第16页。

要。据统计,上海每年产生近亿吨的建筑垃圾,千万吨级的一般工业固体废物、生活垃圾,百万吨级的危险废物,十万吨级的医疗废物、农业废弃物以及市政污泥。① 如果不加以控制和处理,城市的承载力将面临巨大压力。为解决这些问题,上海从高位推动、目标引领、创新驱动三个方面,统筹城市发展与固体废物管理,扎实落实"优先减量化、充分资源化、全程无害化"的要求,推进全域"无废城市"建设,取得了实质性进展。

一是强化顶层设计,夯实制度支撑。健全顶层设计是建设"无废城市"的基石和保障。从2019年出台全国首部由省级人民代表大会通过的地方性法规《上海市生活垃圾管理条例》,到2023年编制印发《上海市"无废城市"建设工作方案》,再到2024年颁布实施全国首部"无废城市"建设地方立法《上海市无废城市建设条例》(以下简称《条例》),美丽上海建设的法治支撑力量持续增强。其中,《条例》以全生命周期管理为核心理念,着重于预防和源头减量、回收和循环利用等核心领域,为构建"无废城市"奠定了坚实的基础和框架。

二是立足创新突破,加强固废综合治理。一方面,上海在固废处置与利用、科技攻关等方面积极探索新模式,开展危废"点对点"定向利用,推广"装修垃圾不落地"模式,持续加大"无废城市"关键技术研发及产业化应用。如在医疗废物处理领域,上海率先实施了"车车对接、医疗废物不落地"的集中收集和转运模式,这一模式已在全市16个区全面实施,有效解决了小型医疗机构在医疗废物处理方面的"最后一公里"问题。② 另一方面,加强数字化赋能监督管理。根据"7+1+1"平台架构体系,上海启动了建设固体废物数字化综合监管平台。这一平台包含"7"个固体废物监管专题(生活垃圾、工业固体废物、建筑垃圾、危险废物、农业废弃物等固体废弃物)、"1"个固体废物智能协同中心和"1"个"无废城市"重点任务模块。③ 它不仅覆盖了各类固体废物,还实现了从产生、贮存、运输、处置到利用的全流程管理,打破了现有的固体废物数据壁垒。持续推进医废业务数字化转型,建成了国内首个覆盖医废收运处置全流程业务的"上海医废数字化全流程服务平台",实现管理模式深度整合与再造,赋能效能提升、管控安全生产。④

---

① 丁瑶瑶:《立法引领,上海高标准建设"无废城市"》,《环境经济》2024年第12期。
② 晏波:《上海市全域"无废城市"建设实践与探索》,《环境保护》2023年第24期。
③ 同上。
④ 《全覆盖、可溯源、强管控,上海打造医废"数字生态圈"》,澎湃新闻,2023年7月12日,https://www.thepaper.cn/newsDetail_forward_23820561。

三是培育"无废细胞",推动"无废城市"建设提质增效。上海市生态文明建设领导小组办公室印发了《上海市"无废细胞"建设评估管理规程(试行)》《上海市"无废细胞"建设评估细则(2023版)》等文件,鼓励引导各领域广泛开展"无废细胞"建设。2024年,上海在全市遴选了369个"无废城市细胞",涵盖工厂、机关、学校、医院、快递网点等,以点带面、重点突破,努力打造"无废城市"高质量发展的典范。同时,上海还在推进宝武集团、上海城投、上海石化等跨省市的"无废集团"建设,发挥企业集团和园区在"无废城市"中的示范引领作用。

专栏6-2

"无废快递网点"

"无废快递网点"是指通过倡导使用电子运单、可降解包装、可循环快递容器等措施,推行绿色物流和配送体系,实现固体废物源头减量、过程分类、资源化利用和无害化处置的快递网点。上海将"无废快递网点"作为快递行业践行"低碳新风向"的有效抓手,展开了积极探索。例如,上海顺意丰速运有限公司松江区文诚路大学城营业部全方位推动"无废快递网点"建设工作。一是构建创新循环模式,推行可回收再生快递袋。网点以绿色化、可循环化为基础原则,整体引入"双易"环保包装胶袋。二是投放快递盒循环利用箱,引导快递包装再利用。在网点的醒目位置摆放环保回收箱,用户拆取邮件后,可将废弃纸箱、塑料填充物等投入回收箱供其他寄件用户再次使用。三是推广可循环包装箱实现快递行业包装循环共享新体系。投入全新升级碳中和产品丰多宝(π-box)循环包装箱,升级后的循环箱99%可回收再造,可重复使用70次以上。

资料来源:《"无废细胞"典型案例 | 无废快递网点 践行绿色寄递理念》,生态松江微信公众号,2024年7月2日,https://mp.weixin.qq.com/s/yxNNhOm9ldJTZ-2ARezmMg。

2. 坚持高标准引领,推动高水平绿色建筑发展

建筑业作为经济发展的重要支柱,其快速发展进程中对环境与资源施加的压力亦呈现出日益加剧的趋势。具体而言,建筑项目的施工阶段大量消耗各类自然资源

和能源,而在建筑物的长期运营周期内,则持续消耗大量的电能与水资源,并伴随着废气排放及污水产生,对环境造成不可忽视的影响。此外,建筑在翻新或拆除过程中所产生的废弃物,其资源化再利用程度普遍偏低,进一步加剧了资源的浪费与环境负担。绿色建筑成为城市绿色化可持续发展的必然选择。

从全国第一栋绿色建筑的诞生,到全国首个地方性绿色生态城区标准的发布……上海在推动绿色建筑方面一直走在全国前列。出台《上海市绿色建筑管理办法》《上海市绿色建筑条例(草案)》,从绿色设计、绿色施工到绿色运行、绿色改造等环节,积极推进绿色建筑高质量发展。截至2024年8月,上海市累计推进绿色建筑4亿平方米,超低能耗建筑1400万平方米。[①] 上海中心大厦、国家会展中心分别成为全球最高和全国最大体量绿色建筑,为超高层和大体量会展类建筑的绿色实践提供了样板。

一是新建建筑能效标准和水平不断提升。本市主动对接国际先进建筑节能理念,组织编制和发布了《上海市超低能耗建筑技术导则(试行)》《上海市建筑节能和绿色建筑示范项目专项扶持办法》《上海市推动超低能耗建筑发展行动计划(2023—2025年)》等,大力发展超低能耗建筑。制定出台《民用建筑可再生能源综合利用核算标准》《关于推进本市新建建筑可再生能源应用的实施意见》《关于促进新建居住建筑光伏高质量发展的若干意见》等规范文件,进一步巩固和完善了可再生能源建筑应用的工作制度和技术支撑体系,可再生能源建筑应用体系更加健全。

二是既有建筑绿色更新机制与模式不断丰富。自入选国家级公共建筑能效提升重点城市以来,上海秉持以示范性建设项目为先导的战略方针,持续且稳步地推进既有建筑群的能效优化与升级工作。依托本市"1+17+1"大型公共建筑能耗监测平台,实现了对建筑照明、空调、动力、特殊四类用电的分项实时监测,建筑能耗的精细化管理水平显著提升。截至2023年底,该平台已经扩展至2200余栋建筑,覆盖面积超过1亿平方米。率先建立全国首个面向建筑领域、覆盖全能源、全过程的省级行政区碳排放监管平台"上海市建筑碳排放智慧监管平台(一期)",[②]开展碳排放监测、能

[①] 《加快能源绿色低碳转型,上海已累计推进绿色建筑4亿平方米》,澎湃新闻,2024年8月15日,https://www.thepaper.cn/newsDetail_forward_28412743。

[②] 《上海绿色建筑发展报告(2023)》,上海市绿色建筑协会网,2024年6月17日,https://www.shgbc.org/xiehuidongtai/202406181135595249.html。

源统计、智能化服务等工作,形成建筑节能闭环管理体系。积极促进居住建筑领域的节能改造进程,颁布了《上海市既有居住建筑节能改造技术目录》,建立健全既有居住建筑节能改造的技术体系框架。截至2023年底,累计落实3 000万平方米既有公共建筑节能改造,打造了新世界城、海通证券大厦、第十人民医院、滴水湖皇冠假日酒店等一系列具有示范性和引领性的建筑节能改造优秀项目。[1] 启动了既有建筑的绿色更新评定工作,系统性地评估与识别既有建筑在绿色转型与更新方面的现状与潜力,积极探索本市既有建筑绿色更新改造实施路径。截至2023年底,竣工及运行后获得绿色建筑评价标识的项目共77个,建筑面积超过838万平方米。[2]

专栏6-3

"一大会址·新天地"近零碳排放实践区

"一大会址·新天地"近零碳排放实践区面积为1平方千米左右,包含中共一大会址、上海时尚地标新天地等,集商务、商业、生活和绿色时尚等元素于一体。通过整体推动新天地商业、商务等建筑有序实现零碳排放,重点打造瑞安广场—中环广场等光伏产能连廊、光伏产能高架、光伏景石驳岸等光伏产能,大力推动香港新世界、新天地时尚购物中心等20余幢建筑的节能低碳化改造。搭建碳排放管理平台,推进公众活动碳排量化分析及绿色激励。发布《"黄浦区一大会址·新天地"大型活动碳中和指南》,推动上海国际电影电视节、上海国际艺术节、上海时装周等赛事活动的碳中和,打造中心城区近零碳排放实践区。

资料来源:《绿动黄浦!这个低碳城区亮相上海首届碳中和博览会》,《文汇报》,2023年6月12日,http://baijiahao.baidu.com/s?id=17684799544662 81332&wfr=spider&for=pc。

三是绿色生态城区多点突破、协同发力。为了科学引导绿色生态城区建设,上海

---

[1] 史博臻:《上海建设领域绿色低碳转型,截至去年底累计创建绿色生态城区26个》,2024年6月13日,https://www.whb.cn/commonDetail/935965。
[2] 《上海市绿色建筑"十四五"规划》,上海市住房和城乡建设管理委员会,2021年11月4日,https://zjw.sh.gov.cn/jsgl/20211109/d4b85b4ab0f94c108b58b01c27b1fa91.html。

在全国率先发布地方标准《绿色生态城区评价标准》，并出台《关于推进本市绿色生态城区建设指导意见的通知》《关于推进上海市绿色生态城区发展的指导意见》等文件。聚焦临港新片区、虹桥国际中央商务区、五个新城、崇明世界级生态岛等重点区域，稳步推进绿色生态城区建设工作并取得了积极进展。截至2023年底，全市已成功创建的绿色生态城区共计26个，总用地规模约73平方千米，形成了一批具有特色的城区项目，如顶尖科学家社区、临港新片区滴水湖金融湾等。

四是示范引领，推动绿色设计、绿色建造向绿色运行延伸。建筑运行阶段是建筑消耗能源和产生碳排放的重要环节。为强化建筑运行阶段的节能降碳管理，上海将获得二星级及以上绿色建筑运行标识的项目纳入上海市建筑节能和绿色建筑示范项目专项扶持范围，提供专项财政资金扶持，并鼓励各区配套相应比例的区级补贴资金。① 其中，对于符合绿色建筑示范的项目，二星级、三星级绿色建筑运行标识项目每平方米分别补贴50元、100元。同时，推动绿色金融创新赋能建筑业绿色转型。例如，上海临港集团发行了全国首单"保障性租赁住房＋碳中和"双标签绿色债券。组织开展绿色建筑运行维护管理能力系列培训，并编制出版《上海市绿色建筑运行管理手册》，全面提升建筑运行效能和维护管理水平。

3. 公共交通优先发展，促进交通绿色低碳转型

交通领域一直是减碳减排的重要领域，在碳排放严控、交通需求持续增加双重挑战下，倡导和实施绿色出行方式对于推动交通系统的绿色低碳转型至关重要。近年来，上海全力打造绿色交通体系，提升交通服务品质，厚植绿色出行文化，推动习近平生态文明思想在交通领域落地生根，为提升上海城市能级和核心竞争力，推动高质量发展、创造高品质生活提供重要支撑。上海是首批"国家公交都市示范城市""绿色出行创建城市"。

一是形成了公共交通和慢行交通优先发展的城市交通服务体系。公共交通优先就是百姓优先、民生优先、为民优先，是"人民城市为人民"的具体体现。2023年，上海轨道交通全网络运营里程831千米（不含金山铁路），线路20条，运营车站508座，

---

① 《上海市绿色建筑"十四五"规划》，上海市住房和城乡建设管理委员会，2021年11月4日，https://zjw.sh.gov.cn/jsgl/20211109/d4b85b4ab0f94c108b58b01c27b1fa91.html。

是全球地铁里程最长的城市。上海市公共汽(电)车期末运营车辆数17 351辆,同比增加53辆。2023年工作日日均出行量为5 600万人次。其中,公共交通方式(轨道、公交、轮渡、大客车)和慢行交通共占比73%,成为主要的出行方式。为减少交通拥堵和碳排放,上海积极探索"P+R"模式、"轨交+X"出行模式等,引导市民在城市外围停车并换乘公共交通进入城市中心区,提升城市环境质量和居民生活质量。同时,上海积极建设和完善步行道、自行车道等慢行交通设施,为市民提供更多元化的出行选择,提升慢行交通品质,如黄浦区打造全龄友好步道、上海体育馆慢行示范区等。

二是大力推广新能源汽车,推动城市公共服务车辆电动化替代。一方面,出台《上海市鼓励购买和使用新能源汽车实施办法》《上海市鼓励电动汽车充换电设施发展扶持办法》《上海市推动电动汽车充电基础设施高质量发展工作方案》等系列配套措施,在促进本市新能源汽车消费的同时,助推各类市场主体加速布局超充市场,进一步完善充换电基础设施。截至2023年底,累计推广新能源汽车超过141万辆,排名全球城市第一;全市累计建成各类充电桩近84万根,车桩比约1.6∶1,居全国领先水平。进一步完善市级充电平台服务功能,推出"联联充电 PRO"版。另一方面,引入清洁能源公交车,如液化天然气(LNG)和压缩天然气(CNG)公交车,降低了公共交通工具的尾气排放,提高了能源使用的效率。

三是依托出行即服务(MaaS)平台,数据共享赋能出行方式变革。为全面推进交通行业生活数字化转型,最大化地服务市民出行的便利,上海以MaaS系统建设为核心战略方向,精心构建了一个集绿色、智能、高效于一体的出行服务平台——"随申行"。该平台深度整合了原本相对孤立、分散的各交通行业数据资源,涵盖公交、地铁、出租车、网约车、共享单车等多种出行方式,通过大数据、云计算等先进技术,实现了数据的互联互通与高效融合。这一举措有效打破了信息壁垒,使得市民在一个统一的平台上就能轻松获取到最全面、准确的出行信息。"随申行"作为上海出行领域的新名片,不仅彰显了城市在智慧交通建设方面的前瞻视野和创新能力,还为市民带来了实实在在的出行便利,推动了上海向绿色、智能、可持续的城市交通体系迈进。①

---

① 参见刘新宇:《上海 MaaS 发展现状、挑战与对策》,《上海资源环境发展报告(2024):建设人与自然和谐共生的美丽上海》,社会科学文献出版社2024年版。

专栏 6-4

上海 MaaS 系统

"出行即服务"(MaaS,英文全称 mobility as a service),其核心是通过一体化交通出行和一站式服务,改善市民公共出行体验。上海明确提出了具有自己特色的 MaaS 理念：推进交通信息共享化、运输模式一体化、出行服务人本化、绿色出行低碳化。

上海已有"随申行"等多个 MaaS 服务供应商或服务平台,第一步将各种公共(公营)交通机构无缝串联起来,第二步将若干民营化或商业化的共享交通服务整合到同一平台上。2022 年 10 月,"随申行"App1.0 版上线,当时整合了 11 条轨交线路、1560 条地面公交线路、17 条公共轮渡线路;到 2023 年 1 月,"随申行"App 升级到 2.0 版,新版本整合了网约车、共享单车等民营或商业化的共享交通服务,并通过接入多元交通部门数据,为市民查询飞机、火车、轮船、长途巴士班次信息和购票提供便利。

上海 MaaS 系统根据用户的出行习惯、时间安排、成本预算以及环保偏好,智能推荐最佳的出行路线和方式,从而实现个性化的行程规划服务。同时,市民通过选择公共交通、步行或骑行等低碳出行方式积累绿色积分,为建设绿色、低碳的城市环境做出了积极贡献。

资料来源：周冯琦、程进等主编：《上海资源环境发展报告(2024)：建设人与自然和谐共生的美丽上海》,社会科学文献出版社 2024 年版。

四是政府引导与市场化相结合,激发公众绿色出行动力。2024 年,上海市碳普惠绿色出行示范场景正式上线,市民可以通过公交、地铁、轮渡、共享单车等绿色出行方式获得个人碳普惠减排量,并计入上海市个人碳账户进行碳积分的转换、查询与消纳;通过评选绿色出行达人等活动,树立绿色出行的榜样和标杆,引导更多市民参与到绿色出行中。其中,"沪碳行"可以将碳减排量兑换为数字人民币,以绿色出行、健康生活理念倡导全民共同参与节能减碳活动。

4. 增加绿色产品供给,推动生活消费绿色升级

近年来,绿色低碳的理念日益深入人心,绿色消费逐渐成为消费市场的新热点。无论是选择新能源汽车、节能家电,还是参与闲置物品的交易以及旧物置换新物的活动,越来越多的消费者通过践行绿色消费行为来支持环保,实现可持续发展。

一是不断完善绿色产品标准、认证、标识体系,促进绿色产品供给提质增效。上海积极推动绿色产品标准的制定和完善,从生产到消费的全链条出发,研究制定符合市场需求和绿色发展理念的绿色产品标准。以绿色包装产品认证为例,2020年以来,陆续颁发《关于加强快递绿色包装标准化工作的指导意见》《上海市关于加快推进快递包装绿色转型的实施方案》《快递包装循环共用指南》等文件,以推动绿色包装产品的认证工作和快递包装绿色转型。与此同时,上海还积极促进长三角绿色认证一体化发展,如上海市市场监督管理局联合江苏、浙江、安徽三省市场监管部门制定了《长三角绿色认证一体化发展实施方案》《绿色产品和服务认证规范》等,构建长三角"绿色认证"一体化发展格局。

二是创新财税政策和激励措施,持续释放巨大绿色消费市场潜力。发布《上海市落实国家家电以旧换新补贴政策实施细则》《上海市加力支持绿色智能家电消费补贴政策实施细则》《上海市关于进一步加大力度推进消费品以旧换新工作实施方案》等文件,加大对汽车、家电、电动自行车等多个领域的以旧换新补贴力度,促进消费品以旧换新和节能减排。实施政府绿色采购有助于引导绿色消费、促进产业升级。印发《上海市碳达峰实施方案》《上海市加快建立产品碳足迹管理体系打造绿色低碳供应链的行动方案》等文件,鼓励政府机关、事业单位和企业优先采购绿色产品和服务。通过制定绿色采购目录和指南,明确绿色采购标准和要求,引导采购人选择符合环保标准的产品和服务。

三是开展形式多样的绿色消费活动,促进绿色消费理念推广。举办"上海绿色消费季""可持续时尚创变聚谈·共序循环之美"等宣传推广活动,覆盖衣、食、行、用等多个方面,鼓励商家推出更大力度的促销活动,充分激发和释放绿色消费需求,推动绿色低碳生活方式转型。其中,"2024上海绿色消费季"以"绿动未来,消费先行"为主题,围绕绿色消费的环保产品、循环利用、绿色空间、低碳饮食、价值倡导五个核心板块,全面展示本市绿色消费新场景、新模式、新理念。

专栏 6-5

绿色商场:南翔印象城 MEGA 创新发展打造绿色消费新高地

上海南翔印象城 MEGA 总建筑面积为 34 万平方米,引进了 400 余家品牌,

> 是目前上海单体量最大的纯商业购物中心,也是国家级绿色商场和新能源汽车消费示范区之一,更是上海市首个荣获美国绿色建筑协会LEED铂金级认证的购物中心。
>
> MEGA构造绿色购物空间,致力于为城市居民提供一个集休闲、娱乐、运动和亲近自然于一体的城市绿洲。首先,商场设置了由3个玻璃盒组成的超千平方米的生态植物园,栽培了200多种热带植物,每天能够吸收100千克的二氧化碳,并释放近200千克的氧气。其次,商场通过同时采用楼宇自动化控制和能源再生系统,配合智能化的能源管理方案,实现了每年节省数百万元的空调费用。最后,完善智慧化商业服务,通过网络平台提供室内停车导航、电子购物卡、智慧一体化POS体系等绿色消费工具。智慧化停车管理体系减少交通出行带来的碳排放,车库周转率提升近30%。
>
> 资料来源:《上海绿色消费季丨绿色商场案例分享(一)——创新发展打造绿色消费新高地(南翔印象城MEGA)》,上海商务微信公众号,2022年9月14日,https://mp.weixin.qq.com/s/nDXPQV4ookNnyiJhkKdcaQ。

(四) 多元参与共治,完善现代治理体系

经过多年的污染防治和生态环境保护,我国城市的生态环境已进入爬坡过坎的攻坚期。新阶段,传统以末端治理、运动式整治为主的环境治理模式,需要向源头防控和系统性治理模式转变,以政府主导、少数部门主导的生态环境治理模式,需要向多元主体共治、多部门协作的生态环境治理模式转变。党的十九大报告提出了"共抓大保护""构建政府、企业、社会和公众共同参与的环境治理体系"的指导思想,明确将构建多元参与共治的现代治理体系作为未来生态环境治理模式转变的重要方向,将调动政府、市场、社会多方主体力量,发挥多元主体协同共治的效应作为新阶段提升生态环境治理效能的重要路径。作为我国生态环境治理制度创新的先行者和探路者,在20世纪90年代末,上海就有环保企业开始探索环境污染第三方治理。上海在全国最早开展排污权交易,也颁布了全国首部环境治理第三方地方性法规。生态环

境治理的主体从最初的政府主导,企业被动参与,经过不断的发展演进,走向了政府、企业、公众多元共治的新阶段。

1. 畅通多元渠道助力居民参与

多元共治模式并非对政府权威治理的否定,而是强调在权威治理的基础上,充分发挥多元主体之间的协作共治。在这种模式下,政府作为监管主体、企业作为治理和转型主体的作用仍然重要,而社会组织和公众作为监管者、参与者的作用也要得到充分保障和发挥。上海市积极鼓励各地开展实践探索,在畅通多元共治渠道、丰富多元共治模式、创新基层治理形式等方面形成了丰富的案例。

在畅通多元共治渠道方面,上海鼓励各地区根据自身需求和环境问题特征,因地制宜探索多方沟通渠道,形成了包括多方常态化沟通协调机制、联席会议等多种多方主体沟通渠道。在金桥经济技术开发区,由金桥管委会牵头,构建金桥集团、金桥股份、第三方环保管家、金桥企业协会等多元主体稳定的日常沟通协调机制。奉贤区奉浦街道通过"联席会议＋专业解答"化解信访矛盾于萌芽。街道成立了环境保护与安全监察分队,不断完善环境问题快速响应和协调机制,对环保投诉信访及时调查处理、及时沟通反馈,必要时组织被投诉单位、信访群众代表、生态环境管理部门、专家团队开展联席会议,由环保管家单位对居民问题提供专业解答。通过强化工作机制,积极争取在居民信访投诉前了解其信访意向和关注问题,及时召集联席会议,争取各方共识,有效化解矛盾。

在丰富多元共治模式方面,上海通过有效机制和有为组织的建设,丰富不同场景下多元主体参与环境共治的模式。如崇明区竖新镇仙桥村建立了"村民议事"机制,探索"乡贤治理"模式。通过"村民议事"机制,依托村民理事会,设立议事箱、议事栏、议事日、议事会,为环保等工程项目及费用支出提供规范化保障。修订完善"村规民约",以村规民约为主、环境卫生管理等多项制度为辅,细化道路清洁、河道整治、垃圾分类等内容要求,通过民主评议和激励政策量化环境整治标准,提升村民环保意识。通过发动新乡贤理事会、妇女微家等自治组织,参与基层事务协调和社区治理,在宣传垃圾分类、环境志愿服务等方面发挥作用。

2. 信息公开夯实多元共治基础

环境信息公开是多元参与环境治理的基础,在推进公众参与环境治理中,国家一直将信息公开作为重要任务。原环境保护部出台了《环境信息公开办法(试行)》。新修订的《中华人民共和国环境保护法》在总则中明确规定了"公众参与"原则,并就"信息公开和公众参与"进行专章规定。中共中央、国务院《关于加快推进生态文明建设的意见》中提出要"鼓励公众积极参与,完善公众参与制度,及时准确披露各类环境信息,扩大公开范围,保障公众知情权,维护公众环境权益"。上海在推进多元参与环境治理中,以信息公开平台和环保宣教作为主要着力点,进行了积极探索。

在完善环境信息公开制度方面,上海为推动环境信息公开,通过制度先行,规范环境信息公开的内容、频次、标准和范围。上海市积极推进环境政务公开标准化,出台了《2020年上海市生态环境局政务公开工作要点》,推进政务公开的标准化、规范化,提升环境信息公开的质量和时效。扩大生态环境重点领域信息公开范围,定期发布《上海生态环境状况公报》《上海市固体废物污染防治信息公告》,公开清洁生产审核信息和环境监管执法信息。开展政务公开标准化建设,完成生态环境全领域政务公开事项梳理和标准目录编制工作,指导金山区、黄浦区生态环境局等区级试点单位做好生态环境领域政务公开标准化工作。

在完善信息公开平台方面,上海推动园区、企业管理平台与信息平台的互通,完善信息公开平台。上海金桥经济技术开发区完善"金桥生态信息平台",加大园区及企业信息公开共享,建设"金桥生态智库学习平台",提高政策普及效率,实现环境监管智慧化、数字化转型。金桥经济技术开发区还搭建"金桥环境监控平台",实现园区企业能耗、水耗、产排污数据动态监管。上海市飞机制造有限公司(浦东基地)开发绿色园区管理平台,依托5G大数据、人工智能等新技术对园区污染源、环保设施、能源等进行监测监控、采集数据、分析汇总,最终通过信息化技术实现移动端、办公端实时环保数据监控及反馈。

在丰富宣教方式方面,上海充分发挥多种媒体渠道提升环境信息公开的覆盖面,同时通过领跑者评选、公众宣教活动等方式,进一步调动各方主体的积极性。崇明区竖新镇仙桥村推行信息化公开便民服务,将环境整治等项目工程情况纳入村务公开信息平台,"搬"上农家电视屏,推进信息公开、公众监督等工作。借助党建服务站、新时代文明实践点等服务阵地,开展垃圾分类知识普及与宣传,将环境治理纳入五星级文明户、最美庭院评比体系。通过开放日活动和志愿者服务,提升社会公众生态环保意识。各区通过低碳日、公众开放日等活动向市民宣传环境监测知识，展示环保监测、环境治理的过程和设备，搭建政府和群众之间沟通的桥梁，共同保护环境，共建美好家园。

3. 政企园联动激发企业能动性

企业在生态环境治理中承担着不可或缺的环境责任，环境治理多元共治模式得以有效运转的一个重要前提是必须充分发挥企业在环境治理中的主体性作用，为环境治理提供可持续性的内生动力，以推动企业从传统的受管制者、受规制者和被动守法者向积极参与者、自我规制者和主动守法者的角色转变。[①]

政企联动机制发挥企业环境治理的主体作用。上海充分发挥园区在企业、监管部门之间的桥梁作用，通过企业俱乐部、第三方、案例评比等多种方式，让企业与政府能够通过多种方式与监管部门进行沟通联动，充分释放企业在环境治理中的主体作用。如金桥经济技术开发区以现有的"金桥再生资源服务平台"为多元治理的有力抓手，策划实施具有特色的生态建设项目，建立"金桥企业生态俱乐部"，引进优质的"第三方环保管家服务"，定期开展企业可持续评比及优秀环保案例征集，引导、鼓励企业开展多种形式的环境提升项目。

环保"领跑者"制度激发企业环境治理内生动力。上海注重通过比选、评选活动对企业环境治理进行差异化的激励，进而调动企业参与环境治理的积极性。2022年，奉贤区率先发布《奉贤区企业环保"领跑者"遴选行动实施方案》，就相关配套激励措施召开了多轮方案研讨会，广泛征求意见，创新整合了该区的绿色金融、人才激励、信用管理，提出引领性企业管理、正面清单管理、绿色金融支持、人才服务、品牌推广等方面的激励措施，真正使绿色环保理念成为企业的加分项，而不是发展的"绊脚石"，让注重环保工作的企业真正成为供应链中的"香饽饽"，形成良好生态提升营商环境、优秀企业反哺区域生态的正向循环和良好氛围。

绿色共建联盟凝聚政、企、园多方共治合力。上海通过建立政、企、园、第三方等多方主体共同体，为推进政策宣讲、环保宣传、监管引导等系列工作培育更高效、专业的推进主体，提升工作的效率和时效性。2018年4月，闵行开发区成立绿色共建联

[①] 梁甜甜：《多元环境治理体系中政府和企业的主体定位及其功能》，《当代法学》2018年第5期。

盟,该联盟由闵行区生态环境局、闵行开发区、江川路街道,以及开发区内企业共同发起,借助"1+2+X"平台,构建政府为引领、开发区搭平台、企业为主体的绿色共同体,携手推进环保社会共治,强化企业环保主体责任,深化政府部门的"放管服"改革,走区域环保共商共治共享新路。① 绿色共建联盟自成立以来,每年开展宣传教育、污染物减排、节能降耗、清洁生产、标准体系建设、环境风险防控、社会责任、公益活动、绿色产品设计、绿色供应链等方面的项目,更好地促进企业转型升级,从源头防治环境问题,实现经济效益和社会效益的双赢。截至2023年底,联盟累计完成环保共治项目908个,先后组织举办绿色金融、绿色电力、绿色建筑、资源循环利用等主题的环保低碳学习交流活动50余场。②

4. 规范第三方引导市场化治理

随着环境问题的复杂化和普遍化,排污单位和环保部门的技术水平、治理能力等越来越捉襟见肘,污染治理效率和效果的提升难度都不断增大。引入第三方、企业、民众等多方社会主体参与环境污染治理,能够破解排污单位和环保部门专业性不足、成本过高、效果有限,以及监管能力不足的难题,是提升环境污染治理效率、获得多赢效果的重要路径。上海是环境污染社会共治模式的探路者和先行者。上海的环保企业在20世纪90年代就开始探索试点环境污染第三方治理。上海还紧跟国家步伐,积极完善环境污染社会共治的政策体系和制度体系,规范环境治理第三方市场,引导企业、社区、公众参与环境社会共治。

在制度规范建设方面,上海以制度建设为牵引,规范环境治理第三方市场,为环境治理第三方发展创造公平、透明的市场环境。2018年,上海市生态环境局在大调研工作中,了解到全国范围内"环保管家"模式刚刚起步,在发展初期存在管家单位服务质量参差不齐,许多业主对如何选择管家单位和应期待哪些服务不太清晰等诸多问题,不少基层单位对相关规范指南需求迫切。鉴于国家和其他省市尚无相关规范性文件,上海市生态环境局积极整合各方力量,组织编制了地方标准《第三方环保服务规范》(DB31/T 1179—2019),于2019年8月由上海市市场监管局发布,2019年11

---

① 葛俊俊:《打造绿色低碳"新样本",闵行开发区率先创建零碳示范园区》,人民网-上海频道,2021年12月16日,http://ah.people.com.cn/n2/2021/1216/c401574-35053515.html。
② 同上。

月起实施。《第三方环保服务规范》明确了第三方环保服务单位基本要求、主要服务内容与具体要求、服务委托合同要求、服务绩效评价等内容,提供了企业环保问题整改反馈单参考格式、服务合同参考模板、综合性环保服务绩效评价方法等 6 项附录,为产业园区、街道(乡镇)等委托第三方环保服务提供了指引。

在第三方参与共治方面,上海在园区、街镇等多个领域引入"环保管家"等第三方力量,进一步充实环境治理的力量。引进"环保管家"对区域内生态环境领域实行有效监管,不仅有利于提升环境治理水平,还能让企业提升生态环境污染预防意识、专心投入生产,有利于推动有效市场和有为政府的有机结合。如奉贤区奉浦街道在 2020 年引入第三方环保服务,建立了奉贤区第一个街镇级生活板块的"环保管家"治理模式。促进环保第三方市场良性发展,制度体系是关键。奉贤区先后出台关于第三方环保服务机构的实施方案和管理办法,建立第三方环保服务的制度体系,规范市场秩序,并通过对第三方服务机构的考核和约谈,动态调整备案机制,促进"环保管家"提升服务品质。为进一步提升"环保管家"等第三方机构管理的精细化水平,奉贤区全面推行第三方环保服务机构备案登记制度,对照评分标准,建立备案企业名单,对企业进行分级分类精细化管理。

在环保第三方信息化技术平台方面,上海市依托"智慧环保"信息化平台,实现"环保管家"服务全过程留痕,依靠信息化平台对企业环保大数据进行筛选和分析,对第三方环保服务单位进行精细化管理。在信息技术支持下,对第三方环保服务进行跟踪监管,结合"双随机""一证式监管",实现从发现问题到督促整改,再到成果验收的闭环管理。达到预防环境风险,提升第三方环保服务质量的目标。如环保管家为宝山工业园区量身定制开发"园区环保信息化管理平台(1.0 版、2.0 版)",使得园区环保管理实现了从线下到线上、从静态到动态、从粗放到精细的巨大转变。

三、建设人民更加向往的高水平生态之城展望

新时代新征程,面向人民日益增长的美好生活需要,对标全球生态城市建设标准,上海需要进一步谋求更高标准的环境质量,打造更高品质的生态空间,推动更高水平的绿色发展,倡导更高品位的低碳风尚,深化更高效能的环境治理,进一步展现

上海建设人民满意的高水平生态之城的情怀与风采。

（一）谋求更高标准的环境质量

生态、健康、安全、宜居成为人民群众高品质生活的空间追求。上海市正加快打造令人向往的生态之城，但生态环境稳中向好的基础还不够扎实，与人民群众对生态环境的美好期待、高水平生态之城要求仍有一定差距。尤其是 $PM_{2.5}$、河湖富营养化、间歇性水质反复等传统环境问题尚未得到根本解决，臭氧、持久性有机物、环境激素、微塑料等新型环境风险逐步凸显，"双碳"目标对生态环境保护又提出了新要求。同时，对比其他全球性城市，上海生态环境质量仍然是当前面临的短板。在 2024 年可持续城市指数排名中，上海的总排名为第 16 位，但环境领域的排名仅为第 65 位。《世界空气质量报告》显示，2022 年，上海市空气 $PM_{2.5}$ 平均浓度为 28.7 微克/立方米，与东京（9.9 微克/立方米）、纽约（9.9 微克/立方米）、洛杉矶（10.5 微克/立方米）、多伦多（8.5 微克/立方米）、伦敦（9.6 微克/立方米）、新加坡（13.3 微克/立方米）等相比仍有巨大差距。面向未来，上海应坚持生态惠民、生态利民、生态为民，深入打好污染防治攻坚战，推动污染防治在重点区域、重要领域、关键指标上实现新突破，推动生态环境质量持续稳定向好，让好"气质"不再是稀有品，实现水生态环境由"脏"到"净"，再到"清"和"美"的蝶变，让人民吃得放心、住得安心，切实增强人民群众蓝天、碧水、净土的幸福感与获得感。

1. 强化污染物协同控制治理

当前，上海市环境问题处于新老交织、多领域化的时期，需要对标国际空气质量标准及全球城市水平，抓重点、补短板、促协同，强化源头防控和多污染物协同控制。一是协同推进多领域减污降碳，持续深化能耗、碳排放控制相关政策，强化源头防控协同，强化能源、工业、交通、城乡建设等重点领域减污降碳协同增效。二是更加突出源头治理，强化 $PM_{2.5}$、臭氧等多污染物协同控制，以及挥发性有机物、移动源污染控制。三是协同推进重点污染问题解决，加强部门协同，形成合力，开展餐饮油烟、噪声扰民和恶臭异味等污染治理，下更大力气解决市民家门口的环境问题。

2. 打造高品质美丽幸福河湖

围绕河湖富营养化、河道局部性、间歇性水质反复等问题，持续加强水环境治理，并推动从水环境治理向水生态环境品质提升转变。一是以"人水和谐"为目标，统筹推进水资源、水环境、水生态治理，逐步恢复水生态服务功能，巩固水环境管理长效机制，推动地表水水质实现稳定改善。二是持续推进海绵城市建设，推进初雨治理与雨污混接改造，推进临港新片区、虹桥商务区、长三角生态绿色一体化发展示范区等重点功能区、五大新城等实施建设海绵城市，逐步扩大海绵城市示范试点范围，力争更多城区达到海绵城市建设要求。三是开展面源污染及河道生态环境整治，坚持蓝绿融合，打造河湖通畅、生态健康、清洁美丽、人水和谐的美丽河湖，打造老百姓身边的幸福河湖。

3. 高标准建设全域无废城市

重点围绕土壤污染、固废污染、新污染物等重点问题，推进无废城市建设。一是推进全域"无废城市"建设，顺应减量化、资源化和无害化的方向，加快推进全域无废城市建设；聚焦重点园区、企业、单位等固废源头，以点带面实施"无废细胞"行动。全面推动固体废物源头减量，持续提升资源化利用能力，切实保障无害化处置能力，提升固废综合治理能力，力争在全国率先建成全域"无废城市"，使"无废城市"逐渐成为美丽上海的新名片。① 二是加强新污染物治理，健全新污染物治理体系，开展新污染物环境风险调查监测，严格新污染物源头防范管控、过程控制与末端治理，降低新污染物排放及环境风险，夯实新污染物科技支撑、基础能力支撑等。三是加强土壤污染防治，推广"环境修复＋开发建设"新模式，确保受污染耕地和污染地块安全利用。

（二）打造更高品质的生态空间

在生态空间建设方面，上海与世界城市以及国内重点城市相比还存在差距。2022 年，上海人均公园绿地面积为 9.3 平方米，而北京、深圳、广州等国内城市人均公园绿地面积达到 16 平方米左右，②世界城市人均公园绿地面积更是达到了 18 平方米以上。③ 城市生态空间品质提升的目标在于将基本的自然空间打造成"人民美好生

---

① 参见齐康、金颖、孙腾等：《上海"无废城市"建设与碳减排协同推进策略研究》，《上海资源环境发展报告（2024）》，社会科学文献出版社 2024 年版。
② 参见程进：《上海城市生态空间体系特征及品质提升研究》，《上海资源环境发展报告（2021）》，社会科学文献出版社 2021 年版。
③ 智谙产业研究院：《城市园林绿化行业发展现状》，《发展趋势预测报告》，2024 年。

活"的一部分,而"美好"则表现为人民的获得感、幸福感、安全感。公园不仅具有绿地的生态功能,还兼具共享功能,花园较公园则更强调生活、艺术、审美等方面的精神需求,能更好实现自然与人文的交融,成为市民可进入、可游憩的高品质生态空间。上海"双环、九廊、十区"的绿色生态空间格局基本形成,为推进上海建设花园城市创造了良好的生态基底。因此,上海应在以往生态空间建设的基础上,打造"鸟语花香、城园融合、生态和谐、美丽宜居"的花园城市。

1. 优化圈层式生态空间格局

一是进一步增强生态保护红线、自然保护地等生态保育区圈层的生态功能。扩大生态保护红线覆盖范围,加强生态空间底线刚性管控,打造上海本土物种的栖息地天堂,增强生态空间的生态功能,为城市生态安全筑牢屏障。二是进一步加强耕地、森林、湿地等生态维护区圈层的生产功能。坚守永久基本农田底线,保护林地、湿地、湖泊河道、野生动物栖息地等生态空间,加强近郊绿环、生态间隔带、生态走廊等的生态修复工作,实现美丽田园多元价值。三是打造高品质城市公园、社区公园、微型公园、立体绿化等生态嵌入区圈层的生活功能。城市生态空间供给"花园化"。对城市公园进行合理化改造与更新,将艺术性、生态性、共享性相结合,融入休闲、商业、社交等多元功能,建成对市民更友好、更尊重、更人文的花园生态空间。

2. 赋予城市花园多元文化特征

一是城市花园建设凸显江南文化特征。水是江南文化的灵魂,人水和谐是江南文化永恒的追求。上海城市花园建设应当凸显江南文化的本质特征,即建设以江南本土植物为基底、江南建筑为外形、人水和谐为内核的园林式花园,再现"杂花生树,群莺乱飞"的江南美景。二是城市花园建设凸显海派文化特征。海派文化是传统江南文化与西方文化在上海交流融合基础上形成的独特上海文化。海派文化中公园的设计思路包含西式园林、法式风情、现代城市意象等。在上海城市花园建设中纳入海派文化元素,凸显海派文化特征,显现出上海花园城市建设的包容性、创新性。三是城市花园建设凸显红色文化特征。上海是中国共产党的诞生地,有丰富的红色文化遗存。上海建设花园城市,应将花园建设与红色文化元素相结合,在生态美中点亮红色文脉。

3. 塑造城市花园的多重场景

一是以第五立面品质提升为抓手打造屋顶花园。城市土地供应紧张,第五立面是宝贵的城市空间资源,应结合第五立面整治和功能提升工作,采用可靠技术在城市建筑上打造屋顶花园,提升第五立面的生态功能品质。二是以城市微更新为抓手打造口袋花园、社区花园。进一步加强社区公园、口袋公园的设计感,丰富植物种类,增加观赏花卉,融入文化、休闲、社交功能,打造城市家门口的小微花园。三是以交通站点功能提升为抓手打造花园场站。在城市公交、地铁、高铁等重要站点,围绕站点功能提升,进行景观化改造,增强设施景观设计,打造花园场站。四是以乡村振兴为抓手打造花园乡村。对乡村进行整体设计与规划,对乡村主要道路以及零散土地进行花园化改造,将乡村的耕地、水系、湿地有机结合,建设花园式的美丽乡村。

4. 加强城市花园配套设施建设

一是增强城市花园以及相关设施的功能复合。树立"花园+"和"+花园"理念。"花园+"指依托城市花园建设,配套相应服务设施,增加健身、社交、消费等功能;"+花园"指对城市各类用地,如商场、办公以及重大基础设施进行花园化改造,让市民生活在花园之中。二是加强城市花园的交通体系建设。完善城市花园的交通点位设置,畅通城市花园与市民居住地点的联系,增强城市花园的交通便利性。三是完善便民服务设施。针对各类市民对城市花园的游览需求,对花园进行合理建设,如针对老弱病残孕设立相应的公共服务设施,对花园内的步道、阶梯进行合理化设计,满足不同人群的游览需求。

(三)推动更高水平的绿色发展

从创新、绿色的新发展理念,到新质生产力就是绿色生产力,绿色发展已成为新时代经济发展的主要方向。人民向往的生态之城,既包括人民向往的生态环境、人人共享的生态福祉,也包括人民向往的生活水平,人人出彩的经济活力。因此,迈向人民更加向往的高水平生态之城,也意味着要推动更高水平的绿色发展,推动经济增长与资源环境代价脱钩,推动劳动者、劳动对象、劳动资料的全面绿色化,提高绿色全要素生产率。

当前,上海仍处于城市能级和核心竞争力全面提升的关键爬坡期。经济增长的资源环境代价仍较大,属于"高投入高产出"城市,投入产出效率不高一定程度上加剧了城市资源环境的紧约束。与全球领先的城市相比,上海建设用地占比接近全球城市的2倍,单位建设用地产出仅为东京的1/5、香港的1/8、新加坡的2/7。上海能源结构中天然气和可再生能源占比与全球顶级城市相比仍有较大差距,万元生产总值综合能耗仍为新加坡和纽约的4倍、香港的6倍、伦敦的6.5倍;单位生产总值水耗是纽约的10倍、新加坡的19倍。上海在效率提升和创新驱动方面,与全球顶级城市仍存在显著差距。

上海推动更高水平的绿色发展,要结合自身资源禀赋和经济基础,立足自身比较优势,以能源和产业的绿色转型、资金和创新要素的优化配置,以及区域协作深度和广度的提升为重要突破口。

1. 以能源结构转型和低碳金融为抓手推动低碳转型

推动能源清洁化和高效利用。严格限制各类煤化工项目,严格控制全市煤炭消费总量,大力加大天然气利用比例,积极开发本地可再生能源,努力提升外来电中清洁能源比例。能源低碳化与清洁化转型项目大多具有高投入、高风险的特点。通过低碳金融产品进行前期投入,借助金融手段通过政府专项资金撬动社会资本,引导其投向低碳技术领域,有利于加速低碳技术研发和低碳项目的落地。

2. 以资源环境的适度紧约束助推效率提升和高质量发展

保持资源环境的适度紧约束,更加重视对衡量经济质量指标的跟踪评估(如单位生产总值的直接物质投入〈DMI〉量、全要素生产率等),服务提升四大功能,倒逼提升城市发展能级和核心竞争力。特别是针对临港新片区、一体化发展示范区等重点区域,严格对标国际最高标准、最好水平,坚持高质量发展、高水平保护和高标准治理,积极打造国家绿色高质量发展标杆。

3. 以绿色交通网络为着力点推动城市绿色低碳运行

积极推动货运向公转铁、公转水方式发展,进一步提升铁路、水路货运比重;适当控制外高桥港区货运体量,优化外高桥港区周边集装箱货运场站布局,减轻对市区道路交通和移动源污染排放的影响;进一步加强本市交通组织优化、新能源车辆推广(特别是城市营运车辆的新能源替代)、交通出行方式优化等。

4. 以区域一体化发展和产业梯度转移为核心推动发展模式转型

国际大都市人口密集、经济活动强度高,生态系统的承载能力接近极限。很多国际大都市都通过区域一体化发展战略,拓展城市的环境容量和生态承载能力,在更大范围内实现人与自然和谐共生。长三角生态绿色一体化发展战略推动了区域协调发展和区域发展模式转型。因此,要加快长三角生态绿色一体化发展示范区建设,加强长三角区域生态环境共保联治。

(四)倡导更高品位的低碳风尚

我国将"广泛形成绿色生产生活方式"作为2035年基本实现社会主义现代化远景目标之一。绿色生活方式是节约资源和保护环境的生活方式。从2015年提出要"让资源节约、环境友好成为主流的生产生活方式",到2023年强调"大力倡导简约适度、绿色低碳、文明健康的生活理念和消费方式,让绿色出行、节水节电、'光盘行动'、垃圾分类等成为习惯"。① 新时代绿色生活方式以绿色低碳为鲜明特征,我们应坚持发扬中华民族的优秀传统,以节约资源、保护环境和简约适度为内在要求,提倡人们践行更高品位的低碳风尚:更多地采购当地和时令农产品、建筑材料更环保、新建建筑尽可能实现零排放、家庭使用更清洁的能源供电、家用电器耗电量更少……在满足自身生活需要的同时最大限度地保护生态环境。为实现这些目标,上海需从以下四个方面努力:

1. 推动完善绿色生活方式相关制度供给

加强对绿色生活方式的积极引导,尤其应将"简约适度、绿色低碳的生活方式"纳入上海"生态之城"建设目标,进一步充实并拓展上海"生态之城"的内涵和外延。同时,构建起涵盖政府、社会公众、产业部门等多主体的绿色生活方式社会体系,将绿色生活方式的任务分解至家庭、企业、建筑、交通等主体和部门。

2. 加大对绿色生活方式的财税政策支持力度

生活方式的绿色转型需要强有力的资金支持和激励机制。例如,加大力度推广碳足迹核算和碳积分的应用场景,包括绿色出行、简约包装、按需点餐杜绝浪费、做好垃圾分类等,实施年度结算机制变成每个人账户里的"碳积分"。进一步地,通

---

① 燕芳敏、王淑娜:《习近平关于绿色生活方式重要论述的生成逻辑、理论蕴涵及时代价值》,《中共济南市委党校学报》2024年第2期。

过与上海碳交易市场及各商业消费平台的无缝对接,构建一个让居民能够凭借其低碳生活方式直接获得经济利益的机制,从而有效促进公众参与低碳行动,共同推动社会向可持续发展模式转型。另外,企业也可以为建设绿色生活提供支持。例如,国外的电商平台亚马逊、沃尔玛等对获得可持续认证的产品进行一系列优惠政策支持,通过设置专题页面、进行额外的流量支持等鼓励消费者购买和使用碳足迹较低的产品。

3. 探索践行绿色生活方式的新路径

绿色低碳正逐渐成为新风尚,上海需要不断开拓创新,探索更加切实有效的绿色生活的践行路径。以绿色建筑为例,倡导零废物建筑理念,通过设计减少废物产生,提高材料的回收利用率。如新加坡提出"绿化高楼"(Skyrise Greening)计划,鼓励建筑商在高层建筑中打造空中花园,通过在选定的多层停车场顶部设置城市农业、大规模绿色空间或社区园艺区域,增强城市的绿化程度。① 在班加罗尔,地铁支柱被改造成使用水培法的垂直花园,在吸收污染物的同时,还能够使乘客赏心悦目。

4. 提升公民生态环境意识

推动绿色生活方式的实践,需要在强化公众参与机制的基础上,激发公众绿色发展意识,让绿色理念成为主流价值观,从而促使公众在生产活动与消费行为中做绿色生活好市民,即"人人都能拥有归属认同",让简约适度、绿色低碳的价值理念成为上海的城市品格和人民气质,并使之深深融入市民气质和城市血脉,成为美丽上海的鲜明标识和崭新名片。

(五)深化更高效能的环境治理

实现高效能治理是确保人民群众在更高质量、更有效率、更加公平、更可持续、更为安全的发展环境中获得更多福祉的重要保障,加强人民参与环境治理是环境科学有效决策的重要举措。建设人民向往的高水平生态之城,是人民共同参与、共同建设、共同享有的事业。从全球城市生态建设与环境治理趋势看,多元参与在其中发挥着越来越重要的作用,这是更全面了解城市居民需求以及真实生态环境问题,筑牢城

---

① 郭豪、杨秀、张晓灵等:《城市绿色低碳发展国际经验及启示》,《环境保护》2023年第3期。

市可持续发展根基的关键。如纽约在"纽约2050"中提出构建志愿者行动网络，并引入第三方监督与监管机构[①]；伦敦在城市绿色建设方面关注社会公平性、经济效益、市民意愿等因素，从精细化尺度贯彻公众参与制度[②]；东京湾ESG战略规划广泛征求各方意见，确保居民、企业以及区、市、镇、村等的广泛利益；新加坡《绿色规划2030》通过"新加坡自然青年"倡议，将"自然中的城市"与社会参与紧密连接。[③] 长期以来，我国公众参与环境治理存在着"高支持、低行动"的现象，如何提升人民参与环境治理的积极性，构建符合人民期望的环境治理体系是实现高效能环境治理的关键问题。随着上海正加快建设人民向往的生态之城，也需要充分发挥多元参与治理的重要作用，实现人人都能有序参与治理。

1. 推动生态环境精细化高水平治理

实现生态环境精细化高水平治理是建设人民向往的高水平生态之城的关键，为更好发挥人人都能有序参与治理的作用，上海生态环境治理理念、治理方式需要转变，加速从管理向治理转变，从粗放式向精细化高水平转变，以更好适应生态环境治理的新趋势，深入破解生态环境治理的现实问题和挑战，及时响应民众的意愿和诉求。一是深化环评集成改革优化提升营商环境。上海市应进一步压减环评范围、精简环评内容，实施"多评合一"，开展"打捆"审批，提升环评效能，降低企业制度性交易成本，优化提升企业营商环境，将环评改革转变为推动经济发展的"绿色生产力"，助力经济高质量发展。二是加强生态环境分区管控，实施分单元差异化的生态环境管理，加快建立体系健全、机制顺畅、运行高效的生态环境分区管控制度。

2. 增强社会主体参与环境治理能力

建设人民向往的高水平生态之城需要激发各类社会主体参与环境治理的能力，让各类社会主体切实参与环境治理。一是建立健全生态环保多主体参与机制，包括政府购买第三方服务、健全公众监督参与机制等，加大环保社会组织的支持力度，鼓

[①] 黄柔柔、杨骏：《"纽约2050"总体规划的公众参与范式及其启示》，《人民城市，规划赋能——2022中国城市规划年会论文集》，2023年。

[②] 杨鑫、黄智鹏、马健等：《精细化尺度下的城市绿地建设公众参与途径——以柏林、伦敦"植树计划"为例》，《中国园林》2022年第7期。

[③] 陈欣：《迈向"自然中的城市"——新加坡绿化实践对公园城市建设的启示》，《人民城市，规划赋能——2022中国城市规划年会论文集（08城市生态规划）》，2023年。

励建立完善社区环保志愿组织。二是建立政府、企业、专家、非政府机构等利益方参与的环境社会对话机制,共同解决地方生态环保问题。三是强化全社会监督机制,进一步畅通市民举报、查处、反馈机制,完善环境违法行为有奖举报等制度,通过新闻发布会等多种方式及时公开生态环境保护相关信息,健全生态环境公益诉讼制度。

3. 强化生态环境智慧化管理与信息公开披露

数字化和绿色化融合有助于推进生态环境智慧管理,也有助于让各利益相关方更好参与生态环境治理,让公众感受到实实在在的参与感和获得感。一是大力推进生态环境智能化技术应用。推动人工智能、5G、物联网、区块链,以及通信网、算力网和城市信息模型(CIM)、数字孪生技术等新技术在生态环境管理中的应用,实现城市中人、地、事、物、情等各方面生态环境感知数据和现实世界整合。二是完善生态环境智慧管理平台功能。进一步发挥生态环境保护大数据平台功能,推动生态环境信息资源归属、采集、开发集成,提升环境质量预报预警、污染成因分析、应急监测和重大活动保障等能力,唤醒"沉睡的数据",串起政府部门间、政府与企业间、政府与公众间的"信息岛链",并面向部门、企业、公众积极开发移动端应用,助力生态环境管理驶向精准化、智慧化的新时代。三是强化生态环境信息公开披露,积极推进上市公司环境信息强制披露,推进落实重点企业环境责任报告制度。

第 7 章 建设更有温度的高品质宜居之城

城市建设是"现代化建设的重要引擎"。"人民城市人民建、人民城市为人民"的理念，强调以人民为中心，致力于满足市民对高品质生活的期望。城市宜居性体现为安全、便利、舒适的生活环境，反映了人民的获得感和幸福感。两者共同推动城市的可持续发展，确保资源与服务的公平分配，提升整体宜居品质。

习近平总书记关于城市工作的重要论述，具有鲜明的人民性、实践性、时代性，把城市建设和治理提升到城市文明的高度。[①] 上海市深入贯彻落实习近平总书记关于人民城市建设的重要指示精神，积极探索提高城市宜居品质的实践路径。在优化城市公共空间方面，上海通过建设"一江一河"滨水区、打造美丽街区等举措，营造了绿色发展的宜人环境，提升了公共空间品质。在提升社区生活品质方面，推进"15分钟社区生活圈"建设，完善社区服务设施，增强居民的幸福感和归属感。在城乡融合发展方面，积极推进乡村振兴战略，改善农村人居环境，实现城乡公共服务均等化。在历史文化保护方面，注重历史风貌和文化遗产的保护与活化，传承城市文脉，增强文化魅力和认同感。同时，上海还加快智慧韧性城市建设，提升治理水平，增强城市应对风险的能力。

未来，建设更有温度的高品质宜居之城，需要在空间资源紧约束下逐步满足多元化的人居需求，积极推进城乡公共服务和空间权利的均等化，持续增强面对自然和社会风险的智慧韧性应对能力，推动经济社会可持续的城市更新，使城市更加包容、公平、可持续。

[①]《学习贯彻习近平总书记关于城市工作重要论述理论研讨会在沪举行李书磊出席并致辞》，新华网，2024 年 11 月 12 日，https://www1.xinhuanet.com/politics/20241112/31189b6ef4864e79ace8432b64f29892/c.html。

一、人民城市建设与城市宜居品质的理论逻辑构建

城市建设是"现代化建设的重要引擎"。自2019年11月习近平总书记在上海首次提出人民城市重要理念以来,上海始终坚持深入践行习近平总书记关于人民城市建设的重要理念。习近平总书记强调,要"坚持人民城市人民建、人民城市为人民,提高城市规划、建设、治理水平,加快转变超大特大城市发展方式,实施城市更新行动,加强城市基础设施建设,打造宜居、韧性、智慧城市"。① 立足新起点,展望新未来,上海始终坚持贯彻落实"人民城市人民建,人民城市为人民"理念,先行先试,加快建设属于人民、服务人民、成就人民的美好城市,探索构建践行人民城市理念的"上海样本",展现社会主义现代化国际大都市的上海形象,奋力谱写"新时代城市,让生活更美好"的新篇章。

(一) 宜居城市的理论内涵及其演进

建设宜居城市既是市民对未来城市发展理想状态的一种期许,也是对过去粗放型城市发展模式的一种批判。② 宜居性的概念最早由史密斯(Smith)在《宜人与城市规划》中提出,涵盖公共卫生和污染问题、舒适和生活环境美、历史建筑和优美的自然环境等三大层面的宜人。1961年,世界卫生组织(WHO)在总结人类生存基本条件后,提出居住环境的四项基本理念,即安全性、健康性、便利性和舒适性。1970年以来,国外城市发展进一步强调提高居民生活质量,重视解决城市社会矛盾反映在居住空间与环境之间的不和谐问题。围绕这一核心问题,帕莱杰(Palej)③从建筑和规划

---

① 中共中央党史和文献研究院编:《习近平关于城市工作论述摘编》,中央文献出版社2023年版,第40页。
② 张文忠:《中国宜居城市建设的理论研究及实践思考》,《国际城市规划》2016年第5期。
③ Palej A. "Architecture for, by and with Children: A Way to Teach Livable City", *International Making Cities Livable Conference*. Vienna, Austria, 2000.

的角度讨论了宜居城市的建设,认为宜居城市的社会组织元素通常是人们交流友谊之地的不可或缺的部分,能够被保存和更新。埃文斯(Evans)[1]从适宜居住性和生态可持续性两个方面论述宜居性。

自20世纪90年代吴良镛院士建立人居环境学科以来,国内很多学者对宜居城市的关注度也逐渐提高。任致远[2]把宜居城市简要地归纳为"易居、逸居、康居、安居"。李丽萍等[3]则认为"宜居"不仅是指适宜居住,还包括经济持续繁荣、社会和谐稳定、文化丰富厚重、生活舒适便捷、景观优美怡人和公共安全有序六大内涵。由于城市自然或人为灾难频发,吴志强等[4]强调宜居城市要突出和谐发展内容,强调人与自然和谐共生,认为和谐是宜居城市的首要条件之一。国内学者对宜居城市的认识在不断发展与深入,逐渐从强调经济、物质建设指标向重视社会、文化环境指标过渡。张文忠[5]在总结相关研究的基础上,提出宜居城市包括六个层面的内涵,即应该是一个安全、环境健康、公共服务方便、交通便捷、自然环境宜人、社会人文环境舒适的城市。其倡导宜居城市发展应重视城市可持续发展,追求以人为本,重视人和社会的发展,城市规划和建设要围绕"人"展开,城市管理要更加科学化和人性化。

(二) 人民城市建设对城市宜居性的新要求

在人民城市重要理念的引领下,上海始终坚持以人民为中心,聚焦人民群众的需要,为人民群众创造高品质生活,彰显人民城市的宜居魅力,具体体现在以下三个方面:

一是坚持人民至上,彰显城市的建设温度。城市是人集中生活的地方,城市建设必须把让人民宜居安居放在首位,把最好的资源留给人民。习近平总书记指出:"无论是城市规划还是城市建设,无论是新城区建设还是老城区改造,都要坚持以人民为中心,聚焦人民群众的需求,合理安排生产、生活、生态空间,走内涵式、集约型、绿色

---

[1] Evans P. *Livable Cities? Urban Struggles for Livelihood and Sustainability*. University of California Press,2002.
[2] 任致远:《关于宜居城市的拙见》,《城市发展研究》2005年第4期。
[3] 李丽萍、吴祥裕:《宜居城市评价指标体系研究》,《中共济南市委党校学报》2007年第1期。
[4] 吴志强、刘朝晖:《"和谐城市"规划理论模型》,《城市规划学刊》2014年第3期。
[5] 张文忠:《宜居城市建设的核心框架》,《地理研究》2016年第2期。

化的高质量发展路子,努力创造宜业、宜居、宜乐、宜游的良好环境,让人民有更多获得感,为人民创造更加幸福的美好生活。"①这一重要论述深刻揭示了新时代我国城市建设的宗旨、主体、重心、目标,深刻阐明了我国城市建设的方向。城市宜居性建设始终贯彻人民城市重要理念,坚持以人民为中心的发展思想,以人民利益为重、以人民期盼为念,致力于解决人民最关心、最直接、最现实的利益问题,让城市建设效能体现在人民群众的获得感、幸福感、安全感的提升上,彰显出城市建设的情感温度。未来发展要把握大格局,绘好"工笔画",用好新技术,构建共同体,不断提高城市治理现代化水平。

二是坚持人民主体,凝聚城市的建设力量。习近平总书记强调:"城市是人民的城市,人民城市为人民。无论是城市规划还是城市建设,无论是新城区建设还是老城区改造,都要坚持以人民为中心,聚焦人民群众的需求。"②紧紧依靠人民推进城市建设,充分激发人民群众的主人翁精神,强化人民群众参与的制度化保障。十二届上海市委五次全会提出,"要坚持改革为民,把为了人民、依靠人民、造福人民的立场观点方法贯穿改革始终,把全过程人民民主融入改革全过程,不断激发人民群众支持改革、参与改革的积极性主动性创造性"。③牢牢把握人民城市的根本属性,始终遵循城市发展的基本规律,以共建为根本动力,坚持人民群众的城市建设和发展主体地位,积极调动人民群众参与城市建设与治理的积极性、主动性、创造性,发扬人民群众的首创精神,充分释放人尽其能的创造活力,形成人人共建美好城市的生动局面;以共治为重要方式,把全过程人民民主、实质性民主贯穿到城市生活的各个方面,充分发挥人民群众的主人翁意识,全面激发社会活力和参与度,凝聚起城市的建设合力,着力打造公众积极参与城市治理的现代化宜居性城市样本。

三是坚持人民共享,增强人民群众幸福感。人民是城市建设的主体,也是城市建

---

① 《习近平在上海考察时强调　深入学习贯彻党的十九届四中全会精神　提高社会主义现代化国际大都市治理能力和水平》,共产党员网,2019年11月3日,https://www.12371.cn/2019/11/03/ARTI1572779563862590.shtml。
② 中共中央党史和文献研究院编:《习近平关于城市工作论述摘编》,中央文献出版社2023年版,第37页。
③ 《中共上海市委关于贯彻落实党的二十届三中全会精神进一步全面深化改革、在推进中国现代化中充分发挥龙头带动和示范引领作用的决定》,沪委发〔2024〕11号2024年8月1日。

设成果的共享者。习近平总书记指出:"城市建设要把最好的资源留给人民,推进城市治理,根本目的是提升人民群众获得感、幸福感、安全感。"①城市建设凝聚了人民的力量,汇聚了人民的心血,发展成果理应由人民享有。人民城市建设以人民共享为最终目的,把人民对美好生活的向往作为城市工作的出发点和落脚点,不断提升人民群众的获得感、幸福感、安全感,奋力书写新时代"城市,让生活更美好"的新篇章。习近平总书记强调:"检验我们一切工作的成效,最终都要看人民是否真正得到了实惠,人民生活是否真正得到了改善,人民权益是否真正得到了保障。"②城市建设要顺应人民群众对高品质生活的期待,把宜居宜业作为城市建设的目标,把人民生命安全和身体健康作为城市发展的基础,持续推动在幼有所育、学有所教、劳有所得、病有所医、老有所养、住有所居、弱有所扶等方面取得新成绩,造福人民,努力把城市建设成为人与人、人与自然和谐共处的美丽家园。

(三) 上海人民城市建设提高宜居性的实践逻辑

上海为深入贯彻落实习近平总书记有关人民城市建设的重要讲话精神,认真践行人民城市理念,深化落实创新、协调、绿色、开放、共享的新发展理念,先后发布了《关于深入践行"人民城市人民建,人民城市为人民"重要理念高质量推进人民城市建设的实施方案》《中共上海市委关于深入贯彻落实"人民城市人民建,人民城市为人民"重要理念谱写新时代人民城市新篇章的意见》《中共上海市委关于贯彻落实党的二十届三中全会精神进一步全面深化改革、在推进中国式现代化中充分发挥龙头带动和示范引领作用的决定》等多个文件,指引人民城市建设,把"人民建"和"为人民"更好结合起来。其建设涉及老旧更新、乡村振兴、社区治理、公共空间、历史保护、数字转型、韧性安全等诸多领域,高质量推进人民城市建设,让人民更有获得感、幸福感、安全感。

一是建设高品质公共空间,营造绿色发展的宜人环境。聚焦城市治理、公共服务、宜居安居、基层民主、环境改善等,更好优化城市生活空间,精心规划建设"一江一

---

① 《在推进中国式现代化中开创人民城市建设新局面》,《人民日报》2023年12月8日,第9版。
② 《习近平在"不忘初心、牢记使命"主题教育工作会议上的重要讲话》,新华网,2019年5月31日,https://www.xinhuanet.com/politics/2019-06/30/c_1124690900.htm。

河"沿岸公共空间与设施,把更多公共空间还给人民,把更多"工业锈带"变成"生活秀带"和创新空间,建设提升"人与城相融、园与城一体"的城市公园和游憩绿地系统,提升人民城市的宜居性。

二是优化社区服务配套,营造优质生活环境。一方面,完善社区服务设施,创新社区服务模式,采用资源整合、功能复合、优势叠加等模式,打造城乡社区15分钟生活圈和"一站式"服务综合体,让家门口服务站点成为市民群众生活中的新型"便利店"。另一方面,推动公众参与,收集公众的意见建议,着力解决各类难点、痛点问题,聚力优化高品质公共服务,着力构建美好社区生活共同体。

三是全面推进乡村振兴,打破城乡二元结构。一方面,推进乡村振兴示范村和美丽乡村建设,推动片区化发展,提升乡村基础设施和公共服务水平。另一方面,稳妥推进农民相对集中居住,优化保基本、讲公平、可持续的住房保障体系,完善大型居住社区功能,以提升乡村居民的生活质量。此外,推进实施乡村建筑师制度,推进农村和村庄建设现代化。

四是推进城市有机更新,强化历史文化保护传承。上海坚持走内涵式、集约型、绿色化的高质量发展道路,致力于将更多城市更新区域转化为引领未来、令人向往的绽放地带,以此彰显人民城市的宜居魅力。一方面,上海推进一揽子旧房改造,通过原地留改、拆落地、抽户等方式补充旧房的功能短板,改善群众居住条件。另一方面,坚持"留改拆"并举深化城市有机更新,在改善老城厢和老房居住条件的同时,保护好上海的历史风貌,传承城市的历史文脉和文化底蕴。通过古建筑保护,保存历史文脉,延续城市的生命根脉,激活城市赋予旧建筑以全新的功能,让城市焕发新活力,打造上海新时代都市发展的新标杆。

五是深化城市数字化发展,高水平建设智慧、韧性、安全城市。推进数字化转型是践行人民城市重要理念的重要抓手。一方面,上海加强对于各项信息技术手段的统筹整合,用科技赋能城市科学决策;同时,立足人民群众需求,创新数字应用示范场景建设,为人民群众生活提供更加多样化的便捷服务,如智慧养老、智慧家庭等建设。另一方面,上海坚持更高标准推进安全发展示范城市创建,突出预防理念,强化底线思维,依托科技赋能,构建基于大安全大应急框架下的应急信息平台,深化城市安全韧性提升行动,筑牢城市安全基础。

二、提升城市宜居品质的上海城市建设实践

(一) 城市公共空间品质

高品质的公共空间是落实人民城市理念的标志性载体之一,上海的城市公共空间体系规划建设,以"一江一河一带"为公共空间总体骨架,以社区街道、街头绿地、小广场等"美丽街区"微更新链接毛细公共空间网络,成为上海践行人民城市重要理念的生动案例。

1. 城市滨水公共空间开放

"一江一河"滨水区是上海城市的标志性空间和重要发展纽带,以建设"世界级滨水区"为总目标。历经十余载,"一江一河"滨水区围绕着公共空间建设谋篇布局,基于人民城市理念,以增加市民公共休闲空间,打造亲水性、大众化的城市客厅和景观标志为指导思想,滨水区沿线逐渐从封闭走向开放,实现"工业锈带"向"生活秀带"和"发展绣带"的华丽转变,成为承载市民公共生活的靓丽"会客厅"。

经过持续多年的滨水公共空间建设,"一江一河"已成为广受市民欢迎的城市共享空间。[①] 截至目前,黄浦江滨水区公共空间贯通达59千米,累计建成超过1200万平方米的滨水公共空间,漫步道、跑步道、骑行道"三道"总长约150千米。苏州河滨水区42千米中心城段贯通开放,辟通"断点"63处,新建约15千米滨河"绿道",串联苏州河两岸约150万平方米绿地和开放空间,建成并开放20余处大型生态绿地,新建休闲主题公园20余处,真正实现了还江于民、还河于民。

同时,"一江一河"滨水区陆续建设了"望江驿""水岸汇""杨树浦""苏河轩"等一系列100余处各具特色的品牌驿站,为市民提供基本的生活服务。以15分钟生活圈的800—1000米为半径测算,"一江一河"滨水区已覆盖20%的城市人口,常态服务近480万名市民群众。

从全世界范围来看,对长度近100千米、规划总面积约228平方千米、统筹范围面积约411平方千米的超大城市核心滨水区进行贯通开发、一体更新、还水于民,其

---

① 《打造"一江一河"世界级滨水区》,《文汇报》2024年6月23日,第7版。

规模之大、难度之高,世所罕见。"一江一河"滨水区规划建设这一"上海方案"彰显了"人民城市"为核心的中国智慧,也为世界提供了宝贵的经验启示。

> **专栏 7-1**
>
> ### 打造"一江一河"世界级滨水公共空间
>
> 　　流淌千年、穿城而过的黄浦江、苏州河,是上海的母亲河,见证了这座城市的诞生、成长和繁荣。今日的黄浦江和苏州河焕发出了更加迷人的魅力,"一江一河"公共空间品质得到有效提升,服务功能更加丰富多元,逐步形成开放共享的公共休闲空间体系。
>
> 　　开放共享的公共空间。空间的开放共享是人民空间权益最大化的体现,滨水岸线贯通和开放是"一江一河"公共空间建设的系统性工程,通过辟通岸线断点,将原先碎片化的滨水绿地空间连为整体,并在此基础上植入公共设施、提升景观环境,由此构建贯通开放、活力汇聚的高品质滨水公共空间序列。如杨浦滨江公共空间南段通过水上栈桥、架空通廊、码头建筑顶部穿越、景观连桥等多种因地制宜的方式,实现了6个"断点"的三维贯通。苏州河华东政法大学段通过破墙、退岸,构建校城共融的开放空间组织,将百年名校的整体风貌作为沿线景观向市民开放。
>
> 　　人性多元的公共服务。"一江一河"滨水公共空间通过功能混合的土地利用方式,为市民提供了多元的滨江游憩机会,满足使用者观光游览、运动健身、休闲娱乐等差异化的公共空间使用需求。滨水公共空间每1千米便设置一个滨水驿站,内部免费设置寄存处、自动贩售机、紧急医疗救助点、无线通信、书报亭等,并融合休憩、阅读、沙龙等多种功能。同时,关注孕妇、婴幼儿、老年人、残疾人等弱势群体的特殊需求,滨水地区的儿童友好、宠物友好、无障碍区域范围不断扩大,徐汇、普陀滨水公共空间实现全域宠物友好,杨浦滨江实现南段5.5千米设施无障碍全程贯通。
>
> 　　资料来源:上海市人民政府办公厅:《上海市人民政府关于印发〈上海市"一江一河"发展"十四五"规划〉的通知》,上海市人民政府,2021年7月30日,https://www.shanghai.gov.cn/2021hffwj/20210830/6a27a89d0f2540a79a8e58ed3ea3a7e9.html。

2. 美丽街区建设

社区公共空间是加强社区空间环境品质、提升居民生活品质的关键因素，也是满足人民对美好生活需要的最重要空间载体。上海积极推动"美丽街区"建设，重点针对街道、街头绿地、小广场、桥下空间等市民日常生活的小型公共空间开展微更新。[①] 截至2023年底，上海已建成657个"美丽街区"，累计建成街景小品1.8万处、花坛花境6.3万个，新增行道树1.9万棵，整治更新店招店牌7.2万块，改造景观灯光62万米，提升公共空间休憩座椅2.1万处。通过"美丽街区"建设，全市道路更加平整洁净、公共设施更加简洁实用、人行空间更加畅通有序、建筑立面更加协调安全、绿化街景更加提质增效、店招店牌更加规范多样、围墙建设更加艺术生态、景观灯光更加绚丽雅致。

从"道路"到"街道"，实现街区空间人性化转变。从居民日常生活需求出发，注重行为习惯适应性、通行便捷性、空间交互性，对街道的组成要素进行优化，全面提高街道环境品质。打造连续的慢行体系，强化步行优先与无障碍通行，创造安全有序的人行街道环境；结合建筑前区开辟公共休憩空间，满足亲子、健身、用餐需求等方面功能优化，提升街区整体活力；打造街道绿化景观，植入沿街人文景观要素，如街头艺术品、街道家具等，彰显地域文化气质。

打造高品质街头绿地，实现从公共性到日常性转变。以"蓝带绿网多气泡"为指导原则，全力推进社区级河道和绿道贯通，串联社区级主要公共开放空间节点，形成大众日常公共活动网络，满足周边居民日常休闲散步、跑步健身、上班上学等公共活动需求。环世纪公园绿道、新虹街道环社区绿道、新江湾城绿道、彭越浦绿道等社区绿道已经成为跑步"网红道"。同时，推动高品质街头绿地打造，增强绿色空间的景观、娱乐、休闲、健身等综合功能，提升市民的幸福感、获得感，截至2023年底，上海共新建或改建476座口袋公园。

开辟城市新公共空间，实现从消极到积极利用转变。利用社区闲置荒废区域、道路转角、桥下空间以及建筑死角，综合考量服务范围、空间布置、市民需求度等问题，

---

① 《第三轮建设启动 让百姓见证"家门口"变得更美更好 上海将再建设300个"美丽街区"》，上海市人民政府网，2024年8月13日，https://www.shanghai.gov.cn/nw4411/20240813/6b1b4b2508784e4db03314e243ee3424.html。

建设高品质口袋公园。上海内环以内高架道路约 58 千米,跨黄浦江、苏州河等桥梁 37 座,目前已基本完成桥下空间的整治,为附近居民提供绿色慢行、儿童游乐、运动健身等活动空间。

> **专栏 7 – 2**
>
> ### 杨浦区美丽街区总体设计方案
> ——以精细化设计提升街道空间品质的规划实践
>
> 2018 年初,上海开始实施"城市精细化管理三年行动计划",全面推进以提升街道空间品质为目标的美丽街区行动。① 杨浦区是全市第一个在全区层面进行美丽街区整体设计的区域,系统开展了以精细化设计提升街道空间品质的工作。规划明确亟待整治的短板街道地区、以完善功能为主的一般街道及需要着重打造的特色街道,作为差异化引导的基础,并围绕控底线、抓重点、做特色,建立精细化设计体系。
>
> (1) 控底线。以落实保障充足的人行空间,作为底线控制策略。重点针对评估的短板街道,以安全的步行环境为目标,做到步行有道、骑行通畅、礼让慢行和环境安全四个基本要求。
>
> (2) 抓重点。选取体现杨浦"百年大学""百年市政""百年工业""世界级创谷"四大特色的同济-复旦地区、江湾-五角场地区、杨浦滨江地区以及长阳创谷等四个地区为重点地区,着重提升。
>
> (3) 做特色。从杨浦的历史、现在和未来发展导向三个方面,选取特色道路,展现杨浦城市风貌。规划从空间优化、功能提升、活力激活等维度,重点打造书香街道、烟火气街道和明星街道三类街道,提升杨浦街道活力。
>
> 资料来源:上海同济城市规划设计研究院项目资料。

---

① 《杨浦区"美丽街区"总体规划设计方案》,同济规划 TJUPDI 微信公众号,2020 年 7 月 14 日, https://mp.weixin.qq.com/s/wql23rccvWSE7R-p3BTqIA。

> **专栏 7-3**
>
> ### 桥下空间品质提升①
>
> 上海市大力推动桥下空间品质提升工作,按照"精细化、标准化、特色化"的要求,通过空间治理打造可欣赏、可漫步、可参与、可阅读的"桥荫新空间",让灰色的"水泥森林"变得更加生活化、更具亲和力。
>
> "网红动物园":北翟路、哈密路附近的中环桥下空间约3.5万平方米,被高架桥分为三个象限,分别以"猎豹""斑马""火烈鸟"三种不同的动物形象为主题。包含时尚篮球场、体操房、观景平台、滨河游憩通道、观河平台、五人制足球场、体育服务中心和景观公园等。不仅成为周边市民遛娃的好去处,还吸引着全市运动爱好者前来。
>
> 武宁路桥下驿站:利用桥洞下城市道路两侧的有限狭长场地,除设置了公共厕所、休憩空间等基本功能外,还创造了城市看台、桥下剧场等开放空间。在紧急情况下,桥下驿站转变为维系城市物流运转的快递骑手的露宿营地,体现了城市空间提供关怀庇护的可能。
>
> 资料来源:《上海滨水空间建了许多"驿站",谁在那里歇脚、看书、吃饭、发呆……》,上观新闻,2022年11月26日,https://roll.sohu.com/a/610178763_121332532。

3. 公共空间艺术季

上海市近年来不断进行城市级别的文化实践,以激发公共空间活力、提高城市凝聚力。② 2015年起,双年展制的上海城市空间艺术季以展览和公共活动为主要内容,作为上海在迈向卓越全球城市中的重要文化品牌走进市民生活。

上海城市空间艺术季赋能公共空间,将建筑空间改造、地区更新、视觉艺术与社

---

① 《从灰色到彩色,高架桥变身"星空穹顶"!上海打造"桥荫新空间"》,澎湃新闻,2021年10月18日,https://m.thepaper.cn/baijiahao_14959738。

② 支文军、王欣蕊、张懿文:《从标志性到公共性与日常性——存量语境下上海城市公共空间有机更新》,《建筑师》2023年第1期。

会公众参与完整融合在一起,生动演绎了当代上海的城市更新理念。如上海民生码头地块原本是断裂的工业空间,为承办2017上海城市空间艺术季,筒仓项目和配套规划、景观建设在滨水平台落地,连接码头与废弃用地。在2019上海城市空间艺术季前,杨浦滨江上的毛麻仓库、"绿之丘"等场馆修整一新,成为系列展馆。许多公共艺术作品被沿线安置在室外,让看展与滨江公共空间体验融为一体。2021年上海城市空间艺术季的展场长宁上生新所、2023年徐汇滨江西岸梦中心,作为城市更新重塑公共空间,借助空间艺术季的触媒作用,树立了公共空间品质标杆的形象。

同时,以空间艺术季为契机,让市民了解、体验公共空间的建设成果,如徐汇滨江、浦东民生码头、杨浦滨江、上生新所与各个社区借展览之机吸引了许多市民前来,为之后他们自主在此活动打下基础。① 新华、曹杨、四平社区成为2021年上海城市空间艺术季的展场,多样又全面的建设成果展示为更多社区的自发更新带来灵感。

(二) 社区生活空间品质

社区作为城市的基本单元,是市民日常活动的重要空间载体,也是市民赖以生存的生活家园和精神家园,还是城市竞争力不可或缺的元素。社区是城市这个生命体中重要的组成细胞,只有社区良好发展,城市才能健康发展。上海市近年来通过"15分钟社区生活圈"建设、老旧住房更新和构建多层次的住房保障体系等措施,促进社区建设和发展,提升了居民的生活质量,促进了社区参与和自治,优化了城市空间布局,推动了社会治理创新,增强了城市的包容性和韧性,成为"人民城市"理念的最佳实践代表。

1. 生活圈蓝图行动构建高品质社区

上海在"上海2035"总体规划中率先提出打造"15分钟社区生活圈",2022年,市委、市政府在全市推动15分钟社区生活圈行动蓝图建设工作,重点落实基础保障类服务,按需补充品质提升类服务,不仅提升了社区设施和服务水平,还促进了居民参与和满意度提升,为构建宜居、宜业、宜游、宜养、宜学的社区生命共同体奠定

---

① 《2021上海城市空间艺术季今天启幕,新华社区、曹杨社区成为两大重点样本》,上观新闻网,2021年9月25日,https://m.jfdaily.com/wx/detail.do?id=408775。

了坚实基础。经过多年建设,上海已成为全国15分钟社区生活圈建设的标杆城市。

(1) 高标准规划,打造多元社区生活圈。

强有力的组织:建立了上海市"15分钟社区生活圈"行动联席会议制度,联席会议办公室设在上海市规划和自然资源局。各区亦建立了以书记/区长为召集人的联席会议制度,区各主要部门、各街道为联席会议成员单位。

专业的编制团队:专业的社区规划师团队参与编制生活圈蓝图。上海市内主要规划设计单位均不同程度参与15分钟生活圈蓝图的编制工作。各区的社区规划师团队不仅提供专业技术咨询服务,确保项目设计水平和高品质实施,还参与到社区规划的编制、建设项目方案的审查以及引导公众参与等工作中。

专栏7-4

同济杨浦社区规划师团队助力杨浦区社区生活圈建设

自2018年起,24位同济大学教授和同济规划院技术骨干受聘为杨浦区社区规划师。团队多年扎根社区、践行规划工作者的责任、深耕杨浦社区规划建设等工作,为杨浦区各街道的社区规划建设出力献策。先后完成了《杨浦区"美丽街区"总体规划设计方案》《杨浦区社区生活圈行动蓝图》等一系列对杨浦全区发展具有较高指导意义的规划研究工作;规划实施了大批惠及广大民众的社区微更新项目;引导居民广泛参与社区建设,取得了积极成效,也为上海推动社区更新工作积累了丰富经验。

同济社区规划师团队,倾心绘制具有"四个百年"特色的杨浦社区行动蓝图。以系统化评估和多维度问需为基础,在全区开展全覆盖的针对区、街道、社区、企事业单位等多个层面的摸底调研。召开近百场座谈会,发放1.2万余份调研问卷,在多尺度层面上构建了统筹全区的15分钟社区生活圈行动蓝图体系。规划形成以设计为引领的公众参与和社区营造模式,体现全民参与;以虚拟现实、大数据分析、虚拟人群活动分析为代表的智能分析技术在行动蓝图编制过程中也得到广泛应用;社区花园、参与式规划、健康社区等理念逐步在规划过程中实践,形成

> 面向多元目标的高品质社区治理模式。高质量完成了社区行动蓝图的编制,交出了既有专业性又突出街道特色的答卷。
>
> 同济杨浦社区规划师团队参与的杨浦15分钟社区生活圈相关项目,在2023年度上海"15分钟社区生活圈"优秀案例评选中获得12个奖项。
>
> 资料来源:《同济杨浦社区规划师团队工作总结报告2024》。

(2) 促进社区治理,构建共治共享格局。

上海市在推进"15分钟社区生活圈"建设过程中注重强化社区治理,构建共治共享格局。通过互动式规划参与,收集各方意见和建议,提高资源"复合共享",在有限的空间里满足未来的变化需求。这种以人民为中心的全程参与的社区治理理念,进一步完善了全生命周期治理闭环。生活圈建设特别强调社会治理在"15分钟社区生活圈"建设中的重要性,通过基层共治、社区需求共商共议等方式,不断提升社区规划的在地性特征。"六共"工作方法体现了多元协同与公众参与性。

(3) 社区生活圈建设亮点项目。

亮点1:社区食堂——社区生活品质提升的细节保障

社区食堂在社区生活圈建设中承担着重要的任务,不仅提升居民生活便利度,还是促进社区融合与互动、增强社区归属感与认同感的重要场所。社区食堂重点解决居民就餐问题,特别是为社区老年人和部分白领提供了方便、快捷的就餐服务,解决了他们的日常吃饭难题,同时为工作繁忙的年轻家庭提供了便利。此外,社区食堂不仅是用餐的地方,还是社区居民交流互动的重要场所。社区食堂作为社区内的共享空间,为居民提供了一个交流和互动的平台,有助于形成和谐的社区氛围和共同的社区价值观。

亮点2:社区微更新——社区空间品质提升

上海从2015年开始推动社区微更新工作。一系列社区公共空间的微改造,在改善社区公共环境的基础上,通过提升绿化品质、增设休闲设施等手段,增强了社区公共空间的功能性。在社区微更新的过程中,更推动了社区自治机制的建立和发展,居民在参与过程中提升了对社区的责任感和自我管理能力。

> **专栏 7-5**

以社区花园为纽带，促进社区共建共治共享

同济大学刘悦来团队多年来在上海以社区花园营建为基础，积极推动参与式设计营建，进行社区自组织可持续景观的推广与探索，促进多元共治机制下的基层社区自治。

社区绿色空间与社区营造相互赋能：以居民自治主导的方式实现社区闲置绿地的优化升级，闲置公共绿地的合理利用同时反哺社区生活环境的改善，成为居民持续参与维护社区花园的内驱力，形成社区公共空间可持续利用的良性循环；目前社区花园行动网络已在全国建立200多个社区花园的空间网络，培育在地行动者；拓展与不同部门和组织之间的合作模式，探索公共空间可持续路径；将上海经验模式总结复制到上海的主城区街道以及南宁、乌鲁木齐等全国多个城市。

社区花园建设提升了社区的环境品质，其建设和管理需要居民的共同参与和努力，这种集体行动有助于促进社区居民的交流互动，增强社区凝聚力，成为社区治理的典范。

资料来源：《同济杨浦社区规划师团队工作总结报告2024》。

> **专栏 7-6**

杨浦区五角场街道社区生活节

上海市杨浦区五角场街道社区生活节是在杨浦区规划资源局和五角场街道办事处主办、杨浦区五角场街道同济社区规划师团队承办的较大型的社区居民参与式活动，将社区节庆与"15分钟社区生活圈"规划成果展示结合起来，突出"人民城市"全民参与和全过程参与的理念。

社区生活节通过公众参与社区事务，探索社区治理创新和共建共治共享的新范式，具有三大特征：（1）包容性——联动性相结合。采用在地工作坊，多个点位展

场联动,儿童、中青年和老年人等不同年龄的社区居民全员性、全域性参与;(2)沉浸式—技术性相结合。采用节庆事件的沉浸式方式,居民打卡独具特色的点位活动,节目内容丰富,包括居民才艺展示、社区漫步、社区摄影发现、草坪音乐节和社区市集等。开展居民时空行为分析、问需求计、民情心声与未来愿景的深入对话;(3)自主性—发现性相结合。通过在地组织和社区能人的带动,组织包括"city walk"邻里行走等活动,激发了居民热爱家园、参与家园建设的热情,有助于通过共建提升社区品质和城市宜居性。

资料来源:《同济杨浦社区规划师团队工作总结报告 2024》。

2. 老旧住房更新提升社区生活舒适度

2018 年,上海发布了《贯彻落实〈中共上海市委、上海市人民政府关于加强本市城市管理精细化工作的实施意见〉三年行动计划(2018—2020 年)》,强调通过加强精细化管理,创新体制机制,加快补齐短板,每年创建一批示范性"美丽街区""美丽家园""美丽乡村"(简称"三个美丽"),打造安全有序法治、高效便捷智慧、天蓝地绿水清的城市环境。其中,"美丽家园"作为老旧住房更新的重要手段,得到大力实施。老旧住房更新不仅是城市更新的重要组成部分,还是提升社区生活品质、增强居民幸福感的重要途径。上海市通过旧住房成套改造、贴扩建改造、拆落地改造、保留保护建筑修缮、多层住宅加装电梯等多种方式,加快推进旧住房更新改造工作。老旧住房更新在改善居民的居住环境、提升居住条件、促进社区的和谐稳定等方面起到重要作用。

专栏 7-7

基于多元价值共创的参与式社区更新规划实践

杨浦区江浦路街道的辽源花苑是由辽源西路 190 弄、打虎山路 1 弄以及铁路工房三个独立住区"破墙合体"而来。项目建设以参与式社区规划为理念,从拆围墙到破心墙,从营空间到促共建,通过持续更新服务由物到人,实现三住区从物理到治理到心理的三合一,探索了"江浦路 15 分钟社区生活圈"中温馨家园的进阶之路。

> 一脉三园,六大系统。通过三区合一有效整合提升车行、慢行、安防、建筑修缮、公共空间和服务设施六大系统,打造一脉三园适老空间体系,让整合一体化更新显贴心。通过业委合一、物业统一和多方党群合力,促进融合参与式治理营舒心。从名称共筹、文化共育、花园共建到全龄共议,实现和合交往式共治筑同心。一脉两园已建成,社区休闲园已纳入生活圈行动蓝图。居民使用满意度达90%以上,并荣获全国示范性老年友好型社区,受到市区媒体广泛报道,起到了示范带动作用。
>
> 资料来源:《同济杨浦社区规划师团队工作总结报告 2024》。

3. 多层次住房体系保障多样化居住选择

人人住有所居,是人民对美好生活的向往的基础性组成部分。上海市在住房体系建设方面聚焦多元化和创新性,把加快发展保障性租赁住房作为政治责任和自觉行动,尽最大努力让来沪新市民、青年人享有品质生活、感受城市温度、拥有归属认同,以安居宜居提升城市竞争力和软实力。全力构建"一张床、一间房、一套房"多层次保障性租赁住房供应体系,以满足不同人群的住房需求。多层次住房体系的建立为不同收入层次的居民提供了多样化的住房选择,有效缓解了住房压力。

截至2023年底,上海市全市已供应租赁住房用地222幅,总建筑面积约1900万平方米,可提供租赁住房超过25万套。① 同时,上海市还确立了"租得到、租得近、租得起、租得稳、租得好"的"五个租"目标,创新实施保障性租赁住房政策举措,打通五种房源建设筹措渠道,以满足新市民、青年人的租赁需求。

专栏7-8

城市建设者管理者之家

> 上海加大保障性租赁住房筹措建设力度,努力构建"一张床、一间房、一套房"多层次租赁住房供应体系,为来沪务工人员提供"一张床"的住房选择;为新市民、

---

① 数据来源:上海市住房和城乡建设管理委员会,https://zjw.sh.gov.cn/xwfb/20240731/debf2a5ebbf94182ad401b29703a9b90.html。

> 青年人提供"一间房""一套房"的多样化选择;为海内外优秀高校毕业生来沪就业创业提供可负担、长期稳定的保障性租赁住房。
>
> 2023年11月29日,习近平总书记到闵行区新时代城市建设者管理者之家考察时指出:"外来务工人员来上海作贡献,同样是城市的主人。要践行人民城市理念,不断满足人民群众对住房的多元化需求,确保外来人口进得来、留得下、住得安、能成业。"
>
> 作为新时代城市建设者管理者之家建设运营的闵行样本,华润有巢公寓社区探索出了保障服务、共建共治、共享美好的模式。这里成为城市建设者管理者们温暖的家,是不断满足人民群众对住房的多元化需求的生动样板。依托新时代城市建设者管理者之家,上海托举起了来自五湖四海的建设者的"安居梦",这正是"人民城市为人民"理念的生动实践。
>
> 资料来源:《第1视点|让人民住有所居、居有所安》,新华网,2023年11月29日,http://www.xinhuanet.com/2023-11/29/c_1130000214.htm。

(三) 城乡融合发展

党的二十届三中全会公报明确指出,城乡融合发展是中国式现代化的必然要求。必须统筹新型工业化、新型城镇化和乡村全面振兴,全面提高城乡规划、建设、治理融合水平,促进城乡要素平等交换、双向流动,缩小城乡差别,促进城乡共同繁荣发展。上海是中国超大城市的排头兵,肩负着以"五个中心"建设为代表的重要城镇化和工业化发展任务,因而也是城乡发展张力最为突出的地区之一。

乡村组成了上海这座社会主义现代化国际大都市的底色。上海乡村总面积约4033平方千米,占到全市陆域面积的60%,涉及9个市辖区、108个街道/乡镇、1577个行政村和3.3万个自然村。上海市委书记陈吉宁强调,全面推进乡村振兴是新征程上必须回答好的重大命题,而背靠超大城市的上海乡村大有可为,上海应探索中国式超大城市城乡融合发展的新路径。[1]

---

[1] 《把富民产业做起来 让增收业态强起来 陈吉宁龚正用一整天时间深入金山、奉贤开展乡村振兴专题调研并召开现场推进会》,澎湃新闻,2024年4月8日,https://www.thepaper.cn/newsDetail_forward_26962697。

2017年中央农村工作会议对乡村振兴战略作出总体部署后，上海市于2018年3月印发《关于贯彻〈中共中央、国务院关于实施乡村振兴战略的意见〉的实施意见》，并于同年出台《上海市乡村振兴战略规划(2018—2022年)》和《上海市乡村振兴战略实施方案(2018—2022)》，形成了上海乡村振兴战略顶层设计的"四梁八柱"，明确了以"三园"(美丽家园、绿色田园、幸福乐园)工程项目为抓手，推进乡村振兴。其中，美丽家园工程是乡村宜居性建设的主要抓手，主要包括三项政策举措，即农村人居环境优化工程、市级示范村建设、农居相对集中行动计划。目前，全市共计完成村庄人居环境整治改造3.6万户，市级美丽乡村示范村260个，市级乡村振兴示范村112个。根据《上海市乡村振兴"十四五"规划》，上海到2025年将基本形成生态宜居的农村人居环境，并建设完成300个以上市级美丽乡村示范村、150个以上乡村振兴示范村建设任务，推动形成一批可推广可示范的乡村建设和发展模式，发挥区域引领带动效应。

1. 农村人居环境优化提升

农村人居环境优化提升工程是市委民心工程。截至2022年11月底，全市农村公路提档升级改造完成1 100千米，农村生活垃圾分类全面实现，卫生户厕覆盖率100%，生活污水治理率达90%。此外，2022年，上海市人民政府下发《上海市美丽庭院(小三园)建设工作指引》，要求2025年前，全市行政村全覆盖式完成美丽庭院建设，对村民宅前屋后的"小三园"(小花园、小菜园和小果园)进行美化。目前，全市已建成23.7万户美丽庭院。

在人居环境优化提升工程的实施过程中，上海践行全过程人民民主的理念，鼓励各区积极创新村民参与模式，不仅回应了村民差异化的人居需求，而且带动了村民就业，培养了其参与村庄建设的积极性。第三方公布的"2023年度农村人居环境优化提升工程村民满意度调查"显示，对于本市美丽庭院建设，有82.5%的村民表示"非常好"，15.5%的村民表示"较好"，极大提升了村民的满意度和获得感。目前，上海已实现乡村人居环境整治全覆盖，为示范村建设等宜居性提质升级工作打下了扎实基础。

2. 乡村振兴示范村建设

市级乡村振兴示范村是上海探索和推进超大城市乡村发展路径的重要政策抓手。该政策自2018年提出以来，正形成以均衡分布、分类引导、设计引领、全域打造、区域联动为特征的乡村振兴实施体系。

针对超大城市的城镇化发展和乡村振兴之间的空间张力，上海充分发挥本地规划设计领域的人才优势，明确提出以村庄设计为引领的示范村建设方式。每年动态更新编制《乡村振兴设计师手册》《乡村振兴示范村设计案例》等成果，并下发至各区镇，使得大量高水平设计团队得以有序投身村庄设计工作。有关部门还通过开展学术交流、征集设计作品并向示范村派驻义务乡村规划师等方式，助力设计下乡。此外，上海乡村规划坚持送活动下乡，目前已开展了三年的乡村艺术季，以临时性用地和在地化建造技术，导入了大量艺术活动，充分发挥了上海作为"世界设计之都"的资源优势，助力乡村振兴。

上海的示范村设计不局限于"穿衣戴帽"式的物质空间美化，而是明确提出全域打造的概念，配套人居环境优化提升工程，配齐公共基础设施，推动设施区域共享，并统筹山水田林湖草等大地景观和村庄聚落的风貌提升。同时，上海还提出了乡村产业项目建设用地"不为零"等创新政策，保障示范村产业发展空间，积极引导多元投资和发展乡村新产业、新业态，促进集体经济"自我造血"。

在激活社会经济发展动力的同时，上海市规划和自然资源局等相关部门坚持在示范村建设中实现守正创新，强调创新建设项目必须合法合规，严格审核村庄设计工作成果，以平衡经济发展和资源保护之间的张力。

2024年1月，上海市印发《2024年"五好两宜"和美乡村试点工作方案》，在延续乡村振兴示范村建设工作路径的基础上，打破村行政边界，开展宜居宜业和美乡村试点工作。和美乡村强调增强村庄发展的内生动力，提高集体经济实力和农民劳动收入，打造"三园工程"的2.0版。该项目将进一步提升乡村建设能级、做大做强乡村产业，深化城乡融合进程，率先走出一条具有上海特色的乡村振兴路径，可持续地造福村民。

专栏 7-9

浦东新区外灶村"科创田园"壮大集体经济

外灶村村域面积为4.21平方千米，户籍人口5 188人，常住人口4 815人，其中外来人口1 200人。该村区位优势突出，产业资源丰富，但外来人口并未给村庄带来社会活力和更多租金外的经济收益。

2021年，外灶村入选上海第四批乡村振兴示范村建设名单后，确立了以科创为方向的城乡融合发展路径,并结合当地花卉种植基础,提出了"科创田园·花香外灶"的规划愿景。

示范村建设不仅提升了外灶村的整体风貌,打造了以本地海盐制造为文脉的景观游线,还以村庄规划为平台吸引市场主体,引入了多个可持续的产业项目。首先,外灶村与临港集团下属的浦东新经济发展有限公司合作,开展了"科创田园"项目,将现有闲置服装厂改造为田园办公场所,引入科技型企业并提供综合服务,通过租金和税收留成两个方面的渠道回馈村集体。2022年,该项目带动村民就业20多人,创造税收超5 000万元。其中,30%左右的收益作为村集体经济收入,预计每年为村集体增收超过200万元。

此外,外灶村还与临港集团和书院镇集体资产管理公司合作,将破旧农贸市场改建为兼具研学接待、超市等多种功能的"书院工坊"项目,利用建筑屋顶和立面建设成光伏建筑一体化(BIPV)低碳智慧光伏项目,打造乡村碳中和及生态循环示范区。该项目预计每年将为外灶村提供20个就业岗位,为村集体经济带来70万—80万元的租金收益。

除了经济发展,示范村项目也极大改善了居民的生活服务设施质量。针对老龄化比例近40%的人口结构特征,外灶村打造了综合为老服务家园,设有多功能活动室、助餐区域、康复训练区等,由专业为老服务团队运营,提供日托、康复、助餐等日间照料一站式服务。

借助示范村项目,外灶村民逐步形成了新型自治机制,组建了"睦邻议事会",帮助村民就近议事,将听证会、协调会、评议会搬到睦邻点,搬到每位老年人身边,解决了一大批涉及老年人的急难愁盼问题。

资料来源:《身边的"家"｜外灶村党群服务中心:让党群服务更有"温度"、更显"亮度"、更具"广度"》,浦东党建微信公众号,2024年5月27日,https://mp.weixin.qq.com/s/TyALxXDh3S5NccrHF1dagg。

3. 农民相对集中居住计划

乡村振兴战略提出后,上海在2019年印发《上海市农村村民住房建设管理办法》

和《关于切实改善本市农民生活居住条件和乡村风貌进一步推进农民相对集中居住的若干意见》，启动了新一轮农民相对集中居住工作。与原有动拆迁工作相比，相对集中居住政策允许农民自主选择退出或置换宅基地，而非政府统一强制征收，以保障农民权益。该项目主要包括三种选择，即进城镇集中居住、向规划保留村平移集中、货币化宅基地退出，因而赋予了农民更大的选择权。同时，该政策维持农业户口和农保，不改变农民作为集体经济组织成员分红的权益。

上海市人民政府已出台多项政策支持相对集中居住。在财政上，市级财政对进城镇集中居住的村民将给予每户7万元的财政奖补，对平移集中居住的区政府给予每户1.5万元奖补，对自愿实行宅基地货币化退出的，区政府将给予40万元/亩的节地补贴，统筹使用。在规划上，允许适度优化开发边界，提高安置地块容积率至2.5。而进城镇集中居住安置地块涉及农转用的，还可参照增减挂钩，申请使用市级周转指标，而对于按时完成市级核定目标的区，还将按照减少宅基地面积的10%给予净增建设用地指标奖励，激励区政府推动集中居住，改善居住环境，优化土地利用效率。

相对集中居住有效引导了公共服务设施和产业的集中布局，在集约用地、保护自然资源的同时，极大改善了居民的居住环境。目前，全市已有超过300个安置基地启动建设，5万多户农民实现签约，约1万户农民入住了环境优美、配套齐全的新家。其中，大部分集中安置的居民原本居住在"三高两区"（高速公路、高铁、高压线沿线，生态敏感区、环境综合整治区）等低宜居性地区。

（四）城市更新与历史文化保护

城市历史文化风貌区更新，是城市更新需要推进的重要工作内容之一，目的是加强历史文化遗产的再利用，也是提升城市品质、激发城市活力的重要举措和必然要求。2003年，上海市政府批准了《上海市中心城历史文化风貌区范围划示》，确定了中心城12片历史文化风貌区，后陆续增加郊区及浦东新区32片，目前合计44片风貌区。同时，为适应后工业时代的城市发展，上海持续推进工业园区、工业地块、工业岸线的保护更新，包括自2000年起开展的黄浦滨江、世博时期以"西岸传媒港"为代表的徐汇滨江以及作为"人民城市实践区"的杨浦滨江，一系列工业锈带转变为生活秀带,使上海逐步迈向卓越的全球城市。

1. 城市历史风貌区更新

(1) 建立历史风貌区分级保护机制。2003年,上海市颁布《上海市历史文化风貌区和优秀历史建筑保护条例》(简称《保护条例》),同期批准《上海市中心城历史文化风貌区范围》,确定了中心城12个历史文化风貌区;2005年11月,上海市人民政府批准确定了浦东新区及郊区的32片风貌区,由此建立了历史建筑分级保护制度并完善保护机制。通过追溯历史变迁,根据建筑的类型和质量并结合上海的实际情况采取多元的保护方式,同时建立了文物管理、规划管理和房屋修缮管理等政府部门与科研教学及设计单位全面配合的协作机制。由此,形成了符合上海历史建筑特点的建筑文化遗产保护机制和方法,即坚持使用与保护相结合,在使用中保护。

(2) 完善渐进式可持续更新模式。2015年,《上海市城市总体规划(2016—2040)》提出"以存量用地更新满足城市发展的空间需求,在做好历史文化保护基础上探索渐进式、可持续的有机更新模式",并提出"人文之城"和建设国际文化大都市的发展目标。城市更新方式确立从过去的"拆、改、留"转变为"留、改、拆",以保护保留为主,拆除为例外的主旨。

在历史文化街区更新实践中,着重加强历史地区、历史建筑和历史风貌道路的保护。在此阶段,大量工业遗迹得到保护性更新,如徐汇滨江、杨浦滨江等工业锈带华丽转身变为风景秀带;数百条风貌街道、街巷和成片保护的历史风貌街坊,在10多年中也在不断进行更新。上海的历史风貌保护由散点式更新逐渐成线、成面、成体系推进,由规划、房管和文物"三驾马车"管理部门引领,建立了全要素覆盖的历史保护体系。

(3) 聚焦整体保护与积极保护。2020年,上海对《保护条例》进行修订,历史风貌保护工作进入聚焦"整体保护、积极保护"的新阶段。条例明确未来保护工作的方向和目标,提出以下要求:一是探索整体保护,在对象要素上注重单体到历史环境的整体保护,加强对空间肌理和格局的整体保护,注重景观的整体保护,加强新建活动整体引导,促进新旧风貌协调;二是促进积极保护,从严格保护到主动引导,探索聚焦品质提升的引导要求,加强功能活化,以用促保,通过政策制定,鼓励更积极、全面的参与;三是完善精细保护,注重保护规划的具体实施,采用精细化、特色化的保护管理要求,对风貌区更应开展特定政策区模式的政策供给方式。

> **专栏 7-10**
>
> ### 嘉定历史风貌区重点区域有机更新规划实践
>
> 嘉定老城有800多年的建县史,仍保留着"环加十字"的古镇格局,内有西门和州桥两个历史文化风貌区。作为地区中心,一方面,文化底蕴日渐流失,城市新老肌理分异加大;另一方面,在区域定位、融合发展的总体要求下,老城需要进一步提升地区中心职能。项目以西大街片区(18.7万平方米)、南门片区(28.89万平方米)和法华里地块(1.94万平方米)以及四条重要的城市道路为更新对象,明确"留改拆"方式,确定功能业态和风貌定位,优化城市空间形态,改善交通流线组织。
>
> 规划基于历史城镇景观(HUL)理论,梳理总体空间结构,对历史风貌要素进行组织,形成业态连续的空间走廊,在实施层面上提出老城停车困难问题的解决思路,如利用教育设施用地做立体停车场等,并提出六类文化活力空间,提升地方文旅休闲及文化资产价值,在老城风貌上提出分区引导、特色杂糅的总体策略。通过有机更新的方式,满足居民对居住环境品质的更高要求,同时彰显嘉定老城的历史特色与文化魅力,打造今古辉映、人文教化的活力城区。
>
> 规划更新片区包括一个历史街区、一个二次开发片区、一个重点更新地块以及四条风貌道路。西大街片区为嘉定城之母,历史上街区因寺而聚、因商而兴、因教而盛。在保护更新思路上,以保留活化、功能提升、局部更替、有序传承为目标,在延续传统街巷肌理的同时对历史河道进行景观性恢复,形成一条与老街并行的西门新街的方案。
>
> 南门片区位于嘉定老城南部门户,也是最具发展潜力的二次更新片区,由建设于不同时期的四个街区构成,设计方案通过引入创新业态与商业文化活动,打造四个主题鲜明的特色街区。
>
> 法华里地块北邻州桥老街,南接孔庙,是州桥历史街区南北轴线上的重要节点。方案以"秦家花园"复原图为蓝本,提出再现嘉定园林建筑格局特色与风貌,以筑园相生为总体理念,发展出雅致活泼的建筑形式。在四条风貌道路的品质提升上,设计首先提出街道风貌控制总体原则,分为特征段、融合段、一般段,再针对

> 道路构成要素,以实施性强为前提,提出具体的更新举措,如游憩型绿地空间、活力业态节点、特色的门户形象、共享街道空间等。
>
> 在开发模式上,渐进更新以"政府适度干预"为基本准则。规划提出以政府为主导,引入市场和住户等力量的多元合作方式。以西大街为例,包括四种模式:(1)政府主导,主要针对公共性项目,如名人故居的更新利用,文保单位、区级不可移动文物、优秀历史建筑的修缮,主要街巷道路梳理,沿街立面改造和区域性市政基础设施的接通与完善等;(2)政府干预、开发商主导,主要针对以经营性目的为主的地块更新,包括商业地产项目、营利性文化项目和旅游项目等;(3)政府指导、居民自建,主要针对私房,基础设施入户和住房的修缮工作可充分发挥个人住户的能力,提倡私房自建;(4)政府干预、共同建设,主要针对公房,可通过引入开发商、个人和住户等多种责任主体进行共同建设,发挥市场作用。
>
> 资料来源:课题团队整理。

2. 工业地块转型与更新

(1) 中心城区去工业化进程。现代上海的早期工业是跟随内河运输的发展步伐,在苏州河、黄浦江沿岸逐步兴起的。在1926年的《上海地区发展计划》中明确划分了沪西、沪东和沪南三个工业基地,是上海现代产业布局的雏形。中华人民共和国成立后,上海开始了外围的近郊工业区建设,并逐步成为中国最大的工业基地。2000年左右,上海中心城与郊区的工业化进程开始分化发展,上海郊区进入持续高速工业化阶段,工业发展逐渐从中心城向郊区转移。

(2) 完善工业用地转型机制。20世纪80年代初,上海开始推进工业用地更新,根据更新目标,工业用地更新可分两类:一种是以产业升级、结构优化为目标,用地性质保持不变,以104区块为主;另一种是以产业转型、功能提升为目标,主要以195地块以及少数104区块为主。2005年,上海率先提出利用工业用地发展创新产业园区,利用现有闲置、低效工业用地建设创意产业集聚区,大力发展信息服务业、研发设计、创意设计等现代服务业。进入2010年,面对土地资源日益紧缺、产业转型压力日益增加的双重压力,《上海市工业区转型升级三年行动计划(2013—2015年)》《关于本市盘活存量工业用地的实施办法》等政策相继出台。工业用地转型机制逐步完善,针对不同区位、不同规模地块提出了不同的开发引导及管理机制。

(3)滨水区工业用地转型。随着浦东建设开发进程的推进,黄浦江由原来城市发展的边界转换成为城市中心,黄浦江两岸的岸线也因此从工业化时期的生产岸线转变为生活岸线。自2000年起,上海持续开展黄浦滨江、徐汇滨江、杨浦滨江岸线的更新建设,也包括2000年起开展的黄浦滨江、世博时期以"西岸传媒港"为代表的徐汇滨江以及作为"人民城市实践区"的杨浦滨江,一系列工业锈带转变为生活秀带,极大提升了城市公共绿地、开放空间、公共服务设施的规模和品质。

专栏7-11

杨浦滨江百年工业遗存保护与再生实践

杨浦滨江是中国近代工业发祥地,其工业遗存规模宏大、分布集中,集聚了众多中国近代工业史上的标志性建筑。而在工业遗存最为集聚的杨浦滨江南段,规划保护、保留的历史建筑总计24处,总建筑面积达26.2万平方米。除此之外,还有一批极具特色的工业遗存,如中国最早的钢筋混凝土厂房(怡和纱厂废纺车间锯齿屋顶,1911年)、中国最早的钢结构多层厂房(江边电站1号锅炉间,1913年)等。随着产业转型和城市空间重构,杨浦滨江成为上海城市滨水空间转型的重要地区。在此背景下,杨浦滨江展开百年工业遗存的产业转型与改造更新,经历了持续20余年的实践探索,百年工业遗存的保护与再生初见成效。

规划提出三个方面的总体更新策略。一是落实上位战略,创造世界创新要素的交汇枢纽。杨浦区是国家创新型试点城区和科创中心重要载体,滨江地块更新的核心策略之一是融入上海创新格局和构建创新产业策源地。通过空间布局对接功能节点,西侧的八埭头作为外滩—陆家嘴功能中心的组成部分,对接CAZ定位打造创新门户。大桥东作为黄浦江功能带与吴淞—杨浦—金桥—张江创新轴的交会点,打造创新枢纽;杨树浦路、江浦路、宁国路等对接中北段、杨浦腹地产业节点,形成多条创新走廊。二是新旧城区融合,打造卓越人才安居的海派社区。

为匹配各类创新人才的生活需求,提供高品质的居住环境,规划重点打造卓越人才安居的海派社区。规划提供多元包容的住宅产品,核心区强调居住与工作、生活紧密结合,混合高层江景住宅、特色公寓住宅等。腹地布局品质住宅,构建宜居社区,保护更新里弄建筑并延续地区历史风貌。提供多层次人才的居住保障,滨江高端租赁住宅吸引顶尖创新人才,老旧小区更新后满足一般人才居住,其他住宅类型进一步补充人才住宅,以实现新旧城区的融合发展和相互促进。三是以人为本,打造人民城市实践区。杨浦滨江是人民城市重要理念的实践区。通过打造杨浦党建服务站,建设"人人屋""人人馆"、举办"城市空间艺术季"等公共展演,不仅为市民提供可以休息驻足、进行公共活动的空间,还成为城市基层党建工作、收集社情民意的新阵地,使以人民为中心的发展理念贯穿于各个方面。

杨浦滨江岸线的总体更新包括几种不同规模尺度的更新区域。一是片区统筹更新,以杨树浦电厂及其周边区域为代表。杨树浦电厂有百年历史,2019年,上海电力股份有限公司和杨浦区政府签署城市更新合作协议,并与滨江公司成立开发公司共同改造。杨树浦电厂与周边遗存区域联动、整体打造。充分考虑与周边的联系和渗透,包括东侧时尚中心、西侧合生地块及南侧滨江空间等,从道路调整、公共空间塑造、公服配套和功能错位等方面综合考虑。延续电厂历史特征导入功能产业。规划以"EET"(energy and environmental technology)产业为特色,引入电力、节能环保等高端企业总部,打造杨浦滨江现代服务业集聚区。

第二类是园区型的更新,以上海时尚中心更新为代表。项目前身是国棉十七厂(1921年),具有目前上海留存下来规模最大、最完整的锯齿形厂房。2007年,国棉十七厂搬迁。城市更新中将有历史文化价值的建筑全部保留并进行功能植入。开展文旅商业的功能策划与业态导入,结合市场需求及投资效益综合评估,策划了清晰的功能区域,适时导入各类零售店铺、会展活动,加速功能转型。

第三类是各类零星地块的更新,以绿之丘项目为代表。项目前身是上海烟草仓库(1996年),原建筑在视觉上阻断了城市与滨江的联系,也阻断了规划新增道路的通行。经论证和争取,最终采取恰当的改造策略予以保留。绿之丘强化了滨江开放空间与城市腹地的联系。通过降低建筑高度和形体切削,形成朝向陆家嘴层层跌落的景观平台,引导城市腹地向滨水公共空间延伸。聚焦土地多种功能复合使用,满足水上职能部门、防汛物资库、综合服务中心等市政办公需求,通过土地复合利用打造集市政基础设施、公共绿地和配套服务于一体的城市滨江综合体。

资料来源:《上海市城市更新典型案例集》。

3. "三师"联创机制新探索

(1)"三师"联创政策提出。2023年11月,上海颁布《关于本市全面推进土地资源高质量利用的若干意见》,提出开展城市更新可持续发展模式的创新探索,通过"全面开发、多方引入社会资本"及"贯通资源、资信、资产、资金"全流程,最大限度地激发市场活力和各方参与城市更新的积极性,建立"责任规划师、责任建筑师、责任评估师"三师联创机制,通过多专业技术团队集成创新,突出规划策划联动牵引,对接建设需求,提升城市更新项目品质并确保可落地实施。

(2)"三师制"在重点更新单元的实践。2023年,根据上海市城市更新工作的安排和要求,选取黄浦老城厢、虹口嘉兴等10个重点更新单元开展试点工作,联动责任

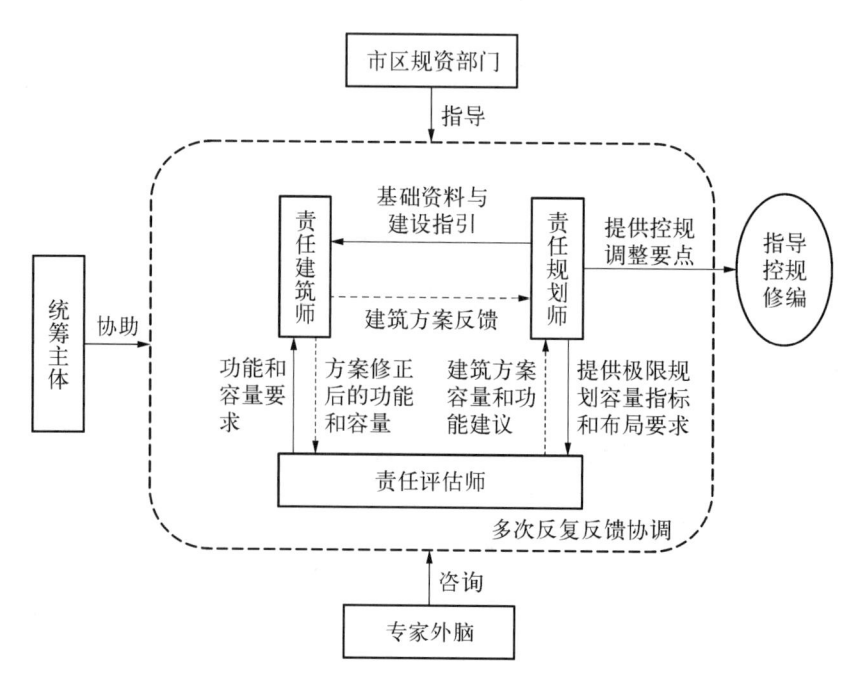

图7-1 城市更新"三师联创"机制示意图

规划师、责任建筑师、责任评估师,开展"三师联创"实践探索,建立与国际接轨、具有上海特色的可持续城市更新模式。"三师制"改变了传统的城市建设方式,把零散碎小的更新项目放在区域更新的大背景下统筹研究,让规划师、建筑师和评估师联合介入更新,横向衔接、纵向贯通,共同打造符合地区定位和市场需求的综合性解决方案。

专栏 7-12

东斯文里重点更新单元更新规划实践

石门二路01单元是上海城市更新10个重点更新单元之一,位于苏州河水岸静安段的静安区与黄浦区交界处,是苏州河世界级水岸与南北高架路城市中轴的交会区域,也是上海中心城区苏州河滨水核心区段的组成部分。更新单元内的东斯文里是上海规模最大的旧式里弄之一,风貌保护街坊、优秀历史建筑较多,形成了沿苏州河展开的重要滨水岸线与历史风貌街区。虽然拥有良好的发展底蕴,但因空间老旧,面临诸多限制与问题。鉴于东斯文里地区历史建筑及风貌街坊保护的要求,未来区域更新和空间组织存在较多限制;新增建设容量对于更新地块的交通组织有潜在压力;由于土地有限,公共服务设施面临较大布点压力;此外,地下空间与商业空间的统筹建设运营与办公塔楼的独立运营面临复杂的实施问题。针对前述发展限制与问题,责任规划师团队制定了相应的规划对策。

针对诸多限制条件,提出"三师协作"机制,即在项目前期就规划、设计、建设、运营等诸多方面进行协同,在各个系统层面做出创新性的探索。规划协同规划师、建筑师、评估师工作成果,形成更新单元实施深化方案用地建议,供建筑设计机构深化设计参考。其次提出分级分类,多样化保护措施。针对历史风貌保护与功能空间的矛盾,要衔接区域保护格局,注重里弄肌理保护,采用分级分类的多样化保护措施,建议以"保护修缮、保留改造、更新改建"三级体系构建历史风貌建筑的更新要求,综合考虑后续开发建设,实现功能活化利用。

针对更新地块的交通组织压力,强化公交导向、控制机动车出行,优化路网结构,提升支路网分流能力,将协同多地块建设地下车库、顺时针方向组织主要地块交通,并营造高品质的慢行环境。针对公共服务设施空间受限的问题,结合公共服务设施实际使用情况,单元内及相邻单元内进行较大规模独立用地公共服务设施的统筹。针对空间产权划分的问题,建议构建分层空间产权体系,将地下层、地面裙房及高层塔楼进行产权分割,通过管理组织协同各个实施与运营主体,在设计层面统筹设计技术要求,实现街坊整体建设与空间有效利用。

通过本次规划,加强苏河南湾与其他片区的联系,水脉、文脉、绿脉、人脉相融合。结合苏州河慢行绿带贯通,实现水岸共享。规划通过打造"金融商务、艺术文娱、生活服务、关联支持"四大功能体系,支撑城市发展战略与滨河都市活力,从而实现区位重要性的提升,使更新单元在上海城市发展格局中找到自己的位置,成为新时代城市更新的标杆区域。

资料来源:课题团队整理。

(五) 智慧韧性城市建设

1. 智慧城市规划建设

2008年底,IBM首次提出"智慧地球"的概念,2009年又提出"智慧城市"的概念。从2010年以来,我国许多城市把智慧城市建设作为城市规划发展的方向,自然而然成为未来城市建设关注的焦点。智慧城市既是当前城市精细化治理的重要手段,也是城市未来的发展方向。智慧城市的转型建设涉及面广、参与部门多,处于起步阶段,容易出现数字化技术浅层堆砌与需求痛点分离的问题。根据党的十九大提出的"智慧社会"要求,在城市智慧化和数字化转型中需要结合城市发展状况和人民群众真实需求,需要在实体空间中新型基础设施建设以及网络虚拟空间数字孪生底座的基础上,关注空间应用场景。

上海市早在2014年就颁布了《上海市推进智慧城市建设2014—2016年行动计划》,是全国首个提出和落实城市数字化转型的城市,有较强借鉴意义。表7-1展示了上海市2014—2022年的智慧城市和数字化转型建设工作。上海市人民政府于2021年明确了智慧城市数字化转型的目标、路径与方式,提出打造"新基建"标杆城市,高水平推进5G等新一代网络基础设施建设,在城市风险重点部位和管理薄弱地带布设自动感知神经元,灵活使用移动式智能化新型感知设备,打造"全城感知"城市神经元系统。[①] 当前,上海制定了通过数字化实现"整体性转变、全方位赋能、革命性重塑"的目标,强调对原有发展形态、运作方式等的转变,需要的不仅仅是硬件程度的达标,还需要制度、规则等全方位的转型。实施方案提出,推动人工智能、区块链等新技术更加广泛地融入城市生产生活,基本建成支撑国际数字之都建设的新型基础设施框架体系,打造具有国际领先水准的万兆光网基础设施,全面赋能支撑城市数字化转型。

表7-1 2014—2022年上海市推进智慧城市和数字化转型重点工作

时间	颁布单位	名称	内容简介
2014年12月	上海市人民政府	《上海市推进智慧城市建设2014—2016年行动计划》	以智慧交通作为重点,建立公共停车信息平台,实现收费电子化;推进市民健康档案信息化,使健康信息在各层医疗机构间共享利用
2016年9月	上海市人民政府	《上海市推进智慧城市建设"十三五"规划》	是上海在连续三届信息化五年规划后首次提出的智慧城市五年规划,将信息化与城市发展融合,面向智慧政务、智慧地标、智慧治理、智慧经济、智慧生活五大应用场景
2020年2月	上海市人民政府	《关于进一步加快智慧城市建设的若干意见》	聚焦智慧政务"一网通办"、智慧城管"一网统管"和数字经济的推进发展,提升城市新一代信息基础设施水平
2021年1月	上海市委、市人民政府	《关于全面推进上海城市数字化转型的意见》	新技术在城市数字化转型中率先落地,将前沿技术与城市数字化转型融合,提升城市数字化水平
2021年1月	上海市第十五届人民代表大会	《上海市国民经济和社会发展第十四个五年规划和二〇三五年远景目标纲要》	推动城市数字化转型,通过数字技术创新带动城市各方面变革,发展数字经济、营造数字生活、提高数字治理水平、推动新型基础设施建设
2022年8月	上海市经济和信息化委员会	《上海市新城数字化转型规划建设导引》	引导五大新城数字化转型规划,注重数字时代城市空间、生活方式、生产方式、治理模式的塑造,对新城数字化转型相关"规建管用服"提出指导要求

[①] 《上海市人民政府办公厅关于印发〈上海市全面推进城市数字化转型"十四五"规划〉的通知》,上海市人民政府网,2021年10月25日,https://www.shanghai.gov.cn/nw12344/20211027/6517c7fd7b804553a37c1165f0ff6ee4.html。

> **专栏 7-13**

上海金鼎"聪明城市"CIM数字化平台

上海金鼎位于金桥北端,作为写入上海市"十四五"规划重点的"金色中环发展带"首批重点建设区域,总建筑面积达200多万平方米。为响应国家"十四五"规划纲要"加快数字化发展、建设数字中国"以及上海市《关于全面推进上海城市数字化转型的意见》政策,金鼎项目在项目开发建设期间同步研发基于数字孪生的CIM智慧应用平台。同济设计集团依托金桥集团为主申报单位,联合阿里云公司共同以"上海金鼎'聪明城市'CIMAI平台"为载体参加了2022年浦东新区BIM/CIM技术应用创新技能竞赛暨全国菁英邀请赛——CIM创新应用成果赛,并荣获本次大赛唯一的特等奖。同时在吴志强院士带领下,"上海金鼎'聪明城市'CIMAI平台研创"项目在2023世界人工智能大会"卓越人工智能引领者奖"中获得全球仅六席的创新之星大奖。

作为上海金鼎"聪明城市"项目主要负责单位之一,同济设计集团调配核心科研力量,以工程技术研究院、上海建筑数字建造工程技术研究中心及BIM事业部为主干构建城市信息模型(CIM)智慧城市专项技术攻坚团队,多部门联合协同作战,在过去的工作中持续投入并研发了上海金鼎基础数字孪生底座。在吴院士顶层设计指导下,团队逐步走出具有同济特色的数字化城市发展之路,让这个不断生长的智慧生命体焕发勃勃生机,不断影响和反哺物理世界。

项目在开发之初就邀请了中国工程院院士吴志强担纲,并由同济设计集团数字研发团队同步制定了《金鼎BIM标准》《金鼎CIM导则》。在具体实施阶段,摒弃了区域数字化平台依托倾斜摄影、3D Max模型等建模的传统,勇蹚"深水区"、敢闯"无人区",突破一个又一个技术瓶颈,首创"数模分离,逐级流送"的技术路线,真正依托海量的建筑信息模型(BIM)和真实的地理信息系统(GIS)打造的金鼎区域级CIM平台,不仅现阶段成果更加丰富,未来CIM用于运维信息也更加准确全面。

吴志强院士率领同济大学团队,通过训练AI模型向真实城市的异质群落学习,让 AI 模拟一个社会群落是如何组织、决策、行动的,开启了多异质众脑协同模式。该智能模式采用立体架构,包含主脑、辅脑、分脑、端脑,各系统在同一个空间底座上实现信息交互,预判他方决策,以及各方长短板互补协同。通过众脑模型在上海金鼎"聪明城市"项目中的创新实践验证,进入了第三代多异智协同的智能城市新模式。

项目聚焦"四个角色、五层架构、六大方向"——通过数据、算法、空间将城市中的建设者、政府部门、企业和居民四大主要相关角色联系到一起,并通过五层架构(云服务设施、大数据中心、智能服务平台、数字孪生底座及场景应用平台)实现从数据端到用户端的贯通。结合金桥区位定位和产业优势,在建设、管理、运维、资产、治理、享用等六大方向提供大量基于算法的智能辅助模块,落地应用场景。

资料来源:同济大学建筑设计研究院。

目前,国内大多数智慧城市的建设还处于基础设施的预备阶段,即信息化、数字化阶段,在具有数字化基础设施的基础上,才可以通过数字化转型进一步向"智慧"城市发展。在技术为主导驱动的城市发展中,传统城市空间中的不同尺度、不同功能的空间也会由于数字赋能而发生变化,现实与现实空间的边界由于万物互联的拓展变得边界模糊,虚拟与现实空间由于线上线下功能空间的交互而融合,场景体验式空间将逐渐增加。线上化、共享化、虚拟化的数字生活将进一步改变实体空间的形式和组织方式,原有传统空间会出现落后场景,同时新的空间规划和设计会出现新的空间设计形式。随着通信基础设施的配置提升、信息技术的发展和市民生产生活方式的转变,相较于注重数字设备的智慧城市建设,规划视角下的空间数字化转型研究刻不容缓。上海市的案例打破技术与社会壁垒,提供了旨在提升人民生活水平的智慧城市与社区案例样板。未来将会有更多更丰富的智慧城市建设不断赋能人民生活质量,推动城市与社会的可持续发展。

2. 韧性安全城市建设

城市地下空间已成为中国城镇化的重要空间资源,建设规模大、使用功能类型丰富,以上海为代表,已建成全球规模最大的地铁网络,每天超过1000万人口使用地下空间,高强度土地利用和大规模人流使得上海城市地下空间一旦受灾,其影响就会非常严重。因此,上海针对大规模城市地下空间的安全使用管理和韧性提升策略,可为打造具有世界影响力的社会主义现代化国际大都市地下空间的安全管理提供重要经验。如何消解极端气象灾害对城市关键生命线系统的影响是当前城市面临的重要挑战。如何在灾害来临前由气象部门的气象灾害预警推演出关键生命线设施的工程风险预警,涉及一系列基本科学问题。上海市埋地管网应对寒潮的案例,可为全球提供借鉴。

(1) 上海市地下空间安全韧性提升与韧性治理的实践。2021年9月1日,《上海市城市更新条例》颁布施行,明确提出对地上地下空间进行综合统筹和一体化提升改造,提高城市空间资源利用效率,全面提升城市生态环境品质。第一,建立健全中心城区重要片区地下空间一体化开发利用模式,实现功能空间集约利用、多点互联互通、公益经济平衡。第二,在严格保护的前提下,开发利用地下空间,推进历史风貌区更新和环境提升。第三,利用碎片边角地开发竖井式深层地下立体机械停车库,缓解城市核心区"停车难"问题。

在调查分析的基础上,创新性提出"双核驱动"的地下空间风险管控模式,优化技术方案,织密社会治理网络。沿着这一思路,应用"精治智管"理念,通过地下空间联席会议的组织协调,将各职能委办局集合起来,通过"使用人—产权人—物业管理者"三方各司其职,实现地下空间基本信息的收集上报和实时感知;依照属地化管理原则,构建分类分级的多源信息融合与风险预警平台;根据风险分类分级,采取相应的风险防范与处置对策。其中,采用既有监控监测设施,实现地下全空间、全要素、精细化感知和多元数据融合,并通过机器学习和智能算法,对地下空间的安全风险进行研判与分类分级,通过风险预警平台开展处置对策的智能规划,优化巡检路线、人员配置、专业队伍布局等,还对风险处置的成效进行实时跟踪,实现精细化闭环管理(如图7-2所示)。

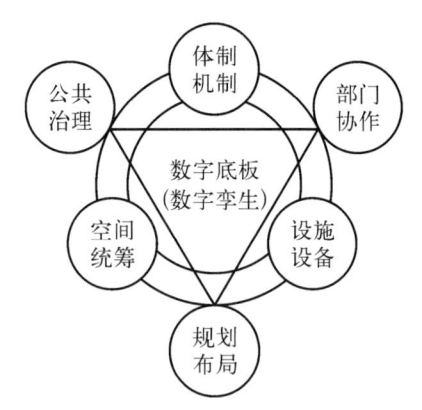

图 7-2 双核驱动的地下空间风险管控模式

> **专栏 7-14**
>
> ## 上海市浦东新区高东镇广盛佳苑韧性治理实践
>
> 广盛佳苑位于上海市浦东外高桥板块,是 2010 年开始动工、2011 年 6 月竣工的动迁社区,属于政府安置房项目。当下低碳节能理念深入人心,电动汽车也越来越成为人们的首要选择,充电问题成为社区停车空间面临的新问题。因此广盛佳苑结合居民对充电桩数量扩充的诉求,在小区物业主管、规划专家的指导下,协调了镇政府、供电公司和施工方的利益诉求,最终实现多方受益。"居委统驭-全周期参与型"更新模式在高东镇广盛佳苑电动汽车充电桩安装工程中得到成功实践,并得到良好反响。
>
> 该项目"取之于民,用之于民",来源于居民对充电桩扩容的需求,由政府进行引导组织,社区物管成为共治枢纽,对更新全流程进行协调与监管,起到了沟通平台的作用,同时承担起后期管理责任;电力公司负责电力支持与设施升级,施工单位承担设备更新的职责与安全监管,两者共同协助物管进行后期的安全维护与可持续运营;居民作为方案提供者与使用终端,获得了更优质的停车与充电桩安全服务。与地上空间不同,地下空间更新改造尤其是充电桩的设置对消防安全、专
>
> 图 7-3 高东镇广盛佳苑工程协同治理模式组织结构图

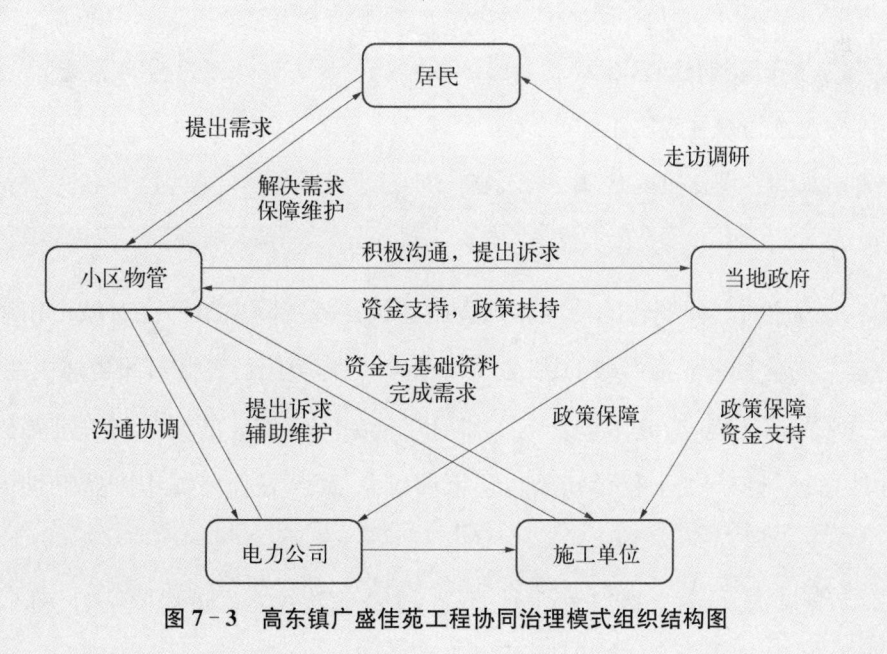

业施工等方面提出了新要求,因此该项目聘请专业施工团队实施建设,由小区物管整合政府、居民、社区规划师等多方面意见,并积极沟通以确保项目顺利竣工,保障了项目的专业度与可信度,既为整体安保系统提供了维护检修的机会,也在此基础上重新进行了规划设计,提高了安全标准,配备了更加完善的监督管理系统,加强了对空间安全的管控,解决了安全隐患。

该项目作为试点项目,资金来自政府前期投资和居民后期支付两部分。前期政府集中投入部分启动资金,用于支持项目开展,同时落实政府对空间安全使用的监管;中后期由居民以额外收费的形式为项目运营提供资金,一方面,社区物管通过提高物业费用获得收益;另一方面,居民用电量的增加使得供电公司获得更多收益,同时政府也获得了居民认同。各方都有投入但又取得了可成比例的收获,最终资金流动与项目运行达成闭环,实现了效率和公平的协调统一与更新项目的可持续运行。与其他更新项目不同的是,项目的实际运行构成一个有机系统,成为项目整体的重要组成部分,居委仍旧负责监管工作,其他参与方也能通过提供技术支持获得收益,减轻了政府的财政压力。未来当城市更新模式通过不断修正与实践之后,政府应积极培育提供公共服务的微盈利的企业,引入"企业认养社区"("Adopted neighbourhood by corporate")的概念,发挥企业与第三方的积极作用,虽然回收期较长,但从长期经济效益稳定性与社会效益潜力来看,具有较强的可实施度与现实意义。

资料来源:项目团队整理。

(2) 上海应对气候变化的韧性基础设施建设。极端降温事件会对城市市政基础设施的运行安全带来非常严峻的挑战。2021年2月,美国得克萨斯州遭遇极端寒潮,"能源之都"陷入困境,造成严重影响。如何在气象灾害预警的同时对关键基础设施和生命线系统同步开展工程设施风险预警和应急处置,是保障城市安全韧性的重要问题。

2020年12月29日—2021年1月15日,上海市连续两次遭遇罕见的"霸王级、断崖式"寒潮袭击,城市供水安全保障受到严峻考验。上海市供水行业积极应对、科学处置,全力保障供水系统安全运行,及时组织受损设施应急抢修,保障全市管网系统正常运行,把寒潮对全市供水系统灾害的影响降到最低。针对上海两次寒潮防控部署,同济大学上海防灾救灾研究所城市市政管网运行安全与防灾研究团队在李杰院士带领下及胡群芳教授的组织下,全程参加两次寒潮应对工作,结合 2016 年寒潮以来研究团队开展的寒潮影响风险分析理论、试验研究结论和现场实测数据,应用研发的模型、方法、技术和系统,协助上海市供水管理处等单位针对本轮两次寒潮开展会商研判,对每次寒潮发生的特征、过程及预测影响进行研究及预测,成功对寒潮可能对供水管网运行带来的安全影响风险进行了预报预警,组织制定了科学、有效的防控对策和应急措施,全程服务上海市城市安全及供水系统保障工作,实现了"应对科学、响应及时、处置高效、安全受控"的预期目标,为上海科学、高效、主动应对寒潮提供了重要的决策建议和技术支持,发挥了重要的科技支撑作用。

应对两次寒潮工作的成功经验和发挥的科技支撑作用,具体包括:一是在寒潮前期开展风险预判工作,准确地预测了两次寒潮灾害影响过程,组织编制了"供水管网系统寒潮影响风险图",事先及时提供浦东地区供水管网管道巡检和爆管预警点信息;二是在寒潮过程中实施快速精准的风险动态跟踪预警,将研发的城市供水管网运行安全风险预警与爆管预测系统在浦东威立雅自来水公司上线试运行,该系统首次在国际上实现融合管网基础信息、外部天气预报和管道基础信息及受损破坏机理物理模型,每天凌晨 3 点自动对区域内的供水管网系统进行风险分析与隐患预警,指导做好供水系统运行安全事件应急处置准备;三是针对水表表具防冻保护,建议采取外露防冻包扎措施和临时保温屏障隔离抗冻技术,降低了外部低温冻结可能造成的冰冻破坏,为应对寒潮提供了实用高效的科学对策与减灾技术。

三、建设更有温度的高品质宜居城市

面对多元化的人居需求和日益严峻的城市挑战,未来上海应重点提升各社会群体的生活质量、增强城乡公共服务的均等化、提升城市应对自然与社会风险的智慧韧性,推动经济社会的可持续城市更新,进一步增强城市的宜居性。

(一) 逐步满足空间资源紧约束下的多元化人居诉求

上海作为一座超大城市，人口结构复杂，不同社会群体的生活诉求高度差异化。在有限的空间资源下，如何满足各代际和不同群体的美好生活需要，成为未来城市建设的核心议题之一。

首先，针对儿童友好型城市建设，目前社区内适幼化设施的设计和质量仍有待提升。根据第七次全国人口普查数据，上海有243.6万名儿童，占全市总人口的9.8%。然而，社区内的儿童活动场所，如儿童活动中心和儿童之家，利用率较低，主要问题在于这些设施多为"快餐化"的儿童乐园，缺乏长期使用的功能性。未来规划应根据不同年龄段的需求进行精细化设计，特别是为0—6岁婴幼儿制定具体的设施标准，如确保婴儿车无障碍通行、设置母婴室、换尿布台等必要设施，减少潜在的安全隐患。此外，儿童设施不应孤立布局，而应通过街道系统化设计，将学校、家庭和活动空间连为一体，构建安全有趣的活动路径，并将绿色生态环境与儿童娱乐空间相结合，改善儿童的整体体验。

其次，青年友好型城市建设应更加关注住房供需平衡和职住便利性问题。近年来，上海通过保障性租赁住房、公租房等项目，初步建立了多层次的住房体系，解决了一部分青年和新市民的住房问题。然而，流动人口的住房需求远未得到充分满足。虽然"十四五"期间计划新增47万套保障性租赁住房，但相对于1 000万外来常住人口而言，仍存在较大供需差距。此外，许多低收入群体因租金可负担性问题仍面临租房困难，特别是保障性租赁住房项目主要位于郊区，导致职住分离严重，周边配套设施如教育、医疗资源相对薄弱，进一步增加了通勤压力。因此，在未来规划中，应平衡租金水平与配套设施的可达性，提升青年群体的居住体验。

最后，老年友好型城市建设已成为迫切任务。2023年，上海60岁及以上人口占总人口的37.4%，老龄化问题严峻。尽管城市在推进老旧小区适老化改造，但改造后设施的便利性和安全性仍存在不足。此外，社区内的老年休闲活动空间、托老所和社区诊室数量有限，难以满足老年人的多样化需求。随着"15分钟社区生活圈"规划的逐步推进，老年群体的需求应更加细化和精准，要确保老年人能够在家门口享受到丰富的服务和设施，减少出行困难，提高生活质量。

(二)积极推进城乡公共服务和空间权利均等化

相较于发达的城市建设,上海乡村建设整体相对滞后,呈现"大都市,小乡村"的城乡关系特征,人口和土地资源布局存在城乡失衡现象,乡村"空心化"问题较为突出。未来,上海需要通过统筹城乡资源、优化公共服务布局、提升基础设施水平,确保城乡居民享有平等的发展机会和生活品质,进而推动城乡融合发展,实现共同富裕的长远目标。

首先,统筹城乡空间资源配置。当前,城乡建设用地指标大量向城市倾斜,导致乡村建设面临土地资源不足的问题。未来规划应确保城乡用地指标的合理平衡,优先保障乡村基础设施、民生服务及新兴产业的发展用地。在减量与统筹过程中,需强化乡村规划的自主权,增强规划弹性,以适应各类新业态和回流人口对资源的多样化需求。

其次,缩小城乡公共服务设施供给差距。上海郊区和乡村的公共服务设施"欠账"较多,未来应进一步完善乡村公共服务体系。以《上海市郊区镇村公共服务设施配置导则》为基础,应更细化老人、儿童、青壮年等不同群体的需求,将医疗室、老年活动室、健身点等设施进一步下沉至自然村。特别是针对老年人腿脚不便的现实,社区服务设施应布点合理,打造15分钟的出行服务圈,提升农村弱势群体的生活便利性和幸福感。

最后,强化乡村基础设施的综合提升。乡村基础设施与现代生活方式尚不匹配,尤其在停车场、生活服务、休闲娱乐等方面较为缺乏。针对50%的中青年村民依赖私家车出行的现状,未来规划应增加乡村停车场和充电桩等设施,并拓展休闲娱乐和生活服务功能,提升乡村生活品质。同时,通过智慧化手段,实现城乡公共服务的均等化供给,为流动人口及下乡人群提供更加便捷的公共服务,推动城乡协调发展。

(三)持续增强面对自然社会风险的智慧韧性应对能力

当代宜居城市的建设已不再仅仅局限于提供舒适的居住环境和完善的公共服务,更面临着应对复杂多变的全球性挑战。随着气候变化、资源紧张、公共卫生危机以及社会不稳定因素的频繁出现,城市在发展过程中必须具备更强的适应性和可持续性。

首先,应加快推进生态修复和绿色低碳发展,夯实城市智慧韧性发展的基础。生态修复不仅是缓解环境压力的关键手段,还是实现城市长期可持续发展的重要路径。通过改善自然生态环境,上海可以显著提升城市的宜居性,提高市民的生活幸福感,并增强城市的全球吸引力。同时,加快绿色低碳技术的研发和应用,优化能源结构,推动绿色经济转型,不仅能有效减少碳排放,还将为上海开辟新的经济增长领域。低碳城市的构建,将确保上海在未来全球气候治理中占据主动,并在经济竞争中保持领先地位。

其次,应加快构建高度协同的基础设施网络,提升城市运行的安全性、可靠性和灵活性。基础设施是城市发展的血脉,其系统化和协同化水平直接影响着城市的运行效率与发展质量。随着上海作为全球化大都市的功能日益复杂,传统的单一领域基础设施建设已难以满足现代城市的多样化需求。因此,体系化的基础设施建设成为必然选择。这不仅涵盖交通、能源、通信等物理设施的现代化,还包括智能化和数字化基础设施的深度融合与创新,以全面提升城市的综合承载力。

最后,应通过大数据、人工智能等技术加强智慧化管理,显著提升城市应对危机的能力与效率。而韧性系统的建立则确保城市在面对不可预知的灾难时具备快速恢复和重建的能力。智慧韧性城市的构建不仅是防范未来风险的有效途径,还是提高城市运行效率与应急响应能力的必然选择,对城市的长期安全与稳定至关重要。

(四) 推动经济社会可持续的城市更新

城市更新的核心任务是对过去积累的空间资产和资源进行战略性取舍和再开发,旨在实现空间资产的保值增值与公共价值的最大化。在可持续城市更新的推进过程中,需关注成本控制、更新模式的统筹,灵活应对不同利益主体的诉求,以实现政府、市场和公众之间的最佳平衡。因此,当前阶段的可持续城市更新需着重落实以下三项重点内容。

一是提高政府公共财政支撑效率。政府财政在城市更新中发挥着至关重要的作用。通过科学的规划与政策机制,政府应合理引导财政资金的配置,强化公共财政对城市更新的支持。一方面,政府要进行战略性资源识别,找到财政支持的最佳切入点,为城市更新项目提供必要的资金保障;另一方面,政府还需发挥撬动社会资本的作用。通过对公共设施、文化保护和生态环境等领域的投入,提升区域吸引力,从而鼓励社会资本的参与和投资,推动整体城市更新。

二是激发社会资本的参与动力。有效的城市更新需要各市场主体的积极参与。鼓励社会资本进入城市更新领域,不仅能减轻政府财政压力,还有助于优化资源配置和增强项目的可持续性。为此,政府应通过完善政策体系和创新机制,降低社会资本的投资风险,提高其参与积极性。同时,明确产权和利益分配,确保项目的产权清晰,为投资者提供稳定的回报预期。政府还应通过前期策划,深入挖掘项目潜力,明确项目定位,制定科学的实施方案和盈利模式,增强项目的市场竞争力和可操作性,吸引更多资本参与。

三是保障社会公共价值的公平分配。城市更新不仅应关注经济效益,还应重视生态、社会和文化层面的公共价值。政府在城市更新中应承担起保护和挖掘这些价值的责任。通过公共投入,保障社会、文化和生态价值的实现,促进城市的可持续发展。此外,城市更新应统筹公共设施、绿色生态和历史文化等资源,提高公共产品的投资与产出效率,确保公共效益的公平性。

第 8 章　上海人民城市建设实践案例

一、人民建议征集工作

(一) 制度定位、历史沿革与工作体系

1. 人民建议征集工作的制度定位

人民建议征集工作是由我国社会主义政权的"人民性"决定的,集中体现了党以"人民立场"为根本政治立场与"全心全意为人民服务"的治国理政理念。不仅是"人民城市人民建,人民城市为人民"的人民城市理念的具体实践,还是中国式民主的生动案例,更是践行全过程人民民主的重要载体。

人民建议征集是民主参与的制度化途径。人民城市理念的提出本质上强调了人民作为城市的主体,应当拥有对城市治理的参与权。人民建议征集工作将这种参与从理念层面转化为制度层面,提供了一个正式的、持续的渠道,使市民可以直接参与公共决策。这种制度化的民主参与不仅能增强决策的合法性,还能改善政策的执行效果。人民建议征集工作赋予了公民更深程度的政治参与权和话语权,使城市治理中的民主参与不仅停留在理念层面,而且成为一种具体的、可操作的制度设计。

人民建议征集是群众路线的现代化体现。人民建议征集通过建立制度化的渠道,让市民表达意见和建议。这与"从群众中来,到群众中去"的原则是一致的,即政府通过倾听群众意见,制定符合人民利益的政策,最终将政策落实到群众中去。这种机制体现了党在新时代继续践行群众路线的努力。

人民建议征集是政治信任与政治认同的强化手段。政府的合法性不仅依赖于形

式上的选举,还依赖于公民的信任和支持。通过人民建议征集,政府能够更加透明地开展决策,并能够及时回应市民的诉求。这一机制有助于提升政府在人民心中的公信力和合法性,进一步巩固政府与社会之间的合作关系。人民建议征集制度通过公开、透明的参与渠道,增强了政府决策的合法性,提升了公众对政府的信任感,进而加强了社会稳定与制度的持续性。

2. 人民建议征集工作的历史沿革

工作先行先试,主动跨前探索。上海历来重视人民建议征集工作。2011年,上海市信访办尝试设立人民建议征集处,并在区(市级机关)、街镇分别成立征集工作平台,形成三级共振、上下联动的征集工作网络,实现群众意见建议与投诉请求分类处理,这拉开了人民建议征集专门化发展的大幕。为了收集人民建议,除了依托上海市政府门户网站专门开通"人民建议征集信箱",还在"市委领导信箱""市长信箱""投诉受理信箱"分别设立意见建议、投诉请求两个通道,将"四个信箱"的意见建议以及群众书信、走访、电话反映的意见建议纳入人民建议征集办理平台统一办理。

建机制建机构,构筑制度基础。2014年,上海市委办公厅、市政府办公厅发布了《上海市人民建议征集工作规定》,明确征集工作的基本依据、工作原则、征集范围、考核奖励等内容,由此为调动人民群众政治参与热情、加强人民建议征集工作提供了制度保证。2020年7月17日,上海市人民政府信访办公室挂牌上海市人民建议征集办公室(以下简称上海市征集办),建立了全国首个省级人民建议征集工作机构,意味着这项工作迈入新阶段。截至2024年8月底,上海市征集办共收到群众建议超过34.9万件,占信访总量的37.3%,重要建议采纳率达98.5%。110余个职能部门开展专项征集500余次,收到建议4万余条,普通市民的建议被写入"十四五"规划纲要,转化为民心工程实事项目。[①]

以法规促实效,加强法治保障。2021年6月23日,上海市人大常委会会议表决通过《上海市人民建议征集若干规定》,自2021年7月1日起正式施行。这是全国首部由省级人大常委会制定的专门促进和规范人民建议征集工作的地方性法规。

---

① 汤啸天:《"金点子"如何结出更多"金果子"》,国家信访局门户网站,2023年8月8日,https://www.gjxfj.gov.cn/2023-08/08/c_1310736003.htm。

首创展示空间,强化阵地建设。2023年,上海市建成并投入使用全国首座人民建议征集展厅。上海市人民建议征集展厅是一个教育学习实践基地,也是一个生动亲民的教育学习实践基地。2024年,普陀区万里街道创新将人民建议征集联系点进驻心理科普场馆,抽调专人现场办公,实现联系点的实体化运作,为普陀区人民建议征集工作创造了新场景,提供了新样本。

3. 人民建议征集工作的工作体系

(1) 法律政策框架。《中华人民共和国宪法》及《信访工作条例》《上海市信访条例》《上海市人民建议征集若干规定》等。

(2) 组织架构。① 市级层面。建立市级人民建议征集办公室,设立市委、市政府信访办公室。市委、市政府信访办公室是市委、市政府开展人民建议征集工作的专门机构。市人民建议征集办公室主任由市委、市政府信访办公室主任兼任。市委、市政府信访办公室相关内设机构承担日常工作。负责组织推动、协调落实本市人民建议征集工作,研究拟定人民建议征集工作规划、计划,研究解决人民建议征集工作中的突出难题,指导督促各级人民建议征集工作机构开展人民建议征集工作。② 区级层面。各区设立区级人民建议征集办公室,各区委、区政府信访办公室是本区党委和政府开展人民建议征集工作的专门机构,负责本区人民建议征集工作。市委、市政府工作部门应当按照"有利于工作、方便建议人"的原则,确定负责人民建议征集工作的机构或者人员。③ 街镇层面。215个街镇成立人民建议征集办公室,独立或与区级及其他镇级征集办联合开展专项人民建议征集工作,处理街镇级人民建议的接收、上报、答复等具体工作。

(3) 征集渠道与平台。上海市人民建议征集办公室自揭牌以来,探索了线上线下多个渠道,建立起信息来源丰富、覆盖群体广泛的人民建议征集体系,确保市民能够通过便捷的方式参与意见提交。① 线上渠道。"随申办"政务App、"上海发布"和"上海人民建议征集"微信公众号、12345上海市民服务热线、上海人民建议征集门户网站建议征集信箱、上海市人民政府门户网站、市委领导信箱、市长信箱、人民网的领导留言板、一网通办政务服务"好差评"通道、上海人民广播电台等。② 线下渠道。市级和区级人民建议征集办公室;街镇、村居、企业、学校、园区的建议征集联系点;各街镇信访服务大厅(或党群服务中心、社区事务受理中心、邻里中心、睦邻中心)等处设有人民建议征集红色邮筒。

(4) 工作流程:"七步法"。梳理研判、转办摘报、调研论证、协调督办、沟通反馈、落实转化、表扬奖励。

(二) 做强征集队伍与工作平台

从征集网络来看,上海已构建"1+16+215+6500+X"的工作体系,在市征集办、16个区征集办的基础上,215个街镇、6500多个村居均配备征集工作力量,在企业、学校、园区等设立1000多个建议征集联系点,全市布设800多个人民建议征集邮筒。开通市、区人民建议征集信箱,矩阵入驻"随申办"政务App,与领导信箱、12345上海市民服务热线、"一网通办"等同步收集建议。

1. 征集队伍建构

通过鼓励不同年龄段、不同社会阶层的市民共同参与人民建议征集工作,上海市打破了传统的参与限制,构建了跨年龄、跨领域的建议人体系。无论是青年学生、新就业群体、退休老年人,还是社区达人,都在人民建议工作中扮演着重要角色,形成了"全民参与、人人建言"的局面。

培养青年学生为建议人。徐汇区人民建议征集办公室首次与团区委合作,尝试将人民建议工作纳入青年学生的暑期见习实践中,让在岗工作的经验转化为大学生们走进社会、开展调研、书写建议的"原动力"。

转化新就业群体为建议人。"人民城市"专项征集面向全市职工、青年创业者、老年人、非公企业、新就业群体、社区治理达人等六大人群征集意见建议,涉及住房、交通、就业、子女教育、医疗、养老等方方面面,如上海市总工会在官方微信号"申工社"上发起"'人民城市 奋斗有我'职工专场征集活动",向新就业群体征集感言与建议。

吸纳退休老年人为建议人。上海通过举办分享会、建立建议征集网络、完善办理机制等多种方式,鼓励退休老年人积极参与城市治理。在上海"新城发力"战略决策中,围绕城市规划建设开展了"五个新城规划建设"人民建议征集活动,收集了200多条"金点子",其中不少来自退休老年人群体。在"建议人'回娘家'齐相聚'话真心'——'我和人民建议征集'分享会"活动中,退休市民罗克平分享了他多年来为城市发展贡献智慧的经历,他的《关于建立"老专家智库"的建议》被列入上海市"十四五"规划。退休老年人提出的优秀建议不仅被采纳,还得到了实际落实,如老年综合津贴实现了免申即享,简化了办理流程,拓宽了申领渠道。

提高社区达人建议专业性。建议人故事分享会,邀请建议人与相关职能部门代表交流分享,讲述建议背后的故事,增强建议人参与感。这些分享会有助于提升社区达人建议的专业性,因为他们能够直接与职能部门交流,了解政策制定的背景和需求。通过广泛运用线上线下渠道,搭建民意"直通车"平台,不断拓展专项征集覆盖面,把听取民意的触角延伸到群众最近的地方。这种广泛的社会动员有助于吸引更多专业人士参与建议征集,提高整体的建议水平。

2. 征集平台建构

鼓励社会组织搭建专业化平台。上海申杰中心社会组织培育评估中心创新运用分片区、分专题这一精细化的人民建议征集方法,牵头实施"让民声汇入民生"公益创投项目。通过广泛深入的调研走访,策划形成3个主题、3个片区、3套问卷,开展全方位、多维度的人民建议征集,分别听取不同区域、不同年龄代表的需求与建议,采用线上线下多维立体的8种方式,包括"童声绘生活""白领话环境""老人议幸福""公务员谈政策""居民参与式沙龙"等,让社会成员全过程参与人民建议征集。这一具有创新性的人民建议征集路径,进一步扩大了了解民情的范围、细化了吸纳民智的渠道,更大限度地汇聚民众经验智慧,为人民建议征集开辟了新路径。

推动各类人民建议征集平台融通共享。新江湾城街道创新"三点融合"工作机制。三点是指基层立法联系点、法治观察点和人民建议征集点。三点融合机制意味着打通基层立法联系点、法治观察点与人民建议征集点工作网络,有效拓展人民群众参与途径,让建议征集工作更加汇集民意、集中民智。2024年7月,杨浦区人大法制委、区委依法治区办、区信访办(区人民建议征集办)正式签署了关于明确"三点融合"组织架构、流转机制、点位打造等制度化内容的合作备忘录,致力于推动三方在平台、机制、信息等各方面融会贯通。围绕群众关心关注的民生领域难题,通过基层立法联系点、基层法治观察点、人民建议征集点的相互融合,发挥"三点"在倾听民情民意、汲取民智民慧方面的关键作用,不断提升政府服务民生的水平和质效。

3. 征集平台下沉

(1)深度嵌入社区治理体系。① 征集点纳入"家门口"服务体系。上海市通过将人民建议征集点纳入"家门口"服务体系,使居民能够在日常生活的必经之地如社区中心、便利店等地方提出建议,实现了建议征集的便民化和常态化。② 社区议事会制度化。在社区议事会中引入建议征集的正式程序,使居民在讨论社区事务时能够提出切实可行的建议,直接参与社区的决策过程。③ 居民代表大会与建议征集相结合。上海市通过居民代表大会制度,集中收集居民的意见建议,提升了市民的参与度与社区自治水平。这种做法确保了居民的声音能够被有效听取并纳入社区发展计划中。

(2) 精准化解决基层问题。将人民建议征集工作与社区问题解决机制相结合,确保基层居民的意见和建议能够快速得到反馈和解决。① 基层快速反馈机制。在街道和社区层面,建立快速响应机制,针对居民提出的社区环境、公共安全、物业管理等具体问题,形成"收集—处理—反馈"闭环,让居民看到建议的实际效果,增强信任感。② 基层问题分类管理。将居民建议按类型分类,并交由不同的社区、街镇、区政府或相关职能部门处理,确保各类问题都能找到对应的解决途径。在"静安区临汾路街道'支持老公房加装电梯'建议案例"中,街道通过广泛征集居民意见,特别是具体门栋、单元、楼层住户的意见,确保了建议的合理性和可行性。街道办事处、区房管局、区规划资源局和区市场监管局等多个部门联合办理,使得这一民生工程得以顺利推进。

(三) 聚焦专项化征集工作

1. 需求导向,量化推进:年度为民办实事项目建议征集

上海市为民办实事项目始于1986年并延续至今,遵循"从经济发展战略出发来选择恰当的近期目标,用每年限时完成十几件看得见、摸得着实事的办法"这一思路,以年度为周期向广大人民群众公开征集建议。通过将座谈会下沉至街道、居委会乃至社区,上海市各级政府力求更加贴近基层的声音,确保项目的实施能够精准对接市民的实际需求。自2003年起,为民办实事项目开始利用门户网站进行线上建议征集,此举不仅扩大了参与范围,还提高了征集效率。与此同时,各级政府通过量化的方式明确年度需完成的民生项目数量,并在官方网站上每月更新进度,使整个过程透明化、制度化。

建筑工人施业龙就是为实事项目提出宝贵建议的典型代表，在发现受伤工友因为缺乏医疗保险而不敢就医的问题后，他来到徐汇滨江"建设者之家"的人民意见征集点，提出为建设者们免费提供医疗服务的意见。很快，徐汇滨江"建设者之家"就设立了卫生服务站，每日有专业护士提供免费医疗服务，缓解了建设者们的就医难题。这一建议的提出也促使徐汇区政府在2023年的实事项目安排中纳入了"新建120急救分站"和"新建中医特色示范社区卫生服务站"两大项目，惠及了徐汇滨江地区的近万名一线建设者。这表明，人民建议征集可以有效识别并解决民众面临的实际需求，帮助有关部门从个体的呼声中了解到群体的困境，设计出更具包容性、适应性的政策与改进措施。这类以需求为导向的建议征集工作有助于不断扩大民生项目覆盖范围，增强市民的获得感、幸福感和安全感。同时，为民办实事项目的建议征集遵循年度周期，具有较强的连续性和稳定性，其量化、可视化的推进方式也为人民群众提供了清晰的政策预期，有助于构建和维护政府的公信力。

2. 广纳民意，科学规划：人民城市规划与建设建议征集

习近平总书记于上海提出了"人民城市人民建，人民城市为人民"理念，强调了城市的人本属性，这一理念在上海的城市规划与建设过程中得到了充分体现。这一层面的人民建议征集工作，如"宝山区'十五五'规划前期思路大家谈"、奉贤新城的"人民城市人民建，我为贤城献一策"、嘉定区信访办公室的"'我嘉童声'请您为儿童友好提建议"等活动，不仅加深了市民对城市未来发展的理解，也通过汇聚民众智慧为政府规划部门提供了丰富的决策参考。

以嘉定区徐行镇政府工作人员吴豪的经历为例，他参与人民建议征集已有数年，提出了一系列与社区治理、文化传播相关的优质建议。在上海市"十四五"规划编制之际，他意识到人民群众对这一重要规划的知晓度和参与度尚显不足，于是撰写了"引入公众参与科学编制'十四五'规划"的建议，投送至人民建议征集信箱。上海市征集办、上海市发改委快速回应并采纳了这一建议，举办了"'十四五'规划市民大家谈"活动。这一建议推动了上海"十四五"规划编制工作开通线上线下建言平台，共计收到建议2万余条。城市规划与建设类的建议征集充分体现了民主参与的理念，市民提供的多样化视角和解决方案有助于政府了解不同地区和群体的具体需求，在城市规划中优化资源的配置，从而提升城市规划制定过程的合法性和公众的接受度，增

强"人民城市"规划的科学性和可持续性。

3. 精细治理，协同优化：社会治理与公共服务建议征集

社会治理和公共服务是城市管理的核心内容，专项化征集在此领域的实践，有助于提升社会治理水平，优化公共服务供给。例如，上海市徐汇区信访办公室组织的"我为加快打造徐汇高品质托育服务献一计"、上海市奉贤区信访办公室发布的"为优化家庭医生服务献一计"主题征集活动都明确指向具体公共服务事项，旨在发挥人民的智慧和力量，协同解决社会治理中的痛点难点问题。

在上海工作、生活了 8 年的外卖员卢红就为公共服务的优化做出了有益贡献。他注意到社区食堂的服务时间结束较早，难以满足外卖员、环卫工人和执勤人员等群体的需求。了解到奉贤区正在进行"好点子"人民建议征集活动后，卢红尝试提出了延长社区食堂服务时间的建议。2024 年 7 月，在多方努力下，该建议被采纳，社区食堂午餐服务时间由原来的 12:30 延长至 14:30，并提供饭菜保温服务。建议得到采纳后，卢红酝酿进一步提议发挥外卖员、快递员走街串巷的作用，建立平台以方便其上报在街区发现的问题和隐患，为社会治理做出贡献。这充分说明了作为社会治理的重要主体和公共服务的主要受益人，人民群众的建议能够直接、广泛地反映特定群体的需求，让有关部门更精准地识别服务缺口和资源配置的不足，从而及时响应、推动公共服务的优化和均等化。同时，这也说明人民建议征集能更好地激发社会治理创新，产生正向的溢出效应，促进社会成员发挥作用，使得"共建共治共享"的社会治理格局更为精细化。

4. 民心共鸣，永续发展：生态保护与文旅发展建议征集

生态保护与文旅发展是城市软实力的重要体现，不仅关乎城市的可持续发展，还是优化城市形象和提升居民生活质量的关键因素。例如，上海市文化和旅游局组织的"我为上海旅游节茶文化活动献一计"、普陀区信访办公室组织的"我为普陀区河道水环境治理献一计"、金山区信访办公室发布的关于如何挖掘传承创新漕泾镇古文化资源的建议主题征集等，均体现了政府在推动城区生态保护与文旅发展方面充分吸纳民众建议的创新思路。

上海因水而生，依水而兴，黄浦江和苏州河这"一江一河"记录着其发展脉络，在生态保护和文化旅游方面也具有重要意义。退休市民韩曙从小生活在苏州河畔，尽

管目前已经搬离此地,但仍十分关心"一江一河"的发展。他发现市区段的黄浦江、苏州河沿岸公共空间品质显著提升,但郊区段如黄浦江徐汇到闵行段和苏州河上溯到吴淞江的部分仍显冷清,不利于"一江一河"的体系化发展。于是,韩曙于 2023 年 5 月提交了一份建议,呼吁加强"一江一河"全域系统规划,挖掘文旅资源,并推进郊区段岸线贯通。上海市征集办和上海市住建委迅速响应,采纳其建议,并在后续规划中予以落实。不久后,一场关于"一江一河"两岸公共空间建设的人民建议征集座谈会在苏州河畔举行,韩曙提出的建议得到了广泛共鸣,参会的其他市民也纷纷提出了自己的想法和建议,并逐一得到了相关部门积极回应。与之类似的优质人民建议都构成了生态保护与文旅类政策制定过程中不可或缺的社会资本。人民群众对于其生活环境通常有深刻理解和情感联结,其反馈基于个人经验和实地观察,往往能够提供独特的地方性视角与知识,有助于政府在制定相关政策时从单一的决策者转变为多方利益相关者的协调者、合作者,进而更加全面地考虑到长远利益、生态环境的可持续性,以及社会经济的均衡发展。

(四) 提升工作效能

1. 数字化赋能建议征集工作

(1) 大数据与人工智能在建议征集中的应用。① 线上网络征集渠道的拓展。线上渠道的拓展,使人民群众提出建议不受空间、时间、地域等因素限制。上海市人民建议征集办公室探索了"互联网＋人民建议征集""市委领导信箱""12345 上海市民服务热线""征集直播间"等多个渠道,建立起信息来源丰富、覆盖群体广泛的人民建议征集体系。② 征集过程的可视化和可追溯。杨浦区人民建议征集办公室利用官方网站、微信公众号等线上平台,实时发布建议征集活动信息、展示优秀建议案例及转化成果。与此同时,官方开发了建议追踪系统,市民可以通过该系统实时查看自己提交建议的处理进度和反馈结果,也便于政府部门进行后续的追踪问效。③ 征集工作的底数识别与分析。底数识别与分析工作是一个至关重要的环节,主要包括建议人群、建议内容、建议数量等识别,有助于确保征集到的建议具有代表性和针对性,为政府决策提供有力支持。

以金山区食品生产经营企业有效规避投诉举报风险的人民建议征集为例,金山区人民建议征集办公室在征集过程中进行了底数识别与分析工作：首先是底数识别，政府通过来电反馈、企业检查、投诉举报处理等多种途径收集建议，识别出食品生产经营企业在日常生产经营过程中遇到的主要问题（如职业举报人困扰、消费者提出超出合理范围的额外赔偿等）；其次是底数分析，政府对收集到的建议进行深入分析，发现这些问题的共性和规律，提炼出主要问题和建议方向（如加强市场监管部门指导、做好协调工作等）。一是优化决策过程，促进建议转化。大数据为政府决策提供了丰富的数据支撑，使决策更加科学、客观。自2020年7月17日上海市信访办挂牌市人民建议征集办公室，成为全国首个省级人民建议征集工作机构以来，上海市征集办共收到群众建议超过34.9万件，占信访总量的37.3%，重要建议采纳率达98.5%。二是建议征集机制的常态化。常态化工作主要包括两部分：定期分析与报告、经验总结与复制推广。定期分析与报告是指上海市人民建议征集办公室定期（如每季度、每半年）对收集到的建议进行大数据分析，形成专题报告或白皮书，这些报告不仅总结了市民的主要诉求和关注点，还深入分析了背后的原因和趋势，为政府决策提供有力支持。经验总结与复制推广是指政府注重提炼和总结成功的经验做法和典型案例，如杨浦区滨江区域的人民建议征集示范带建设。通过这些案例的分享和推广，上海市将成功的经验做法复制到其他区域和领域，推动人民建议征集机制的常态化、制度化。

（2）数字化平台的搭建与公众参与的便利化。① 实现融征集、筛选、报送等功能为一体的网络平台。上海市在人民建议征集工作中已经建立了市、区两级人民建议征集办公室，并依托这些机构搭建了网络平台。各级人民建议征集办公室负责平台的日常运营和维护工作，确保平台的稳定运行和功能的不断完善。打开上海人民建议征集的门户网站，可以一站式实现建议的征集、分类筛选、进度查看与报送，实现了上海市不同部门、区域乃至全国各个省份的信访网站的互联互通。② 与"一网通办""一网统管"等平台的配合对接。2023年7月17日，"一网通办"中的政务服务"好差评"板块正式上线人民建议征集通道。市民群众在"一网通办"PC端、随申办App和手机小程序对政务服务做出一星或二星评价时，不仅可以反映具体问题，还可以就如何解决问题、优化政务服务、完善政策措施建言献策。对征集到的群众"金点子"，上海市政府办公厅、上海市征集办将积极推动落实，切实提升企业和群众办事的便利度和感受度。

2. 人民建议的转化落地——以徐汇区"免申即享"政策的出台为例

家住徐汇区的唐大爷是一名独居孤寡老人，享受低保救助待遇。由于身患严重的糖尿病、高血压等数种慢性病，他一年住院就要五六次，每次住院前都要拖着病体到社区事务受理服务中心开证明，有苦说不出。为他办理证明的天平路街道社区事务受理服务中心副主任吴玮佳也是看在眼里、急在心中……在上海，低保人员可享受多项救助待遇，比如，住院时可以减免押金等。可是，办理相关手续却较为烦琐：他们必须先到社区事务受理服务中心开一份纸质证明，以证明自己的身份，且必须"一事一办"。这张耗时耗力的证明，不仅增加了群众的办事成本，还让惠民政策打了折扣。

陶雄峰等社区工作人员发现部分老人开具低保住院证明困难问题后，立即着手整理资料并向市人民建议征集邮箱发送建议后，情况被迅速上报，不到一周，上海市委主要负责同志"上门问计"，到社区调研听取简化流程的具体建议。从该案例中我们能够分析出人民建议转化落地的具体流程，深切体会到人民建议征集工作是如何造福于民的。

（1）建议的梳理研判与分类分级。对收集到的建议进行初步筛选，剔除重复、无效或不符合要求的建议。这一步通常是人工智能初审与人工复核相结合。首先，上海市利用大数据和人工智能技术，对收集到的建议进行智能筛选和分类，通过自然语言处理、情感分析等技术手段将其归类到相应的主题下。在智能筛选的基础上，上海市还组织专业人员进行人工复核和研判。他们会对筛选出来的建议进行逐一审查，确保其真实性和有效性。同时，还会结合实际情况和政策需求，对建议的可行性和科学性进行深入分析。

（2）建议的调研论证与方案制定。对于高质量的建议要通过进一步调研论证其可行性和价值，这一步可能需要借助专家团队或第三方机构的力量，以确保研究的客观性和准确性。面对开具低保住院证明困难的问题，如何打通堵点，实现数据"多跑路"？上海市政府办公厅、上海市信访办、上海市征集办牵头相关部门召开多次专题会，商量改进措施。"解决方案设想了很多种，最终选择的是对老百姓来说最方便的一个方案"，上海市征集办工作人员介绍，多部门在协商中达成一致——积极推动"免申即享"政策尽快出台,将群众建议尽早转化落实。

(3) 方案的协调督办与监督反馈。上下联手、左右联合,系统谋划、整体推进,一场消除"证明烦恼"的改革悄然开启。救助人员数据的源头来自上海市民政局;上海市大数据中心做好系统保障,确保医院能实时访问。医院方面,上海市卫健委指导公立医院简化低保人员住院押金办理手续。截至2023年6月,全市425家公立医院已全部开通查询账号。2023年5月27日,徐汇区先行先试,在区属公立医疗机构系统开展专题培训,率先落实"免申即享"。

(4) 建议的合理推广与举一反三。如果仅仅"头痛医头,脚痛医脚",类似问题还会反复发生,应争取"通过一则人民建议,完善一类工作,形成一揽子的便民政策"。上海市最低生活保障家庭成员证明、特困人员证明、定期定量生活补助对象证明、支出型贫困家庭成员证明等均已实现在线申请。

3. 建议征集的评估机制

(1) 评估主体的多样化。① 政府主导。上海市人民政府作为人民建议征集工作的主导者,负责建立并运行评估机制。市、区两级人民建议征集办公室是评估工作的主要执行机构,负责组织、协调和监督评估工作的开展。② 多方参与。除了政府部门,还鼓励第三方评估机构、大众传媒、基层群众自治组织、人民团体、行业协会、高等学校、研究机构、各类智库等多元主体参与评估工作,提供专业意见和建议,确保评估结果的客观性和公正性。

(2) 评估规则的制定。① 评估流程的标准化。参考信访流程,大致可以分为以下几个环节:制定评估方案;组织实施评估;汇总评估结果;反馈与整改;结果运用。② 评估过程的公平性。③ 评估方法的科学性。定性与定量相结合。④ 评估时间的周期性。定期(月度、季度、年度)。

(3) 评估指标的选择。① 指标设立的理论依据。② 指标体系的具体内容。数量:可能又包括总量、优质数量、采取数量等;质量;效率;满意度;社会影响率;成果转化率。在参考借鉴信访考核的基础上,结合人民建议征集机制的特点进行再设计;等等。③ 网上信访的绩效考核指标体系。通常包括多个方面,具体指标可能因地区、部门而异,但一般涵盖以下几个方面:受理的网上信访件数量、受理速度以及是否存在推诿扯皮现象;办理质量与效率;群众满意度,包括服务态度、工作效率、处理结果等方面；工作创新与改进：鼓励单位在网上信访工作中进行创新尝试，如引入新技术、新方法提高工作效率。④ 不同指标的采集方法与计算原则。数据来源：线上线下相结合、问卷与访谈；指标比重。⑤ 指标体系的试验性操作。选择一个人民建议征集案例进行评估分析。

（4）评估结果的运用。评估结果将作为工作人员绩效考核、奖惩、晋升的重要依据，并用于指导人民建议征集工作的持续改进。

（五）创新经验总结

1. 理念创新

（1）人民性：以人民为中心的城市建设理念。在现代城市治理中，以人民为中心的城市建设理念成为推动城市发展的核心动力。上海的实践表明，通过广泛征集并采纳市民的建议，城市治理能够更好地回应市民的需求和期望，实现民意与城市发展的有机结合。

首先，这种理念强调了城市治理的民主性和公共性，认为城市的规划与建设应充分考虑所有市民的利益和意见。通过建立开放的建议征集平台，市民能够直接参与到城市规划与决策过程中，这不仅增强了政策的透明度，还提升了市民对城市发展的认同感和归属感。

其次，以人民为中心的城市建设理念注重公平性和普惠性。这意味着在城市资源的分配和公共服务的提供上，需要考虑到不同群体的需求，特别是聆听弱势群体和边缘群体的声音，确保每个市民都能享受到城市发展的红利。

（2）主动性：变诉求为建议的城市治理理念。上海在城市治理中采取的主动性策略，将传统的诉求响应模式转变为主动征求意见的模式，主动将末端"棘手问题"变为前端"柔性建议"，体现了现代城市治理的前瞻性和创新性。通过鼓励市民将个人问题转化为整体建议，城市管理者能够更早地识别并解决潜在的城市问题，从而避免问题的扩大和复杂化。

主动性的城市治理理念还体现在对市民角色的认识上。市民不仅是城市服务的接受者，还是城市治理的参与者和合作者。城市管理者通过主动征求市民的意见，将市民视为城市治理的"合伙人"，共同为城市的繁荣与发展出谋划策。

（3）互动性：变你我为我们的城市发展理念。互动性是现代城市治理的重要特征，它强调的是城市治理主体之间以及市民与城市之间的双向互动和多元协作。上海在这方面的实践展示了如何通过增强互动性来增强城市治理的有效性和包容性。

首先，互动性的城市发展理念要求城市管理者与市民之间建立起持续的、开放的沟通机制。这种机制不仅是单向的信息传递，而且更重要的是双向的交流和反馈，确保市民的声音能够被听到并得到回应。

其次，互动性理念强调共同体思维，即认为城市的发展是所有市民共同的责任和成就。通过广泛发动群众和社会动员，市民能够积极参与到城市的规划、建设和管理中，形成人人参与、人人负责、人人奉献、人人共享的城市治理共同体，实现"人"和"城"的相互成就。

2. 机制创新

（1）双轮驱动与双向奔赴的建议征集机制。双轮驱动与双向奔赴的建议征集机制体现为人民与政府的供需对接，即公共服务供给与人民群众美好生活需求之间的精准对接。这种机制通过构建开放多元的参与平台，鼓励市民主动提出建议，同时城市管理者积极响应，形成有效的供需对接。首先，双轮驱动体现在市民需求与公共服务供给之间的动态平衡，通过建立常态化的需求反馈渠道，确保市民的声音能够被听见并纳入城市治理决策中。其次，双向奔赴则强调城市管理者与市民的共同参与，通过建立合作机制，实现资源共享、信息互通，促进城市治理的协同发展。这种机制不仅增强了市民的参与感和归属感，还提高了城市治理的透明度和可信度。

（2）平台建构与制度建设的运行支撑机制。人民建议征集工作的平台建构与制度建设是上海人民建议征集与人民城市相结合的重要支撑。通过建立网络化、智能化的信息平台，上海实现了对市民建议的高效收集、处理与反馈。这些平台不仅提供了便捷的建议提交渠道，还通过大数据分析等技术手段，对建议进行分类、分析，为政策制定提供了科学依据。同时，制度的完善为这些活动提供了规范和保障，确保每一条建议都能得到公正的处理和及时的回应。这种运行支撑机制的建立，不仅提升了城市治理的效率和质量，还提高了市民对城市管理的信任度和满意度。

（3）问题导向与治理闭环的建议落实机制。以问题为导向的治理闭环机制，强调从问题的识别、分析到解决的全过程管理，确保每一个问题都能得到有效解决。在这个过程中,市民的建议成为解决问题的重要参考,而治理的成效又直接反馈给市民,形成闭环。通过建立问题库和案例库,上海不断积累治理经验,形成可复制、可推广的模式。这种机制不仅提高了问题解决的效率和质量,还增强了市民的参与感和归属感。通过问题导向与治理闭环,上海实现了城市治理的持续改进和优化。

3. 策略创新

(1) 以制度化的建议征集渠道,实现人民城市从理念到实践的转变。上海市将"人民城市人民建,人民城市为人民"的理念融入人民建议征集工作中,明确提出城市发展应以人民为中心,鼓励市民主动参与城市治理和公共政策制定。这一理念赋予市民更高的参与感,市民不再只是政策的被动接受者,而是城市治理的积极贡献者。通过制度化的建议征集渠道,上海市实现了从理念到实践的转变,使"人民城市"成为一个可持续发展的城市治理模式。

(2) 以问题为导向的主动式专项征集,实现"人民城市人民建"的初心使命。上海市在人民建议征集工作中引入了问题导向,定期针对城市发展中的具体问题开展专项建议征集活动,推动市民就特定议题提出建设性意见。这种主动式、集中化、问题导向的建议征集方式有效增强了建议的针对性。通过专项征集活动,政府能够及时回应社会热点问题,优化政策调整路径,提高了政府对公共政策的回应能力和效率。

(3) 以透明高效的建议反馈和转化机制,实现"人民城市为人民"的终极关照。上海市透明的反馈机制打破了传统的封闭式政策制定流程,使政策更加公开透明。市民不仅能提出建议,还能全面了解建议的处理情况。这种公开透明的政策既增强了市民的参与积极性,也提高了政府的公信力。转化机制通过高效的跨部门协作和快速反应,缩短了从建议提出到政策实施的时间,让市民看到了建议的实际成效,既体现了政府对市民意见的高度重视,又体现了城市治理的灵活性和创新性。数字化平台不仅扩展了市民参与的广度和深度,还大幅提升了建议处理的速度和准确性。技术的引入使得建议征集工作从传统的人工筛选转向智能化管理,实现了高效和现代化的治理。

二、上海"一江一河"世界级滨水区规划实践

(一) 整体背景

上海是一座依水而生、因水而兴的城市。黄浦江与苏州河(以下简称"一江一河")是穿城而过的母亲河,形成了"内溯太湖、外联江海"的自然格局,造就了上海独特的海派文化特质,促使上海成为近代工业的发源地。进入 20 世纪 90 年代,"一江一河"滨水区的传统工业先后面临调整升级需求,滨水空间也开始从生产岸线向生活岸线、综合服务岸线转型。

2019 年 1 月,上海市人民政府印发《关于提升黄浦江、苏州河沿岸地区规划建设工作的指导意见》,正式提出"一江一河"的特定概念,由此黄浦江与苏州河在城市发展中成为整体。同期,上海市人民政府批复《黄浦江沿岸地区建设规划(2018—2035年)》《苏州河沿岸地区建设规划(2018—2035 年)》,提出将"一江一河"建设成为世界级滨水区的总目标。[①] 2019 年 11 月,习近平总书记在上海杨浦滨江考察时提出"人民城市人民建,人民城市为人民"的人民城市理念,这是对"一江一河"滨水区阶段性发展探索的最大肯定和褒奖,为城市滨水公共空间更新提供了理念指引,也赋予上海建设新时代人民城市的新使命。[②]

2021 年 7 月,上海市人民政府印发的《上海市"一江一河"发展"十四五"规划》贯彻落实习近平总书记重要指示,提出"深入践行'人民城市人民建,人民城市为人民'重要理念,坚持发展为要、人民为本、生态为基、文化为魂,以高品质公共空间为引领,推动深度开发,优化功能布局,培育核心产业,打造城市地标,努力将黄浦江沿岸打造成为彰显上海城市核心竞争力的黄金水岸和具有国际影响力的世界级城市会客厅,将苏州河沿岸打造成为宜居、宜业、宜游、宜乐的现代生活示范水岸,实现'工业锈带'向'生活秀带''发展绣带'的转变,将'一江一河'滨水地区打造成为人民共建、共享、共治的世界级滨水区"的发展目标。

[①] 《上海市人民政府关于印发〈上海市"一江一河"发展"十四五"规划〉的通知》,上海市人民政府网,2024 年 8 月 21 日,https://www.shanghai.gov.cn/nw44391/20200824/0001-44391_58088.html。
[②] 陈水生、甫昕芮:《人民城市的公共空间再造——以上海"一江一河"滨水空间更新为例》,《广西师范大学学报(哲学社会科学版)》2022 年第 1 期。

（二）实践探索

"一江一河"滨水区记录了上海城市百余年发展脉络，是上海建设"国际大都市"的代表性空间和标志性载体，对上海的城市发展建设起着引擎作用。"一江一河"滨水区的规划范围为黄浦江和苏州河及其沿岸空间，旨在提振城市经济能级，强化创新驱动，增强文化辐射力，修复生态环境，满足人民多元需求，真正做到还江于民、还河于民，是践行人民城市重要理念的生动案例。

第一，发展为要，打造核心功能的重要承载地。黄浦江沿岸地区经过多年的综合开发与转型发展，已经成为上海建设国际金融中心、航运中心、贸易中心的重要载体。对标世界级滨水区的更高标准，黄浦江滨水区在功能上提升能级和品质，强化各区段的错位发展、差异引导与特色培育，加强多元复合，形成紧凑合理、有主有次的空间功能结构。以创新创意、金融商贸、文化功能为引领，融合居住生活功能，形成滨江四大主导功能，积极拓展新型业态门类和设施形式，构建黄浦江滨江功能生态圈。

第二，人民为本，构建开放共享的滨水公共空间。"一江一河"滨水区着力打造滨水贯通连续的共享空间，建设拥抱河岸、开放共享的滨水区域，同时链接腹地空间网络，为市民提供更多开放共享的滨水生态空间。在黄浦江沿岸地区建设共享开放的城市公共客厅，通过构建全线连续完整的滨江公共空间带，并促进滨江空间由核心段向两侧拓展，构建整体的活动场所空间序列，将滨江空间融入城市总体公共空间网络。在苏州河两岸打造两岸联动的公共空间走廊，全线布局公共空间节点，构建网络化的活动场所空间序列，实现苏州河中心城区段滨水步道全线贯通。

第三，生态为基，连通与自然亲近的蓝绿生态走廊。《上海市城市总体规划（2017—2035年）》明确将黄浦江、苏州河作为城市级生态廊道，通过打造城市中央区核心生态空间，营造"一江一河"滨江绿色低碳的示范带，构建形成自然亲近的蓝绿生态走廊。在黄浦江两岸，持续增加滨江生态空间规模，加快滨江产业地区生态修复，以滨水绿带、纵向支流绿带和沿岸生态节点共同构建蓝绿生态网络，促进腹地绿地系统的网络化，构建"一带、多片、多点、多廊"的滨江绿化结构。在苏州河中心城区段，结合滨河绿带串联公园绿地，增补滨水带状开放空间，打造高密度城市中重要的生态轴线和高品质的生态活力廊道。

第四，文化为魂，塑造底蕴丰富的城市公共客厅。黄浦江、苏州河沿岸的大量特色历史建筑和工业遗产集聚了上海的西方文化、本土文化和中西融合文化，培育了海派文化精神。"一江一河"滨水区通过推动历史资源的全维度活化，传承地方文脉，挖掘城市历史底蕴，塑造可识别的城市形象。在黄浦江沿岸，重点彰显国际文化交流和窗口展示功能，结合区段功能和风貌主题，在工业遗产分布集中的核心区段加强历史建筑和工业遗存的保护和活化利用。在苏州河沿岸，塑造海派文化展示带，将工业遗产、里弄街坊、近现代大型公共建筑，以及承载城市实践的公共建筑等纳入保护体系。

（三）创新成效

"一江一河"滨水区是上海市核心竞争力、国际影响力的集中展示区，也是承载市民滨水休闲游憩功能的典型示范区。"一江一河"滨水区的发展强化突出以人民为核心的理念，在创新之城、人文之城和生态之城三个方面取得了突出成效。

第一，打造创新之城，水岸产业能级逐步彰显。"一江一河"区域已初步构建核心功能架构，逐渐实现由生产型空间向生活型和服务型空间转变。黄浦江沿岸形成金融、贸易、航运、文化、科创等综合功能集聚区，苏州河沿岸持续加快文化、创新、生活服务功能建设。[①] "外滩—陆家嘴—北外滩"与"世博—前滩—徐汇滨江"两个金三角区域发展迅速，外滩、陆家嘴与北外滩错位联动，已发展形成享誉海外的顶级中央活动区和世界级会客厅；杨浦滨江南段、闵行紫竹滨江等区域也成为发展新热点。苏州河沿岸功能转型持续推进，按照"一区一亮点"的思路，统筹民生与商业，融合时尚与文化，形成苏河湾、长风商务区、临空商务区等新兴区段。虹口—黄浦"河口会客厅"、普陀M50—天安千树—梦清园—鸿寿坊慢生活新秀带、静安苏河湾绿地—万象广场—慎余里商业区等一批新地标也已向市民开放。[②]

第二，营造人文之城，水岸品牌形象不断强化。在历史文化保护方面，全面梳理、统计、分类"一江一河"滨水区6处历史文化风貌区、63处风貌保护街坊、100余处文

[①] 《上海市人民政府关于印发〈上海市"一江一河"发展"十四五"规划〉的通知》，上海市人民政府网，2024年8月21日，https://www.shanghai.gov.cn/nw44391/20200824/0001-44391_58088.html。

[②] 中共上海市城乡建设和交通工作委员会、上海市住房和城乡建设管理委员会案例编写组：《打造"一江一河"世界级滨水区》，《文汇报》2024年6月23日，第7版。

物保护点、260余处优秀历史建筑、10余片工业遗产,一案一策,进行保护修缮。不断提升红色资源叙事能级、构建"海派风情"生活场景、再现民族工业发展脉络,积极推动水上旅游、城市漫步等相关文旅产品落地,虹口"最美上海滩河畔会客厅"、黄浦海派博览风情带、长宁圣约翰大学建筑群等一批滨水历史文化场景重塑焕新,"一江一河"沿岸形成外滩、杨浦滨江、南外滩、苏河湾等各具特色的风貌展示区。黄浦江沿岸的历史建筑和工业遗存,以及苏州河沿岸的红色遗存都在近年来得到持续保护与活化,"一江一河"逐渐成为人们重拾记忆的场所和城市的文化名片。在文旅体商融合发展方面,重点推动西岸"梦中心"剧场、宝山长滩音乐厅、上海大歌剧院等20余处高等级公共设施建设,并建成中华艺术宫、浦东美术馆、西岸美术馆、上海少年儿童图书馆新馆等大型文化设施,丰富市民日常休闲需求。"一江一河"还组建上海帆船公开赛、上海马拉松赛和上海赛艇公开赛"三上"品牌赛事体系,国际文化大都市景观体育初具规模。此外,"一江一河"滨水区承载多场大型文化活动和临时性新型集市,如虹口北外滩网络视听IP市集、杨浦滨江渔人码头夜市、西岸国际咖啡生活节,等等,由赛事、会展、演艺、活动组成的水岸文化品牌形象日益丰富。

第三,建设生态之城,水岸公共空间持续优化。2017年底,黄浦江沿岸实现从杨浦大桥到徐浦大桥45千米滨江公共空间基本贯通开放。2020年底,苏州河中心城段42千米滨水岸线实现基本贯通开放。2023年底,黄浦江滨水区贯通已达59千米,累计建成超过12平方千米滨水公共空间,散步、跑步、骑行等慢行道150多千米;苏州河贯通达42千米,水质由浊变清,大部分水体达Ⅲ类水质、部分区域Ⅱ类水质,建成并开放20余处大型生态绿地,休闲主题公园新建20余处。以15分钟生活圈覆盖范围计算,"一江一河"滨水区已常态服务近480万名市民群众。滨水区域建成若干儿童友好空间示范区、文物保护利用示范区、公园城市示范区、全域旅游示范区、无障碍示范区等示范区,以及社区食堂、轻餐饮车、直饮水点、跑者驿站、24小时公厕等便民设施。滨水区生态辐射效应不断增强,浦东新区"陆家嘴焕彩水环"、川杨河绿道、宝山区蕰藻浜绿道、闵行区淀浦河绿道等也逐步向市民开放。①

---

① 中共上海市城乡建设和交通工作委员会、上海市住房和城乡建设管理委员会案例编写组:《打造"一江一河"世界级滨水区》,《文汇报》2024年6月23日,第7版。

(四) 经验启示

"一江一河"世界级滨水区规划实践为上海城市治理带来的巨变，离不开工作机制、实施机制和配套保障的创新，这些经验为未来以人为本的滨水区更新规划做出了示范，有着可复制、可推广的重要价值。

第一，创新政府领导、共建共治的工作机制。首先，以上级行政主管部门发布的纲领性文件锚固建设规划的体制机制基础。上海市规划和自然资源局编制形成《关于提升黄浦江、苏州河沿岸地区规划建设工作的指导意见》，通过上海市政府批复下发至市级相关委办局和沿岸各区政府，要求站在全市角度统一认识，聚焦特定政策区形成管理合力。其次，建立全市区联手、多元合作的统筹协调工作机制。通过上海市政府搭建平台，升级沿河地区的长效协同机制，统筹相关行政部门管理要求和各区发展计划。2019年7月，"上海市'一江一河'工作领导小组"成立，建立全市区联手、多元合作的工作机制和资源保障制度。领导小组研究、审议滨水公共空间相关重大事项，协调解决重大问题，监督推进实施计划。① 由上海市住房城乡建设相关管理部门承担滨水公共空间的综合管理职责，发展改革、规划资源、交通、绿化市容、生态环境、水务等部门协同配合，"一江一河"沿岸地区专家委员会为有关事项的决策提供咨询意见，沿岸区政府及沿岸街镇分别成为滨水公共空间的相关责任主体和实施主体。② 最后，探索建立全民共建共治共享的发展模式。充分激发人民群众的主人翁精神，建立多方共治的社会治理体系。③ 针对矛盾问题，通过政策解释、敞开对话、优化方案等方式达成共识。联合各类媒体常态化组织意见征询、方案征集等活动，在滨水区密集设置人民建议征集点，邀请沿线各主体代表与专家学者展开讨论。安排市民代表参加滨水公共空间治理专题会议，"小水滴"志愿者、各区自发组成的"护河队"常态化开展活动。值得一提的是，普陀区中远两湾城社区治理获评全国社区党建创新案例、

---

① 赵爽：《超大城市沿河地区规划编制方法研究——以上海市黄浦江、苏州河沿岸地区建设规划为例》，《上海城市规划》2020年第4期。
② 上海市人民代表大会常务委员会：《上海市黄浦江苏州河滨水公共空间条例》，2021年11月25日，https://flk.npc.gov.cn/detail2.html?ZmY4MDgxODE3ZjQyMGFjODAxN2Y0ZjZmOGM1NzAzYTU。
③ 《上海市人民政府关于印发〈上海市"一江一河"发展"十四五"规划〉的通知》，上海市人民政府网，2024年8月21日，https://www.shanghai.gov.cn/nw44391/20200824/0001-44391_58088.html。

全国普法依法治理创新案例。①

第二,强化规划统筹、政策支撑的规划实施机制。首先,以规划引领全局统筹建设。为将"一江一河"打造为世界级滨水区,上海市委常委会审议通过《关于提升黄浦江、苏州河沿岸地区规划建设工作的指导意见》,标志着"一江一河"的规划建设工作进入全面提升的关键阶段。此后,上海市规划和自然资源局出台的《黄浦江沿岸地区建设规划(2018—2035年)》《苏州河沿岸地区建设规划(2018—2035年)》则确定了将黄浦江、苏州河分别打造成为"全球城市发展能级的集中展示区"和"特大城市宜居生活的典型示范区"的目标。《上海市"一江一河"发展"十四五"规划》对"一江一河"滨水区发展的总体目标、基本空间格局和不同区段的发展作出近期规划实施部署。其次,通过法规政策体系支撑规划实施。制定《黄浦江两岸地区公共空间建设设计导则》《苏州河两岸地区贯通提升建设导则》等指导性文件,印发《滨水公共空间户外招牌设置导则》《公共空间标识系统导则》《"一江一河"儿童友好滨水空间建设指导意见》。其中,《上海市黄浦江苏州河滨水公共空间条例》是全国首部城市滨水区专用法规,为滨水区高起点规划、高标准建设、高品质开放、高水平管理提供了基本依据。

第三,推动多方参与、资金联动的配套保障机制。推动多元资本参与,形成资金和财政支持机制。形成"市区联动、以区为主"的资金筹措和财政支持体系,鼓励区域内各沿江沿河单位、开发主体及社会资金参与滨水空间的开发建设。探索各区滨水空间公益性和效益性相结合的资金平衡机制,保障"一江一河"公共开放空间的日常运营维护,完善资金使用标准,落实资金使用主体责任,形成以管理养护为主的资金使用长效机制。深化政府主导的基础设施建设与社会资本经营的主题项目有机结合,实现经济、社会及生态效益多方共赢。②

---

① 中共上海市城乡建设和交通工作委员会、上海市住房和城乡建设管理委员会案例编写组:《打造"一江一河"世界级滨水区》,《文汇报》2024年6月23日,第7版。
② 《上海市人民政府关于印发〈上海市"一江一河"发展"十四五"规划〉的通知》,上海市人民政府网,2024年8月21日,https://www.shanghai.gov.cn/nw44391/20200824/0001-44391_58088.html。

三、15分钟社区生活圈：打造便捷高效的社区服务与治理新生态

（一）整体背景

"十四五"时期是我国开启全面建设社会主义现代化国家新征程的第一个五年，现阶段城乡社区服务体系建设高质量发展具有一定优势和条件。同时，面对新期待、新任务，我国城乡社区服务发展不平衡不充分问题仍然突出，必须强化问题导向，补齐社区应急管理、风险防控、医疗卫生、社会心理服务等方面的短板。15分钟社区生活圈是为满足居民日常生活基本消费和品质消费的需求，以社区居民为服务对象，在服务半径为步行15分钟左右的范围内形成的多业态集聚的社区商圈。另外，随着各地便民生活圈的快速发展，也出现了商业网点布局不均、设施老旧、新业态新技术新模式发展不平衡不充分等问题，并亟须解决。此外，社区生活圈规划的背景还包括坚持以人民为中心的发展思想，围绕城乡居民美好生活需要，保基本和提品质统筹兼顾，在补齐民生短板、确保均衡布局、满足便捷使用的同时，应该主动适应未来发展趋势，引领全年龄段不同人群的全面发展，促进社区融合，激发社区活力，增强人民群众的获得感、幸福感、安全感。

城镇社区生活圈以街道行政边界为范围，一般规模为3平方千米—5平方千米，服务常住人口5万—10万人。乡村社区生活圈结合行政村边界划定，以便民服务中心为核心承担行政管理等职能，一般规模为3平方千米—5平方千米，服务人口为100—500户；以自然村为辅助单元，配置日常保障性公共服务设施和公共活动空间，一般规模约1平方千米，服务人口为30—100户。上海的"15分钟社区生活圈"是在市民慢行15分钟可达的空间范围内，完善教育、文化、医疗、养老、休闲及就业创业等基本服务功能，提升各类设施和公共空间的服务便利性，构建的是以人为本的"社区共同体"，形成"宜居、宜业、宜游、宜学、宜养"的社区生活圈。

（二）实践探索

2024年是习近平总书记在上海提出"人民城市"重要理念的第五年，也是作为深

入践行"人民城市"重要理念重要抓手与生动实践的"15分钟社区生活圈"概念提出的第十年。上海于2014年在全国率先提出"15分钟社区生活圈"概念。2016年,制定发布全国首个"15分钟社区生活圈规划导则",并纳入《上海市城市总体规划(2017—2035年)》。2021年,包括上海在内的52个城市共同发布《"15分钟社区生活圈"行动·上海倡议》,开启全面提升城市品质的行动。2022年,上海发布《关于"十四五"期间全面推进"15分钟社区生活圈"行动的指导意见》,以行动积极回应市民对更高品质生活的追求。2023年,上海制定了《2023年上海市"15分钟社区生活圈"行动方案》,在全市划定1600个社区生活圈,全面推进社区生活圈的建设。2024年,上海制定了《2024年上海市"15分钟社区生活圈"行动方案》,进一步明确了实施行动和保障措施,包括项目实施统筹、社区嵌入式服务设施建设等。

在上海,"15分钟社区生活圈"的概念正逐渐成为现实,它代表着居民在步行15分钟的范围内即可享受到教育、文化、医疗、养老、娱乐和就业等多方面的便捷服务。这一模式强调的是以人为中心,打造一个充满人文关怀的社区共同体。长宁区新华路街道作为上海首批试点之一,以"花园社区"和"人文新华"为核心理念,对公共设施进行了全面改造。学校、公园、菜市场等设施经过精心设计,以满足不同年龄层居民的需求,使其成为人们日常生活中触手可及的便利设施。此外,民间组织也积极参与其中,他们不仅是社区建设的发起者,还通过举办时装秀、手工课等多样化的社区活动,极大地丰富了居民的文化生活。徐汇区则创新性地打造了"生活盒子",这是一个集养老、托育、健身、医疗等多功能于一体的社区生活服务综合体。居民们可以在这里享受到社区食堂、医疗保健、养老服务、幼儿教育、休闲设施等一站式服务。除了基础的生活设施,街道还巧妙地将口袋公园、电动车充电桩、老年人健身点等设施融入街边空间,使得街道逐渐转变为一个功能更加丰富的生活场所。"15分钟社区生活圈"不仅是时间的度量,还是衡量城市生活便捷性和居民幸福感的一把标尺。

(三) 创新成效

"15分钟社区生活圈"行动以街镇为工作单元,持续推进以社区党群服务中心(站、点)为主体的社区及以下级公共服务设施等各类规划建设运维,凝聚各方力量,共创治理机制、共商社区需求、共谋行动蓝图、共建社区家园、共享建设成果、共维治理成效。具体来说,在上海"15分钟社区生活圈"建设中体现出以下三个突出特征。

1. 形成"1+N"的灵活空间利用模式

上海在资源和空间有限的情况下,通过统筹规划,优先保障基本服务和广泛覆盖,同时不遗余力地提升服务品质和标准。为满足社区基本公共服务需求并响应高质量发展的目标,上海致力于提升设施和公共空间的便捷性,确保城镇和乡村社区生活圈的基本单元全面覆盖。在"15分钟社区生活圈"的建设中,上海采取了因地制宜、协同联动的策略,通过整合基础保障和品质提升服务,逐步发展出"1+N"的灵活空间模式。在这个模式中,"1"代表集中的一站式综合服务中心,如徐汇区的"土山湾党群服务中心·邻里汇",提供社区食堂、医疗、养老、文化和便民服务等多功能服务,满足居民日常生活需求。而"N"代表分散的多功能服务设施或场所,这些通过慢行网络相互连接,优化了社区服务的空间布局。如浦东新区的"望江驿",提供市民休憩空间、公共卫生间、直饮水等功能。上海还计划在全市1 600个"15分钟社区生活圈"的基本单元内完善"1+N"的社区服务空间布局,通过建设"人民坊"和"六艺亭",强化功能复合融合,从而服务全龄人群。

2. 建成全人群、多功能的生活服务体

上海将"15分钟社区生活圈"建成保障全人群的需求与服务的场所。"15分钟社区生活圈"中心集中布局多功能复合、服务周边便捷设施,形成全龄共享的理想型、服务老幼人群的基本型、面向白领及产业人才的特色型等服务设施功能和形式。其中,特别关注老年人、儿童、残疾人等特殊群体的需求,提供针对性的服务和设施,如无障碍设施、老年人日间照料中心等。此外,"15分钟社区生活圈"成为多功能的社区生活服务体。上海以"十全十美"理想服务为导向,优化城乡综合服务设施布局,包括党群服务、社区议事、便民商业、医疗卫生、为老服务、保育托幼、文化活动、体育健身、急救防灾、公共空间等设施,以及自然生态、全民学习、儿童托管、康体服务、生活服务、文化传播、就业关怀、双创场所、智慧场景、市政环保等选配服务。因此,"15分钟社区生活圈"打造中融合了养老、托育、健身、医疗等多功能概念,居民可以在这里"一站式"享受到包括社区食堂、医疗保健、养老服务、幼儿教育、休闲等在内的多种服务,提升了社区生活的便利性和舒适度。

例如,在黄浦区南京东路街道的零距离家园党群服务中心,居民可以享受到河景咖啡馆、日托照料中心、长者照护之家、社区图书馆和共享健身房等多元化服务。在中心的每个楼层都设有不同的功能区,为白领、青年、妇女儿童和老年人等不同群体提供定制化服务。闵行区新时代城市建设者管理者之家建设项目为一线职工提供多层次租赁住房供应体系,包括床位和套房,并配置公共活动区和社区商业等配套区域,为城市建设者管理者提供便利的居住和生活服务。杨浦区辽源花苑"一脉三园"更新项目通过整合提升车行、慢行、安防、建筑修缮、公共空间和服务设施六大系统,打造了适老空间体系,实现了三个住区从物理、治理到心理的三合一,提升了居民的满意度和生活质量。

3. 坚持全过程人民民主

在推进"15分钟社区生活圈"建设中,上海秉持全过程人民民主原则,确保民意渠道畅通无阻。通过全方位、持续性地吸纳居民的意见和建议,这一建设项目正逐渐成为实践"人民城市人民建"理念的典范、展示区和新基准。在街道和社区层面,上海推行了自下而上的"一图三会"自治与共治模式,激励市民积极参与社区治理。"一图三会"制度具体包括:"一图"指制定易懂、共识、可行的"社区规划图"和"设计方案图",确保社区居民能清晰理解并对未来规划满意;"三会"指包括事前征询会、事中协调会和事后评议会,确保居民在项目规划、实施和评估的每个环节都有发言权和参与度。在制定蓝图的过程中,通过听证会广泛收集居民意见,初步形成项目需求。方案确定后,通过协调会筛选出居民认可的设计方案。项目完成后,通过评议会评估方案的实施效果。例如,长宁区虹桥街道成立的"全过程人民民主志愿服务队"就是一个很好的实例。该队伍以全过程人民民主的理念为指导,推动社区治理,动员志愿者和居民深入参与民主协商,汇集社区单位和居民的力量,将居民的建议转化为社区治理的宝贵意见、基层协商的钥匙和民心工程的成果。通过这些措施,上海的"15分钟社区生活圈"不仅提升了居民的生活质量,还增强了社区的凝聚力和自治能力。上海的"15分钟社区生活圈"建设也成为打造全过程人民民主最佳实践地的生动案例,充分做到广纳群言、广集众智、广聚共识,更好地推动构建"四个人人"城市治理共同体。

(四) 经验启示

上海遵循习近平新时代中国特色社会主义思想,深入落实习近平总书记的重要指示，紧密结合上海市委、上海市人民政府的工作重点。秉承"以人民为中心"的原则，上海正不断推进"人民城市"理念的深入实践，通过增强社区服务和改善民生，为城市的高质量发展和高品质生活奠定基础。同时，上海把增强基层治理能力作为核心任务，全面实施全过程人民民主，融入城市治理的各个层面。上海的目标是将自身打造成为"人民城市"理念的最佳实践地，为全国乃至全世界的城市发展提供可借鉴的经验。

一是上海在"15分钟社区生活圈"的规划引领方面，重视顶层设计和政策支持。首先，上海率先发布了《上海市15分钟社区生活圈规划导则》，为社区生活圈的规划和建设提供了明确的指导和规范。进一步地，通过《2024年上海市"15分钟社区生活圈"行动方案》等政策文件，上海不仅明确了行动的目标、任务和责任分工，而且确保了社区生活圈建设的系统性和连贯性。在实施层面，上海推行了社区规划师制度，让专业人士参与社区规划，确保规划的专业性和适应性，提升社区规划的质量。社区规划师在"15分钟社区生活圈"行动中提供全流程规划统筹和技术支撑，包括参与年度项目实施清单制定、社区规划编制、建设项目方案审查和引导公众参与等工作。上海还通过"一张蓝图"统筹社区建设项目，优化社区服务设施布局，强化社区综合服务设施，注重社区特色空间塑造。在数字化方面，上海推动社区数字化服务，打造"15分钟社区数字生活圈"，利用数字化手段提升社区治理精细化水平，为公众提供多元数字化生活服务。此外，上海推动社区规划师、居委会、业委会等多元主体参与社区规划和治理，形成社区共治共享的局面。通过社区议事会等形式，居民在社区发展中发挥主体作用，实现了居民全过程深度参与社区规划、项目设计、建设和运营维护。

二是上海的"15分钟社区生活圈"建设体现了功能全覆盖和全龄友好的特点。通过"1+N"的空间布局模式，上海不仅提供了基本的居住和公共服务功能，还整合了教育、医疗、养老、文化、体育等多元化服务，实现了功能的全面覆盖。这种模式以一站式综合服务中心为核心，通过慢行网络串联起多个小型、多功能的服务设施或场所，确保居民在步行15分钟内就能享受到所需的各类服务。上海还提出了"十全十美"的公共服务概念，其中"十全"保障了基本服务，如医疗卫生、为老服务、文化活动等；而"十美"则提升了服务品质和特色，包括自然生态、老年康养、智慧场景等。这样的规划不仅满足了居民的基本生活需求，还提升了居民的生活质量。此外，上海的社区生活圈规划充分考虑了不同年龄层的需求,特别是对老年人和儿童的服务设施进行了重点规划和配置。在空间资源有限的情况下,上海通过整合资源、优化布局,实现了社区服务设施的集约化和高效利用。

三是上海在建设15分钟社区生活圈的过程中特别强调"共治共享"的理念。首先,上海通过"一图三会"制度,即社区规划图和事前征询会、事中协调会、事后评议会,确保了社区居民在社区规划、项目设计、建设和运营维护的全过程中能够深度参与。这种制度设计不仅让居民在规划阶段就能表达自己的需求和想法,而且在实施过程中也能提供反馈和建议,增强了居民的参与感和归属感。其次,上海鼓励社区居民参与社区规划和治理,通过社区规划师制度,让专业人士参与到社区规划中,确保规划的专业性和适应性。社区规划师作为桥梁,将居民的需求和专业的规划知识结合起来,提升了规划的质量和实施的效果。再次,上海在社区生活圈建设中强化了基层治理机制,压实街镇党(工)委责任,健全区域化党建机制,实行自下而上的社区自治、共治模式。这种模式确保了社区居民在社区发展中的主体作用,让居民能够直接参与社区治理,提高了治理的效率和效果。此外,上海还通过数字化应用场景,如"曹杨新村街道15分钟社区生活圈地图",提升了社区治理的精细化水平,使居民能够更便捷地获取社区服务信息。数字化手段的应用,不仅提高了社区治理的效率,还增强了居民的参与度。最后,上海的社区生活圈建设还注重全过程人民民主的实现,拓宽了基层各类群体有序参与基层治理的渠道,建设了"人人有责、人人尽责、人人享有"的社会治理共同体。这种治理共同体的建设,让每个居民都能感受到自己是社区的一分子,都有责任和义务参与社区的建设和治理。

四、"一网统管、一网通办":精细化治理创造高品质城市生活

党的二十届三中全会通过的《中共中央关于进一步全面深化改革、推进中国式现代化的决定》强调"坚持人民城市人民建、人民城市为人民"。上海作为"人民城市"重要理念的首提地,深入践行以人为本的基本原则,以"一网统管、一网通办"为抓手,通过推动超大城市治理更加精细、高效、韧性,致力于打造新时代人民城市建设的先行示范标杆。

（一）整体背景

立足于新发展阶段，上海城市治理面临着新形势。一是城市治理面向新发展需要。当前我国社会主要矛盾已经转化为人民日益增长的美好生活需要和不平衡不充分的发展之间的矛盾，对城市治理的要求逐步从"有没有"上升为"好不好"，进而"精不精"。围绕人民群众最关心最直接最现实的利益问题，超大城市治理的精细化程度有待系统性提升，并将人民至上的城市发展理念贯穿于城市治理的全过程、各方面。二是城市治理开启新发展阶段。上海已迈入从增量扩张转向增量与存量并重的发展转型期。新发展模式将更注重城市发展的有机更新和内涵提升，城市治理的重点必然从数量导向转向品质导向，从重硬件环境转向重治理水平，进一步聚焦统筹谋划与分类细化、标准化与个性化之间的辩证关系。三是城市治理具备新发展条件。城市治理效能的提升依赖于科学化手段的支撑。当前，城市数字化转型的必然发展趋势和新基建行动的全面推进，为城市治理现代化提供了重要技术支撑和新动力[1]，为城市治理的变革创造了新机遇。

城市的核心是人，为人民群众提供精细的城市管理和高品质的公共服务，是人民城市的内在要求。党的十八大以来，习近平总书记多次以"绣花"为喻，强调城市工作要精准施策，抓准、做细。2017年底，上海市发布《中共上海市委、上海市人民政府关于加强本市城市管理精细化工作的实施意见》。2018年2月，上海市印发《〈中共上海市委、上海市人民政府关于加强本市城市管理精细化工作的实施意见〉三年行动计划（2018—2020年）》。2021年7月，上海市人民政府印发《上海市城市管理精细化"十四五"规划》，对城市精细化管理提出了更细致要求。2024年8月，上海市印发《上海城市管理精细化三年行动计划（2024—2026年）》，正式宣告第三轮精细化管理计划正式启动，进一步以问题为导向，重点解决市民集中反映的突出矛盾。

"精细化治理"的内涵主要包括四个方面：一是规划、建设、管理一体化协同，条线块面无缝衔接的全覆盖、全过程、全天候精细化管理总体框架；二是以数字化转型

---

[1] 上海市人民政府：《上海市人民政府办公厅关于印发〈上海市城市管理精细化"十四五"规划〉的通知》，上海市人民政府网，2021年7月28日，https://www.shanghai.gov.cn/202120bgtwj/20211022/5a0dbe2b58cb4f0486de9bb5f317d01b.html。

为驱动,以网格化管理赋能升级为抓手,线上智慧场景应用与线下业务流程再造相融合,全域感知、全息智研、全时响应、全程协同、全面统筹的精细化综合管理平台;三是聚焦基层,以高社会参与度和高社会凝聚力为标志,政府、社会、市民共建共治共享的精细化多元治理模式;四是以体系健全、良法善治的社会主义法治建设为基础,以刚弹结合、分级分类的标准规范为支撑,以合理精准、定量定性结合的考核机制为保障的精细化管理标准规范与科学评估体系。[1] 在新时代,上海坚持以人为本、问题导向,坚持系统观念、智慧赋能,坚持创新驱动、示范引领,坚持基层基础、共治共享的四项基本原则,力求建成具有一定国际影响力的超大城市精细化治理的中国典范。在具体落实上,上海以"一网统管、一网通办"为实践载体,逐步探索形成了具有中国特色的超大城市精细化治理模式,成效突出。

(二) 实践探索

为践行"人民城市"重要理念,上海深入贯彻习近平总书记考察上海系列重要讲话和在浦东开发开放30周年庆祝大会上的重要讲话精神,坚持以人为本、"三全四化",把精细化的理念和要求贯穿到城市治理的全过程和各方面,成为推动"一网统管、一网通办"的实践基础。

作为"改革开放排头兵、创新发展先行者",上海在2018年全国"两会"期间率先提出了"一网通办"的改革,以解决传统行政管理模式下"多头跑、重复跑、跨地跑""办证多、办事难"等政务服务难题。"一网通办"是一项牵扯面广且头绪繁多的政务革命,是指打通不同部门的信息系统,群众只需操作一个办事系统,就能办成不同领域的事项,解决办不完的手续、盖不完的章、跑不完的路这些"关键小事"。[2] 为了应对城市人口规模、异质性和复杂性给城市运行带来的精细化挑战,2020年2月,上海市在发布的《关于进一步加快智慧城市建设的若干意见》中正式提出"加快推进城市运行'一网统管'",随即发布《上海市城市运行"一网统管"建设三年行动计划(2020—

---

[1] 上海市政府办公厅:《一图读懂〈上海市城市管理精细化"十四五"规划〉》,上海市人民政府网,2021年8月27日,https://www.shanghai.gov.cn/nw42236/20210827/e9bebd5b555945c19821bfe366ce285b.html。

[2] 吴姗:《"一网通办"通了还要能办》,中国政府网,2018年4月26日,https://www.gov.cn/zhengce/2018-04/26/content_5285973.htm。

2022年)》。"一网统管"是指从城市治理突出问题出发,以城市事件为牵引,统筹管理网格,统一城市运行事项清单,构建"横到边、纵到底"的市、区、街、居四级城市运行"一网统管"应用体系,推动城市管理、应急指挥、综合执法等领域的"一网统管",实现城市运行态势感知、体征指标监测、统一事件受理、智能调度指挥、联动协同处置、监督评价考核等全流程监管。[1] 通过"一网统管"建立健全管理事项涵盖城市管理与社会管理、管理范围覆盖全市、管理重心下移的城市治理网。围绕"一网统管、一网通办"建设,上海在推动城市治理现代化转型、提升城市管理的科学化和精细化水平方面形成了鲜明的实践特色。

第一,坚持"一屏观天下、一网管全城"的目标定位。即在一个端口上实现城市治理要素、对象、过程、结果等各类信息的全息全景呈现,在一个平台上对城市治理各类事项进行集成化、协同化、闭环化处置。秉持系统治理、综合治理理念,推进全域全量数据汇聚与运用,整合城市治理各领域的信息数据、生产系统,构建万物互联、互联互通的完整系统。实现"观管防"有机统一,以数字化方式展现城市全景,依靠技术手段进行智能管理、高效处置,智慧精准预警预判预防风险隐患。加强"神经元"感知系统建设,更充分掌握城市运行基本体征。比如,在城市精细化运行方面,青浦区先后完成"青浦城管执法核心业务数据系统""2023年青浦区民政局养老机构视频防疫监管项目""一网通办政务服务综合管理平台深化项目""青浦区数字孪生综合管线监管平台""青浦区建筑领域碳排放智慧监管平台""青浦区耕地资源综合管控平台建设项目"等。[2]

第二,强化"应用为要、管用为王"的价值取向。即做到实战中管用、基层干部爱用、群众感到受用。着眼"高效处置一件事",理顺派单、协调、处置、监督的管理流程,推动一般常见问题及时处置、重大疑难问题有效解决、预防关口主动前移。着眼防范化解重大风险,聚焦最难啃的骨头、最突出的隐患、最明显的短板,及时总结经验,加快研究开发务实管用的应用系统。着眼跨部门、跨层级协同联动,压实责任、强化协

---

[1] 北京市人民政府外事办公室:《读懂北京每日一词:"一网统管"》,北京市人民政府外事办公室网,2024年7月24日,https://wb.beijing.gov.cn/home/index/wsjx/202407/t20240724_3758135.html。
[2] 上海市青浦区人民政府办公室:《关于印发〈2023年青浦区城市运行"一网统管"工作要点〉的通知》,上海市人民政府网,2023年3月28日,https://www.shanghai.gov.cn/gwk/search/content/94c7341d5c78478498bd400cb1c6bf22.2023-3-28。

同,让推诿扯皮失去存在和发展的空间。要为基层减负增能,减少不必要的表格填写,让基层有更多时间和精力服务群众。比如,在绿化和市容管理方面,上海市完善《市环卫行业"一网统管"建设技术规范1.0版》,编制林业、水域市容条线技术规范,更新完善绿化、林业、湿地基础数据,为各区提供统一的应用规范和数据标准,健全长效管理机制。调用市级平台基础数据服务和应用服务赋能区级平台建设,实现条块结合、协同推进,确保各区已建的垃圾分类品质识别智能探头数据有序接入市级"一网统管"平台并稳定运行。①

第三,搭建"三级平台、五级应用"的基本架构。即坚持分层分类分级处置,坚持重心下移、资源下沉,推动各类事件处置及风险应对更主动、及时、高效。市、区、街镇三级城市运行管理中心要统筹管理本辖区内的城运事项。市级平台要抓总体、抓大事,为全市"一网统管"建设提供统一规范和标准,完善全市性重大事项现场指挥处置功能。区级平台要发挥枢纽、支撑功能,强化本区域个性化应用的开发和叠加能力,为区级和街镇、网格实战应用提供更多有力保障。街镇平台要抓处置、强实战,对城市治理具体问题及时妥善处置,对重点难点问题开展联勤联动。市、区、街镇、网格、社区(楼宇)五级要运用城运系统履行各自管理职能,每一级为下一级赋能,上一级帮助下一级解决共性难题,对疑难杂症进行会诊会商,共同保障城市安全有序运行。比如,普陀区建立了主要负责同志任"一网统管"第一责任人制度,以实战赋能和实际成果为重点,围绕市、区"一网统管"工作考核细则开展评估,并将评估结果纳入年度党政领导班子绩效考核。②

第四,遵循"整体设计一步到位、应用实施分步推进"的建设思路。即着眼于夯基垒台、立柱架梁,突出整体设计、搭稳框架,突出系统性、领先性、安全性。在"一网统管、一网通办"建设上统筹协同技术系统建设与工作职能整合、业务流程重塑、体制机制优化、人员队伍建设。积极运用最先进、最富生命力、最可靠的技术。要守牢安全底线,下好防范信息安全风险的"先手棋",筑牢抵御网络安全攻击的"防火墙",加上

---

① 上海市绿化和市容管理局:《关于印发〈2023年上海市绿化和市容管理局"一网统管"工作要点〉的通知》,上海市人民政府网,2023年8月2日,https://www.shanghai.gov.cn/gwk/search/content/f45b9ea9-f50e-40b1-ac98-ef1325299ab7。
② 上海市普陀区人民政府:《图解〈2023年普陀区推进"一网统管"工作要点〉》,上海市人民政府网,2023年9月27日,https://www.shanghai.gov.cn/nw12344/20230927/e07db9282f794a64a02d1f12b0f43ed2.html。

严密制度规范的"安全锁",有计划有节奏地分步推进实施。坚持"迭代"理念,保持开放性,增强弹性适应能力,为特色应用开发留出空间。坚持任务驱动,优先抓好事关城市安全底线、重大活动保障、群众急难愁盼的项目。坚持实践导向,结合实际边研究边推进,充分发挥基层的积极性和创造性。①

(三) 创新成效

"十三五"以来,上海按照习近平总书记强调的城市管理应该像绣花一样精细的要求,对标最高标准、最好水平,综合运用法治化、标准化、智能化、社会化手段,努力实现现代化治理的全覆盖、全过程、全天候。通过提升城市治理体系和治理能力的精细化水平,让广大市民感受到市容市貌常新、城市温度常留、城市高品质生活常在。

第一,服务效率效能持续提高。上海"一网统管、一网通办"的治理模式聚焦"高效办成一件事",实现了城市治理线上线下联动、部门相互赋能,做到高效处置一件事,在最低层级、最早时间,以相对最低的成本,解决最大的问题,取得最佳的综合效应。截至 2020 年 7 月 3 日,总门户已有个人实名用户 2 922 万人、法人用户 208 万人。② 经过近年来的实践,"一网通办"极大地带动了政务服务改进,提高了人民群众的满意度。"一网统管"显著促进了城市管理精细化,保障了城市安全有序运行。吕巷镇城运中心工作人员表示:"有市民拨打'12345 上海市民服务热线'反映,吕巷镇太平村某蔬菜基地门口堆放着许多生活垃圾,影响市容。不到一分钟的时间,热线工作人员通过'一线通达'小程序,将市民诉求转至村委会,工作人员及时进行现场处理并实时反馈。'有了这个小程序,我们处理市民热线反映的问题更及时,更高效了。'"③

第二,风险预防化解能力显著增强。"一网统管、一网通办"为上海市制定完善安

---

① 《"两张网"是城市治理"牛鼻子"工作 全市"一网通办""一网统管"工作推进大会举行》,上海市人民政府网,2020 年 4 月 14 日,https://www.shanghai.gov.cn/nw43863/20200824/0001-43863_1437424.html。
② 《推动"两张网"建设不断取得新进展 龚正调研"一网通办""一网统管"工作》,上海市人民政府网,2020 年 7 月 3 日,https://www.shanghai.gov.cn/nw48865/20200826/0001-48865_1458200.html。
③ 上海市金山区人民政府:《金山区加强"一网统管""一网通办"建设 用"智慧"赋能城市治理》,上海市人民政府网,2022 年 9 月 16 日,https://www.shanghai.gov.cn/nw15343/20220916/d65c8e75415c43e78f7dcd928f623a02.html。

全风险防范和应急处置预案,强化各类管网安全隐患管理,实现高效能韧性治理奠定了实践基础。通过数字集聚、数据分析等技术,充分释放海量数据价值,推动政府决策从"经验判断型"向"数据分析型"转变。[1] 例如,2021 年上线的金山 AI 鑫眼平台,结合人工智能、大数据、云计算等技术,整合金山各部门 2 万路的视频监控资源,实现人工智能与水务、城管、卫生等部门业务的结合,推进"AI+治理"的深度融合。该平台通过计算机视觉技术,开发了积水检测、渣土车发现、佩戴口罩、乱停车、占道经营等 11 类算法。2022 年 7 月,金山区全域高空监控治理数字化项目正式上线,接入全区 124 台高空监控视频,进行智能算法配置,对违章搭建、烟火、乱堆渣土、非法捕捞等异常事件进行检测,并识别分析锁定,产生相应的警告。此外,金山区还开发了金山区物联网感知平台、防汛防台指挥平台、金山区网格化平台等 20 多个智能化平台。"这些平台让工作跨前一步,化被动为主动,通过人机协同的运作,更快发现问题、处置问题。"区城运中心工作人员表示,接下来金山区还将不断提高智能算法的精确率,为城市治理全方位赋能。[2]

第三,城市精准治理成效明显。上海是一座高度复杂的现代大都市,社会治理、环境保护、交通信息、应急管理、文化生活等方面都需要有系统性、精细化的管理和运作模式。"一网统管、一网通办"通过数字技术赋能,实现各部门、各环节互联互通,表现出全层次、全领域、全场景的特征,"一屏观天下,一网管全城"日益成为现实。比如,长宁区全面推进 12345 上海市民服务热线工单的政务微信移动端承办,完成区城运智能派单平台政务微信端应用与市热线办"一线通达"热线工单流转系统模块的深度融合,实现"一线通达"与"一网通办""一网统管"的"三个一"融合,助力保障市民建议及诉求更高效、精准、便捷地响应与快速处理。

第四,政府协同管理能力提升。"一网统管、一网通办"破解了政府协同治理的诸多难题,使基层治理中高效处置一件事成为可能。政府部门借助此平台,能有效发现城市治理问题,以现代科学技术手段倒逼体系重构和流程再造,推动整体性转变、革

---

[1] 赵吉、成小琴:《复杂适应性视域下城市治理数字化的实践逻辑——北京"接诉即办"和上海"一网统管"案例的比较分析》,《东北大学学报(社会科学版)》2024 年第 3 期。
[2] 上海市金山区人民政府:《金山区加强"一网统管""一网通办"建设 用"智慧"赋能城市治理》,上海市人民政府网,2022 年 9 月 16 日,https://www.shanghai.gov.cn/nw15343/20220916/d65c8e75415c43e78f7dcd928f623a02.html。

命性重塑、全方位赋能,极大提升政府部门内部管理的协同性、有效性。例如,普陀区搭建了"王"字形城市运行管理工作架构,探索形成"一线管战、平台管援"的协同工作机制,着力打造"一网统管"大协同机制,积极构建以12345上海市民服务热线为牵引,撬动"一网统管"网通办管理、业务、数据等深度融合,聚焦平台化资源整合和线上线下处置协同。

(四) 经验启示

精细化治理是一流城市的重要标志,其内在地包含了治理体系的精细化、治理手段的精细化、治理路径的精细化等。依托"一网统管、一网通办"的多年实践,上海在为城市治理现代化方面做出了典范,在精细化治理方面具有可推广的经验借鉴价值。

第一,总体设计为精细化治理提供结构保障。"两张网"建设不只是技术手段创新,更是管理模式创新、行政方式重塑、体制机制变革,在更大范围、更宽领域、更深层次推动的治理系统变革,其实现尤其需要总体设计的支持。上海市注重建立健全精细化治理的总体架构。一是合并市政市容管理、数字化城市管理等8个议事协调机构,成立城市管理精细化工作推进领导小组和区、街镇精细化管理机构;二是制订实施"三年行动计划",出台关于加强城市管理精细化工作的实施意见和第一轮三年行动计划(2018—2020年);三是深入推进法治化、标准化、智能化、社会化建设,修订《上海市生活垃圾管理条例》等7部地方性法规,建成全市城管执法基层服务网络体系,出台《市政道路建设及整治工程全要素技术规定》《城市容貌规范》等近50部城市管理标准规范。[①] 城管执法基层基础、社会基础、群众基础进一步夯实,标准体系逐步完善。

第二,数字科技为精细化治理提供手段支撑。推进现代化城市治理,关键在于深度融合现代化科技手段,以智能化、数据化为核心驱动力,引领城市治理模式实现根本性变革。这要求城市精细化治理不仅要利用大数据、云计算、人工智能等先进技术,推动城市治理由传统的人力密集型作业向高效的人机交互模式转变,实现资源的

---

① 上海市人民政府:《上海市人民政府办公厅关于印发〈上海市城市管理精细化"十四五"规划〉的通知》,上海市人民政府网,2021年7月28日,https://www.shanghai.gov.cn/202120bgtwj/20211022/5a0dbe2b58cb4f0486de9bb5f317d01b.html。

优化配置与高效利用,还要促进城市治理模式由依赖经验判断向基于海量数据分析的科学决策升级,提升决策的精准度和前瞻性。同时,通过构建智能预警系统,实现从问题发生后的被动处置向问题萌芽前的主动发现并干预转变,确保城市运行的安全与和谐,全面提升城市治理的精细化程度。

第三,分类处置为精细化治理提供优化路径。分类处置是超大、特大城市治理重心下移和基层精细化的重要路径。上海经历多年的发展,人口流动频繁、社区构成复杂,商品房社区、安置房社区、国际社区、城中村等情况多样,需要根据具体情况运用不同的治理方式,以达到精细化治理的目的。例如,杨浦区不断细化管理单元,借助数字孪生技术推动城市精细化治理,鼓励支持各委办局、街道结合自身需求打造特色数字孪生场景,精准掌握城市运行状况。2022年,杨浦区启动部分街道数字孪生工作试点,打造大创智区域大学路数字孪生街区,推动杨浦滨江区域"数字文物保护一张图""公共空间无障碍导览""国际时尚中心数字孪生"场景申报建设上海市"一江一河"重点数字治理场景,凸显了分类治理的重要性。

五、上海历史文化风貌区保护

党的十八大以来,以习近平同志为核心的党中央高度重视历史文化遗产的保护和传承工作,在我们为什么传承历史文化遗产,传承什么样的历史文化遗产,怎么样保护和传承历史文化遗产方面做出了一系列战略性部署,提出了一系列内涵深刻的新思想、新观点、新论断。习近平总书记指出,"历史文化遗产承载着中华民族的基因和血脉,不仅属于我们这一代人,也属于子孙万代"。[1] 所以我们要"像爱惜自己的生命一样保护好城市历史文化遗产""对待古建筑、老宅子、老街区要有珍爱之心、尊崇之心"。[2] 上海丰富的历史文化遗产是城市精神品格的来源,其独特的历史文化风貌是城市魅力的宝贵组成部分,也是中华文明重要标识的组成部分。上海市人民政府高度重视历史文化风貌的保护工作,制定了一系列政策和措施,党的二十届三中全会

---

[1]《保护好中华民族精神生生不息的根脉》,《人民日报》2022年3月20日,第1版。
[2]《保护历史文化遗产 推动文化传承发展》,《人民日报》2024年1月31日,第2版。

审议通过的《中共中央关于进一步全面深化改革、推进中国式现代化的决定》进一步提出"建立文化遗产保护传承工作协调机构,建立文化遗产保护督察制度,推动文化遗产系统性保护和统一监管。构建中华文明标识体系。健全文化和旅游深度融合发展体制机制"。近些年上海在历史文化风貌区保护的实践中涌现出不少城市文化遗产活化利用的"上海样本",成为近悦远来的文旅"新顶流",为上海担负起全力建设习近平文化思想最佳实践地的新的文化使命,进而为构建中华文明标识体系贡献出一份力量。

(一) 基本情况

上海作为中国的重要城市,拥有丰富的历史文化风貌街区,这些街区不仅承载着城市的历史记忆,还是城市文化的重要组成部分。上海的历史文化风貌区是历史遗迹较为丰富、文物古迹较多、优秀历史建筑密集且建筑样式、空间格局和街区景观较完整、真实地反映上海城市历史文化特色的成片街区。上海历史街区在形成过程中与上海城市发展休戚相关,是上海乃至中国城市文化产生的见证,保留了百年来中西文化交流的历史精髓,展现了中华文明对外来文化的吸纳和包容。上海历史街区作为承载城市文脉的场所,其深厚的文化底蕴构成了上海城市个性面貌的活力源泉。2003年上海市发布实施的《上海市历史文化风貌区和优秀历史建筑保护条例》确定了44个历史文化风貌区,其中衡山路—复兴路、外滩、南京西路、人民广场、虹桥路、山阴路、新华路、愚园路、提篮桥、老城厢、龙华、江湾这12个位于中心城区,上海中心城区的成片风貌保护区域总量已达到44平方千米。这些上海的历史文化风貌区保留了大量的历史事件和著名人物活动遗存,形成了上海最重要的文化记忆,成为最具上海特色、不可替代、不可复制的历史文化资源。以下是上海几个著名的历史文化风貌区的基本保护情况,从中可见上海城市历史文化风貌区的活力复兴。

衡复历史文化风貌区是上海中心城区规模最大、优秀历史建筑最多、历史风貌格局最完整的历史文化风貌区,占地约7.66平方千米,拥有优秀历史建筑1 074幢、保留历史建筑1 620幢、一般历史建筑2 259幢。大量中外著名建筑师在该区域设计了为数众多、风格迥异的中西建筑,其中既有花园洋房,也有高层公寓,既有西式别墅,也有中式里弄,例如,武康大楼、黑石公寓及复兴西路62号等,成为近代上海建筑文化的精华所在,得益于良好的城市规划和舒适宜人的居住环境,曾吸引了大量中外名人前来入住,因此也为这里留下了十分丰富的人文资源。该区域的城市空间结构与形态、建筑类型与风格、市政设施与管理、社区生活堪称典范,塑造成国际性的文化都市空间,在近代上海,乃至中国的城市现代发展史上都具有极为重要的意义。衡复历史文化风貌区的更新主要经历了两个阶段,早期优化规划先行(1999—2015年)和全面推进、持续优化(2015—2020年)。通过系统的保护和有机更新,该区域的历史建筑得到了妥善保护和合理利用,进一步提升了风貌区的生活品质和内生活力,延续了城市文脉,保存了城市记忆,改善了环境品质。

外滩历史文化风貌区是上海的标志性区域,以其独特的历史建筑群和滨江风光而闻名。外滩历史文化风貌区范围为由黄浦江—延安东路—河南中路—河南北路—天潼路—大名路—武昌路所围合的区域,总面积为1.01平方千米。风貌区的建筑面貌基本形成于20世纪30年代,以金融贸易建筑为代表。外滩的保护工作注重历史建筑的修复和维护,同时通过合理的商业开发和文化活动,使得外滩成为上海的旅游和商业热点。

老城厢历史文化风貌区是上海传统城市生活面貌和市井文化的集中体现,该区域的保护工作着重于保持和恢复传统街区的历史风貌,同时通过改善居民生活条件和提升街区功能,使得老城厢区域在保护中得到活化和利用。

田子坊是上海著名的文化创意产业园区,原为典型的上海里弄住宅区。田子坊是公众参与、自发有机更新的尝试,它保留了原有的里弄格局和建筑风貌,保持了原有的居住功能,同时引入了艺术工作室、设计店铺、咖啡馆等文化创意业态,进行了合理的商业开发和文化活动,成为上海文化和艺术的重要展示窗口,使得这些历史街区焕发了新的活力,成为上海一张重要的文化名片。

新天地是上海石库门里弄的代表,针对国际商务人士,融入当地文化氛围,将传统的石库门建筑改造成为集住宅、办公楼、零售、娱乐及文化和学习于一体的综合性时尚休闲区,运用现代化设计理念与建筑设施,结合对当地人文、地理环境的深入理解,展示了历史建筑在现代城市发展中的新生命和新功能。今天的新天地不仅是上海的城市名片,还被福布斯评为了"全球20大文化地标"之一。

思南路历史街区通过保护与再生的双重目标,既保护了历史建筑的风貌,又兼顾了现代社会发展所需的环境、社会和经济价值,形成了高品质的生活居住、休闲娱乐社区。现在的思南路,经过对历史风貌和优秀历史建筑精心保护修缮,将人文艺术与生活美学进行深度融合,成为建筑可阅读、街区可漫步的城市公共空间。漫步在思南路上,这些花园建筑,如一处处历史的窗口,展示了城市发展的台阶印记,传承了上海风味的"城市公共空间"特质。

(二) 工作亮点

作为国家历史文化名城,上海始终坚持以保护好、利用好、传承好上海历史文化遗产为使命责任,制定了各级历史风貌保护规划,出台了一系列政策法规,保护城市最珍贵的文化遗产,让这座充满活力的城市既有国际风范又有东方神韵,既可触摸历史又能拥抱未来。近年来,上海在加强历史文化风貌保护的同时,注重其活化利用,取得了显著的成效。

第一,上海的历史文化风貌保护和活化工作注重历史建筑的保护修复与现代生活的融合。多个历史建筑经过精心修复后焕发新生,在保留了原有风貌的基础上被赋予了新的功能和文化价值。例如,外滩历史建筑群的修复和保护,不仅保留了建筑的原有风貌,还通过现代技术的运用,增强了建筑的功能性和安全性。在历史文化风貌保护中,不仅注重物质层面的保护,还强调对非物质文化的挖掘与传承。通过将历史建筑与现代功能相结合,既保留了建筑的历史韵味,又满足了现代社会的需求。强调历史风貌与现代生活的融合,通过合理的功能更新和业态调整,使得这些历史文化街区焕发出新的活力,成为城市文化的重要组成部分。

第二,上海不断探索和完善历史风貌保护的法律法规和管理体系,如制定《上海市历史文化风貌区和优秀历史建筑保护条例》等一系列地方性法规与政策,并在多年实践后根据实际情况对条例进行修改,确保了保护工作有法可依。2024年6月,上海市规划和自然资源局发布《上海历史风貌保护指南(征询意见稿)》,提出分区引导、分级保护、分类施策、分阶段实施的总体思路,通过因地制宜、分类分级分阶段地制定差异化保护政策,更为人性化、个性化地实施历史文化风貌的保护措施。

第三,上海市政府加大了财政投入,为保护项目提供了充足的资金支持,并设立了专门的管理机构来负责日常的监管工作。财务平衡是城市更新可持续的基础,历史风貌区保护与更新也不例外。下一步,有必要在历史风貌区的开发权转移机制、容积率奖励机制、土地供应机制等方面进行深入探索和实践,提高政策供给的精度和灵活性。

第四,科技赋能历史文化风貌区保护和文化传播。通过数字化技术的应用,上海实现了对历史建筑的数字化管理,以及对建筑信息的实时监测和动态管理。这不仅提高了管理效率,还为建筑的长期保护提供了有力保障。同时,上海还实现了对历史建筑的虚拟展示和数字传播,让更多人能够了解和欣赏这些宝贵的文化遗产。

(三) 经验提炼

上海在保护历史文化风貌区方面取得一系列成效的背后,有着源自人民城市价值取向的深厚理念支撑,我们对此进行学理化阐释,剖析其深刻的理论内涵,提炼和总结上海历史文化风貌区在保护方面的经验。

一是历史文化风貌区的保护必须坚持以人为本的理念精神。上海在城市更新过程中对风貌街区和建筑的保护一直坚持"以人为本"的精神理念,注重改善民生品质,确保当地居民利益不受损害,注重改善居民的生活质量和居住环境,同时完善公共服务设施配套,以确保居民的基本生活需求得到满足。在城市更新的过程中不断满足城市发展过程中的功能需求,通过更多高度集约的资源利用让城市资源配置更有效,把各种类型的公共服务设施、文化设施由过去的低水平配套变成高质量配套,充分挖掘城市的历史文化价值,并用现代化的手法展现出来,配合城市的发展需要,既要改善人居环境,又要保护历史文化底蕴,让历史文化和人民的现代生活融为一体、和谐共存。

二是通过开展多种教育和宣传活动,提升人民参与保护的意识。上海通过举办各种形式的历史文化遗产教育活动,提高公众对历史文化保护的认识度和参与度,通过学校教育、社区活动、展览讲座等方式,让更多人了解和参与文化遗产保护。社区参与和公众意识是历史文化保护工作的重要一环,上海注重提升社区居民和公众对历史文化风貌区的保护意识,教育市民热爱城市,鼓励更多人积极参与历史文化风貌区的保护工作。通过举办各类宣传活动、培训课程和志愿服务等形式,通过媒体宣传、教育引导等方式,鼓励社区居民参与保护活动,提高公众对历史文化风貌的认识和重视程度，增强社区的凝聚力，形成全社会共同参与的良好氛围，更好地传承和发扬历史文化。有的历史文化风貌区在保护和改造工作中还广泛征求该区域居民的建议，甚至邀请部分居民代表参与到指导历史街区保护和改造的具体工作中。

三是为了人民的文化权益，秉持"保护与发展并重"的平衡之道。关于如何处理好历史文化遗产保护和发展的关系，一直是难解的课题。习近平总书记指出，历史文化遗产是不可再生、不可替代的宝贵资源，要始终把保护放在第一位，要像对待"老人"一样尊重和善待城市中的老建筑，保留城市历史文化记忆，城市规划和建设要高度重视历史文化保护。在保护的基础上，习近平总书记提出了更高要求：处理好城市改造开发和历史文化遗产保护利用的关系，切实做到在保护中发展、在发展中保护。在历史文化风貌保护中，上海坚持保护与开发的平衡原则，统筹好保护与发展，要把老城区改造提升同保护历史遗迹、保存历史文脉统一起来，在平衡历史文化保护与现代商业发展的需求方面，上海创新了保护理念：（1）为满足人民的多种需求，进行功能业态的叠加引导。延续风貌区历史上重要的公共活动空间、功能集聚区和功能业态，传承场所记忆和地区烟火气，同时提倡用地和建筑功能的弹性管控，提出不同类型建筑活化利用导向，以适应居民和商业发展的需要。（2）坚持以用促保、以活化为核心的更新理念。积极促进对无形资源的有效转化，让历史文化遗产在有效利用中成为城市的特色标识和公众的时代记忆，实现永续传承。（3）人民的多方参与。推动政府、市场主体与市民一起探索，鼓励各方主体在风貌保护及城市更新各环节发挥积极作用，明确所有权人、使用人和监管人的保护责任和权益，严格落实保护管理要求。（4）全生命周期管理。将历史风貌保护要求纳入土地出让条件，提出全生命周期保护管理要求，明确具体保护保留对象和保护要求，以及工程建设品质标准、修缮维护、日常运营等方面要求，确保居民利益得到长期保障。

四是为保留人民的记忆和乡愁，下"绣花"功夫，进行精细化管理。为了让城市留下记忆、让人们记住乡愁，上海通过详尽的数据规定，对每个地块的建筑密度、沿街高度与尺度、建筑后退红线、街道空间等进行引导和规范。比如衡复历史文化风貌区作为上海中心城区规模最大、优秀历史建筑最多、历史风貌格局最完整的历史文化风貌区，其保护和更新工作都落实到了每个历史建筑。以武康大楼通过精细化改造重回素颜为例：武康大楼始建于1924年，是近代上海最早的外廊式公寓，由著名建筑设计师邬达克设计。在武康大楼的修缮工程中，对外立面附着物进行了清除，将二楼部位空调机架全部移至内天井，并对二楼以上所有空调机架位置进行规整。同时，结合架空线入地、立面整治、绿化景观提升、物业精细化管理、垃圾分类等重点工作统筹推进，提升了武康大楼区域性整体风貌。最值得一提的是，启动了武康大楼周边区域架空线入地合杆工程，清理了缠绕在建筑周围的黑色"蜘蛛网"，使这座有百余年历史的上海市优秀历史建筑拥有了进入21世纪后首张清新的"素颜照"，成为深受人民喜爱的近悦远来的上海"网红"打卡地。通过这些精细化的管理和更新措施，衡复历史文化风貌区不仅保留了其独特的历史风貌，而且成为上海城市文化地标的一道靓丽风景线。

（四）发展建议

上海这座人民城市未来将成为社会主义国际文化大都市，我们需要继续进行城市空间形态和功能的改善，在保持上海城市精神品格和文化特色魅力的同时，发挥自身的文化优势，在城市更新过程中，在风貌街区和建筑的保护方面找到新的突破，以创新推进城市更新，以可持续的城市更新让人民的生活变得更加美好。我们可以从以下几个方面展望上海的历史文化风貌区保护与更新的美好未来，感受上海城市文化的独特个性与魅力。

第一，历史文化风貌保护和城市更新的共同立法。为了确保历史文化风貌保护工作的顺利进行，进一步加强法规与政策的建设，包括对现有法规的修订与完善，以及新政策的制定与实施。建议通过建立健全的法律法规体系，特别是把历史文化风貌保护的立法与城市更新的立法结合在一起，为保护工作提供更加坚实完整的法律保障。

第二，加强历史文化风貌保护专业人才队伍建设。培养相关领域人才，建设历史文化风貌保护相关专业智库，提升整个行业的理论、实践、技术水平。加强人才队伍建设，提升保护人员的专业素养和技能水平，培养具有国际视野的城市管理者。此外，在强化历史文化风貌区保护更新的同时，充分发挥人民群众的创造性和积极性，让"更新"与"民心"同频共振，推动人民群众积极参与"人民城市"的历史文化风貌保护、更新的规划与管理中。

第三,推动历史文化风貌保护中的文化产业发展。将历史文化风貌保护与文化产业发展相结合,通过文化创意产业的发展,为保护工作提供更多的资源和支持。以市场化的运作来推动城市更新,在城市更新的过程中积极寻求社会各方的协同支持和保障,为上海的城市更新找到一条适合本土的保护和开发方式,建立积极的激励措施,让企业在历史文化风貌街区保护的过程中更有动力和活力。

第四,深化历史文化风貌保护的国际合作与交流。历史文化风貌保护是全球性的课题,建议进一步深化国际合作与交流。通过与其他国家和地区分享经验、交流技术,共同推动历史文化风貌保护事业的发展。同时,加强国际合作与协调,共同应对全球性的保护挑战。

总之,在历史文化风貌区保护中,上海坚持人民至上的理念,积极贯彻可持续发展的理念,通过创新保护理念,注重人民保护意识的提升,进行科学规划和合理利用,加强全生命周期管理和精细化运作,使得科技赋能历史文化保护,确保文化遗产的保护与城市的可持续发展相协调,力求城市文化保护与人民的现代生活相融合,在历史文化风貌保护工作中展现出显著的优势和特色,取得了许多重要成效。然而,我们也认识到上海的历史文化保护工作还需要进一步加强法规与政策建设、培养专业化人才、深化国际合作与交流等方面的工作,从而实现人民城市中历史文化风貌的长久保护和传承,增强"人人参与、人人负责、人人奉献、人人共享"的历史文化风貌保护理念的国际影响力。

六、生活垃圾分类助力生态文明建设

垃圾虽小,却牵着民生,连着文明。生活垃圾分类关系广大人民群众生活环境,是每一个市民应尽的责任和义务,也是"人民城市"理念的重要体现。生活垃圾分类吹响了上海市民践行绿色低碳生活理念的号角,越来越多的公众参与"光盘行动"、减少非必要的塑料制品消费、坚持绿色出行等活动,为生态文明建设提供了有效路径。

(一) 整体背景

上海作为中国的超大城市,其快速的经济增长和庞大的消费能力,使得城市生活垃圾产生量大幅度提升。面对这种快速增长的垃圾产生量,传统的露天填埋和焚烧等处理方法已经难以满足需求。随之而来的"垃圾围城"问题使得生活垃圾管理的紧迫性愈发明显,垃圾处理成了城市治理中一个亟待解决的关键问题。①

随着经济社会发展和实践的深入,人们更加深刻地认识到环境保护的重要性,日益意识到"垃圾是放错了地方的宝贝",开始重新审视废弃物的价值。在这一背景下,人们越来越重视资源的高效利用,从过去的"大量生产、大量消费、大量废弃"转向"减量化、再使用、再循环"的"3R"原则,力求在每一环节都实现资源的优化配置与环境的友好保护。因此,实施垃圾分类,进而提升资源化利用水平,成为解决城市垃圾污染的重要举措。

在2019年之前,上海已经着手实施了生活垃圾分类减量行动,并在此过程中积累了丰富的实践经验。作为国内早期推行垃圾分类的先锋城市,上海在吸收和借鉴国内外垃圾分类的先进经验之后,于2019年正式发布了《上海市生活垃圾管理条例》。该条例的出台,为强制执行垃圾分类政策奠定了坚实的法律基础,这不仅意味着垃圾分类工作步入了法治化轨道,而且为深化垃圾分类工作提供了有力的法律支撑。自此,上海生活垃圾分类工作驶入了依法治理的快车道,垃圾分类已经进入了全市动员、全民参与的新阶段。在强制垃圾分类方面,目前上海是步子迈得最快、规定也最为严格的城市。②

(二) 主要做法

习近平总书记指出:"要加快建立分类投放、分类收集、分类运输、分类处理的垃圾处理系统,形成以法治为基础、政府推动、全民参与、城乡统筹、因地制宜的垃圾分类制度,努力提高垃圾分类制度覆盖范围。"③2018年,习近平总书记在上海市虹口区市民驿站嘉兴路街道第一分站考察时指出,垃圾分类就是新时尚!垃圾综合处理需要全民参与。上海始终牢记使命,不负嘱托,将垃圾分类工作作为贯彻习近平生态文

---

① 焦连志、杨升沛:《上海市实施生活垃圾分类制度基本经验》,《合作经济与科技》2021年第19期。
② 陆健:《从自愿到强制:中国垃圾分类政策的回顾与反思》,《世界环境》2019年第5期。
③ 高敬、王优玲:《推进垃圾分类 推动绿色发展——写在世界环境日到来之际》,中国政府网,2019年6月4日,https://www.gov.cn/xinwen/2019-06/04/content_5397457.htm。

明思想的重要举措。

1. 以满足群众需求为出发点,优化垃圾的全程分类体系

上海市在优化生活垃圾全程分类方面采取了一系列有力措施,这些措施覆盖了从前端投放、中端收运到末端处置的各个环节,旨在提高垃圾分类的准确率和资源化利用率,推动城市的可持续发展。

一是投放环境更便民惠民。聚焦"微、专、精",对全市范围内的垃圾分类投放点进行全面升级改造,陆续增设洗手池、除臭、通风、遮阳防雨等设施,提高投放点的便利性和舒适度。截至2023年底,上海市在首轮行动中已经完成了超过2.1万个生活垃圾分类投放点的规范化改造工作,实现投放点容器、标识、宣传、公示、配置的"五个规范"。全市先行先试完成了521个生活垃圾房标准化改造和347个生活垃圾分类精品小区建设。[①] 同时,制定《上海市生活垃圾定时定点分类投放制度实施导则》,坚持精细化治理,持续推进"一小区一方案",明确生活垃圾分类投放"定时定点"或"定时定点＋误(延)时"模式。从最早一批试点"定桶""定时定点""专人监督"到依托互联网、物联网等技术手段实现无人值守、自助投放,投放规则更宽松。上海许多小区的垃圾房在之前按照规定的早、中、晚三个高峰时间段开放,每个时段持续3个小时供居民投放垃圾。现在这些小区的垃圾房实现了全天候24小时开放,极大地方便了居民进行垃圾投放。

二是中端分类收运更健全。在提升作业人员操作规范性和专业水平的同时,推动垃圾收运作业规范化、智能化。为了更高效地推进垃圾分类与清运工作,静安区创新性地设立了三条生活垃圾清运公交站牌式精准报时示范线路。在每条示范线路上的每个垃圾收集点都精心安装了类似公交车站的时间显示屏,实时、准确地显示下一班垃圾清运车的预计到达时间,并通过短信、App推送等方式,向相关管理人员及居民发送提醒通知,确保垃圾能够及时被清运,从而大大减少了垃圾在街头暴露的时间,有效避免了因垃圾堆积而引发的环境问题。

三是末端处置利用更高效。建立健全可回收物回收体系,设立面向市民的惠民

---

① 陈悦:《上海垃圾分类五周年,正在进行哪些新探索?》,澎湃新闻,2024年7月1日,https://www.thepaper.cn/newsDetail_forward_27906550。

回收服务点和高品质示范型中转站,在体验上提供更加优质的交投交售服务。例如,上海打造了可回收物回收公共服务平台"沪尚回收",集投放、技术支持、数据分析于一体,为市民提供正规便捷回收渠道。市民通过"沪尚回收"小程序,可轻松查找附近交投点,提供详细回收点信息,方便自主交投。同时,推广湿垃圾资源化利用技术,如黑水虻处理湿垃圾残渣技术等,提高湿垃圾的资源化利用率。

上海市通过前端投放环节的改造与优化、中端收运环节的规范化与设施设备升级,以及末端处置环节的能力提升与资源化利用技术推广等措施,全面优化了垃圾分类全程分类体系,提高了垃圾分类的准确率和资源化利用率,为城市的可持续发展和生态文明建设做出了重要贡献。

2. 以提高资源化水平为主线,健全废弃物循环利用体系

一是重构可回收物管理体系。生活垃圾分类收运体系和再生资源回收体系"两网融合"作为促进城市生活垃圾减量、分类、资源化的关键举措,是进一步优化民生环境、打破"垃圾围城"的有效途径。上海积极深入推进"两网融合"体制机制工作,以服务点、中转站、集散场的"点站场"体系为基础,采用"开源束流"的再生资源回收利用模式。在前端开展多元回收方式,拓宽垃圾收集的渠道;在中转端秉承集约高效的管理理念,实现物流、数据的统一和整合,提高集中化和精细化管理水平;在末端结合市场化运作、资源化利用等方式,提高垃圾的资源价值和经济价值。

二是针对重点品类回收行业培育龙头企业。针对废塑料、废金属、废纸、废纺织物、废木等资源化回收利用的品类,上海市完善了回收补贴和支持政策,培育了一批龙头企业。面对新型低碳转型新需求,上海通过《关于进一步支持本市资源循环利用行业稳定发展的实施意见》《上海市循环经济发展和资源综合利用专项扶持办法》等政策引导和支持,加强资源循环利用行业规划、用地保障和配套资金等,为循环经济企业提供了良好的发展环境和产业配套,培育了一批品牌龙头企业(见表8-1)。

表8-1 上海再生资源循环利用龙头企业

领　域	龙头企业	主要业务及优势
废钢铁	宝武集团环境资源科技有限公司	全面整合钢铁生产基地金属再生资源,汽车拆解,船舶拆解,再生钢铁的回收、加工、仓储、配送,以及国际贸易业务

续表

领　域	龙头企业	主要业务及优势
废塑料	英科再生资源股份有限公司	创新"废弃聚苯乙烯泡沫塑料优质再生关键技术",业务涵盖产业链上下游的塑料环保设备、塑料再生粒子、再生终端制品如成品框、装饰建材等,打造"塑料回收—塑料再生—再生塑料制品—循环回收"全产业链
电子废弃物	上海电子废弃物交投中心有限公司	废弃电子产品的收集、储存、处置及综合利用
生物质废弃物	上海申汲环境科技有限公司	木质纤维废弃物、养殖场畜禽粪便、易腐垃圾等生物质废弃物沼气提纯工艺路线,并在达标后实现了并入上海燃气管网的目标
生物质废弃物	上海恒俊泰新能源科技有限公司	研发成功具有自主知识产权的"绿化枝条生物燃气与高值化利用技术与装备",制成"生物燃气"替代天然气,作为锅炉清洁燃料产生蒸汽,已为上海外冈工业园区的两家规模企业提供热能
餐厨废油	上海中器环保科技有限公司	通过将餐厨废弃油脂生产生物柴油与车用柴油混合调制成生柴油,即B5柴油,从源头上解决了"地沟油"流向餐桌的现实难题,在有效处置生活厨余废弃油脂的同时,也为交通领域提供了清洁能源解决方案
电子废弃物	爱回收	行业内唯一打通C2B2C全产业链的公司,围绕二手3C产品,实现拉通爱回收(C2B)、拍机堂(B2B)、拍拍(B2C)三条业务线形成合力的一体化平台
废玻璃	上海燕龙基再生资源利用有限公司	通过覆盖上海全市的回收、运输、分类、加工等三级回收网络收集玻璃废弃物,是国内以废玻璃回收加工为主业的国家"城市矿产"项目之一

资料来源:作者根据公开资料整理。

三是促进产业链由单一回收逐步向回收、加工、利用一体化发展纵向延伸。在互联网、大数据、物联网的支持下,再生资源回收方式由传统的上门投售逐步转变为运用"互联网+回收"电子商务平台开展回收经营活动,同时随着"两网融合"的推进,通过购买服务,由企业提供生活垃圾一揽子解决方案,体现了全面高效的经营特色。

3. 以参与激励机制为新动能,提升多元参与主体积极性

2023年5月21日,习近平总书记回信勉励上海市虹口区嘉兴路街道垃圾分类志愿者时强调,垃圾分类和资源化利用是个系统工程,需要各方协同发力、精准施策、久

久为功,需要广大城乡居民积极参与、主动作为。①

一是推行生活垃圾减量激励机制。为了激励公众参与垃圾分类,上海装修垃圾收运实施垃圾计量收费机制,按照"谁产生谁付费,多产生多付费"的原则,推行按袋、按箱、按车、按件计价,实行按量收费、按实结算。为了鼓励公众参与可回收物品的分类,对于投放到指定回收站点的可回收垃圾,将免收处理费用。这种机制直接激励居民从源头上进行垃圾减量及循环利用。同时,对于那些在垃圾分类活动中表现出色的社区和街道,将提供各种激励措施,例如,赠送免费参观博物馆、环保设施等教育场所的入场券。此外,还通过设立专项奖励资金等方式对表现突出的单位和个人进行表彰和奖励。

二是探索"有激励的可回收物回收"模式。例如,截至2024年1月,上海市共投放了约3 500台"爱回收•爱分类"智能回收机,日均投递次数超过16.5万次,日均回收量近35吨。居民用手机扫码就能对投入的可回收物进行自动分类、自动称重、自动积分。在回收机满仓之后,回收物品将被打包并运输至邻近的转运中心,随后统一发往最终的分拣工厂。在分拣工厂内,根据物品的种类进行细致的分类处理,确保了整个回收流程的可追踪性和可追溯性。② 在"爱回收•爱分类"所推行的有偿回收机制驱动下,社区居民及传统回收途径在回收前端展现出了很强的积极性,有效促进了超过30%的可回收物资与城市其余垃圾的有效分离,体现了垃圾分类与资源回收的高效融合。

三是积极鼓励和支持企业、科研机构等开展资源化利用技术研发,推动新技术、新工艺的应用。以"爱回收"回收的塑料瓶为例,经过再生处理后,塑料瓶可以做成雨伞、T恤衫等物品。在垃圾处理的最终环节,通过在分拣工厂将可回收物品从生活垃圾中筛选出来,至少可以减少1/3的垃圾产生量。这种做法能够避免可再生资源与其他废物一同被焚烧或填埋,确保它们得到充分利用,实现循环再生。③ 例如,上海

---

① 陈玺撼:《总书记称为"系统工程"的垃圾分类,如何"久久为功"》,上观新闻网,2023年5月25日,https://export.shobserver.com/baijiahao/html/615930.html。
② 高志苗:《全流程可追溯,智能回收机助沪上居民"失而复得"》,中国新闻网,2024年1月26日,http://www.sh.chinanews.com.cn/bdrd/2024-01-26/120954.shtml。
③ 《"互联网+环保"循环再利用体系 助力生活垃圾资源化》,中国日报网,2023年8月3日,http://cn.chinadaily.com.cn/a/202308/03/WS64cb645aa3109d7585e47cd0.html。

老港生态环保基地探索湿垃圾深度资源化处理新路径利用方式,使用黑水虻处理湿垃圾残渣,资源化产品覆盖新能源、新型饲料、新型肥料三大领域,实现了经济效益与环境效益双丰收。

4. 以绿色文化建设为引领,培育绿色生活方式内生动力

为积极动员广大居民主动参与垃圾分类的实践,上海市采取多元化、立体化的宣传工作以深化宣传效果。上海市绿化和市容管理局印发了《上海市2024年生活垃圾分类宣传活动工作方案》。此外,结合习近平总书记重要回信一周年、第二届全国城市生活垃圾分类宣传周、《上海市生活垃圾管理条例》施行五周年等重要节点,上海市广泛开展了多层面、多形式的垃圾分类社会宣传动员活动,激发广大市民持续参与垃圾分类的热情,不断提高人民群众的满意度和获得感。

早在2018年,上海就印发了适合各学龄段的《上海市生活垃圾分类知识读本》,推动学生、老师、家长一起学习垃圾分类知识,充分了解循环经济理念。在培养市民环保意识的同时,构建了基于"3R"循环经济的社会认同,切实助力上海的垃圾分类工作从"新时尚"变成"好习惯"。同时,上海将绿色低碳文化价值理念拓展外化为"接地气"的绿色低碳文化符号,并以此设计各类主题性实践活动。例如,为更好地推进垃圾分类,上海青少年垃圾分类公益卡通形象"悠嘻猴"系列、松江方松街道"可小方""嗨小方""师小方""甘小方"等,通过亲民的实践形式将绿色低碳文化价值具象化,对居民绿色环保信念和行为加以强化,取得了显著成效。2023年,上海市市民垃圾分类科普体验线路发布,涵盖了全市范围内22处科普教育场馆和4条垃圾分类市民体验路线。

上海市促进各类生活垃圾处理设施的公众开放性、建立垃圾分类宣传与教育基地,以及构建市民科普体验路径,构成了生活垃圾全程分类体系的关键构成元素,有效缩短了垃圾收集、运输及处置等后端处理流程与市民之间的距离,让市民在家门口就能感受到新时尚的魅力。通过垃圾分类宣传教育,推动全民参与养成绿色生活、绿色消费的习惯,潜移默化地树立绿色生产理念,从而在生活、消费过程和生产领域中减少生活垃圾的产生,真正促进源头减量和回收利用。

(三) 工作成效

自《上海市生活垃圾管理条例》施行以来,上海市多管齐下、久久为功,推进生活

垃圾分类工作规范化、常态化、长效化。几年来,上海市努力把习近平总书记的殷殷嘱托转化为提升工作水平的生动实践,积极推动垃圾分类工作取得实实在在的进展和成效。16个区215个街镇全部达标,市民分类习惯普遍养成,源头分类成效趋于稳定,全程分类体系基本建成。在全国住房和城乡建设部对46个重点和超大型城市进行的生活垃圾分类工作评比中,上海已经连续5年获全国最高分,稳居榜首。

1. 公众自主垃圾分类习惯基本养成

垃圾分类管理经历了从"倡导"到"要求",再到"法治化"的不断演变,如今已然成为上海市民内化于心、外化于行的行为共识,不少人已养成持久良好的文明生活习惯。上海市绿化和市容管理局于2024年5月21日公布的数据显示,截至目前,全市常住人口自觉履行生活垃圾分类义务的比例达到97%,全市居住小区分类达标率从《上海市生活垃圾管理条例》施行前的15%提高到了95%。这意味着,越来越多的居民正参与垃圾分类的行动。

2. 生活垃圾的"三增一减"实效显著

各地区对垃圾分类投放点进行了全面改造和提升,配备了宣传栏和指示牌,方便居民了解分类知识和投放要求。2023年,上海生活垃圾"三增一减"实效明显。具体来看,可回收物日分出量7 698吨,有害垃圾日分出量2吨,湿垃圾日分出量9 443吨,干垃圾日清运量17 264吨。与2019年上半年相比,可回收物、有害垃圾、湿垃圾分别增长1.9倍、14.3倍和0.7倍,干垃圾减少15.6%。[①]

通过生活垃圾分类资源化的举措,上海市的生活垃圾回收利用率显著提升,达到43%,并持续保持增长态势。在资源化利用技术研发与应用方面也取得了一系列突破。例如,垃圾焚烧飞灰资源化利用等项目的推进,为垃圾的资源化利用提供了新的途径和解决方案。更重要的是,生活垃圾分类资源化工作的深入开展不仅带来了显著的经济效益,还产生了良好的社会效益。通过资源化利用减少了对资源的依赖和消耗,降低了垃圾处理成本,同时促进了循环经济的发展和生态环境的改善,提升了市民的生活质量和幸福感。

---

① 陈静:《2023年上海生活垃圾"三增一减"回收利用率达到43%》,中国新闻网,2024年4月23日,https://www.chinanews.com.cn/sh/2024/04-23/10204601.shtml。

3. 生活垃圾全程分类体系逐步健全

上海持续推进生活垃圾分类投放、收集、运输、处理的全程分类体系建设，增强湿垃圾处置利用能力和资源化利用水平。在生活垃圾收运处置能力建设方面，截至2024年7月，全市增加规范型可回收物清运车372辆、有害垃圾清运车134辆，配置湿垃圾清运车1 801辆、干垃圾清运车3 517辆。建成焚烧设施15座、湿垃圾集中设施9座，每天生活垃圾焚烧和湿垃圾资源化利用能力从2018年底的1.4万吨增加到3.6万吨。全市巩固可回收物"点站场"体系，建成1.5万个服务点、205个中转站、14个集散场，配置道路、公共广场等废物箱达到4.5万个，生活垃圾回收利用率达到43%，原生生活垃圾保持零填埋。[①] 全市已提前实现原生生活垃圾零填埋，展示了上海在推进垃圾分类和资源化利用方面的决心和效率。这些举措不仅有效提升了生活垃圾的处理效率，还促进了资源的循环利用，推动了上海"无废城市"建设的进程。

4. 垃圾分类价值认同闭环正在形成

2023年9月起，由上海市绿化和市容管理局牵头，联合绿色账户、城投相关企业和高校等14家单位组成政产学研团队，启动上海垃圾分类碳普惠体系探索和实践。基于初步的研究成果，以上海2021年度实际产生的垃圾总量数据作为分析基础，上海垃圾分类全过程年减排量约117万吨。此探索性研究可以为市民参与垃圾分类的行为赋予碳减排的量化价值，进而转化为经济激励，通过构建垃圾分类与经济收益正向关联的机制，促进形成垃圾分类价值认同的闭环体系，为城市可持续发展提供新的动力。

2024年6月，上海市生活垃圾分类减量推进工作联席会议办公室开展了垃圾分类市民评价，共有14.27万人次参与，其中96%的受访者对垃圾分类工作给予了五星好评，市民满意度持续保持较高水平。

(四) 经验启示

近年来，上海以更为宏大的气魄与强有力的措施，深度推进生活垃圾分类管理工

---

① 金旻矣：《〈上海市生活垃圾管理条例〉实施五年，将探索垃圾分类碳普惠》，新民网，2024年7月1日，https://news.xinmin.cn/2024/07/01/32684068.html。

作,取得了引人注目的显著成就,并在实践过程中积累了丰富的经验与宝贵启示,为上海构建具有全球影响力的社会主义现代化国际大都市宏伟蓝图增添了浓墨重彩的一笔。

1. 倡导绿色消费行为促进源头分类减量化

城市居民生活垃圾与人们的衣食住行息息相关。人们消费所产生的一次性餐具、塑料袋、纺织品、家电、厨余垃圾等废弃物构成了生活垃圾的重要组成部分。通过垃圾分类实践,人们逐渐意识到自己的行为对环境产生的影响,更多地参与"光盘行动",减少快递、外卖、电商等行业中的过度包装,践行绿色消费。

为减少资源浪费,促进绿色消费,上海进行了积极探索。例如,上海市商务委员会等部门联合发布了《上海市加力支持绿色智能家电家居消费补贴政策》,对购买绿色智能家电、家装建材、家具类和适老化产品的消费者给予补贴。这一政策旨在鼓励市民选择节能环保的产品,从而节约资源并提高资源利用效率,在源头上减少生活垃圾的产生。上海市国家机关、事业单位率先实行绿色办公,政府采购时将可循环利用物品、资源化利用产品列入采购目录并予以优先采购,不仅促进了绿色消费,还有助于实现公共机构生活垃圾分类源头减量提质增效。

另外,沪上企业也积极深入推进绿色化消费转型,不仅在餐饮服务领域引领潮流,例如,肯德基、必胜客在上海市的168家门店率先试点,尝试使用由废弃塑料回收再造的塑料托盘,以此推动资源的循环再利用,有效减少了塑料废弃物,积极探索并实践了资源的内循环利用路径;同时,在公共空间建设上也涌现出典范案例,如普陀区在打造垃圾分类主题公园的过程中,巧妙融入环保理念,大量使用利乐包制成的再生板材以及回收玻璃制品等可再生材料,精心构建公园景观,不仅美化了环境,更生动展示了绿色消费和循环经济的实际成效,共同促进了上海绿色消费生态的繁荣发展。

2. 优化便民惠民投放环境提升市民满意度

为了方便居民投放垃圾,上海探索了"定时定点+误时投放"的分类投放模式。在规定的投放时间内,居民可以将垃圾分类后投放到指定的收集容器中;而在非投放时间,居民也可以将垃圾投放到误时投放点。这种模式既保证了垃圾分类的准确性,又方便了居民的生活。此外,针对可回收物等特定种类的垃圾,上海探索推广了预约回收服务,居民可以通过电话、网络等方式预约回收服务,回收人员将按照约定时间上门回收垃圾。这种服务模式提高了可回收物的回收利用率,同时方便了居民的生活。

上海推进精品小区(村)建设,通过微更新、专项更新等方式,优化生活垃圾分类投放环境,提升投放点的便利性和美观度。从"桶点"变"景点",打造社区绿色空间,探索人居环境与绿色低碳的深度融合,让垃圾分类可亲近、可观赏、有温度。

3. 数字化转型提升垃圾分类收运处置质量

一直以来,上海都对数字化、信息化手段在生活垃圾全程分类体系建设与管理中的核心价值与战略意义有深刻认识,积极协同各方力量,包括政府相关部门、科研机构、企业及社会公众,共同推进"一网统管"(即城市运行管理和应急处置系统)的深入建设与广泛应用,创建了市区贯通、互相赋能、集约共建、协同高效的全程分类监管新模式。

《上海市生活垃圾管理条例》正式实施后,上海城投(集团)有限公司根据生活垃圾分类管控需求进行了数字化转型。

首先,构建了以"上海市生活垃圾全程分类信息平台""绿色老港生态数字平台"和生活垃圾分类运输处置"智慧物流"系统为支柱的"数字环境"管控信息化体系。当前,上海市中心城区的生活垃圾管理已经实现了全面的智慧化升级,每日近万吨生活垃圾在投放、收集、运输、处理等四大环节实行全链条、全覆盖、全追溯、全监管的"四全管理",推进垃圾分类工作提质增效。

其次,上海积极推广智能垃圾桶和智能垃圾收集系统。这些智能垃圾桶配备了先进的传感器和识别技术,能够自动识别垃圾类型,并在居民分类错误时发出警报。智能垃圾收集系统则通过微信小程序通知垃圾收集时间,并结合AI赋能的摄像头、纯度识别技术和称重设备,确保垃圾分类的精确性和测量的准确性。据统计,通过强化人工智能培育,湿垃圾品质监控的车辆抓拍率由原先的71%提升至最高95%,异物准确识别率由原先的69%提升至最高95%,为全市实行湿垃圾分类品质人工智能监管打下了坚实基础。[①]

最后,倡导企业采纳数字化手段优化再生资源回收、分拣加工、运输、贮存、利用等环节,积极发展"互联网+回收"等新模式。例如,中国宝武钢铁集团有限公司推出

---

① 栾晓娜:《集装箱智能识别、全程追踪溯源……数字技术助力上海垃圾分类》,澎湃新闻,2024年8月9日,http://m.thepaper.cn/newsDetail_forward_28362879。

固危废资源智慧管理平台,加强对固危废监测、溯源、预报、应急、调控的全过程管控,实现了回收过程的实时监控和数据追溯。

4. 加强宣传引导和志愿服务营造浓厚氛围

绿色低碳生活方式的内生动力来自人们理念的转变。为更好促进生态理念深入人心,上海通过多层次的宣传教育活动,营造了浓厚的垃圾分类社会氛围。

一方面,加强社区宣传动员。社区作为城市的最小细胞,在推动垃圾分类中发挥着重要的作用。在上海,社区紧抓垃圾分类这件"关键小事"。漫步于街头巷尾,随处可见"倡导垃圾分类 守护美丽家园"的醒目标语,引导大家逐渐树立起垃圾分类的良好意识。同时,还积极探索街校、街社联动,宣传环保与可持续发展理念。如杨浦区平凉路街道城建中心组织市东幼儿园(龙江分部)小朋友开展"垃圾分类小能手 垃圾分类新时尚"主题活动,传递垃圾分类的重要性和操作技巧,培养小朋友垃圾分类习惯,从而带动提高家庭垃圾分类意识。静安区共和新路街道综合行政执法队在辖区内的洛川路幼儿园开展了一场名为"垃圾分类,你我童行"的宣传活动,以"小手牵大手"的力量带动学校、家庭、社区开展垃圾分类。

另一方面,完善垃圾分类志愿服务工作体系。在拥有2 000多万人口的超大型城市,要调动居民参与积极性,志愿者是关键一环。截至2023年5月,上海依托"上海志愿者网"发布垃圾分类志愿服务项目2.76万个,全市垃圾分类注册志愿者逾72万人,相当于每9名注册志愿者中就有1名垃圾分类志愿者,市、区、街镇三级垃圾分类志愿服务体系基本形成。[①] 目前,上海全市居住小区(村)生活垃圾投放点已全面覆盖志愿服务项目,在居(村)委、物业、企业精心组织下,突破"五重门"——小区门、楼道门、电梯门、家门、心门,挨家挨户普及垃圾分类知识,确保每一位居民都能掌握正确的分类方法。在此过程中,党员干部始终坚持带头示范,志愿者们则发挥着积极的引导作用,他们用自己的行动影响和带动着周围的市民群众。值得一提的是,虹口区形成了"有管理、有场所、有堆物、有规划、有注册、有形象、有培训、有品牌"的垃圾分类志愿服务组织建设标准,不断完善垃圾分类志愿服务体系。

---

① 《上海各级垃圾分类志愿服务队伍:带动更多居民养成分类投放好习惯》,搜狐网,2023年5月25日,https://www.sohu.com/a/678613868_120244154。

后 记

作为人民城市理念的首提地，多年以来，上海学思践悟、统筹谋划，坚持人民至上的初心使命、深入领会人民城市理念的核心要义，以高瞻远瞩的战略眼光打造人民城市最佳实践地。中共上海市委、上海市人民政府先后发布了《中共上海市委关于深入贯彻落实"人民城市人民建，人民城市为人民"重要理念，谱写新时代人民城市新篇章的意见》《关于全面践行人民城市理念努力开创人民城市建设新局面的实施方案》等政策文件，推动上海市人民城市建设实践工作。多年以来，上海栉风沐雨、上下同心，不仅在改革开放、科技创新等领域做"开路先锋"，更在城市治理、民生福祉等领域打造样板、在凸显城市人本价值上成为榜样。多年以来，上海披荆斩棘、一往无前，走出了一条独具特色、成绩斐然的发展之路，展现了上海人民城市建设的温情与关怀、国际范与烟火气、活力与魅力。

为全面、系统梳理上海人民城市建设的丰硕成果，精准把握人民城市建设发展的方向，为政府决策提供科学依据，在上海市委宣传部的悉心指导下，上海市哲学社会科学规划办公室立项重大课题。上海社会科学院凭借在城市发展理论研究方面深厚的学术底蕴和强大的研究实力，担当起牵头单位的重任，华东师范大学、上海交通大学和同济大学等高校充分发挥各自的学科优势，共同投入课题研究和报告撰写工作中。这些参与单位在学术和专业领域各有所长，各单位充分发挥协同合作效应，深入探寻了上海在人民城市建设中的成功经验和潜在困难。

在本书撰写过程中，课题组秉持严谨负责的态度，行动迅速且方法科学。课题组在第一时间组建了多领域专家参与的调研团队，制订了详细的调研计划。通过问卷调查、实地访谈、座谈会等多种形式，充分调研上海社会各领域、各层面的建设实践，广泛听取了企业负责人、普通市民、专家学者等各方意见建议。在座谈会上,邀请了政府部门、社会组织、科研机构等相关领域代表,共同探讨了人民城市建设中存在的问题和解决对策。在实地访谈中,深入社区、企业、学校等基层单位,实现了与一线工作人员和群众面对面交流。

本书是团队集体攻关的成果,凝聚了来自多家单位的同仁们的心血。其中王德忠负责全书的总体统筹,杜文俊、李健对全书进行了校对修正。具体分工如下:

王德忠负责总论,杜文俊、李健、邓智团、来庆立、张树平、万勇、薛泽林、罗力、张晓娣、冯佳、刘新宇、方帅、刘志敏参与撰写;

沈开艳负责第1章,张晓娣、张伯超、李世奇、李培鑫参与撰写;

彭勃负责第2章,史宇璐、程睿文、吴兵兵、艾茹洁、吴书冉、杨佳佳参与撰写;

文军负责第3章,易臻真、吴越菲参与撰写;

郑崇选负责第4章,胡俊参与撰写;

李骏负责第5章,彭聪、何芳、朱妍、梁海祥、方帅参与撰写;

周冯琦负责第6章,张文博、尚勇敏、张希栋、王琳琳参与撰写;

张尚武负责第7章,潘鑫、匡晓明、阎树鑫、冯高尚、陈君、杨萍、忻晟熙、赫磊、刘超、徐进、翟端强、田静、何林君参与撰写;

第8章为共同撰写。

本书能够出版,受益于上海市委宣传部、上海市哲学社会科学规划办公室及各方对上海社会科学院学科发展和智库建设的大力支持,上海社会科学院出版社在本书编辑和出版过程中提供了诸多宝贵修改建议,在此一并表示感谢!

由于学科所限及参与人员水平问题,全书不免存在研究视角的缺失、资料搜集的疏漏等问题,敬请学者与同仁们批评指正。

著者
2025 年 7 月